Archduke of Austria Charles, Franz X. Malcher

Ausgewählte Schriften Weiland

seiner kaiserlichen Hoheit des Erzherzogs Carl von Österreich

Archduke of Austria Charles, Franz X. Malcher

Ausgewählte Schriften Weiland
seiner kaiserlichen Hoheit des Erzherzogs Carl von Österreich

ISBN/EAN: 9783743480179

Hergestellt in Europa, USA, Kanada, Australien, Japan

Cover: Foto ©ninafisch / pixelio.de

Weitere Bücher finden Sie auf **www.hansebooks.com**

AUSGEWÄHLTE SCHRIFTEN

WEILAND SEINER KAISERLICHEN HOHEIT

DES

ERZHERZOGS CARL

VON OESTERREICH.

HERAUSGEGEBEN IM AUFTRAGE SEINER SÖHNE

DER HERREN ERZHERZOGE

ALBRECHT UND WILHELM.

—

MIT KARTEN UND PLÄNEN.

DRITTER BAND.

WIEN UND LEIPZIG.

WILHELM BRAUMÜLLER

K. U. K. HOF- UND UNIVERSITÄTS-BUCHHÄNDLER

1893.

INHALT.

GESCHICHTE

DES

FELDZUGES VON 1799 IN DEUTSCHLAND UND IN DER SCHWEIZ.

MIT KARTEN UND PLÄNEN.

Vorbemerkung.

—.

Die begeisterte Aufnahme, welche »Die Grundsätze der Strategie« bei ihrem Erscheinen nicht nur bei Fachmännern, sondern auch bei allen historisch Gebildeten gefunden, bewog den Erzherzog, auch seine während des Feldzuges von 1799 gesammelten Erfahrungen in einem ähnlichen Werke niederzulegen. Dasselbe sollte, wie Erzherzog Carl in der »Vorerinnerung« bemerkt, eine Fortsetzung zu den im Jahre 1813 erschienenen »Grundsätzen etc.« bilden.

Da der Feldzug von 1799 seinen Verlauf vorzugsweise in der Schweiz, also im Gebirgsterrain nahm, so gewinnt derselbe noch eine besondere Bedeutung. Die Absicht des Erzherzogs geht dahin, durch die Darstellung dieses Feldzuges den gebildeten Militär mit der Theorie des Gebirgskrieges in ihrer Anwendung auf concrete Fälle bekannt zu machen und gleichzeitig zu ähnlichen Arbeiten anzuspornen.

Wie in den »Grundsätzen der Strategie« ist auch hier die Erzählung des Verlaufes der Kämpfe durch kritische Rückblicke und Besprechungen der getroffenen Anordnungen unterbrochen.

Die »Geschichte des Feldzuges von 1799« erschien im Jahre 1819 bei Anton Strauss in Wien in zwei Ausgaben (in zwei Octavbänden) auf Velin- und gewöhnlichem Papier.

1*

In den Jahren 1819 und 1820 wurde von demselben Verleger eine französische Uebersetzung des Werkes (vom Grafen Grünne) veröffentlicht, unter dem Titel: Campagne de 1799 en Allemagne et en Suisse. Avec Cartes et Plans. Ouvrage traduit de l'Allemand par un officier autrichien. 2 Vol.

Wie seinerzeit die »Grundsätze der Strategie« fand auch diese Schrift eine höchst günstige Aufnahme und Beurtheilung. So spricht sich die »Mainzer Zeitung« vom 30. März 1819 darüber folgendermassen aus: »Dieses strategisch-historische Werk[1]) in zwei Bänden kann nur von einem Feldherrn kunstgemäss beurtheilt werden; aber auch der Profane liest es mit grösserem Interesse als die Commentarien Caesars, weil er den Ereignissen und Orten näher steht und oft sein Schicksal an sie geknüpft war. Er bewundert die edle Bescheidenheit des Schriftstellers, der seinen Ruhm nicht auf Herabwürdigung Anderer baut, sondern fremdem Verdienste oft mehr Gerechtigkeit widerfahren lässt, als seinem eigenen, eine Tugend, die man an Caesar selten loben kann.«

Die »Oesterreichische militärische Zeitschrift« widmet diesem Werke des Erzherzogs im 9. Hefte des Jahrganges 1819 einen längeren Artikel mit dem Motto:

     — — Écoutez les leçons d'un soldat,
Qui, formé dans les camps, nourri dans les allarmes,
Vous appelle à la gloire et vous instruit aux armes.

Ce Héros, qui jouit d'une gloire immortelle
Doit, Nourrisson de Mars, vous servir de modèle!

         (L'art de la guerre de main de maître.)

Aus demselben verdienen einige Stellen hier besonders hervorgehoben zu werden. So wo es heisst:

---

[1]) Der Erzherzog hatte dasselbe der Mainzer Stadtbibliothek zum Geschenk gemacht.

»Wenn ein aus ämtlichen Nachrichten geschöpfter, un-
parteiisch und freimüthig dargestellter Feldzug, dessen Verfasser
sich auf einem erhabenen Standpunkt befand und mit unge-
fesselten Blicken das Innere der Verhältnisse durchschaute, die
höchste Schätzung verdient, welchen grossen Werth für den
Militär muss nicht eine von der Hand des Meisters ent-
worfene Darstellung haben, die, indem sie den strengsten Forderungen des Geschichtsforschers Genüge leistet, zugleich der
höheren Kriegskunst Lehren und Regeln praktisch anwendet
und auf diese Art die gründlichste Theorie mit Erfahrung und
Wirklichkeit verbindet! — Mit gerührtem Herzen werden Oesterreichs Krieger in dieser Arbeit jenen innigst verehrten
Helden wieder erkennen, dessen Ruf sie so oft vertrauens-
voll zum blutigen Kampfe folgten, dessen väterliche Sorgfalt
so unendlich viel für ihre intellectuelle Vervollkommnung
gethan und der, selbst zurückgezogen von dem ermüdenden
Geschäftsleben, es nicht unter seiner Würde hält, die Stunde
seiner Musse fortwährend der Bildung eines Heeres zu widmen,
dessen Stolz Er stets bleiben wird.«

Und weiter: »Mancherlei falsche Ansichten waren bis
jetzt über die ungünstigen Resultate eines so siegreich begon-
nenen Feldzuges durch Druck und Rede im Publicum verbreitet. Verschiedene irrige Meinungen hatten dadurch, dass
Keiner auftrat von denen, die doch besser unterrichtet
sein konnten, es anders wissen mussten, ein gewisses
Ansehen der Wahrheit erhalten, dem Niemand zu widersprechen
wagte. So muss dann dieses mit ebensoviel Freimüthigkeit als
hoher Selbstverläugnung geschriebene Werk jedem Militär
und jedem Vaterlandsfreunde eine um so willkommenere Erscheinung sein, als dasselbe ausser der wahren, ungeschminkten
Darstellung der Geschichte noch einen reichen Schatz von
Lehren für den Krieger wie für den Diplomaten enthält.«

Eine ausführliche Besprechung erfuhr die Darstellung dieses Feldzuges gleichzeitig mit den »Grundsätzen der Strategie« [1]) auch in der »Quarterly Review« (März 1820), wo jedoch in etwas einseitiger Weise für Suworow Partei genommen wird.[2])

[1]) Man vergl. die »Vorbemerkung« zu den Grundsätzen der Strategie.

[2]) Interessant ist die auf authentischen Quellen beruhende Mittheilung Dr. H. Schlitter's im Feuilleton der »Wiener Zeitung« vom 11. Mai 1893, wonach Hudson Lowe unter den Schriftstücken Napoléons auch das Material für eine Geschichte der Feldzüge des Erzherzogs Carl vorgefunden habe, deren Darstellung er sich vorgenommen, aber wieder aufgegeben hatte, als ihm die »Geschichte des Feldzuges von 1799 in Deutschland und in der Schweiz« zugekommen war. »Mais je n'ai écrit que des bêtises,« sagte er eines Tages zu Bertrand, »ici je travaillais en supposant que l'ennemi avait 80 ou 100.000 hommes en campagne, et je trouve qu'il n'en avait environ que 50.000.«

Vorerinnerung.

Die Lehrsätze einer Wissenschaft werden nur in dem Masse anschaulich und fruchtbar, als man sie auf ihre Quelle — die Erfahrung — zurückführt und ihre Anwendung in wirklichen Ereignissen nachweist. Ohne Theorie bleibt zwar auch der Erfahrenste unfähig, die vielfältigen Erscheinungen aus dem Gebiete einer praktischen Wissenschaft in ihrem Zusammenhange zu fassen, ihre Ursachen und Folgen zu entwickeln, scheinbare Widersprüche zu lösen, den leitenden Grundsatz in seiner ganzen Reinheit zu erkennen und die That nach ihrem wahren Gehalte zu würdigen: aber theoretische Kenntnisse allein lehren uns noch nicht die Kluft ausfüllen zwischen Wissen und Handeln.

Durch Vergleichung der Lehrsätze mit der Art, wie sie hier befolgt, dort versäumt wurden, erhält der Geist erst jene Gewandtheit in der Beurtheilung und jene Zuversicht im Handeln, die, zu theuer und spät erkauft, auf dem langen und kostbaren Wege der Selbsterfahrung doch allein vermögend sind, glückliche Erfolge nach Grundsätzen zu berechnen und nach dem Muster grosser Vorbilder herbeizuführen.

Die Zusammenstellung wichtiger Erfahrungen aus der Zeitgeschichte mit unverwandtem Blicke auf die Theorie scheint zu diesem Behufe dienlicher als eine Reihe künstlich erdachter Beispiele. Diese erwecken entweder zu wenig ernstliche Theilnahme oder gewöhnen den Leser zu sehr, die Scenen der Wirklichkeit mit den willkürlichen Spielen der Phantasie zu verwechseln. Der Verfasser entschied sich daher bei seinen kriegswissenschaftlichen Arbeiten für den ersten der beiden möglichen Wege.

Das vorliegende Werk kann als Fortsetzung desjenigen
angesehen werden, welches er im Jahre 1813 unter dem Titel
»Grundsätze der Strategie, erläutert durch die Darstellung des Feldzuges von 1796 in Deutschland«
herausgegeben hat. In dem Jahre 1799 wurde um den Besitz
des höchsten Gebirges gekämpft. Dadurch gewinnt der Feldzug eine Eigenthümlichkeit, die um so merkwürdiger ist und
eine nähere Beleuchtung umsomehr verdient, da sie uns auf
einige neue oder völlig verkannte Ansichten des Gebirgskrieges
leitet und Gelegenheit gibt, Vorurtheile zu widerlegen, die bis
zur Stunde noch selbst ausgezeichneten Männern für unumstössliche Wahrheit gelten.

Politische Einwirkungen mussten zwar insoweit berührt
werden, als sie die Wahl und den Gang der Operationen bestimmten; aber ihre Würdigung lag ausser dem Plane des Ver-
fassers. Er beschränkt sich darauf, den Krieg nach den Regeln
der Wissenschaft und der Kunst zu beurtheilen und überlässt
es der Zukunft, den Schleier zu lüften, der die politischen
Triebfedern deckt. Die Nachwelt wird dann entscheiden, ob
sie verdienten, den militärischen Rücksichten vorgezogen zu
werden.

Die Beförderung einer Wissenschaft, welche den Schutz
und die Erhaltung des Staates zum Zwecke hat, die Erweckung
schlummernder Talente und ihre Entwicklung zum Besten des
Vaterlandes — sie sind das Ziel, nach welchem der Verfasser
strebte. Möge Jeder, dem seine Lage vergönnt, die Geschichte
eines Krieges treu und unbefangen zu bearbeiten, dieses mühe-
volle aber nützliche Geschäft unternehmen. Es ist für den
Krieger, der seine ganze Thatkraft dem Vaterlande geweiht
hat, tröstlich und belohnend, sich sagen zu dürfen, dass ihm
auch die Stunden der Ruhe nach dem ernsten Waffendienste
nicht nutzlos verstrichen.

Geschichte des Feldzuges von 1799.

Erster Theil.

Erster Abschnitt.

Uebersicht des Kriegsschauplatzes.[1])

Als der Ausbruch der Feindseligkeiten mit Ende Hornung 1799 entschieden war, hielten die französischen Truppen die Nidda bis zu ihrem Einflusse in den Main, dann diesen Fluss abwärts bis Cassel (Kastel) und das linke Rheinufer von Mainz bis Basel besetzt. Die Schweiz stand unter Frankreichs Schutz und Botmässigkeit. Die Aufstellung der Oesterreicher lief hinter dem Lech, von seinem Einfluss in die Donau bis zur Tirolergrenze, umschloss Tirol und Vorarlberg und dehnte sich von dem Einflusse des Rheins in den Bodensee bis zur Zollbrücke von Malans aus. In dieser Strecke trennte der Rhein die gegenseitigen Posten. Die Grenzen von Graubünden, dann jene des cisalpinischen und österreichischen Gebietes bestimmten die fernere Demarcation bis an das Meer. Die Aufstellung beider Armeen war also von Europas höchsten Gebirgen durchschnitten.

Der Hauptgebirgsrücken, welcher diesen Welttheil und alle Wässer theilt, die sich in die ihn von drei Seiten umschliessenden Meere ergiessen, nimmt seinen Zug von den Pyrenäen östlich unter dem Namen der Cevennen durch Frankreich, umgeht als Mittelgebirge die Saône und erhebt sich dann zu steilen und hohen Kuppen an den Quellen der Mosel und der Maas. Von hier wendet sich ein Nebenzweig gegen den Rhein und bildet in paralleler Richtung mit dem linken Ufer desselben

---

[1]) Von den früheren abweichende Benennungen von Orten etc. sind in ( ) beigefügt.   D. H.

die Vogesen. Der Hauptstamm aber umgeht Belfort und Pruntrut (Porrentrui), scheidet den Doubs von dem Bieler und
Neuenburger See und fällt südwestlich unter dem Namen des
Jura gegen die aus dem Genfer See strömende Rhône herab.
Auf der nördlichen Seite dieses Sees setzt er seinen Zug in
gemässigten Abfällen fort, wächst aber bald zu steilen, hoch
in die Wolken emporsteigenden Bergen hinauf und erreicht
unter dem Namen der Helvetischen oder Berner Alpen in östlicher Richtung den Gotthard.

Diese Alpenkette bezeichnet durch schroffe, in gähen
Abfällen herabstürzende Wände die nördliche Grenze des
Walliserlandes. Die Rhône durchströmt dasselbe von ihrem
Ursprung bis Martinach (Martigny) südwestlich und wendet
sich dann nördlich gegen den Genfer See.

Nach der älteren Erdkunde gehören die Berner Alpen
sowie jene grossen Gebirgsmassen, die das Thal der Rhône
auch auf der südlichen Seite vom Berge Rosa bis zum Furca
umschliessen und sich dann über den Gotthard bis zum Bernhardin in Graubünden erstrecken, ohne Unterschied zu den
Lepontischen Alpen.

Auf der entgegengesetzten Seite der Berner Alpen entspringen alle Wässer, welche zwischen dem Neuenburger und
Wallenstädter See mehrere Wasserbecken bilden und dann,
vereinigt mit der Aar, dem Rheine zufliessen. Verschiedene
Gebirgszweige bestimmen den Lauf dieser Wässer und trennen
sie sowie die Aar, die Reuss und den Rhein von einander. Sie
erweitern sich zwar nach Mass ihrer Entfernung von dem
Hauptrücken, bleiben aber doch, bis sie sich über Thun, Luzern
und Zug in ein zugänglicheres Mittelgebirge verlieren, immerfort hoch und unwegsam. Jener Zweig, welcher das linke Ufer
des Rheins mit steilen, senkrechten Massen beschränkt, verlässt
seinen rauhen Charakter noch viel später und flacht sich erst
jenseits Appenzell gegen den Bodensee ab, nachdem er westlich in längeren Abfällen die Wässer getheilt, die zwischen
dem Zürich- und Bodensee dem Rhein zuströmen.

Die Gruppe des Gotthards, Crispalt, Furca und Vogelbergs
hat die Natur zu einem der höchsten Gebirgsstöcke geformt.
Aus ihm entrinnen die Reuss nach Norden, die Aar nach

Nordwesten, die Rhône nach Westen, der Ticino nach Süden und die drei Quellen des Rheins nach Nordosten. Die Gebirgskette, welche östlich vom Gotthard ausläuft, empfängt vom Bernhardin an den Namen der Rhätischen Alpen und dehnt sich mit ihren hervorragendsten Gliedern — dem Bernhardin und dem Splügen — gegen den Ursprung des Inn, den ein neuer Gebirgsstock umschliesst, aus dem Maloja, dem Bernina und dem Septimer Berge gebildet. Hier verlässt Europas Hauptrücken die Rhätischen Alpen, zieht sich über den Julierberg und den Albula längs dem linken Ufer des Inn, bezeichnet die nordwestliche Grenze des Engadein, wendet sich am Ursprung der Ill gegen den Arlberg und sondert die nach dem Rhein laufenden Wässer von jenen, die sich in den Inn und die Donau ergiessen. Ein Nebenzweig verfolgt das linke Ufer des Inn bis über Kufstein und scheidet durch mehrere zwischen dem Lech und dem Inn nach Bayern abfallende Gebirgsfüsse die Ammer, Loisach, Isar, dann die verschiedenen Seen, welche diese Flüsse durchströmen.

Von dem Arlberg wendet sich der Hauptstamm gegen Nordwesten und zieht beinahe ganz verflacht zwischen dem Bodensee und der Donau gegen die Aach. Hier erhebt er sich wieder, umgeht die Quellen der Donau unter dem Namen des Schwarzwaldes, und indem ein ansehnlicher Zweig den Rhein auf seinem rechten Ufer begleitet, geht der Hauptzug in einem sanften, nach allen Richtungen gangbaren Mittelgebirge zu den Quellen der Altmühl und der Aisch, theilt in östlicher Richtung die Wässer, welche sich in den Rhein von jenen, die sich in die Donau ergiessen, und steigt bei Bayreuth zu der Gruppe des Fichtelgebirges empor, aus welchem der Main, die Wiesent, die Naab, die Eger, die Elster und die Saale nach allen Richtungen den grösseren Flüssen zuströmen. An diesen Gebirgsstock reiht sich gegen Südosten der Rücken des Böhmerwaldes, welcher von Eger bis Neumarkt nur von wenigen und dann bis an die Donau von gar keinen Verbindungsstrassen durchschnitten ist. Hier trennt er auf einem schmalen Durchzuge die Quellen der Moldau von dem Laufe der Donau, zieht nordöstlich bei Iglau vorbei, bildet die Wasserscheide zwischen der March und der Elbe, gewinnt das östliche Ende des Riesengebirges und setzt seinen Zug zwischen der Weichsel und Waag unter dem Namen der Karpathen als Scheidewand zwischen Ungarn und Polen fort.

Eine zweite, in Rücksicht auf die Beschaffenheit des Kriegsschauplatzes besonders wichtige Gebirgskette geht unter beibehaltener Benennung der Rhätischen Alpen von dem Bernina am Ursprung des Inn zum Braglio (Braulio), scheidet die Quellen der Adda von jenen des Inn, und das Veltlin vom Engadein, begleitet das rechte Ufer des Inn, umgeht den Ursprung der Etsch, wendet sich bei Nauders nach Osten und reiht sich an die Gletscher Tirols. Von hier durchschneidet sie Tirol, sondert die Zuflüsse des Inn von jenen der Etsch und berührt über den Brenner beim Krimler Tauern oder Dreiherrnspitz die Norischen Alpen, welche durch Salzburg, Oesterreich und Steiermark bis an die Donau auslaufen. Von dem Dreiherrnspitz wendet sie sich nach Süden zwischen den Ursprüngen der Rienz und der Drau, kehrt wieder nach Osten, erhält in Begleitung des Gailflusses den Namen der Karnischen und nimmt vom Terglou am Ursprung der Sau in südöstlicher Richtung über Adelsberg bis zum Quarnerischen Meerbusen jenen der Julischen Alpen an. Auf diesem Zuge scheidet sie die Quellen der Wässer, welche durch Friaul in das Adriatische Meer, von jenen, die aus Kärnten und Krain in die Donau abfliessen, und trennt Italien von Deutschland. Endlich vereinigt sie sich über den Kleck unweit Zeng mit der Capella und dem Wellebit (Velebit), senkt von Dalmatien einen Zweig über den Monte nero und Scardo nach Griechenland und erreicht östlich das Schwarze Meer unter dem Namen des Balkan oder Haemus.

Diese ganze Alpenkette besteht durchaus aus hohen, steilen, unwegsamen Bergen, welche da, wo sie den Namen der Ferner oder Gletscher führen, mit ewigem Schnee bedeckt sind. Aus ihrem Rücken erstrecken sich mehrere Aeste nördlich zur Donau und südlich gegen den Po; andere ziehen sich östlich nach Ungarn. Die ersteren behalten den eigenthümlichen Charakter des Hauptstammes bei — dass ihre Füsse nicht durch allmälige sanfte Abdachungen zur Ebene herabsinken, sondern von Salzburg bis Wien und von Aosta bis zum Isonzo in kurzen, steilen Abfällen enden.

Die Zweige dieser von dem Hauptgebirge ausgehenden Alpen erheben sich am meisten an der Grenze von Salzburg. Steiermark und Oesterreich. Sie enthalten die Quellen der Salza (Salzach), der Traun und der Enns und scheiden durch ihre Füsse den Lauf dieser Wässer bis zum Thale der Donau. Einer derselben entsprosst zwischen den Ursprüngen der Enns und der Mur, begleitet den letzteren Fluss in seinem schlängelnden Laufe gegen Bruck, wendet sich vom Semmering südlich nach den Quellen der Raab und vertieft sich dann zu einem Mittelgebirge, welches in zwei Aesten den Plattensee umschliesst und bei Ofen und Batta die untere Donau erreicht. Alle aus diesem Zweige herabfallenden Gebirgsfüsse sind steil und beschwerlich. Sie nähern sich zwischen Enns und Wien der Donau so sehr, dass sie an einigen Orten das Ufer dieses Flusses berühren. Ein zweiter Rücken theilt die Mur von der Drau. Ein dritter löst sich bei Tarvis von den Karnischen Alpen ab, umgeht nördlich das Herzogthum Krain und zieht zwischen der Drau und der Sau nach Croatien.

Gegen Süden senken sich aus den Karnischen Alpen, dann aus dem Tiroler Hochgebirge verschiedene Füsse, welche den Isonzo, Tagliamento, die Piave, Brenta und Etsch von einander sondern. Ein hoher Gebirgszweig trennt sich von den Rhätischen Alpen am Ursprung der Adda, umschliesst das von ihr bewässerte Veltlin und theilt durch mehrere Abfälle zwischen dem Lago di Garda und Lago di Como die Etsch, den Oglio und die Adda. Andere steile Füsse stürzen sich unmittelbar vom Bernhardin und Gotthard zwischen dem Lago di Como, di Lugano und dem Lago maggiore herab.

Die dritte Hauptgebirgskette, welche den südlichen Theil des Kriegsschauplatzes umgürtet, stammt aus dem Gebirgsstock des Gotthard, folgt dem Laufe der Rhône, begrenzt südwestlich das Walliserland und behält den ursprünglichen Namen der Lepontischen Alpen bis zum Berge Rosa, wo sie jenen der Penninischen annimmt und sich über den Grossen Bernhard bis zum Mont-Blanc — dem höchsten Berge Europas — erstreckt. Hier wendet sich die nämliche Gebirgskette südlich über den Kleinen Bernhard zum Cenis, erhält die Benennung der Grauen (Grajischen). dann vom Cenis bis zum Berge Viso jene der

Cottischen, und von diesem bis zum Mittelländischen Meer,
gegen welches sie sich vom Col di Tenda in steilen Wänden
herabstürzt, den Namen der Seealpen. Der Hauptstamm geht
jedoch östlich in die Apenninen über und bildet die Ligurische Küste bis zum Ursprung der Trebbia und des Taro, entfernt sich dann wieder vom Meere zu den Quellen des Rheno
und Arno und theilt nach Süden bis Reggio die ganze Italienische Halbinsel. Der Abfall gegen die Ligurische Küste ist so
steil, dass bis zu dem Golfo della Spezzia zwischen den Felsen
und dem Meere kaum der Raum zu einem Wege bleibt.
Nördlich senken sich die Höhen in schnellen Uebergängen
vom Mittelgebirge zur Ebene. Die zahlreich dahin abfliessenden
Wässer ergiessen sich in den Po, welcher am Abhang des
Berges Viso in den Seealpen entspringt und in östlicher Richtung dem Adriatischen Meere zuläuft.

Die Natur hat diesen Kriegsschauplatz in drei Abschnitte
getheilt, von welchen der erste und dritte das ganze offene
Land längs den nördlichen Abfällen des Gebirges von den
Berner bis zu den Salzburger, und längs den südlichen von
den Penninischen bis zu den Karnischen Alpen begreifen, der
zweite oder mittlere hingegen die höchsten Gebirge von Europa
in sich fasst.

Der erste Abschnitt — zwischen Basel und Enns, zwischen den Vogesen und dem Böhmerwald — bietet überall
Freiheit zum Manövriren auf einer durchaus zugänglichen Oberfläche dar. Nördlich war er im Jahre 1799 blos durch die
Grenzen von Hessen und Sachsen beschränkt, deren Fürsten
sich durch partielle Friedensschlüsse der Theilnahme am
Kampfe entzogen hatten. Westlich deckten der steile Rücken
der Vogesen, die vor demselben liegenden zahlreichen Festungen,
die mächtige Schutzwehr des Rheins, dann Düsseldorf, Ehrenbreitstein und Cassel (Kastel) die französische Grenze gegen
jeden feindlichen Angriff und gründeten zugleich eine vortreffliche Basis zu offensiven Operationen. Zwar konnte der Schwarzwald, der nur in der Richtung von Westen nach Osten mit
Communicationen durchschnitten ist, welche blos auf den
beiderseitigen Abfällen des Gebirges durch die Strassen von
Basel nach Durlach und von Schaffhausen nach Stuttgart ver-

bunden sind, einen Aufenthalt in den Bewegungen verursachen; dieses Hinderniss war jedoch leicht zu besiegen, denn es bedarf nur weniger Märsche, um über den Rücken zu setzen. Oestlich hingegen unterbricht der transversale Lauf der Donau die Defensionslinie sowie die Operationsbasis der Oesterreicher und isolirt ihre ersten Bewegungen auf dem einen oder dem anderen Ufer. Auch die Wahl ihrer Operationslinien wird von der Natur mächtig beschränkt; denn von Wien bis Enns führt eine einzige Strasse zwischen dem Gebirge und der Donau, und von der Donau bis zum nächsten Durchzuge durch den Böhmerwald über Neumarkt liegt ein unwegsames Gebirge, welches keine anderen Communicationen als auf grossen Umwegen gestattet. Die Donau durchschneidet diesen Theil des Kriegsschauplatzes und bildet von Ulm angefangen ein Défilé, auf welchem sich zwar bis Regensburg viele Uebergangspunkte befinden, die aber alle mit Schwierigkeiten verknüpft und leicht zu vertheidigen sind. Ohne den Besitz solcher Punkte und ohne die unbestrittene Herrschaft über beide Ufer werden alle Operationen gelähmt. Man darf es nicht wagen, einseitig auf dem einen vorzugehen, wenn der Feind nicht von dem anderen entfernt und ausser Stand gesetzt ist, unter dem Schutz einer so vortheilhaften Linie thätig zu wirken. Von Regensburg bis Wien hat die Donau wenig Uebergänge, weil sie bis Passau auf dem linken und von da abwärts auf beiden Ufern von Gebirgen begleitet wird, die ihre Zugänge erschweren, und nur bei Straubing, Linz, Enns und Krems Verbindungen gewähren. Die Donau ist also das wesentlichste Hinderniss in diesem Abschnitte; alle anderen Défiléen vom Rhein bis zu den Karpathen verdienen bei dem Entwurfe der Operationen im Grossen keine Rücksicht, weil sie nur augenblickliche Anstände veranlassen, die bei der ausgebreiteten Freiheit im Manövriren leicht vermieden werden können.

An festen Punkten befanden sich hier nebst den am Rheine von den Franzosen besetzten Festungen noch Mannheim, Philippsburg und Würzburg, welche mit schwachen Garnisonen von Reichstruppen versehen, wegen ihrer Lage keinen Einfluss auf die Operationen nehmen konnten; dann Ulm und Ingolstadt, zwei wichtige Plätze, weil sie die Ueber-

gänge der Donau auf beiden Ufern sichern. Diese waren von
den Oesterreichern in guten Vertheidigungsstand gesetzt, dotirt,
und konnten von den naheliegenden Truppen schnell ihre erforderlichen Besatzungen erhalten. Alle übrigen befestigten
Punkte waren von keiner Wichtigkeit: Kufstein, am Débouché
des Innthales nach Bayern, beherrscht keine unentbehrliche
Strasse und ist zu klein; Braunau, als Grenzfestung gegen
Bayern, hatte seine Vollendung noch nicht erreicht; Theresienstadt lag am äussersten Ende des rechten Flügels aller österreichischen Aufstellungen; Eger und Prag konnten ihrer ganz
vernachlässigten Werke wegen damals nicht unter die haltbaren Plätze gerechnet werden.

Der dritte Abschnitt des Kriegsschauplatzes — die Ebenen
Italiens — begünstigen die Leichtigkeit zum Manövriren nicht
weniger als die offenen Gegenden des südlichen Deutschlands.
Die grössere Bevölkerung und Cultur dieser Länder vermehrt
sogar die Zahl ihrer Communicationen. Weder die unmittelbar
in das Adriatische Meer strömenden Wässer, noch jene, welche
aus Tirol, der Schweiz und den Apenninen dem Po zufliessen,
erzeugen solche Défiléen, die eine Armee lang aufzuhalten
vermögen; sie sind überall zugänglich und haben viele Uebergänge. Der einzige Po, der die ganze Ebene von Westen nach
Osten theilt, beiden Armeen zum Stützpunkt eines Flügels
dient und den Transport der Kriegserfordernisse erleichtert, ist
ein bedeutender Fluss und könnte mit der Donau verglichen
werden, wenn von Valenza bis zum Meere seine flachen Ufer und
sein ruhiger Lauf in einem breiten Bette nicht jeden Uebergang begünstigten. Dieser Theil des Kriegstheaters hat jedoch
vor jenem in Deutschland den Nachtheil einer geringeren
Breite und wird auf allen Seiten theils von dem höchsten
Gebirge theils von dem Meere eingeschlossen. Nördlich laufen
die Abfälle des Gebirges von Venzone bis Vicenza in paralleler
Richtung mit dem Adriatischen Meere, wenden sich dann in
einem nach Süden einfallenden Bogen über Verona nach Brescia
und bilden die nördliche Grenze bis zum Lago maggiore. Dort
endet sich die Ebene an den steilen Füssen der Penninischen
und Cottischen Alpen, die nur wenige und beschwerliche Durchzüge gestatten, als: von Susa über den Berg Cenis und St. Jean

de Maurienne; von Susa über Exilles und Briançon; von Pignerol über Fenestrelles; von Coni (Cuneo) über den Col di
Tenda; von Oneglia nach Monaco u. dgl. Diese Endwege haben
keine andere Verbindung unter sich als auf der östlichen Seite
der Alpen von Ivrea über Turin, Coni und den Col di Tenda, und
auf der westlichen von Monmeillant (Montemigliano) nach Toulon.

Südlich trennen die Apenninen das Mittelländische Meer
von der Ebene. Der Rücken dieser Gebirgskette ist zwar sehr
hoch und steil, aber von geringerer Breite, und das Bedürfniss
des Handels hat mehrere Wege über denselben gebahnt, die
jedoch durchaus beschwerlich und nach der Länge des Gebirges ohne Verbindung sind. Die wichtigsten sind jene, welche
auf Genua, Savona und Finale führen. In älteren Zeiten hatte
die piemontesische Regierung die meisten Gebirgspässe befestigen
lassen und ihr Vertheidigungssystem besonders gegen die
französische Grenze gerichtet; nach der Vereinigung dieser
Provinz mit Frankreich entsprachen sie ihrer Bestimmung in
keiner Rücksicht mehr, und die Forts Bard, Exilles, La Brunette, Fenestrelles, Pignerol, Château-Dauphin, Demont u. dgl. m.
verloren ihren Werth. Grösser und einflussvoller lagen am
Fusse der Berge Turin und Coni, und dort, wo die Hauptstrasse nach Genua ihren Zug gegen das Gebirge nimmt, die
Citadellen von Tortona und Alessandria.

Nebst diesen waren mehrere Städte in Piemont mit alten,
leicht herzustellenden Wällen versehen, und die reichlich ge-
füllten Zeughäuser der vorigen Regierung machten die Dotirung
solcher auch weniger wichtigen Punkte möglich. Genua mit
seinen weit ausgedehnten, obgleich nicht durchaus wohl unter-
haltenen Werken gab einen Waffenplatz am Mittelländischen
Meere, wo sich die Küstenstrasse mit jenen vereinigt, die das
Gebirge durchkreuzen.

In dem Gebiete der cisalpinischen Republik lag die unbedeutende Citadelle von Mailand. Aber als Vormauer ihrer
Grenze war die Festung Mantua furchtbar sowohl durch ihre
Lage in den Morästen des Mincio, als durch ihre zahlreiche
Besatzung. Links von ihr beherrschte Peschiera die Strasse
nach Brescia und dem Lago di Garda. In der gedrängten Linie
zwischen dem Po und dem See, das Centrum durch Mantua

2*

gesichert, die Front durch den Mincio gedeckt, konnte selbst einem überlegenen Feinde Trotz geboten werden.

Nicht so vortheilhaft erscheint der Vertheidigungsstand der österreichischen Grenze. Ihre festen Punkte beschränkten sich auf die unbedeutenden zwei Castelle von Verona und auf die kleine Festung Legnago, die keinen anderen Vortheil brachte, als dass sie eine Brücke über die untere Etsch auf beiden Ufern deckte. Venedig konnte noch zu keinem Waffenplatze dienen, denn seine Verbindungen mit dem festen Lande wurden erst später durch vorgelegte Werke geschützt.

Der zweite oder mittlere Abschnitt des Kriegsschauplatzes, welcher die Gebirge enthält, ist von aller künstlichen Befestigung entblösst. Selbst die Débouchéen aus Frankreich in die Schweiz über Nantua nach Genf, über den Jura nach Nyon, von Pontarlier nach Neufchâtel sind — einige verfallene Schlösser abgerechnet — ohne permanente Vertheidigungsmittel. Der einzige Pass von Pruntrut (Porrentrui) konnte durch Belfort gesperrt werden. Dagegen hatte die Natur gesorgt, diese ganze Gebirgsstrecke zwischen den Ebenen Deutschlands und Italiens gegen die willkürlichen Einfälle fremder Völker zu verwahren, durch unersteigliche Bergrücken ihren Durchzug zu erschweren und den Lauf der Communicationen blos in die Thäler und auf die wenigen Uebergänge aus einem in das andere zu verweisen.

Wenn es gleich scheint, dass die häufigen Débouchéen zwischen den Abfällen des Gebirges ebensoviel Wege öffnen, um in das Innere dieser natürlichen Bollwerke zu dringen, so führen sie jedoch entweder nur bis zur Entstehung der Quellen, wo die Thäler den höchsten Rücken erreichen und aufhören bebaut und bevölkert zu sein, oder sie vereinigen sich zu einem einzigen Uebergange dort, wo der Rücken am leichtesten zu ersteigen ist und die geringste Breite hat. Aber auch dann sind nur wenige zu befahren, viele nur in der besten Jahreszeit für Fussgeher und Tragthiere zugänglich. Ueberall wo die Communicationen mit dem Innern der Schweiz den Hauptzug des Gebirges durchschneiden, und selbst in den meisten Thälern der höheren Gegend findet der Transport des Geschützes und der für grössere Armeecorps unentbehrlichen Mund- und Kriegsvorräthe oft unüberwindliche Hindernisse. In manchen Gegenden muss das Geschütz zerlegt, müssen die Rohre in hohlen Bäumen oder auf niedrigen Kufen geschleift, die Lafetten stückweis auf Tragthiere geladen, Munition und Lebensmittel von Menschen oder Saumpferden nachgeschleppt werden. Dennoch bestimmen diese von der Natur allein gebahnten Verbindungen unabänderlich den Gang der Operationen und lassen dem Feldherrn keine Freiheit in der Wahl seiner Operationslinien. Es ist daher nothwendig, die wichtigsten auseinanderzusetzen, um die strategische Uebersicht von diesem Theile des Kriegstheaters zu vollenden.

Von Norden nach Süden.

1. Von Basel über Solothurn auf beiden Seiten des Neuenburger Sees über Neufchâtel oder Freiburg an den Genfer See und dann über Genf, Annecy nach Grenoble, oder über Ville neuve, Martinach (Martigny), den Grossen Bernhard nach Aosta und Ivrea.

Der Uebergang über den Grossen Bernhard ist von St. Branchier bis Aosta nicht fahrbar.

2. Von Solothurn über Bern, Thun, Müllinen, den Gemmi und Leuk, oder von Thun über Brienz aus dem Thale der Aar über den Grimsel in jenes der Rhône, dann über den Simplon und Domo d'Ossola nach Arona zum Lago maggiore. Die Verbindungen zwischen Thun und dem Thal der Rhône sind nur Saumwege. Der Uebergang über den Simplon wurde erst in späteren Jahren für Fuhrwerke geöffnet.

3. Von Zürich, wo sich mehrere Strassen von dem Rhein her aus der ganzen Linie von Basel bis Constanz vereinigen, über Zug oder Einsiedeln nach Schwyz, Altdorf, durch das Thal der Reuss über den Gotthard in jenes des Ticino und über Bellinzona nach Italien. Diese Communication, welche die ganze Schweiz senkrecht durchschneidet, wird jedoch zwischen Schwyz und Altdorf von dem Vierwaldstätter See zu Land unterbrochen, und der Weg von Urseren bis Airolo über den Gotthard kann nur mit kleinen, landesüblichen Karren auf zwei Rädern mühsam befahren werden. [1]

[1] Die neue, vortreffliche Gotthardstrasse wurde erst in den Jahren 1820—24, die Axenstrasse zwischen Brunnen und Flüelen in den Jahren 1863—64 angelegt. D. H.

4. Von Zürich längs dem östlichen Ufer des Sees über
Uznach in das Linththal nach Glarus.

5. Von Bregenz über Chur, Reichenau, durch die beiden
Thäler des Vorder- und Hinterrheins, über Ilanz gegen den Gotthard oder über Thusis und den Bernhardin durch das Misoxer-
thal nach Bellinzona.

Von Reichenau aus hören diese Wege auf fahrbar zu
sein.[1] Eine Seitencommunication führt aus dem hinteren Rheinthale über den Splügen nach Chiavenna und an den Comer See.

6. Von Füssen über Nassereit, Landeck, Finstermünz,
und von da durch das Engadein nach Chiavenna, oder über
Glurns und Bormio (Worms) durch das Veltlin nach Morbegno
und an den Comer See.

Zwischen Glurns und Bormio ist der Uebergang über den
Braglio (Braulio) für Fuhrwerke nicht anwendbar.[1]

7. Von Innsbruck, wo alle Wege zusammenkommen, die
zwischen Füssen und Kufstein in Tirol eindringen, führt die
wichtigste und beste Communication über den Brenner, Brixen,
Bozen, längs dem Laufe der Etsch nach Verona. Aus dieser
geht von Trient eine Nebenstrasse durch die Val Sugana nach
Bassano, eine andere wendet sich nach der oberen Chiese und
erreicht längs dem Idro-See über Rocca d'Anfo die Ebene Italiens.

8. Von Salzburg über Radstadt, Spital, Villach, Tarvis,
dann Pontafel oder die Flitscher Klause nach Italien.

9. Von Enns über Steier (Steyr), Altenmarkt, Leoben, Juden-
burg, Klagenfurt, Laibach, Adelsberg und Görz nach Italien.
Von Adelsberg führen auch Strassen nach Triest und Fiume.

10. Von St. Pölten über Mariazell, oder von Wien über
Neustadt nach Bruck, Grätz (Graz), Marburg, Cilly, Laibach,
Adelsberg u. s. w.

11. Von Wien über Oedenburg, Körmend, Warasdin,
Agram, Carlstadt an die Häfen des Adriatischen Meeres.

12. Von Pressburg über Raab, Sümegh, Kanisza, Kopreinitz,
Agram, Carlstadt u. s. w.

Nachstehende Communicationen durchkreuzen und verbinden die ersteren in transversaler Richtung:

---

[1] Anstatt dieser Wege führen heutzutage Kunststrassen über die
Pässe.   D. H.

Von Westen nach Osten.

1. Von Pruntrut über Basel, von Solothurn oder von Bern auf Zürich, St. Gallen, Feldkirch, den Arlberg, Landeck, Nassereit, Innsbruck, Rattenberg, St. Johann, Salzburg, Lambach, Steier (Steyr), Amstetten, St. Pölten, Wien.

2. Von Salzburg über Ischl, Aussee, Rottenmann, Leoben nach Bruck, dann von Graz über Fürstenfeld, Körmend nach Sümegh.

3. Von Genf durch das Walliserland längs der Rhône über Brieg (Bryg), Obergestelen und den Furkaberg nach Hospital (Hospenthal) in das Thal der Reuss, und aus diesem über Andermatt in jenes des Vorderrheins nach Disentis und Ilanz. Diese Verbindung ist von Brieg aus durchgehends Saumweg. Es verdient bemerkt zu werden, dass sich am Gotthardberge alle Communicationen von Genf, Bern, Zurzach am Rhein, Constanz, Bregenz, Innsbruck, Bozen, Varese und Arona vereinigen.

4. Von Glurns längs der oberen Etsch über Meran nach Bozen. Dann von Brixen durch das Pusterthal über Lienz, Villach, Klagenfurt, Marburg, Warasdin nach Kopreinitz.

5. Von Laibach über Neustadtl, Rann nach Agram.

Ausser diesen den ganzen Kriegsschauplatz grösstentheils durchkreuzenden Communicationen werden besonders in der Schweiz und in Tirol die meisten Hauptthäler durch Gebirgssteige und kleine Seitenthäler mit einander verbunden, wie z. B. die Gegend von Schwyz und Brunnen am Vierwaldstätter See durch das Muttenthal (Muottathal) über den Bragel (Pragel) mit Glarus; — das Thal der Linth östlich längs dem Wallen-See über Sargans mit dem Rheinthale — südlich über die Pantenbrücke oder durch das kleinere Sernfthal und den Segnespass mit dem Thale des Vorderrheins; — Chur über Lenz oder Davos (Hauptkirchen), dann über die Gebirgssteige des Julierberges, des Albula, des Scaletta, des Fluela mit (dem) Engadein; — das Engadein über den Bernina und durch das Puschiaver-(Poschiaver-) Thal mit dem Veltlin oder über das Tschirfser (Cierfser) Joch mit dem Münsterthal; — das Thal des oberen Oglio (Val Camonica) über den Tonale mit dem Sulz- und Etschthale in Tirol u. dgl. Alle diese kleineren Communicationen sind aber durchaus nur für Fussgänger und Saumpferde anwendbar und hängen auch

dann noch von der Jahreszeit und der zufälligen Beschaffenheit
des Wetters ab.[1])

Eine durchdachte Uebersicht des hier beschriebenen Kriegsschauplatzes führt zu folgenden Bemerkungen:

Der nördlichste Theil desselben ist der vortheilhafteste
für jede Operation, sowohl weil er die wenigsten Hindernisse
in dem Terrain enthält, als weil er die breitesten Basen anzunehmen gestattet: nämlich für die Franzosen die Linie von
Düsseldorf bis Basel, und für die Oesterreicher von Theresienstadt bis Steier (Steyr). In dem mittleren Theile lässt sich durch
das Gebirge von Westen nach Osten oder gegenseitig keine
isolirte Operation unternehmen, weil sie von der französischen
Grenze bis an die untere Donau nur auf einzelnen unterbrochenen Wegen geführt werden müsste, und weil man auf
einer einzigen langen Linie ohne vortheilhafte Operationsbasis
weder mit der erforderlichen Kraft vorzugehen, noch von einem
einzigen Punkte die unentbehrlichsten Bedürfnisse durch ein
wenig ergiebiges Land nachzuschaffen vermag. Aber auch eine
Operation, bei welcher man sich aus dem Gebirge in die Ebene
wenden würde, ist nicht denkbar; denn auf einer oder auf
divergenten Linien geleitet, müsste sie immer gegen den Feind
scheitern, der seine Truppen in der Ebene bewegen, vereinigen
und gegen die Débouchéen mit Ueberlegenheit verwenden
kann. Das Gebirge ist also ausschliesslich zum Durchzuge und
zu Operationen von einer Ebene in die andere mit Vortheil
zu benützen; und sein Besitz hängt von jenem der offenen
Gegend ab, wo Localhindernisse nicht vermögend sind, den
Zusammenhang und die Richtung der strategischen Bewegungen
zu unterbrechen, und aus welcher die in verschiedenen Punkten
aufgehäuften Kriegsvorräthe auf mehreren Linien nachgeführt
werden können.

In dem südlichen Theile beschränken die beiden Meere
und der Fuss der Gebirge die gegenseitigen Basen. Die Operationen selbst werden von diesen natürlichen Grenzen beengt,
und da die nördliche Grenzlinie, nämlich die Abfälle der Ge-

---

[1]) Diese Bemerkung gilt selbstverständlich für die Gegenwart nicht
mehr, da überall fahrbare Strassen über die Pässe führen.   D. H.

birge zwischen dem Ticino und dem Isonzo einen bei Verona
nach Süden eingehenden Bogen bilden, so folgt hieraus, dass
auch der Gang der Operationen sich nach dieser Krümmung
richten und von der geraden und kürzesten Direction abweichen
müsse. Wenn nun zwei Linien auf einen entgegengesetzten
Punkt führen, von welchen die eine in gerader und die andere
in gebogener Richtung läuft, so ist die erstere in kürzerer Zeit
zu hinterlegen, und jede Operation auf der Bogenlinie wird
zweifelhaft, so lange der Gegner auf der geraden feindlich
wirken kann. Z. B. wenn man die Absicht hätte, Wien von
Strassburg oder von Mailand aus zu erreichen, würde eine Vorrückung auf der Bogenlinie von Mailand durch das Venetianische
und Innerösterreich äusserst unsicher sein, so lange der Gegner
das Défilé der Donau zwischen Regensburg und Ulm beherrscht
und die gerade Linie in seiner Macht hat. Oder gegenseitig,
man wollte von Enns und Laibach gegen die französische
Grenze zwischen Strassburg und Basel operiren, so lässt sich
keine Offensive durch das Venetianische und die Lombardei
über den Gotthard denken, so lange der Gegner sich in Bayern
und Schwaben behauptet.

Nach strategischen Grundsätzen ist von keiner der beiden
kriegführenden Mächte eine Operation durch Tirol oder die
Schweiz nach Deutschland ausführbar, weil jede derselben im
Falle des Misslingens und der Zurückwerfung gegen Süden
Gefahr läuft, dergestalt von ihrer Basis abgeschnitten zu werden,
dass sie solche nur durch einen Bogen wieder gewinnen kann,
indessen der Feind dieselbe in gerader Richtung bedroht. Dieses
Missverhältniss tritt in grösserem Masse auf der östlichen Seite
ein, weil die Unwegsamkeit des Gebirges zwischen der Drau,
dem Isonzo und Istrien die zurückweichende Armee zu einem
noch grösseren Umkreis zwingt, bevor sie dem Feind eine
neue Defensionslinie entgegenzusetzen vermag, während dieser
nicht allein auf der geraden Linie von Salzburg nach Leoben
und Bruck ihr zuvorkommen, sondern auch die diagonale Strasse
über Villach benützen kann, um sie noch mehr gegen Süden
zu verdrängen. Weniger Nachtheile ergeben sich für eine aus
dem westlichen Italien nach Tirol vorrückende französische
Armee, weil eine Operation gegen ihre Communicationen nur

über den Gotthard oder den Bernhard möglich ist, folglich
auf einer Linie geschehen müsste, die unter einem rechten
Winkel von der österreichischen Operationslinie in Deutschland abweicht, parallel mit der befestigten Linie des Rheins
läuft und äusserst beschwerlich ist. Im schlimmsten Fall kommen
die Franzosen durch eine Zurückwerfung nach dem südlichen
Italien in eine von ihnen besetzte und durch feste Plätze gesicherte Gegend.

Eine Operation aus dem nördlichen Theile des Kriegsschauplatzes in das Gebirge unterliegt nach vorläufiger Sicherstellung in Deutschland nicht allein keiner Gefahr für den
Rückzug auf die Basis, welche sich auf der einen Seite bis
Theresienstadt, auf der anderen bis Düsseldorf erstreckt, sondern
ihr Gelingen ist wahrscheinlich, weil der Feind, ohne Alles zu
wagen, ihr nicht entgegenwirken kann.

Aus diesen Vordersätzen folgt, dass in dem nördlichen
Theile des Kriegsschauplatzes der Schlüssel aller Operationen
liege, durch dessen Besitz allein der Eintritt in die übrigen
Theile sicher, schnell und leicht zu erwirken ist. Dieser muss
also das erste Operationsobject beider kriegführenden Mächte
werden, und dazu führt das Défilé der Donau. Hier ist der
eigentliche Zankapfel, um welchen mit der grössten Anstrengung
gefochten und wo die meisten Streitkräfte verwendet werden
müssen, indessen die weniger wichtigen Grenzen der Schweiz
und Italiens nur hinreichend besetzt werden dürfen, um Diversionen in Schranken zu halten.

Nach der Erkämpfung des ersten Objects in Deutschland war für Frankreich eine Operation auf dem rechten Ufer
der Donau am Fusse der Gebirge die vortheilhafteste. Der
vertheidigungslose Zustand der österreichischen Grenze, die
Möglichkeit auf der kürzesten und weniger beschwerlichen
Linie in das Innerste dieses Staates zu dringen und zugleich
die Räumung von Italien und Tirol zu erzwingen, konnte keinen
Zweifel über den Zweck und den Fortgang der Operationen
lassen. Ging der Rückzug des geschlagenen Feindes auf dem
rechten Donauufer, so musste er verfolgt werden. Nahm er
seine Richtung auf dem linken, und war der Sieg vollständig;
so setzten die Franzosen ihre Bewegungen auf dem rechten

fort, gewannen die Uebergänge vor dem Feinde und zwangen ihn, eine neue Schlacht anzunehmen oder eine entferntere Linie zu seinem Rückzug einzuschlagen. War der Sieg nicht vollständig, so musste ein zweiter entscheidender herbeigeführt werden.

Aber alle diese Bewegungen erforderten eine Masse von Kräften, die mit Schnelligkeit allen Widerstand über den Haufen werfen konnte; denn geschahen sie zu langsam, so gewann der Gegner Zeit, seine Truppen aus Tirol und Italien an sich zu ziehen und den Kampf zu erneuern.

Frankreich hatte am Anfang des Feldzuges den Vortheil einer umfassenden und befestigten Basis. Die Aufstellung der Oesterreicher bildete bei Bregenz einen hervorspringenden Winkel und ihr linker Flügel eine zurückgebogene Flanke, deren Basis in die Verlängerung der feindlichen Operationslinie vom Rhein her fiel und immer ausgesetzt war, sobald die Franzosen auf dieser Linie fortschritten und in Tirol eindrangen. Oesterreich aber konnte keine weitere Operation unternehmen, so lange es sich nicht durch einen Sieg in Deutschland gegen einen Angriff des Feindes auf der kürzesten Linie gesichert hatte. Und welches sollte dann sein zweites Operationsobject werden? — Die französische Grenze, durch den Rhein und eine doppelte Reihe Festungen geschützt, hat eine Vertheidigungsfähigkeit, die, wenn nicht ungeheure Erschütterungen und politische Umwälzungen vorangehen, keine Invasion, keine schnelle Operation zu durchbrechen vermag. Man kann einen ganzen Feldzug verlieren, ohne mehr als einen oder zwei dieser festen Plätze zu erobern, und ein so kleines Resultat nach so grossen Anstrengungen würde Frankreich in politischer Hinsicht nicht genug geschadet haben, um es zum Frieden zu zwingen. Noch weniger folgenreich wäre die Eroberung der Schweiz gewesen. Aber das an Hilfsquellen so reiche Italien musste das zweite Operationsobject werden, sobald ein entscheidender Schlag in Deutschland die Oesterreicher dazu berechtigte. Unter dem Schutze ihrer Armee, die sich am Fusse des Schwarzwaldes befestigt hätte, um neue Versuche der Franzosen gegen die Donau zu vereiteln, konnten sich die Oesterreicher eine Basis zu dieser neuen Operation bilden. Ein

Einbruch in die Schweiz, ein Durchzug über den Gotthard
würde bald Kräfte genug nach Italien gebracht haben, um den
Feind aus dem Felde zu schlagen, Mantua zu berennen und
bis an die piemontesischen Festungen vorzurücken. Dadurch
wäre das Missverhältniss der anfänglichen Aufstellung des
österreichischen linken Flügels verbessert worden, denn er
würde in gleicher Höhe mit dem rechten vorgerückt sein und
hätte eine unmittelbare Verbindung mit diesem nebst einer
zweckmässigen Basis erhalten.

Die Bestimmung eines dritten Operationsobjectes hing
dann von den Umständen und von dem Verhältniss der beiderseitigen Streitkräfte nach der Erreichung des zweiten ab.

In jedem Fall aber wären dabei folgende Betrachtungen
zu berücksichtigen gewesen:

a) Da der Schlüssel des Kriegsschauplatzes unabänderlich
zwischen dem Rhein und der oberen Donau blieb, so musste
die Aufmerksamkeit des Feldherrn und seine grösste Streitmacht
ebenfalls dahin gerichtet bleiben.

b) Eine Fortsetzung der Operationen aus Italien nach dem
südlichen Frankreich oder aus der Schweiz gegen den Jura
konnte leicht durch eine Operation des Feindes über Strassburg vereitelt und gefährlich werden, weil die Entfernung von
Strassburg nach Wien 34, von Ivrea hingegen über Verona
mehr als 40 Märsche beträgt, und weil jener, der bei Ivrea
steht, auf die bis Düsseldorf reichenden Communicationen des
an der Donau vorrückenden Gegners nicht schädlich wirken
kann, wohl aber dieser auf die Linien nach Verona, Görz,
Laibach, Marburg und Bruck.

c) Eine Operation über Neufchâtel oder Basel war mit
ähnlicher Gefahr verbunden. Die gerade rückwärts liegenden
Gebirge von Tirol und Steiermark enthalten weder eine Rückzugslinie für eine Armee, noch hinlängliche Communicationen
für die Zufuhr ihrer Bedürfnisse, ebensowenig der Rücken der
Lepontischen oder Penninischen Alpen zwischen dem Gotthard
und Bernhard. Die Operationslinien mussten also entweder in
der engen Strecke östlich des Schwarzwaldes zwischen Schaffhausen und dem Bodensee, oder den See umgehend über

Bregenz und St. Gallen auserwählt werden; aber in dieser
Richtung wird sie der Feind, der gerade von Strassburg vor-
geht und bei seiner weit ausgedehnten Basis für Rückzug und
Communication nicht besorgt sein darf, früher erreichen, als
die Armee sie wieder zurücklegen kann.

Aus allen diesen Betrachtungen geht hervor, dass zur
Vollendung der feindlichen Niederlage keine Operation entsprechender und sicherer sei, als eine solche, bei welcher sich
die deutsche Armee von dem Schlüssel des Kriegstheaters am
wenigsten entfernt und im Besitze jener Punkte bleibt, die dem
Gegner den Weg zu diesem Schlüssel bahnen — folglich die
Belagerung von Hüningen und später jene von Strassburg. Auf
allen übrigen Seiten sollte man sich blos auf die Defensive oder
auf Incursionen beschränken.

Wenn einerseits die Operationen in dem nördlichen Theile
des Kriegsschauplatzes beiden kriegführenden Mächten die
meisten Vortheile gewähren, so sind sie auch die wenigst gefährlichen; den Franzosen bleibt selbst nach einer verlorenen
Schlacht zwischen dem Bodensee und der Donau die Wahl
des Rückzuges nach Strassburg oder Schaffhausen. Bei letzterem
decken sie durch eine Stellung hinter dem Rhein in der
offeneren Gegend der Schweiz und in Verbindung mit Hüningen
die Flanke und den Rücken aller ihrer bis nach Italien stehenden
Truppen, und der Feind darf nicht wagen, sich gegen diese zu
wenden, so lange er den Uebergang des Rheins nicht erzwungen
und eine neue Schlacht gewonnen hat. Die Oesterreicher können
noch im Rückzug und in der Defensive den wichtigsten Schlüssel
zum Eingang ihrer Staaten decken und die Fortschritte des
Feindes auf seiner vortheilhaftesten Operationslinie im Thale
der Donau hemmen.

Die Ereignisse mehrerer Feldzüge bestätigen die Wahrheit dieser Betrachtungen.

Im Frühjahre von 1797 war Bonaparte aus Italien bis gegen
Leoben vorgedrungen. Trotz den willkürlichen Machtsprüchen
und dem Despotismus der damaligen französischen Regierung
nahm er es in dem richtigen Gefühl seiner zweifelhaften Lage
auf sich, schnell einen Waffenstillstand zu schliessen, weil

Oesterreich eine mächtige Armee in Deutschland hatte und im
Besitz der Strasse durch Tirol nach Italien war.

Im Anfang des Feldzuges von 1800 verstärkte die französische Regierung nach Moreau's richtiger Ansicht die Armee
am Rhein, um ihr das Uebergewicht über jene der Deutschen
zu geben, und Bonaparte senkte sich erst dann über den
Bernhard nach Italien, als der Feind bei Engen geschlagen,
bis Ulm zurückgeworfen und dort festgehalten war.

In den Jahren 1805 und 1809 vernachlässigte er Italien,
um seine Macht in Deutschland zu concentriren; auch zogen
die Oesterreicher keinen Vortheil von ihren Siegen in Italien,
weil Napoléon an der Donau geschlagen hatte und längs dem
Flusse vordrang. Beidemal wünschte man in Oesterreich Hilfe
von Diversionen aus Italien durch Tirol, beidemal waren sie
unmöglich. Um über Innsbruck nach Deutschland zu operiren,
hätten sich die Oesterreicher noch mehr von ihrer Basis entfernen müssen, und ein solches Manöver durften sie nicht
wagen. Vielmehr sahen sie sich gezwungen, schnell Italien zu
verlassen, die Gebirge zwischen dem Isonzo und der Drau zu
durchziehen, sich der unteren Donau zu nähern und eine Aufstellung zu gewinnen, welche für sie mit weniger Gefahr verknüpft war, weil sie eine mit der feindlichen parallele Basis
annehmen konnten.

Zweiter Abschnitt.

Ereignisse nach dem Frieden von Campo Formio bis zum Wiederausbruch des Krieges zwischen Frankreich und Oesterreich.

Der Frieden von Campo Formio endigte am 17. October
1797 den Kampf mit Frankreich, den Oesterreich im Jahre 1792
im Bunde mit ganz Europa begonnen und seit 1795 allein auf
dem festen Lande fortgeführt hatte.

Oesterreich erhielt zur Entschädigung für seine abgetretenen
Provinzen in Oberitalien und in den Niederlanden den grössten
Theil der venetianischen Terra ferma nebst dem venetianischen
Antheile von Istrien und Dalmatien mit den dazugehörigen

Inseln. Seine neue Grenze ging von Tirol aus, durchschnitt den Lago di Garda zwischen Gardolo und Lacise, umschloss Verona, lief von St. Giacomo auf dem linken Ufer der Etsch bis zur Mündung des Canal bianco mit Inbegriff der Festung Legnago und eines Bezirkes um dieselbe von 3000 Klaftern im Umkreis, verfolgte sodann den Canal bianco zum Tartaro, dann zum Canal Polisella und schloss sich endlich längs dem Po an das Meer.

Frankreich bildete eine unterwürfige Republik aus der österreichischen Lombardei, den Provinzen Bergamo, Brescia und Crema, der Stadt und Festung Mantua mit ihrem Gebiet, der kleinen Festung Peschiera, dem Modenesischen, den Fürstenthümern Massa und Carrara und den drei päpstlichen Legationen Bologna, Ferrara und Ravenna.

In Deutschland gab Oesterreich seine Einwilligung zur Abtretung von Mainz und des ganzen linken Rheinufers von der Schweizer Grenze unter Basel bis zum Einfluss der Nette in den Rhein oberhalb Andernach. Da jedoch der Kaiser nicht unmittelbar die Besitzungen jener Fürsten vergeben konnte, die nicht unter seiner unumschränkten Oberherrschaft standen, und deren Contingente sich zum Theil bei der Armee befanden; so sollte die feierliche Zustimmung des Reiches in einem Congress zu Rastadt (Rastatt) unterhandelt werden, wozu Oesterreich seine nachdrückliche Verwendung versprach und sich im Weigerungsfall zur Einziehung seiner Armeen mit Ausnahme des constitutionsmässigen Reichscontingents verbindlich machte.

Die Franzosen verliessen noch im Sommer des Jahres 1797 die besetzten österreichischen Provinzen zwischen der Mur und dem Isonzo und räumten im Herbste den Theil von Italien, der an Oesterreich fiel. Dafür erhielten sie den Besitz von Mainz, blieben ungestört in ihrer am Ende der Feindseligkeiten innegehabten Stellung an der Nidda und setzten die Berennung der Festung Ehrenbreitstein fort.

Die Oesterreicher zogen sich vom Rhein zurück und liessen 37 Bataillons, 75 Escadrons (39.000 Mann Infanterie und 12.000 Pferde) unter dem Namen ihres Reichscontingents zwischen dem Lech und der Isar. 6600 Mann Reichstruppen blieben als Besatzungen in Mannheim, Philippsburg, Ulm,

Ingolstadt und im Schlosse von Würzburg. Der Frieden von
Campo Formio hatte zwar die Waffenruhe, aber nicht das Zutrauen und das aufrichtige Einverständniss zwischen Frankreich und Oesterreich hergestellt. Auf beiden Seiten glommen
noch die Leidenschaften, welche die erste Fehde hervorgebracht
hatten, unter der Asche, und es bedurfte einer geringen An-
fachung, um sie in volle Flammen auflodern zu machen.
Oesterreich war gedemüthigt, aber nicht entkräftet, Frankreich
blieb seinen angenommenen Grundsätzen treu und fuhr fort
sich zu erweitern. Seine Machthaber, vom Revolutionsgeiste
hingerissen, fühlten das Bedürfniss, das Feuer, welches sie zu
verzehren drohte, auf ohnmächtige Nachbarn hinzuwälzen und
die überspannten Gemüther auswärts zu beschäftigen. Der
Kirchenstaat wurde in eine Republik umgestaltet, die Schweiz
von französischen Truppen überfallen. Oesterreich schickte
Verstärkungen nach Tirol und Vorarlberg. Am 13. April 1798
steckte der französische Botschafter in Wien die Nationalfahne
aus: es entstand ein Auflauf unter dem Volke, und er verliess
die Kaiserstadt. Theils durch Unterhandlung, theils mit den
Waffen verbreiteten sich die Franzosen immer mehr in der
Schweiz und näherten sich den Grenzen von Graubünden.
Der Bund forderte Schutz von Oesterreich und erhielt eine
Besatzung. Frankreich decretirte eine Aushebung von 200.000
Mann, und Oesterreich verlangte in Folge der bestehenden
Allianz mit Russland die versprochenen Hilfstruppen. So nahm
die Spannung täglich zu, welche der Congress in Rastadt weder
beizulegen noch zu vermindern vermochte. Die französischen
Minister hatten ihre Unterhandlungen mit der Abtrotzung des
linken Rheinufers eröffnet, und dennoch verliessen ihre Völker
das rechte nicht, noch hoben sie die Berennung von Ehrenbreitstein auf. Die übrige Zeit, bis zum Ende des Jahres 1798,
verging mit gegenseitigen Vorschlägen und Zänkereien. Vielleicht würde schon in dieser Epoche der Krieg ausgebrochen
sein, wenn beide Theile schlagfertig gewesen wären; aber
Frankreich hatte eine Armee von 14 Halbbrigaden und 6 Cavallerie-Regimentern, meist Kerntruppen, zu einer Unternehmung
gegen Malta und Aegypten abgeschickt und musste ihren Abgang in Italien ersetzen; 22 Halbbrigaden und 24 Cavallerie-

Regimenter wurden zur Bildung einer Armee an der nördlichen
Küste und zu einem fehlgeschlagenen Versuch gegen England
verwendet; Unruhen in Belgien, in der Vendée und in einigen
anderen Departements des Innern forderten Massregeln: die
piemontesische Regierung wurde vom Continent vertrieben und
am Ende des Jahres Neapel nach einem unbedeutenden Kriege
unterworfen. Alles dieses erheischte einen bedeutenden Truppenaufwand. Dagegen erwartete Oesterreich die Annäherung eines
russischen Hilfscorps von 25.000, eines zweiten von 11.000 Mann;
und indem es seine Armeen mit Thätigkeit organisirte, liess
es nach und nach alle rückwärts verlegten Truppen nach
Bayern, Tirol und Italien vorrücken.

Im Jänner 1799 durfte man an einem baldigen Bruche
nicht mehr zweifeln: Ehrenbreitstein ergab sich am 24. aus
Mangel an Lebensmitteln und erhielt mit Abweisung aller
Gegenvorstellungen französische Besatzung. Frankreich forderte
durch seine Minister in Rastadt die Trennung Oesterreichs von
dem russischen Bündniss, Oesterreich die Räumung der Schweiz
und Italiens von französischen Truppen. Ersteres hatte einen
peremptorischen Termin zur Erklärung des Wiener Hofes festgesetzt; als diese nicht erfolgte, erhielten die französischen
Armeen am 24. Hornung den Befehl, die Feindseligkeiten zu
eröffnen.

Dritter Abschnitt.

Vorbereitungen zum Kriege.

Oesterreich schien den plötzlichen Ausbruch des Krieges
in den letzten Tagen des Hornungs nicht erwartet zu haben.
Seine Truppen waren weder in Tirol noch in Italien versammelt,
die Verpflegsmittel nicht organisirt, die Russen, welche gemeinschaftlich in Italien agiren sollten, noch entfernt. Souwarow,
der Oberbefehlshaber des vereinigten Heeres, und Melas, der
ihm untergeordnete österreichische Feldherr, befanden sich
noch nicht auf ihren Posten. Man hatte weder einen Operationsplan definitiv festgesetzt, noch den commandirenden Generalen
die Hauptansichten und die Momente ihrer Unternehmungen

vorgezeichnet; und doch war in der damaligen Epoche ein
grosser umfassender Entwurf das dringendste Bedürfniss, nachdem die Invasion der Schweiz jedes politische Hinderniss in
der Verbindung des ganzen Kriegsschauplatzes aufgehoben und
die Verletzung ihres neutralen Gebietes nicht mehr geachtet
werden durfte. Die Operationen, welche isolirt keinen Erfolg
mehr versprachen, mussten im engsten Zusammenhang nach
einem gemeinschaftlichen Ziel geleitet werden. Alle getroffenen
Dispositionen beschränkten sich auf die Eintheilung der Streitkräfte in drei selbstständige Armeen:

54 Bataillons, 138 Escadrons (54.000 Mann Infanterie und
24.000 Pferde) standen unter der Anführung des Erzherzogs
Carl in Bayern und versahen die Garnison von Ulm. Andere
23 Bataillons, 8 Escadrons (24.600 Mann Infanterie und 1400
Pferde) hielten die Grenze von Graubünden und Vorarlberg
besetzt, auf deren Behauptung der Wiener Hof einen vorzüglichen Werth legte, und waren ebenfalls an den Erzherzog angewiesen. [1])

In dem Innthale und im südlichen Tirol befanden sich
50 Bataillons, 14 Escadrons (44.400 Mann Infanterie und 2600
Pferde) unter dem Oberbefehl des Feldmarschall-Lieutenants
Grafen Bellegarde.

Eine dritte Armee von 82 Bataillons, 76 Escadrons
(64.000 Mann Infanterie und 11.000 Pferde) sammelte sich an
der Etsch. Von dieser lagen aber noch 2 Divisionen zwischen
der Mur und dem Isonzo in rückwärtigen Cantonirungen, und
der Feldmarschall-Lieutenant Baron Kray stand bis zu Souwarow's Ankunft an der Spitze der Armee.

Nach dieser Vertheilung wurden 78.000 Mann auf die
Linie zu dem wichtigsten und entscheidenden Operationsobject
bestimmt; 73.000 Mann zur Deckung einer Communication,
die ganz von dem Besitz des ersten Objects abhing und nichts
zu seiner Gewinnung beitrug, die sogar erst dann brauchbar
wurde, wenn man das erste Object errungen und sich auf demselben festgesetzt hatte. Es wäre daher zweckmässiger gewesen,

---

[1]) Zusammen: 104.000 Mann (78.600 Infanterie, 25.400 Cavallerie)
D. H.

sich diese Communication in der Folge mit offener Gewalt zu bahnen, als eine so grosse Truppenzahl der vorausgehenden Operation zu entziehen und sie in Gegenden zu verwenden, die ihrer Aufstellung, ihrer Bewegung und ihrer Verpflegung gleich hinderlich waren. 75.000 Mann sollten zur nämlichen Zeit gegen das zweite Operationsobject, nämlich in die Ebenen Italiens, vordringen.

Nebst dieser falschen Beurtheilung in der Verwendung ihrer Streitkräfte begingen die Oesterreicher einen zweiten wesentlichen Fehler. Auf ihrer Basis sowohl, als auf der Rückzugslinie ihrer Armeen im Falle eines Missgeschickes, folglich auf der Operationslinie des nachrückenden Feindes befand sich kein einziger fester Punkt, der diesen aufhalten und die Geschlagenen aufnehmen konnte. Man hatte sich in Oesterreich keine lange Dauer des Friedens versprochen und aus eben dem Grunde, der den Entschluss befördern und die Thätigkeit wecken sollte, hielt man es für unmöglich, in der kurz berechneten Zeit ein solches Werk zu vollenden, das dem obbesagten Bedürfniss entsprach. Pedantische Ansichten, nach welchen der Werth eines Waffenplatzes abstracten Berechnungen unterzogen wurde, entfernten jeden Vorschlag, der nicht ein vollständiges Defensionssystem umfasste und jede Befestigung, welche nicht einer nach allen Regeln der Kunst und mit allen Hilfsmitteln geführten Belagerung gemessenen Widerstand leisten konnte. Man vergass hierbei, was für ausserordentliche Zubereitungen einer Belagerung vorangehen müssen, und wie wenig der Feind im Stande ist, die dazu gesammelten Hilfsmittel in Bewegung zu setzen, bevor nicht die Resultate des Sieges die Sicherheit einer solchen Unternehmung verbürgen. Man übersah die wichtigen Vortheile, die oft ein Punkt von minderem Belang zu leisten vermag, sobald er nur die Bedingniss erfüllt, nicht ohne Eröffnung der Tranchéen oder auf eine blosse Beschiessung sich ergeben zu müssen. Die Errichtung einer solchen Art von Befestigung erfordert keinen übermässigen Aufwand von Zeit und Mitteln; und wenn die Sicherheit eines Staates durch Waffenplätze vom ersten Rang, welche den Anstrengungen eines ganzen Feldzuges trotzen, erhöht wird, so sind doch auch weniger vollkommene, sobald

3*

sie den Feind zur Eröffnung der Tranchéen zwingen, eine
mächtige Schutzwehr, und der Zeitgewinn, den sie gewähren,
ist oft von unschätzbarem Werth. Es gibt sogar Punkte, deren
Wichtigkeit sich mit einem beschränkten Grad von Haltbarkeit
begnügt. Im siebenjährigen Kriege setzten die Franzosen in
Hessen und Hannover die alten Wälle, welche die meisten
Städte Deutschlands umgaben, in Vertheidigungsstand und ver-
schafften sich dadurch feste Punkte, die sie mit Recht places
du moment nannten. Sie dienten ihnen zur Deckung der Magazine, zu Stützen ihrer Flügel, zu Pivots ihrer Operationen,
zur Versicherung ihrer Rückzugslinien und waren stark genug,
dem Feinde zu widerstehen, für den es kein leichter Entschluss
ist, einen Belagerungstrain an sich zu ziehen und Tranchéen
zu eröffnen.

So hätten es die Oesterreicher machen sollen, nachdem
ihnen der Feldzug von 1797 die Ueberzeugung gab, dass man
auch durch Invasionen vermögend sei, einen von festen Punkten
entblössten Staat zu erobern. Enns liegt auf der entscheidenden
Operationslinie, wo das Gebirge sich an die Donau schliesst
und die Hauptstrasse nach Wien in Défiléen beengt. Diese
wird hier von jener Strasse durchschnitten, welche die Communication zwischen Villach und Theresienstadt bildet. Enns
würde, durch einen befestigten Brückenkopf jenseits der Donau
verstärkt, ein festes Bollwerk abgegeben haben zur Deckung
des Rückzuges und zur Erhaltung der Manövrirfähigkeit auf
beiden Ufern des Flusses. Der Feind durfte es nicht ungestraft
zur Seite liegen lassen, und wie viel Zeit ging nicht verloren,
bis er die Belagerungsartillerie an sich zog, besonders da Ulm
und Ingolstadt die freie Schiffahrt auf der Donau sperrten! —

Die zweite Strasse, welche die ganze österreichische Monarchie parallel mit der feindlichen Basis im Westen durch-
läuft, ist jene von Olmütz über Wien, Bruck und Görz. Auf
dieser würde zwar Wien der vortheilhafteste Waffenplatz gewesen sein, weil er beide Ufer der Donau beherrscht; da jedoch der grosse Umfang der Stadt und die von einer Residenz
unzertrennlichen Hindernisse die Vortheile seiner Lage aufwiegen und die Wahl desselben nicht räthlich machten, so
konnte wenigstens Bruck als der zweite angemessene Punkt

befestigt werden. Bei Bruck durchzieht die Strasse ein gebirgiges
Défilé, nachdem sie vorher bei Kapfenberg jene von Budweis
und Krems aufgenommen hat, und vereinigt sich über Leoben
mit der Communication von Villach nach Enns und Theresienstadt. Die umliegenden hohen und steilen Berge und die Nothwendigkeit, die schwere Artillerie von Mantua oder Strassburg
auf der Achse herbeizuführen, hätten die Belagerung dieses
Punktes unendlich verzögert und erschwert. In der damaligen
Lage, wo die Operationen wegen des Zusammenwirkens aus
Deutschland und Italien wahrscheinlich auf dem rechten Donauufer statthaben mussten, würden Enns und Bruck in dem Herzen
der österreichischen Monarchie eine Defensionsfähigkeit erzeugt
haben, welche die Wiederformirung zerstörter Armeen, Ausfälle
und Operationen nach allen Richtungen möglich gemacht und
im schlimmsten Falle — so lang sie behauptet wurden —
dem Sieger mässigere Friedensbedingnisse abgenöthigt hätten.
In der Folge konnte die Vertheidigungslinie gegen Westen und
gegen Süden durch die Befestigung von Villach, als dem Vereinigungspunkte der Strassen von Venzone, Innsbruck und
Salzburg, noch mehr verstärkt werden, weil die verlängerte
französische Operationslinie vom Rhein in südlicher Richtung
über diesen Punkt alle Communicationen zwischen Oesterreich
und Italien durchschneidet, und weil die Haltbarkeit desselben
dem Rückzuge der Oesterreicher aus Italien mehr Schutz gegen
die Unternehmungen der Franzosen aus Deutschland gewährte.

Hätten die Oesterreicher die Sicherheit ihres Staates auf
die hier beschriebene Art gegründet, so wären sie in der Lage
gewesen — da Ulm und Ingolstadt für den Besitz des ersten
Operationsobjectes wenig fürchten liessen — sich die unmittelbare Communication mit dem zweiten vorzubereiten und die
entferntesten Theile des Kriegsschauplatzes auf der kürzesten
Linie von Eger über Wernberg, Regensburg, München, Innsbruck, Brixen, Trient und Verona zu verbinden.

Wurde Brixen befestigt, wo sich die Hauptstrassen Tirols
durchkreuzen, so konnte man die Grenzen dieses Landes ungestraft einer schwachen Besatzung überlassen, weil es der
Feind weder durchziehen, noch zu seinem Vortheile benützen

konnte, so lange dieser Waffenplatz in den Händen der Oesterreicher blieb. Brixen musste dann zum Hauptdépôt beträchtlicher Mund- und Kriegsvorräthe werden: nicht allein, um den unvorgesehenen Durchmarsch einer Armee durch Tirol zu erleichtern, sondern auch dem bewaffneten Landvolk einen Centralpunkt vorzubereiten, in welchem es hinlängliche Mittel fand, selbst nach dem Rückzuge der Armee im Norden und Süden den Einmarsch der Franzosen aufzuhalten und gemeinschaftlich mit der Garnison ihnen die freie Communication zwischen München und Verona zu verwehren. Auch Trient, der Vereinigungspunkt aller Strassen im südlichen Tirol, konnte als Festung bedeutende Vortheile gewähren. Die Lage beider Städte zwischen Felsen und hohem Gebirge begünstigt ihre Vertheidigung und erschwert ihre Belagerung in solchem Mass, dass eine Unternehmung dieser Art nicht leicht zu besorgen gewesen wäre. Von allem diesem thaten die Oesterreicher nichts; aber sie benützten die zweijährige Ruhe, in welcher ihre Armeen fortwährend unter den Fahnen und auf dem Kriegsfusse geblieben waren, um ihre Streitkräfte durch die vollständige Bewaffnung des Landvolkes in Tirol und Vorarlberg zu vermehren. Die Truppen selbst waren überzählig, mit Allem versehen und ausgerüstet; Manneszucht und ein guter Geist herrschte unter ihnen; man konnte erwarten, dass sie den angehenden Kampf mit Kraft und Ehre bestehen würden.

Die französischen Armeen befanden sich in keiner so vortheilhaften Verfassung. In Frankreich herrschte das Directorium, ein Ausschuss von fünf durch Factionen zu diesen Stellen erhobenen Männern. Es war die Regierung der Leidenschaften, die sich immer durch Heftigkeit und Schwäche charakterisirt. Die Staaten verdanken ihre Kraft nur dem überlegten, gleich festen, unveränderten Fortschreiten nach angenommenen Grundsätzen. Heftige Entschlüsse scheitern gewöhnlich in der Ausführung, weil sie, nicht reif erwogen, nicht gehörig vorbereitet, unter der gährenden Masse leidenschaftlich aufgereizter Gemüther zu viel Reibung und Gegenwirkung erzeugen und daher nicht mit Beharrlichkeit durchgesetzt werden können.

Der Factionsgeist theilte das Directorium, dessen Häupter grösstentheils auf die Machtvergrösserung ihrer Parteien und

auf die Sättigung ihres Eigennutzes bedacht waren. Dieser Geist
hatte sich unter alle Glieder der Regierung, unter die Truppen,
in der ganzen Nation verbreitet. Alles war zerrüttet und in
krampfhaftem Zustand. Ueberall musste die executive Macht
verwendet werden, um Unruhen zu stillen und momentanen
Gehorsam gegen die Verfügungen der öffentlichen Autoritäten
zu erzwingen. Wie konnten die Armeen unter solchen Verhältnissen eine zweckmässige Organisation erhalten? — Haben
die Leidenschaften einmal die Gemüther ergriffen, so beherrschen Vorurtheil und Eigendünkel den Verstand. Der Ueber-
müthige, wie der Schwache glaubt dann, was er wünscht und
wonach er geizt. Der erste verachtet jede Prüfung der Umstände, der zweite fürchtet sie, um sich das Geständniss der
Ohnmacht zu ersparen; beide nehmen in ihren Berechnungen
das Befohlene als vollzogen an.

So hatte sich auch das Directorium verrechnet. Die Stellung von 200.000 Mann und einer verhältnissmässigen Zahl
von Pferden zur Ergänzung der Armee, die Errichtung von
15 Halbbrigaden in der Schweiz, die Erpressung fremder
Truppen von den unterwürfigen Bundesgenossen war decretirt;
und im stolzen Vertrauen auf so grosse Massregeln wurde der
Krieg ausgesprochen, bevor diese Anstalten sich verwirklicht
hatten. Mit Ende Hornung waren die französischen Armeen
weder ergänzt noch gehörig ausgerüstet und standen vertheilt
vom Vesuv bis an den Texel; indessen sich die überlegenen
Oesterreicher zwischen der Donau und dem Adriatischen Meere
concentrirten. Auf Befehl der Regierung theilten sich Frankreichs Streitkräfte in fünf selbstständige Heere und formirten:

1. Die Mainzer- nachher die Donau-Armee von 30 Bataillons,
68 Escadrons (46.000 Mann) unter Jourdan's Commando zwischen
Landau und Hüningen. Diese hatte die Bestimmung, über Kehl
und Hüningen vorzubrechen und nach Hinterlegung des
Schwarzwaldes die Richtung zwischen dem Bodensee und der
Donau zu nehmen. Der linke Flügel sollte versagt, der rechte
vorgeschoben werden, um schnell Bregenz zu erreichen, die
Verbindung mit der aus der Schweiz operirenden Armee zu
gewinnen und ihr durch eine Vorrückung am Fusse der Gebirge
das Eindringen in das Herz von Tirol zu erleichtern.

2. Die Schweizer-Armee von 33 Bataillons, 8 Escadrons (30.000 Mann). Mit dieser erhielt Masséna den Befehl, Grau- bünden und Tirol zu erobern und zu diesem Ende den Rhein mit dem grössten Theil seiner Truppen zwischen Bregenz und Maienfeld zu passiren, dann in zwei Colonnen Bregenz und Chur anzugreifen und nach Innsbruck vorzudringen; indessen eine dritte Colonne, von einer Abtheilung der italienischen Armee verstärkt, den Weg aus dem Veltlin über Glurns, Bozen und Brixen forciren würde.

3. Eine Observations-Armee von 49 Bataillons, 38 Esca- drons (48.000 Mann) unter Bernadotte, mit dem Auftrag Philipps- burg und Mannheim zu blockiren, die Operationen der Donau- Armee durch Demonstrationen und Diversionen zwischen dem Main, dem Neckar und der Enz zu unterstützen und endlich für Erhaltung der Ruhe, sowie für die Bewachung der Brücken über den Rhein und im Nothfall für die Besetzung bedrohter Punkte zu sorgen. Dieses Heer, welches jedoch nicht ganz formirt war, stand nebst der Schweizer-Armee in Bezug auf die Operationen im Grossen unter der Oberleitung des die Donau-Armee commandirenden Generals Jourdan.

4. Die italienische Armee von 50.000 Mann, welche mit dem linken Flügel gegen Trient agiren, mit der Hauptstärke über Verona an die Brenta und Piave vordringen und mit einer Abtheilung Toscana besetzen sollte.

5. Eine Armee in Unter-Italien, um die Eroberung des Neapolitanischen zu vollenden, Corfu und Malta zu unter- stützen.

Zehntausend Mann blieben noch einstweilen in Holland, um die Missvergnügten im Zaum zu halten und sich einem Angriff der Engländer zu widersetzen.

Die gegen Oesterreich bestimmte Truppenzahl war also schwächer und wurde noch mehr vertheilt, als jene des Gegners. Von 174.000 Mann sollten nur 46.000 gegen das Hauptope- rationsobject wirken, 80.000 Mann zwei Operationen beginnen, deren Erfolg von der Gewinnung des ersteren abhing, 48.000 Mann Festungen berennen, die weder durch ihre Lage noch durch die Stärke ihrer Garnisonen Einfluss auf das Ganze nahmen, und Diversionen machen, die kein Resultat hervorbringen konnten.

Selten haben sich die Gründe, welche die Wahl der Operationspläne bestimmen müssen, beiden Regierungen so klar und unverkennbar dargestellt, als vor Eröffnung des Feldzuges vom Jahre 1799; und doch liessen sich beide durch eine irrige Meinung verführen, verkannten den Schlüssel des Kriegsschauplatzes, den Werth seiner Behauptung und legten zu viel Wichtigkeit auf den Besitz des Gebirges. Daher die Operationen der Franzosen in der Schweiz, daher die Aufstellung einer unverhältnissmässigen Masse österreichischer Truppen zwischen Bregenz und Trient.

Moden beherrschen die Menschen selbst in ihren wissenschaftlichen Begriffen. Adepte geben den Ton, proclamiren Gemeinplätze und wohl gar Irrthümer als tief erforschte, unumstössliche Wahrheiten und finden Glauben und Anhänger unter der Menge, die nachbetet, nicht denkt und nicht prüft. Selbst die Klügern verleugnen ihre besseren Ansichten theils aus Schwäche, theils aus übertriebener Achtung für das Urtheil der Mehrzahl. Nur der Mann, der durch Ansehen und Thaten berechtigt ist, seine Stimme mit Festigkeit zu erheben, und dem bei innerer Kraft und sicherem Blick auch die Gewalt zu Theil ward, seine Ueberzeugung als Gesetz geltend zu machen, wagt es, dem Vorurtheil die Stirne zu bieten und seine Meinung mit Zuversicht zu behaupten. Aber wie wenig gibt es solche Männer, und wie selten finden sie dort Gehör, wo die Kriege entschieden und vorbereitet werden. Durchgreifende Massregeln erhalten fast nie den Beifall der Politiker, deren eigentlicher Beruf gewöhnlich ist, Schwierigkeiten auszuweichen, nicht aber sie zu überwinden, und die selbst dann, wenn sie den gordischen Knoten zerhauen wollen, sich so schwer von Nebenrücksichten losreissen, um ausschliesslich den grossen Zweck zu verfolgen. Allgemein war bei den österreichischen und französischen Armeen der Glaubenssatz an der Tagesordnung, dass der Besitz der Höhen über den Besitz der Ebene entscheide. Die Wahrheit dieses Satzes hatte sich bei einzelnen Gefechten, Stellungen und Märschen im taktischen Sinne so oft erprobt, dass er in dieser Anwendung nicht zu bezweifeln war. Allein man wandte

ihn auch auf die grossen Combinationen der Strategie an und
folgerte daraus, dass der Besitz des gebirgigen Theiles eines
Kriegsschauplatzes jenen des offeneren nach sich ziehe, und
dass man auf den ersten die Operationen gegen den letzteren
gründen müsse. Aus diesem Trugschlusse entstand damals die
herrschende Meinung, dass die Schweiz die Vormauer von
Frankreich sowie Tirol von Oesterreich sei, und dass kein Plan
einen günstigen Erfolg verbürge, der nicht die Besetzung dieser
höchsten Gebirge zum ersten Gegenstand nehme. Man betrachtete
sie als Citadellen, als Bastionen, welche Deutschland und Italien
flankirten, aus welchen man durch Ausfälle jede feindliche
Operation in Schwaben, Bayern, an dem Po und an der Etsch
vereiteln könne, und bedachte nicht, dass ein bedeutendes,
folgenreiches Manöver nie ohne hinlängliche Basis und ohne
Sicherheit des Rückzuges zu unternehmen sei. Auf solche irrige
Vordersätze gründete man das ganze System des Krieges; und
obwohl seine Unrichtigkeit durch den Erfolg bestätigt wurde,
so kamen doch die Wenigsten von ihrer vorgefassten Meinung
zurück, sondern opferten derselben den Ruhm der Armeen und
der Feldherren, mit deren Unfähigkeit sie das Misslingen der
Operationen entschuldigten.

Die von der französischen Regierung angewandten Streitkräfte entsprachen nicht nur an sich ihrer weit umfassenden
Bestimmung nicht, sondern ihr Stand war überdies nicht einmal vollzählig, noch ihre Organisirung vollendet, als der Krieg
ausbrach. Die Donau-Armee zählte statt 46.000 nur 38.000 Mann.
Der Observations-Armee fehlten noch weit mehr; und wiederholte Vorstellungen des Generals Jourdan über die Unzulänglichkeit seiner Mittel, belegt mit richtigen Ständen von der
Stärke seiner Gegner, blieben ohne Erfolg. Die Directoren betrachteten den Krieg als das Schutzmittel ihrer Gewalt und vergassen dabei, dass nichts fähiger ist, durch Revolutionen ge-
hobene Menschen zu stürzen, als der unglückliche Ausgang von
ihnen begonnener Unternehmungen. War der Krieg in der damaligen Epoche für Frankreich oder seine Beherrscher
unumgänglich nöthig — ein Fall, der den Kampf der
Verzweiflung ankündet, wenn Niederlagen vorzusehen sind
— und waren nicht mehr Mittel, als die hier angegebenen

vorhanden, so musste ein ganz anderes System angenommen werden.

Die Festungen am Rhein bildeten eine Vormauer; unter ihrem Schutze hätte man die Streitkräfte der Nation versammeln und organisiren sollen, indessen einige hingeworfene Abtheilungen den Feind von der Schweiz aus beschäftigten und nach der Besetzung von Mantua und Peschiera in den Ebenen Italiens streiften. Eine solche Haltung würde den Oesterreichern am meisten imponirt und sie gehindert haben, ihre Operation gegen die Schweiz oder Italien durch einen Sieg an den Quellen der Donau vorzubereiten. Unternahmen sie solche doch, so blieb noch immer Zeit, selbst wenn sie Turin erreicht, Hüningen erobert, Strassburg berannt hätten, die mittlerweile organisirte Hauptarmee schnell über den Rhein zu führen, durch einen Marsch an die Donau alle Operationen der Gegner zu vereiteln und um so nachtheiliger auf sie zu wirken, je weiter sie sich vorgewagt hatten. Nur die Ausführung dieses Planes konnte in der damaligen Lage ein günstiges Resultat für Frankreich hervorbringen; aber dazu gebrach es der revolutionären Regierung an Kraft und freiem Entschluss, seitdem der Enthusiasmus vorüber war, der, von den wildesten Despoten gelenkt, selbst ihren oft verkehrten Massregeln Nachdruck und Folge gab. Sie durfte nicht ohne Besorgniss eine bedeutende Macht auf ihrem eigenen Boden unter einem entschlossenen Feldherrn vereinigen; und doch konnte die Rettung damals, wie in allen grossen Krisen, nur von dem überwiegenden Einflusse eines Einzigen erwartet werden. Die frühere und spätere Geschichte der Revolution haben zu dieser Wahrheit Belege geliefert. Die Republikaner begeisterten zwar die französischen Heere hinter dem Schilde ihres hundertjährigen Festungssystems, aber nur unter Robespierre's Regierung eroberten sie Belgien. Ohnmächtig, als das Directorium waltete, wurden sie durch Napoléon siegreich.

Oesterreich hatte vor dem Ausbruch des Krieges von 1799 Alles für die Bildung seiner Armeen gethan, aber nichts zur Gründung dauerhafter Vertheidigungsanstalten. Frankreich hingegen hatte seine Armeen vernachlässigt, aber ein Gürtel von Festungen sicherte die Grenze und die Basis seiner Operationen.

Das Resultat des beginnenden Kampfes schien also nicht
zweifelhaft. Oesterreich musste die Oberhand gewinnen, so
lange diese im freien Felde errungen werden konnte, nämlich
bis unter die Kanonen der französischen Festungen. Dann
durfte man erwarten, dass der Frieden erfolgen würde; denn
die weitere Fortsetzung des Krieges drohte beiden Regierungen
mit grossen Gefahren. Oesterreich konnte nur mehr beschränkte
Vortheile, und zwar mit viel Zeit- und Menschenaufwand erkaufen. In Frankreich würde die Gegenwart und die Zügellosigkeit revolutionärer Armeen bald das Bedürfniss fühlbar
gemacht haben, eine kräftigere Regierung auf den Trümmern
der bestehenden einzusetzen. Veränderungen dieser Art führen
unter den Stürmen, die sie begleiten, zu Kraftäusserungen, in
welchen jede neue Regierung ihr Heil und ihre Erhaltung
sucht. Dieses wäre auch hier der Fall gewesen, und neue Triebfedern, durch die vorigen Ereignisse gestählt, hätten eine überlegene Macht auf den Feind geschleudert, der seine aus den
Hilfsquellen rechtmässiger Regierungen geschaffenen Kräfte mit
Eroberung der Festungen am Rhein erschöpfen musste, indessen
eine Niederlage der Deutschen an der französischen Grenze
den Weg bis in das Herz des unbefestigten Oesterreichs öffnete.

Vierter Abschnitt.

Masséna erobert Graubünden.

Der Krieg war in Paris beschlossen, und die Epoche des
Ausbruches wurde durch den Gang der Unterhandlungen in
Rastadt[1]) herbeigeführt. Die Armeen griffen zu den Waffen
nach Mass als sie, von dem Orte des Congresses entfernt, die
Unmöglichkeit jeder friedlichen Vermittlung erkannten und sich
zu dem bevorstehenden Kampf vorbereitet hatten.

Am 1. März setzten die französischen Donau- und
Observations-Armeen über den Rhein; am 3. rückten die
Oesterreicher über den Lech; am 6. nahmen die Operationen
in der Schweiz ihren Anfang; am 26. fielen die ersten Schüsse

— — — —

[1]) Und in Folge des Einmarsches der Russen.   D. H.

in Italien. In Deutschland lag eine Strecke von 12 Märschen zwischen den Ausmarschpunkten der gegenseitigen Armeen: in der Schweiz hingegen standen sie sich einander im Gesicht: daher wurde diese letztere der Schauplatz der ersten Feindseligkeiten, obwohl noch ein tiefer Schnee die ganze Gegend bedeckte und die Hindernisse vermehrte, welche die Natur in diesem Lande jeder Operation entgegengesetzt.

Die österreichischen Truppen waren mit Anfang März an den Grenzen der Schweiz in Cantonirungen vertheilt. 18 Bataillons, 7 Escadrons lagen in Vorarlberg unter dem Commando des Feldmarschall-Lieutenants Hotze, dem der Erzherzog Carl vorzüglich die Vertheidigung des Débouchés von Bregenz anempfohlen hatte, um dadurch die Flanke der vom Lech vorrückenden Armee zu sichern.

Hotze versammelte daher den grösseren Theil seiner Truppen in der Gegend von Bregenz und bezog mit dem anderen eine verschanzte Stellung bei Feldkirch, theils um die Heerstrasse über den Arlberg nach Tirol zu decken, theils um die ununterbrochene Verbindung mit Graubünden zu erhalten.

Eine blosse Postenkette hielt das Ufer des Rheins vorwärts von Bregenz bis Maienfeld besetzt. An den vortheilhaftesten Punkten des Cordons wurden Schanzen aufgeworfen, und der St. Luziensteig, ein gemauertes Hornwerk mit zwei hochliegenden, an Felsen gelehnten Flügel-Redouten, sperrte zwischen Balzers und Maienfeld, mit der Front gegen Feldkirch, die Hauptstrasse nach Chur dort, wo sie über einen schmalen Fuss des Gebirges zieht, welcher das Thal des Rheins durchschneidet und mit einer schroffen Abdachung dicht an den Fluss herabfällt. Zunächst an den Cantonirungen des Hotzeschen Corps lagen unter dem Commando des Generals Auffenberg 4 Bataillons, 1 Escadron in Graubünden. Von diesem besetzten 3 Bataillons, 1 Escadron aus dem Vereinigungspunkte Chur die Posten von Maienfeld, Zizers und Reichenau; 1 Bataillon aber mit den bewaffneten Landleuten war in den verschiedenen Pässen vertheilt, welche auf der westlichen Grenze die Eingänge aus den Cantonen Glarus und Uri, dann auf der südlichen über den Bernhardin und Splügen und die Thäler des Mittel- und Hinterrheins sperren. Hinter diesen Aufstellungen befand sich noch die ganze österreichische Armee von Tirol.

General Masséna hatte nebst der Abtheilung, welche er von der italienischen Armee erwartete, nur 33 Bataillons, 8 Escadrons zu seiner Verwendung, als er den Befehl erhielt, die Feindseligkeiten nach dem von der französischen Regierung vorgezeichneten Operationsplan zu eröffnen. Zu diesem Ende entwarf er folgende Disposition: Der linke Flügel unter Anführung des Divisionsgenerals Xaintrailles sollte durch die Aufstellung der Brigade Rubi bei Schaffhausen die Verbindung mit der vom Rhein vorrückenden Armee unterhalten, das linke Ufer dieses Flusses vom Bodensee aufwärts leicht besetzen und beim Uebergang des Centrums über denselben von seiner Seite mitwirken. Mit dem Centrum sollte General Menard zwischen Fläsch und Reichenau die Passage des Rheins forciren, indessen General Le Courbe ein Detachement des unter ihm stehenden rechten Flügels von Urseren[1]) nach Disentis in das vordere Rheinthal abschicken, mit dem Gros seiner Division aber von Bellinzona über Splügen das hintere Rheinthal gewinnen und in das Engadein vordringen würde. General Dessolles erhielt die Bestimmung, mit einer Abtheilung der italienischen Armee durch das Veltlin und die Grafschaft Worms oder Bormio an dieser Operation theilzunehmen.

Masséna vereinigte seine meisten Kräfte zwischen Reichenau und Fläsch, wo sich mehrere Furten über den Rhein befinden, und wo die Hauptcommunication der Oesterreicher aus Graubünden nach Deutschland dergestalt zwischen dem Hochgebirge und dem Fluss eingeengt war, dass es nur eines glücklichen Ueberganges bedurfte, um sich derselben zu bemeistern. Dadurch wurde dann der Feind in die Unmöglichkeit versetzt, sie anders als durch eine lange und beschwerliche Operation über die Gebirgssteige wiederzugewinnen. Die schwache und ausgedehnte Linie der Oesterreicher von Bregenz bis auf den Splügen verbürgte den Erfolg der Unternehmung.

---

[1]) Oder Andermatt.   D. H.

War das zwischen Fläsch und Reichenau liegende Chur forcirt, so hatten die österreichischen Posten, welche die Grenzen von Graubünden in einem halben Cirkel besetzt hielten, keinen sicheren Rückzug mehr; denn die Franzosen kamen ihnen über Davos in das untere Engadein zuvor; und wollten sie über Silvaplana das Thal der Adda oder der Etsch gewinnen, so fielen sie dem General Dessolles in die Hände. Die österreichische Aufstellung in Graubünden und Vorarlberg war weniger nach militärischen als nach politischen Rücksichten berechnet, da sie die Grenze der besetzten Länder durch eine lange Postenkette gleichsam nur bezeichnete. Jede Stellung in einem vorgebogenen Halbkreis ist nur dann günstig, wenn ihre für alle Waffengattungen anwendbare Rückzugslinie von der Mitte oder von einer für den Gegner unzugänglichen Seite ausgeht, und wenn man aus diesem Halbkreise früher auf die Communicationen des Feindes wirken kann, als er auf die entgegengesetzten.

Keinen dieser Vortheile hatte die bogenförmige Linie der Oesterreicher in Graubünden. Ihre Hauptcommunication war die Strasse nach Feldkirch; auf diese durfte nicht gerechnet werden, da sie von ihrem rechten Flügel längs der feindlichen Stellungen am Rhein fortlief und bei der geringen Wasserbreite und den häufigen Furten in jener Gegend leicht unterbrochen werden konnte, indessen die Franzosen senkrecht auf ihren Communicationen standen und für ihre Sicherheit nichts zu besorgen hatten. Auf dem linken Flügel würde der Weg über den Splügen und Chiavenna die Oesterreicher in ein vom Feinde besetztes Land geführt haben. Sie waren also ausschliesslich auf die beschwerlichen Felsensteige beschränkt, welche von der Strecke zwischen Maienfeld und Reichenau über das Hochgebirge rückwärts in das Engadein gehen. Zweckmässig bestimmte Masséna den Punkt des Angriffes; und man kann ihm nur den Vorwurf machen, dass er nicht vorher die ganze Division des rechten Flügels zur grösseren Versicherung des Erfolges an sich zog, umsomehr als Le Courbe von Bonaduz weit schneller Thusis erreicht haben würde, als von Bellinzona über den Bernhardin, um dann von dort in das Engadein einzudringen. Nachdem alle Anstalten vollendet waren, liess General Masséna aus seinem Hauptquartier Atzmoos, den Befehlen des Directoriums gemäss am 6. März mit anbrechendem Tage den General Auffenberg auffordern, Graubünden binnen zwei Stunden zu räumen, mit der Drohung, dass er im Verweigerungsfalle die Gewalt der Waffen brauchen würde. Auffenberg antwortete, dass er seinen Obergeneral hievon in Kenntniss setzen und dessen Befehle einholen müsse. Ohne diese Erklärung abzuwarten, griffen die Franzosen am nämlichen Morgen die österreichischen Posten an. General Loison liess sich von Urseren über den Crispalt auf Disentis herab und wurde zurückgeschlagen. General Demont drang mit seiner Brigade von Ragatz und Vättis über das Gebirge gegen den Kunkelspass; sprengte den dortigen Posten, dann eine Compagnie, die mit zwei Kanonen oberhalb Tamins stand; bemeisterte sich Reichenaus, der beiden Brücken über den Rhein und rückte schon Früh um 7 Uhr gegen Ems. Die Oesterreicher zogen Verstärkungen aus Chur an sich und warfen ihn bis Reichenau zurück; allein er blieb im Besitze dieses Punktes und detachirte eine Abtheilung nach Disentis, welche den Oesterreichern, die sich dort so standhaft behauptet hatten, in Rücken fiel und sie gefangen nahm. Alle ihre Posten im vorderen und hinteren Rheinthale waren abgeschnitten. Gleichzeitig mit dem Angriffe im Gebirge rückte General Lorges mit seiner Brigade an den Rhein, um den Uebergang durch die Furt bei Fläsch zu unternehmen. Ein Bataillon sollte über eine Bockbrücke bei Atzmoos setzen, sich dann gegen den St. Luziensteig wenden und ihn in der Front bedrohen, während General Menard, sobald der Angriff bei Fläsch glückte, die Passage gegenüber von Maienfeld forciren und mit Ungestüm den Pass im Rücken nehmen würde.

Auffenberg hatte eines der nächststehenden Bataillons vom Hotze'schen Corps zur Verstärkung an sich gezogen und vertheilte seine Truppen zwischen der unteren Zollbrücke, Maienfeld, Fläsch und dem Steig. Es gelang ihm durch ein heftiges Kanonenfeuer die Versuche der Franzosen bei den Furten von Fläsch und Maienfeld zu vereiteln; aber die Anhöhen, welche zwischen Fläsch und Balzers sich am Ufer des Rheins erheben und den Sattel bilden, auf welchem der Pass

Luziensteig in einiger Entfernung vom Flusse liegt, blieben unbesetzt, weil man auf die Beschwerlichkeit ihrer Ersteigung zählte. Die bei Atzmoos angetragene Bockbrücke wurde jedoch mit vieler Anstrengung geschlagen, nachdem die Franzosen sich vergeblich bemüht hatten, das angeschwellte Wasser zu durchwaten oder darüber zu schwimmen. Obwohl die Brücke schlecht und unvollendet war, so konnte die Infanterie doch um 2 Uhr Nachmittags darüber defiliren, und Masséna war kein Mann, sich von Schwierigkeiten abschrecken zu lassen. Da er die Unmöglichkeit einsah, die Furt bei Fläsch zu forciren, liess er den General Lorges mit seiner Brigade links ab nach Atzmoos marschiren, indessen Menard den Feind durch falsche Angriffe festhalten sollte.

Um 3 Uhr war schon die Tête der Colonne am St. Luziensteig. Der Obergeneral befahl den Sturm und leitete den Angriff selbst. Der Entschluss war kühn und die Unternehmung schwer, allein es blieb kein Mittelweg. Die Franzosen mussten siegen oder über den Rhein zurück; denn sie konnten nicht eingeengt am Fusse der steilen Berge vor der einzigen schlechten Brücke von Atzmoos stehen bleiben, indessen die Oesterreicher den Besitz vom Luziensteig, von Feldkirch und von allen vorliegenden Höhen behielten.

Feldkirch war zu weit entfernt, um es noch an diesem Tage anzugreifen. Liess man dem Feinde Zeit, Verstärkungen an sich zu ziehen, so konnte der folgende Morgen ein nachtheiliges Gefecht herbeiführen. Seine Linie musste durchbrochen, seine Combinationen gestört und eine Position gewonnen werden, in welcher man vermögend war, durch Vereinigung mehrerer Truppen den errungenen Vortheil zu behaupten. Masséna beurtheilte seine Lage richtig und fühlte, was ihm zu thun übrig blieb. Er liess eine kleine Seitencolonne von Grenadiers über die steilen Felsenwände des Falknis klettern, an welchen sich die rechte Flügelredoute des Passes lehnte; eine andere erstieg zur Rechten den unbesetzten Fläschner Berg, 1 Bataillon stürmte in der Front. Der Angriff dauerte vier Stunden und wurde viermal abgeschlagen.

Die Oesterreicher hatten die Werke des Steiges mit einem Bataillon und fünf Kanonen besetzt. Als es anfing Nacht zu

werden, erreichten die Franzosen vollends die Höhen der Felsen
auf dem rechten Flügel des Feindes, und Masséna schickte
vier Compagnien, die er noch als Reserve behalten hatte, vor,
um den letzten Druck zu geben. Die Redoute wurde genommen.
Nun liessen sich die Franzosen von den Anhöhen im Rücken
des Hornwerks herab und öffneten der auf der Strasse von
Balzers angreifenden Colonne die Thore. Das Gefecht war
blutig; ein Theil der Besatzung fiel oder wurde gefangen, der
Rest eilte mit Zurücklassung des Geschützes gegen Maienfeld.
Nach den Gefechten vom 6. beschloss General Auffenberg
sich hinter die Landquart zu ziehen. Zu diesem Ende stellte
er 2 Bataillons, $\frac{1}{2}$ Escadron, die im Steig, in Fläsch und
Maienfeld gestanden waren, hinter diesem Fluss bei der oberen
Zollbrücke auf; 1 Bataillon und $\frac{1}{2}$ Escadron blieben in Ems.
Masséna erneuerte den Angriff am 7., indem er mit der Brigade
Lorges auf der Strasse von Feldkirch vorrückte, den General
Chabran durch die Furt gegenüber von Maienfeld und Menard
über die untere Zollbrücke am Ausflusse der Landquart an
sich zog.

Die obere Zollbrücke wurde bald von den Oesterreichern
verlassen, eine zweite Stellung bei Zizers, eine dritte bei Malans
ebenfalls überwältigt. Endlich postirte sich Auffenberg auf die
Höhen von Chur. Masséna warf einige Abtheilungen in das
Gebirge, um die rechte Flanke des Feindes und den Weg von
Chur nach Tirol zu gewinnen. Dieses Manöver gelang, und
da zur nämlichen Zeit seine Infanterie und Husaren in die Front
des Feindes drangen, so wurden die Oesterreicher gänzlich
geworfen, Auffenberg mit dem grössten Theil seiner Truppen
und dem bei Ems stehenden Bataillon gefangen und das ganze
Geschütz erobert. Nur 8 Compagnien retteten sich theilweise
von dem Gefecht des vorigen Tages bei Reichenau und gewannen durch das Domleschger-Thal längs der Albula die unwirthbaren Eingänge des Engadeins.

Auffenberg hatte einen grossen Fehler begangen, sich in
ein Gefecht einzulassen, nachdem der Feind auf der einen
Seite in dem Besitz des Luziensteiges und auf der anderen
der Brücken von Reichenau in seinen beiden Flanken stand.
Das Ausharren in einer solchen Stellung ist selbst in einer

offenen Gegend bei mehreren Rückzugslinien gefährlich, im Gebirge hingegen allzeit verderblich. Der Feind dringt auf dem schwächsten, am wenigsten geschützten Theil der Position ein und befindet sich schon dadurch auf dem Wege, die Rückzugs- linien und die Communicationen der Truppen zu gewinnen, die ihn stehenden Fusses erwarten. In einer solchen Lage muss entgegenmanövrirt oder zurückgezogen werden. Die Fran- zosen waren überlegen und rückten auf beiden Flanken an; den Oesterreichern blieb kein Weg mehr frei, als die Gebirgs- steige von Chur über Lenz oder Davos. Konnte unter diesen Umständen Auffenberg noch halten wollen? — Hätte er nach dem Gefecht vom 6. seine Truppen vereinigt, das Geschütz und Alles, was den Marsch hinderte, aufgeopfert und sich in das Engadein zurückgezogen, so verlor er wenigstens nicht so viel Truppen umsonst, schützte einen Haupteingang Tirols, wo man auf den raschen Ausbruch des Krieges nicht vorbereitet war, und näherte sich einer Gegend, aus welcher er verstärkt werden konnte. Ein solcher Rückzug würde sogar einer kühnen Offensive vorzuziehen gewesen sein; denn in welcher Richtung hätte er diese unternehmen sollen? Entfernte sich Auffenberg von Chur und ging dem Feinde an den Luziensteig entgegen, so gab er den kürzesten Weg in das Engadein preis, ohne auf den günstigen Erfolg des Gefechtes und auf die Gewinnung einer anderen Communication zählen zu können. Wandte er sich gegen Reichenau, so gab ihm zwar die geringe Entfernung von Chur mehr Wahrscheinlichkeit, die dortige Communication nicht zu verlieren; allein wenn sich das Gefecht in die Länge zog, wenn der Feind indessen von Maienfeld vordrang, so ge- riethen die Oesterreicher zwischen zwei Feuer und hätten schwerlich mehr die Zeit gefunden, durch Chur über die Ge- birge zu defiliren. Gelang es ihnen aber auch, die Franzosen bei Reichenau zurückzuwerfen, indessen Masséna Chur erreichte, so war der Rückzug durch das Engadein nach Tirol nicht mehr möglich; denn Masséna stand auf der kürzesten Commu- nication und kam ihnen über Lenz oder Davos zuvor. Auffen- berg erwartete den Angriff des Feindes, als wähnte er, die Ehre der Waffen durch ein Gefecht retten zu müssen, dessen un- glücklicher Ausgang leicht vorauszusehen war.

4*

Die ganze Linie der Oesterreicher bis an den Bodensee hatte nicht allein die Nachtheile eines jeden Cordons, von dem auf einem Punkt vereinten Gegner leicht durchbrochen zu werden, sondern sie unterlag auch allen Gefahren, die eine solche Aufstellung in tiefen Thälern zwischen hohen, unwegsamen Gebirgen bedrohen: der Rückzug nämlich war auf einen oder wenige Punkte beschränkt, die sich in der Postenlinie selbst befanden, und durch welche die Gesammtzahl der Truppen passiren musste, weil sie nur durch Débouchéen in eine rückwärtige Gegend gelangen konnten.

Wird nun die Aufstellungslinie an einem solchen Punkt oder in der Nähe eines solchen Débouchés durchbrochen, so sind alle auf dem Cordon zerstreuten Abtheilungen abgeschnitten und werden entweder gefangen, oder müssen ihre Rettung auf ungebahnten Wegen suchen, wo sie dem thätigen Feinde, der den errungenen Vortheil nach bestimmten Directionen verfolgt, meistens in die Hände fallen.

Während der Gefechte in Graubünden hatte General Oudinot die Postenkette der Oesterreicher in Vorarlberg am 6. März ebenfalls angegriffen. Sein Auftrag war, durch eine zwischen Haag und Benderen gelegene Furt über den Rhein zu gehen, eine Abtheilung zur Beobachtung von Feldkirch aufzustellen und sich mit dem Rest gegen den Luziensteig zu wenden, um zu der Hauptoperation mitzuwirken. Der Uebergang geschah mit vielen Schwierigkeiten: die Furt war schlecht und unsicher; ein Theil der Infanterie wurde auf Wagen durch den Rhein geführt; darüber ging viel Zeit verloren, und Oudinot musste sich begnügen, an diesem Tage die Communication der Oesterreicher mit Graubünden bei Schaan zu unterbrechen und gegen Feldkirch den Schellenberg zu besetzen.

Hotze sammelte seine zerstreuten Posten und beschloss einen Angriff auf den 7. März in der Absicht, den Feind vom Schellenberge zu verjagen und sich die Strasse nach Graubünden wieder zu eröffnen; allein die Kürze der Zeit erlaubte nicht mehr als 16 Compagnien, worunter 2 aus Landeseinwohnern bestanden, und 2 Escadrons zusammenzubringen. Diese theilte er in 4 Colonnen: die erste sollte von der Nendelmühle nach Mauern, die zweite und stärkste über Egelsee

auf Hueb, die dritte über den Kamm des Schellenberges gegen
Benderen, und die Cavallerie über Nofels und Ruggell vorrücken. Vier Compagnien und eine halbe Escadron sollten auf
der Hauptstrasse von Nendeln bleiben. Unterwegs stiessen sie
auf den General Oudinot, welcher mit 2 Halbbrigaden und
1 Cavallerie-Regiment gegen Feldkirch im Anmarsch war. Der
Angriff der Oesterreicher wurde nicht allein zurückgeschlagen,
sondern, da auch Masséna zur Versicherung seines Rückens
ein Detachement auf der Strasse von Balzers gegen Feldkirch
abgeschickt hatte, so drangen die Franzosen auf allen Punkten
mit solcher Heftigkeit vor, dass sie die vorderste Linie der
verschanzten Stellung hinter der Nendelmühle durchbrachen.
Das Gefecht dauerte bis in die Nacht, und nur mit der grössten
Anstrengung und mit Vereinigung aller in der Nähe liegenden
Truppen brachte es Hotze dahin, den Feind aus dem Gebiet
des verschanzten Lagers zurückzutreiben und das ganze zu
der Position von Feldkirch gehörige Terrain zu behaupten. Das
Geschütz und ein grosser Theil der in der Frühe zum Angriff
vorgerückten Truppen ging verloren. In zwei Tagen hatten die
Franzosen das eigentliche Graubünden erobert: 14 Kanonen
und gegen 5000 Gefangene waren in ihre Hände gefallen.
Masséna stellte sich nunmehr im Rheinthale auf, um die Strasse
längs des Flusses zu beobachten und die Unternehmungen
seines rechten Flügels gegen Tirol zu decken. Die Berge auf
den Flanken des Luziensteiges wurden durch Verhaue befestigt;
Oudinot bemeisterte sich des Postens bei Planken (Blanken) auf
dem linken Flügel des verschanzten Lagers vor Feldkirch und
hielt den Wald zwischen Schaan und Nendeln besetzt. Dadurch
suchte er die Aufmerksamkeit des Feindes auf dieser Seite zu
beschäftigen, indessen mehrere Bewegungen und Anstalten bei
Rheineck auf eine Unternehmung von der anderen deuteten.
Ihrerseits zogen die Oesterreicher Verstärkungen aus Bregenz
nach Feldkirch, welche der Erzherzog von seinem linken
Flügel über Weiler ersetzen liess. Vorbereitungen der Franzosen
zu einem Brückenschlag bei Oberried, gegenüber von Meiningen,[1]) wurden durch das Feuer der Oesterreicher zerstört.

---

[1]) Am rechten Ufer des Rheins.   D. H.

In Tirol war man auf keinen so schnellen Angriff gefasst,
und dieser Umstand begünstigte ungemein die reissenden Fortschritte der Franzosen. Von Bozen durch das Vintschgau bis
in das Münsterthal, an der Grenze von Graubünden, lagen nur
3 Bataillons, $3\frac{1}{2}$ Escadrons in Cantonirungen; 3 Bataillons,
eine halbe Escadron im Nons- und Sulzthal gegen den Tonale.
Von den übrigen Truppen befanden sich 10 Bataillons, 2 Escadrons im südlichen Tirol, 1 Bataillon in Landeck, 1 Bataillon in Innsbruck; 14 Bataillons zwischen St. Johann und
Rattenberg, endlich 15 Bataillons, 5 Escadrons in 2 Colonnen
im Anmarsch über Reuti (Reutte) und den Arlberg. Noch
vor Ausbruch der Feindseligkeiten wurden 2 Bataillons, 1 Escadron in das Engadein vorgeschoben, aber ebenfalls in weit-
schichtige Cantonirungen verlegt, welche sich bis Castasegna
im Bregell (Bregaglia) gegen Chiavenna und in das Puschiaver-
Thal (Poschiavothal) ausdehnten. Als die Nachricht von der
Invasion Graubündens anlangte, erhielt der österreichische
General Loudon den Befehl, diese Truppen in das untere
Engadein zurückzuziehen, die nächsten 8 Bataillons, 1 Escadron
aber zur Versicherung der Pässe aus dem Brettigau (Prättigau),
dann aus den Thälern von Davos, von Münster und von Bormio aufzustellen. Zugleich wurden die rückwärts liegenden
Truppen in 3 Colonnen in Marsch gesetzt; 6 Bataillons in
das Montafon, 9 Bataillons nach Bozen und jene aus dem
Innthale nach Imst, wo sie nach Umständen ihre weitere Bestimmung erhalten sollten. Loudon hatte am 10. März 3 Bataillons, 1 Escadron bei Nauders, 5 Bataillons, 1 Escadron
zwischen Taufers und St. Maria versammelt und brach mit
4 Bataillons nach Zernetz auf, wo er in der Nacht vom 10.
auf den 11. eintraf. Die Truppen, welche sich aus Graubünden
über die Gebirgssteige gerettet hatten, bezogen die Pässe des
Scaletta und Fluelaberges zur Deckung seiner rechten Flanke;
1 Bataillon drang zur Versicherung der linken über St. Maria
nach Bormio, hob dort einen cisalpinischen Posten auf und besetzte die Bäder Premadio und Trepal. Ein anderes Bataillon erhielt über das Tschirfserjoch (Cierfserjoch) die Verbindung des
Engadeins mit dem Münsterthal zwischen Zernetz und St. Maria.
Endlich gab eine Diversion, welche der Feldmarschall-Lieutenant

Bellegarde aus dem Sulzthale (Val di Sole) in die Val Camonica machen liess, und wobei der Feind aus Ponte di Legno delogirt wurde, umsomehr Beruhigung für jene Seite, als General Dessolles, dessen Operationen zugleich mit jenen der Schweizer-Armee anfangen sollten, erst 8 Tage später an seiner Bestimmung eintraf.

Le Courbe war indessen auch vorgerückt, um dem Plane seines Obergenerals gemäss durch das Thal des Hinterrheins in das Engadein einzufallen. Am 7. März brach er von Bellinzona auf und zog mit 3 Halbbrigaden, 1 Bataillon und einer Abtheilung Jäger zu Pferd in einem äusserst beschwerlichen Marsch durch das Mesoccothal über die Schneekuppen des Bernhardins. Von da senkte er sich an die Quellen des Hinterrheins herab und erreichte über Splügen auf der Via Mala den Flecken Thusis am Fusse des Heinzenberges. Hier theilte Le Courbe seine Division in 2 Colonnen: die eine, unter seiner eigenen Anführung, nahm den Weg über Lenz und den rauhen Albula-Pass; die andere führte General Mainoni über den Septimer und Julierberg. Beide stiessen am 10. März auf österreichische Posten; die zweite vertrieb sie aus Casaccia und Silvaplana; Le Courbe nahm Bergün, erstieg den Albula und eroberte Ponte.

Die aus dem Bregell und dem Poschiaver-Thal zurückmarschirenden 2 Bataillons Oesterreicher wurden abgeschnitten und theilweise gefangen, da sie auch in dem Thale der Adda keinen Ausweg mehr fanden, weil General Lechi von der italienischen Armee im Veltlin eingerückt war und am 12. Tirano besetzt hatte. An eben diesem Tage rückte Loudon mit den Truppen, die er im Engadein versammelt hatte, gegen Ponte, vertrieb die Franzosen daraus und bemeisterte sich eines Theiles des Albula.

Le Courbe behauptete sich auf den dominirenden Höhen des Berges und liess ein Detachement durch das Davoser-Thal abgehen, um den österreichischen Posten von Scaletta in Flanke und Rücken anzugreifen. Dieses Manöver hatte seinen vollen Erfolg; Loudon musste eiligst zurück und verlor noch einen grossen Theil seiner Leute, welche nicht mehr durchkommen konnten. In der Nacht verliessen die Oesterreicher Zernetz, zogen sich auf Schuls und besetzten das Gebirge, die Oefen oder Forni genannt, und das Tschirfser Joch. Ihre Arrièregarde deckte den weiteren Rückzug bis Martinsbruck, wo sie in der Nacht vor dem 14. eintraf und einen Posten bei Schleins aufstellte. Die Franzosen folgten ihr unter beständiger Harcelirung am 13. bis an die Brücke von Zernetz und am 14. bis Remüs. In dem Schlosse Tarasp fiel ihnen ein Munitionsvorrath in die Hände, welcher bei der Beschwerlichkeit des Nachschubes in jener Gegend keine unbedeutende Eroberung war.

Le Courbe hatte zu viel gewagt, auf einer einzigen Operations-, Communications- und Rückzugslinie längs dem Inn so weit vorzugehen, indessen auf seiner rechten Flanke das Adda- und Münsterthal und auf der linken das Montafon noch vom Feinde besetzt waren. In dem letzteren und in dem Klosterthale zwischen Bludenz und Arlberg lagen 6 Bataillons Oesterreicher, welche bei Galtür einen Posten hielten, von wo ein Steig nach Ardetz ins Engadein führt. Aus dem Münsterthale stand ihnen der Steig nach Schuls und aus dem Thale der Adda jener nach Zernetz zu Gebot. Wenn man auf einer einzigen Linie vorrückt, so müssen die Flanken durch solche Stützpunkte gesichert werden, welche entweder in sich selbst undurchdringlich sind, oder von denen sich der Feind in einer solchen Entfernung befindet, dass er sie nicht eher erreichen kann, als bis die Colonne vereinigt ist; folglich muss diese Entfernung grösser sein, als die Tiefe der offensiv vorgehenden Colonne, oder man muss vermögend sein, einen Punkt zeitig und kräftig genug zu bedrohen, aus welchem der Feind abgehalten wird, etwas gegen die Flanken der Operation zu unternehmen. Von allen diesen Fällen trat keiner bei der Marschlinie der Franzosen, noch weniger bei ihren rückwärtigen Communicationen ein. Die auf beiden Seiten liegenden Gebirge waren zwar hoch und beschwerlich, aber nicht unzugänglich. Die Communicationslinien über den Albula sowohl als über Silvaplana waren von der Stellung bei Remüs weiter entfernt, als von den österreichischen Posten im Montafon und im Thale der Adda; und die Rückzugslinien der Oesterreicher, wenn sie auf diese Communicationen wirken wollten, konnten aus dem

Engadein nicht gefährdet werden, weil ihnen die Wege an die Ill, an die Etsch und an die obere Adda frei blieben.

Le Courbe glaubte diesen Nachtheilen dadurch zu begegnen, dass er seine Truppen staffelweise vorzog, so dass sie sich von Remüs bis Zernetz ausdehnten ; als ob eine theilweise Aufstellung auf der verlängerten Operationslinie diese dergestalt deckte, dass man sich ihrer fortwährend mit Zuversicht bedienen und sie im Unglücksfall zum Rückzug und zur Communication verwenden könnte! Der Besitz des occupirten Terrains hängt von dem augenblicklichen Ausgang eines Gefechtes ab. Man kann einen Weg nicht benützen, auf welchem gekämpft wird, und die Wahrscheinlichkeit des Erfolges ist nicht auf der Seite desjenigen, der auf einer Linie ausgedehnt gegen zwei Seiten Front machen muss: obgleich späterhin das Glück oder vielmehr die unvollkommenen Massregeln ihrer Feinde die Franzosen in einem ähnlichen Fall begünstigten.

Le Courbe überliess sich ganz seinem kühnen, ungestümen, rauhen Charakter; er zog die Geschwindigkeit der Operation ihrer Sicherheit vor und achtete nicht des Menschenblutes, wenn er damit schnell einen Vortheil zu erkaufen hoffte. Er vertraute ausschliesslich auf die Uebermacht der Offensive sowohl als der Initiative in den Bewegungen, welche in keinem Terrain so überwiegend ist als in dem hohen Gebirge. Die Combinirung und Bestimmung eines Gegenmanövers ziehen dort wegen der Beschwerlichkeit der Communicationen und des Einverständnisses so viel Zeitverlust nach sich, dass gewöhnlich vor der Ausführung sich die ganze Lage der Dinge, auf welche der Entwurf gegründet war, ändert.

Dadurch erreicht der Angreifende nach einander eine Reihe von Vortheilen, die er unaufhaltsam benützt, und die ihm nicht so leicht wieder entrissen werden können.

Die Heerstrasse längs dem Inn zieht durch das Dorf Martinsbruck über eine Brücke von dem linken auf das rechte Ufer; schlängelnd führt dieser Weg über den Berg von Nauders und geht dann meist auf dem Abfall schroffer Felsen nach Finstermünz, wo man wieder über eine Brücke das linke Ufer gewinnt. Bei Nauders vereinigt die Strasse über Burgeis nach Glurns das Innthal mit jenem der Etsch. Vor dem Orte Martins-

bruck ist die Strasse durch Abfälle hoher Berge, welche sich
fast bis an den Fluss herabsenken, sehr beschränkt. Ein Bach
stürzt von einer tiefen Schlucht von dem Gebirge in den Inn,
und der Fuss des Berges, von dem er herabläuft, bildet gegen
den oberen Inn einen hervorspringenden Riegel, von welchem
es möglich wird, sowohl die Schlucht als das Thal des Flusses
und die Heerstrasse zu bestreichen. Auf einer zweiten Abdachung des Gebirges, welche sich über die erste erhebt, vereinigen sich zwei Fusssteige, deren einer oberhalb über die
erwähnte Schlucht führt und unter dem Feuer des am Ausgang befindlichen Riegels liegt; der andere umgeht sie zwar,
ist jedoch leichter zu vertheidigen. Aber auf dem Kamm des
Gebirges läuft von Schleins aus ein Fussweg in paralleler
Richtung mit der Heerstrasse, umgeht Martinsbruck, senkt sich
über den Spissberg gegen die Brücke von Finstermünz herab
und führt dann als Fussweg unter dem Namen Novellasteig
am linken Ufer des Inns nach Martinsbruck und in den Rücken
der Position. Auf dem rechten Ufer sind die Steige gegen
Nauders wegen des steilen Gebirges äusserst beschwerlich. Die
Oesterreicher hatten Verstärkungen erhalten und mit 3 Bataillons
und 3 Kanonen ihre Stellung bei Martinsbruck auf den Höhen
genommen, vor deren Front die erst beschriebene Schlucht liegt.
Die Landesschützen aus der ganzen Gegend waren aufgeboten.
Die bei den früheren Gefechten versprengten Posten hatten
sich grossentheils dort gesammelt, und Truppen aus dem Innern
von Tirol zogen gegen Finstermünz und Nauders.

Durch die Leichtigkeit seiner bisherigen Fortschritte verblendet, griff Le Courbe noch am 14. März mit einer Halbbrigade, welche die Tête seiner im Engadein ausgedehnten
Colonne machte, die Stellung von Martinsbruck an, nachdem
er sich des Dorfes Schleins bemächtigt hatte. Sein Ungestüm
erlaubte ihm nicht, die langsamere, aber im Gebirge entscheidende Methode anzuwenden, kleine Abtheilungen auf den
Nebensteigen gegen des Feindes Flanken und Rücken abzuschicken. Er stürmte fruchtlos in die Front, gab aber dennoch
seinen Plan nicht auf, sondern bestimmte den 15. zur Wiederholung des Angriffes. Loudon kam ihm zuvor und bediente
sich des nämlichen Manövers, welches die Franzosen bisher

gegen die Oesterreicher angewandt hatten, um ihn für die Verwegenheit zu strafen, dass er ohne Rücksicht auf die Sicherstellung seiner Flanken so weit im Innthale vordrang.

Loudon war in das Münsterthal abgegangen, versammelte dort gegen 7000 Mann vom Landsturm, zog noch 3 Compagnien an sich und beschloss, über die unteren Oefen nach Zernetz vorzudringen, indessen eine andere Abtheilung von 3 Compagnien aus St. Maria über das Scharljoch marschiren und Schuls angreifen sollte. Die Truppen in der Stellung von Martinsbruck bekamen den Befehl, den Feind zur nämlichen Zeit bei Remüs in der Front anzufallen.

Die erste Colonne kam am 15. März bis Zernetz, wurde aber durch ein feindliches Bataillon, welches den Ort besetzt hielt, auf das Tschirfser Joch zurückgeworfen. Die Franzosen standen jedoch bald von der Verfolgung ab, als Loudon selbst nach unendlichen Schwierigkeiten über die höchsten Klippen vor Schuls eintraf. Unvorbereitet auf diese Erscheinung, wurden sie hier überfallen, versprengt und mehrere nebst dem General Mainoni gefangen genommen. Allein der Angriff auf Remüs geschah nur mit 2 Bataillons aus der Stellung von Martinsbruck und mit wenig Nachdruck. Es ist nicht schwer, dem überlegenen Feind auch mit geringen Kräften Widerstand zu leisten, wenn dieser seine offensive Bewegung blos auf den engen Raum eines Défilés beschränkt; und dieses mussten die Oesterreicher, welchen an der Behauptung von Martinsbruck zu viel gelegen war, um einen Theil der ohnehin schwachen Besatzung durch Vorschiebung mehrerer Seitenabtheilungen im Gebirge dem Zufall auszusetzen, von dem Hauptposten abgeschnitten zu werden. Le Courbe fühlte die Unzulänglichkeit des Angriffes, die Leichtigkeit ihn aufzuhalten und die weit grössere Gefahr, die ihn in Flanke und Rücken bedrohte. Er liess daher eine Abtheilung in der Front stehen, kehrte mit dem grössten Theile seiner Truppen um und warf sich auf den General Loudon. Schuls wurde wieder erobert und beide feindliche Colonnen zum Rückzug auf St. Maria gezwungen, nachdem 3 Compagnien von der ersteren in französische Gefangenschaft gefallen waren.

Der Grundsatz: der mich umgeht, ist auch umgangen, hat sich nie auffallender bewährt. Wenn eine Truppe
von dieser Wahrheit durchdrungen ist, so wird sie in mancher
kritischen Lage mit ihrer Besonnenheit auch ihre Brauchbarkeit beibehalten und die übertriebene Meinung von der Gefahr
der Umgehung verlieren, die nur zu oft Zaghaftigkeit und die
grössten Unfälle hervorbringt. Es sollte daher eine wesentliche
Bemühung der Vorgesetzten sein, das Vorurtheil von dieser Gefahr in dem Herzen des gemeinen Mannes mit aller Kraft der
Ueberzeugung auszurotten; und zwar umsomehr, als der Fall
gerade in einem geringeren Wirkungskreise öfters eintritt, dass
kleine Abtheilungen, einzelne Posten, detachirte Seitencolonnen
auf einige Augenblicke ihre Communicationen verlieren oder
wohl gar absichtlich preisgeben müssen, um grössere Resultate zu begünstigen. Bei einer ganzen Armee würde dies ein
verderbliches Wagestück sein, zu welchem ihr Anführer sich
nur dann herbeilassen dürfte, wenn sie durch vorhergegangene
grosse Fehler in eine so verwickelte Lage gerathen wäre, dass
blos die persönliche Tapferkeit ihres Feldherrn sie zu retten
vermöchte.

In dem Gebirgskriege imponirt eine Umgehung weit mehr
als in jedem anderen, weil der Gesichtskreis und folglich die
natürliche Beurtheilung beschränkter ist, und weil es einem
ungeübten Auge schwerer wird, sich in der Gestalt des Terrains
und in der Verbindung der Thäler und Schluchten zu orien-
tiren. Dennoch sind die Umgehungen im Gebirge am leichtesten
unschädlich zu machen, weil sie nur von kleinen Colonnen
oder einzelnen Detachements auf beschwerlichen Seitenwegen
ausgeführt werden können, wo jeder Einzelne mit den Hindernissen des Terrains zu kämpfen hat, und wo wenig Kräfte vermögend sind, den Feind auf einem Punkte aufzuhalten, indessen
man sich mit Ueberlegenheit gegen einen anderen wendet.

Gewöhnlich sind solche Aufstellungen entweder in den
Thälern oder auf den niedrigen Abfällen der Berge. Die Colonne, welche die Stellung über das hohe Gebirge umgangen
hat, bleibt auf den Höhen stehen, wenn sie mit ihrem Geschütz
das Thal bestreichen kann, oder sie senkt sich in dasselbe.
Im ersten Falle ist der Weg zum Rückzug nicht gesperrt und

— wenn auch unter dem Feuer des Feindes — einer entschlossenen Truppe dennoch möglich. Im zweiten hat Jener,
der schon im Thale steht, der das Terrain kennt und in seinen
Bewegungen nicht gehindert ist, den Vortheil über Jenen, der
auf Fusssteigen in das Thal herabdefiliren muss und sich nur
auf diese Art wieder zurückziehen kann. Führen Seitenwege
aus dem Thale auf die Berge, wo sich der Feind aufgestellt
hat, so wird ein gleichzeitiger Angriff auf diesen Zugängen,
wenn er gleich mit einiger Beschwerlichkeit verknüpft ist, dennoch dazu dienen, den Feind zu depostiren, oder wenigstens
seine Aufmerksamkeit und sein Feuer von der Colonne abzuwenden, welche mittlerweile in der Tiefe fortmarschirt. Wer
umgeht, bildet einen Kreis; der Umgangene hingegen steht
mit vereinter Kraft in der Mitte und kann also auf jedem Punkt
überlegen sein, auf den er sich wirft.

Loudon benützte bei der Disposition zum Angriff auf das
Engadein den Fehler seines Gegners richtig; aber warum nahm
er nur 6 Compagnien regulirter Infanterie mit sich, da doch
4 Bataillons bei St. Maria standen, und dieser Punkt ohne
Gefahr entblösst werden konnte, weil kein Feind in seiner
Nähe war? Ausserdem hatten die Oesterreicher noch Posten in
Bormio, und 2 Bataillons, 1 Escadron befanden sich unweit
Glurns im Anzuge aus der rückwärtigen Gegend. Die Division
von Le Courbe musste aufgerieben werden, wenn das Manöver
vom 15. mit mehr Nachdruck geschah. Eine Mitwirkung aus
dem Klosterthale durch das Montafon würde zwar zur Erreichung dieses Zweckes ebenfalls beigetragen haben: allein diese
Thäler sind so weit von St. Maria entfernt und die Communicationen über das hohe Gebirge so lang und beschwerlich, dass
man auf den gleichzeitigen Erfolg einer solchen Operation
nicht wohl zählen konnte. Le Courbe rückte am 17. März
abermals gegen den Posten von Martinsbruck vor, welchen die
Oesterreicher unter der Zeit verstärkt hatten. Der Angriff misslang in der Front, und eine Colonne, welche über den Spissberg den beschwerlichen Novellasteig im Rücken der Stellung
zu gewinnen suchte, wurde von einer am Débouché des Steiges
bei Finstermünz aufgestellten Reserve geschlagen und mit
Hilfe der bewaffneten Landleute grösstentheils gefangen.

Die französischen Truppen hatten in den bisherigen Gefechten viel gelitten. Ihre Kräfte waren durch die ausserordentlichen Fatiguen und den Mangel an Lebensmitteln sehr erschöpft; und obwohl ihr Verlust nicht so gross war als jener
der Oesterreicher, so erhielten doch diese täglich Verstärkungen,
welche der General Le Courbe von seiner Seite nicht erwarten
durfte. Er beschloss also seine Operationen erst dann fortzusetzen, wenn General Dessolles von der italienischen Armee
in gleicher Höhe mit ihm angelangt sein würde. Dieser hatte
sich so spät durch das Veltlin über Tirano in Marsch gesetzt,
dass er erst am 17. in Bormio eintraf, die Oesterreicher aus
der dortigen Gegend vertrieb und ihren Posten in den Bädern
aufhob.

Loudon zog sich von St. Maria nach Taufers. Am 18. März
folgten ihm die Franzosen nach St. Maria und stellten ihre
Vorposten bei Münster, gegenüber der Stellung von Taufers, auf.

Fünfter Abschnitt.

Gefecht bei Feldkirch am 23. März.

Am 18. März standen die Franzosen vor Finstermünz
und Taufers, zwei Haupteingänge an der westlichen Grenze
Tirols; aber ihre Operationen konnten aus Mangel des Zusam-
menhanges keine grossen Resultate hervorbringen. Masséna
hatte seit seinem Uebergange über den Rhein bei Atzmoos und
nach der Eroberung von Graubünden seine Offensive auf drei
divergenten Operationslinien eingeleitet, nämlich: im Rheinthale
gegen Feldkirch, im Thale des Inns und an den Quellen der
Etsch.

Nach Mass als er in diesen Richtungen vordrang, wurden
seine Divisionen immer mehr isolirt, und hier trat noch der
besondere Nachtheil ein, dass zwischen den erwähnten drei
Thälern vorwärts keine andere Verbindung möglich ist, als von
Feldkirch über Landeck, Nauders und Glurns, und dann von
Bregenz über Reuti (Reutte), Innsbruck und Bozen. Feldkirch

aber leistete noch Widerstand, und das Rheinthal durfte Masséna
nicht verlassen, ohne die Communicationen seines rechten
Flügels preiszugeben und selbst Gefahr zu laufen, von der
Donau-Armee, deren rechte Flanke er decken sollte, getrennt
zu werden. Die unvermeidlichen Hindernisse in der Verpflegung
und in dem Nachschub der Lebensmittel auf einer so langen
Linie durch das Gebirge, wie jene der Franzosen im Engadein
und im Thale der Etsch, erlaubten keine schnellen und grossen
Bewegungen; und dieses Gebrechen allein beweist schon hinlänglich den geringen Werth der Operationen in Tirol, welche
gegen jene in den Ebenen Deutschlands oder Italiens immer
zurückbleiben und erst dann Resultate erwarten lassen, wenn
die letzteren bereits über die glückliche Wendung des Feldzuges entschieden haben.

So lange sich Masséna nicht des ganzen Rheinthales mit
den Débouchéen von Bregenz bemächtigte und dann am Fusse
des Gebirges oder über den Arlberg gegen Tirol manövrirte,
blieben die Colonnen seines rechten Flügels sich selbst überlassen; ihre Fortschritte wurden gelähmt, und es standen ihnen
grosse Unfälle bevor, wenn es den Oesterreichern gelang, von
Feldkirch gegen Chur vorzurücken. Endlich waren auch die
gegenseitigen Kräfte in solchem Missverhältniss, dass die Franzosen sogar durch ihre Siege aufgerieben werden mussten;
denn die beiden Divisionen von Le Courbe und Dessolles zählten
nur 6 Halbbrigaden oder kaum 10.000 Mann, indessen die
österreichische Armee in Tirol nebst einer zahlreichen Land-
miliz gegen 50.000 Mann betrug.

Im ersten Augenblicke der Ueberraschung hatten die auf
einen Angriff unvorbereiteten Oesterreicher blos die nächst der
Grenze verlegten Bataillons vorgeschickt, um ihre aus Graubünden zurückweichenden Truppen zu unterstützen. Später
organisirte Bellegarde ein Vertheidigungssystem für Tirol. Die
italienische Armee deckte bei Pastrengo die Eingänge zwischen
der Etsch und dem Gardasee. Westlich des Sees gegen den
Lago d'Idro besetzte General Vukassovich alle Posten mit
Einschluss des Ledrothales, Riva und Torbole; sein Gros von
1½ Bataillons, 2 Escadrons stand bei St. Alberto; 6 Bataillons
von der italienischen Armee als Reserve in Trient und Rove-

redo. Vier Bataillons, eine halbe Escadron lagen im Sulzthale, occupirten den Tonale und hielten Posten in Pejo (Paja), dann an den Ursprüngen der Thäler von Camonica und Rendena. Mit 8 Bataillons, 1½ Escadrons verschanzte sich General Loudon bei Taufers und hatte eine Reserve von 9½ Bataillons, 2½ Escadrons zwischen Eiers (Eyrs) und Laatsch. In der Stellung von Martinsbruck befanden sich 4 Bataillons, eine halbe Escadron : im Montafon und im Klosterthal 6 Bataillons, welche Posten in Galtür und Isgl (Ischgl) unterhielten. Für diese beiden Positionen stand eine Reserve von 10.000 Mann bei Landeck. Die in Compagnien eingetheilten Landesschützen verstärkten die verschiedenen Stellungen durch Besetzung der Gebirge, Schluchten und Zugänge. Dreizehn Compagnien wurden dem General Loudon und gegen 2000 Mann den Truppen im Montafon beigegeben. Kein Punkt war zweckmässig befestigt. Es bestanden zwar in einigen Pässen sogenannte Klausen, welche, sowie der St. Luziensteig, die Thäler durch gemauerte, an Felsen gelehnte Werke sperren; aber dergleichen Barrièren haben keine andere Bestimmung, als den feindlichen Colonnen und ihrem Fuhrwerk den Gebrauch der Strassen zu verwehren: sie sind daher gewöhnlich nur auf die Breite der Thäler beschränkt, und schützen ihre Vertheidiger weder gegen Umgehung noch gegen das Feuer der dominirenden Berge. Wenn solche Sperrpunkte eines längeren Widerstandes fähig sein sollen, so müssen sie im Rücken wie in der Front geschlossen und casemattirt werden. Dann unterliegen sie keiner Umgehung; die Besatzung spottet des Feuers und der Steinwürfe von den nächsten Höhen, und wenn sie mit Lebensmitteln versehen ist, so kann sie die Operationslinie des Feindes oder seine Communication auf längere Zeit unterbrechen. Die Reserven bei Laatsch und besonders jene bei Landeck waren ausser Stande, zur Behauptung der Posten von Taufers und Martinsbruck beizutragen; denn die Franzosen standen an den Positionen der Oesterreicher und waren in der Verfassung, sie zu überwältigen, bevor die Reserven davon benachrichtigt und in Marsch gesetzt werden konnten. Das Corps bei Landeck hatte noch überdies die Bestimmung, das Thal von Montafon zu unterstützen, welches jedoch noch nicht bedroht war.

Bei der Aufstellung der Truppen in Tirol blieb kein Eingang, kein Pass, kein Thal, kein Berg längs der ganzen Grenze unbesetzt. Auf jedem dieser Punkte sollte der Feind erwartet und der hartnäckigste Widerstand geleistet werden. Dadurch hoffte man die gute Stimmung der Einwohner zu erhalten, die zu den Waffen gegriffen hatten, und deren Muth man durch Preisgebung einiger Strecken nicht niederschlagen wollte. Zugleich wurde dem herrschenden Vorurtheile gehuldigt, welches die Behauptung eines Gebirgslandes durch die Vertheidigung aller in demselben eingeschlossenen Posten als die zweckmässigste anpries. Wie oft verkennt man die wahren Grundsätze bei der Vertheidigung eines Landes! Sie lehren uns, stets auf die Erhaltung des Ganzen zu denken und uns nur insofern mit einzelnen Theilen zu beschäftigen, als diese unmittelbaren Einfluss auf den Hauptzweck haben, den man nie erreichen wird, wenn man die Truppen auflöst und zu einzelnen Gefechten verschwendet.

Jedes hohe Gebirge wird von tiefen Thälern durchschnitten, die erst bei dem Hauptrücken zusammenkommen und bis dahin selten eine andere Verbindung unter sich haben, als auf Fusswegen über steile Seitenwände. Durch diese Thäler ziehen die Operations- und Communicationslinien, welche sich fast immer nach der nämlichen Richtung wie die Thäler vereinigen. Hieraus folgt, dass mehrere Wege zu dem nämlichen Object führen und dass der Gegner, welcher offensiv agirt, oder aus der offenen in die Gebirgsgegend eindringen will, seine Angriffslinien wählen und mit Ueberlegenheit von einer auf die andere übergehen kann: indessen der Vertheidiger, der ihn in einem Thale erwartet, nur auf Umwegen eine andere zu gewinnen vermag. Will man also die Thäler durch Positionen vertheidigen, so müssen die zu ihrer Besetzung bestimmten Truppenabtheilungen stark und selbstständig genug sein, um ohne Hilfe der übrigen, die nicht zu rechter Zeit aus anderen Thälern herbeieilen können, jeden Angriff abzuweisen. Aber welcher ungeheure Truppenaufwand würde erforderlich sein, um ein ganzes Gebirgsland auf diese Weise zu behaupten? Und wie würde man mit der Verpflegung auslangen, da schon die Transporte nach einem reichhaltigeren Verhältniss, als die

streitbare Masse erfordert, zusammengesetzt werden müssen,
weil auf einem langen Zuge durch Gegenden, die nichts erzeugen und keine Mittel zum Zuführen darbieten, die Menschen
und Thiere, welche zum Transport verwendet werden, so viel
davon verzehren, dass nur der geringste Theil den Ort seiner
Bestimmung erreicht? Sollte man es jedoch wirklich dahin
bringen, alle diese Schwierigkeiten zu überwinden, so zeigt sich
erst die Unmöglichkeit, solche Stellungen im Gebirge zu finden,
welche den vordringenden Feind aufzuhalten im Stande sind.
Keine zwingt ihn zum unausweichlichen Angriff, weil immer
mehrere Wege zum nämlichen Ziele führen; keine hat Selbstständigkeit und Sicherheit für ihre Flanken; alle sind von
Natur aus isolirt und können umgangen werden; keine bedroht
durch schnelle Seitenmanöver die Communication des vorbei-
ziehenden Gegners. In den Thälern allein laufen die zur Bewegung grösseren Abtheilungen, zur Ankunft der Verstärkungen,
zur Zufuhr der Lebensmittel anwendbaren Wege. Man muss
also die Thäler halten und schützen, um Meister der
Gebirge zu sein; und man muss die Gebirge besetzen,
weil sie die Thäler beherrschen.

Die Berge vertiefen sich staffelweise, so dass jene, welche
die Thäler einschliessen, immer von erhabeneren dominirt
werden. Hat man das Thal besetzt, und man will sich auf den
Höhen ausdehnen, um dieser Dominirung zu entgehen, so muss
man eine sehr grosse Linie einnehmen, weil sich ein Staffel
über den anderen bis zum höchsten Rücken erhebt. Dabei
muss man alle Steige und Zugänge vertheidigen, und man löst
die Truppe in eine Kette unzusammenhängender Posten auf.
Alsdann sind alle Vortheile auf der Seite der Angreifenden.
Die verschiedenen Punkte der defensiven Stellung sind zu entfernt, ihre Verbindungen zu beschwerlich, um sich im entscheidenden Augenblick wechselseitig zu unterstützen; die
Truppen, welche auf einem Steig oder in einem Thale stehen,
sind an ihre Position gebunden und bewachen nur die gegen
ihre Front führende Linie. Dagegen maskirt die Beschaffenheit
des Terrains den Angriffsplan und die Manöver des Feindes.
Er dringt mit Ueberlegenheit auf einen Punkt in Colonne vor,
und bricht er durch, so sind alle übrigen in Rücken genommen

und abgeschnitten; denn sie haben keine Freiheit der Bewegungen mehr und stehen an einen Weg gefesselt. Gelingt der Angriff im Gebirge, so bemächtigt sich der Feind der Anhöhen, welche die Thäler beherrschen, und der Wege, die in ihren Rücken führen; er senkt sich entweder auf die Communicationslinie des Gegners herab, oder er setzt sich auf den nächsten Bergen fest und zwingt ihn in beiden Fällen — dort durch eine Umgehung, hier durch einen überlegenen Angriff — das Thal zu räumen, wobei dann gewöhnlich verderbliche Umstände eintreten.

Hat man die Thäler vernachlässigt, um vorzüglich die Gebirge zu halten, so beschäftigt der Feind die Posten auf den Höhen und übermannt die Besatzung im Thale. Dadurch gewinnt er den Weg, auf welchem die Abtheilungen im Gebirge ihre Verpflegung und Verstärkung erhalten, er bedroht die Linie, auf der sie sich beim Rückzug vereinigen sollen, und erzwingt die Verlassung der Höhen.

Aus diesen Betrachtungen folgt, dass im Gebirgskriege sowohl in strategischer als taktischer Beziehung der Angriff eine solche Ueberlegenheit über die Vertheidigung hat, dass die letztere mit dem ersteren in gar keinem Verhältniss steht; und der Besitz des Terrains sowie der des Kriegsschauplatzes im Allgemeinen bleibt Jenem vorbehalten, der seinem Gegner mit dem Angriff zuvorkommt.

Diese Ueberzeugung sollte das Verfahren des Feldherrn leiten, dem die Vertheidigung eines Gebirgslandes obliegt. Es ist aus der Eigenthümlichkeit solcher Gegenden anschaulich geworden, dass dem Feinde zu einer offensiven Operation im Gebirge sich mehrere Linien anbieten, die alle zum nämlichen Zwecke führen. Der Vertheidiger muss sich also auf einen Punkt stellen, von welchem er auf einer jeden entgegenwirken kann; und eine solche Stellung ist nur dort zu finden, wo diese Linien zusammenkommen.

Um jedoch von dem Plane des Feindes unterrichtet zu sein und nicht zu falschen Massregeln verleitet zu werden, muss man die vorwärtigen Thäler, Pässe und Eingänge mit Observationsposten von leichten Truppen besetzen. Ist einmal die Absicht des Gegners bekannt, und hat er durch Einschlagung

5*

eines bestimmten Weges die Freiheit verloren, in einen anderen
überzugehen, dann kann man sich ungestraft dieses nämlichen
Vortheils begeben, und der Augenblick ist gekommen, angriffsweise gegen ihn vorzurücken — sei es auf seiner eigenen
Operationslinie oder auf einer anderen, von der man sich
grössere Resultate verspricht. Von nun an befindet sich
jener im Vortheil, der auf diese Art das Gebirge vertheidigt.
Er hat die Kenntniss der Gegend und die Möglichkeit schnellerer
und kräftigerer Bewegungen vor sich, weil er sie vorbereiten,
Magazine anhäufen und die Zufuhren einleiten konnte, während
dessen der Feind seine Bedürfnisse nur schwer aufzubringen
und auf der einzigen gewählten Linie nachzuschaffen vermag.
Ist es überdies eine eigene Provinz, welche vertheidigt wird,
so spielt dabei die Anhänglichkeit der Einwohner keine unbedeutende, und eine viel wichtigere Rolle, als in jeder anderen
Gegend. Nach dieser Methode wird man selbst einer überlegenen
Macht die Eroberung des Gebirges leicht verwehren, weil zahlreiche Truppen nur in mehreren Colonnen in dasselbe eindringen können. Jede dieser Colonnen ist isolirt, daher ausser
Stand, die anderen während des Marsches zu unterstützen und
ihre Niederlage zu verhindern, wenn man sich mit ganzer
Kraft auf eine wirft, und zwar auf diejenige, welche im Unglücksfalle den Rückzug der anderen nach sich zieht. Nur
muss der Entschluss zum Angriff schnell genug gefasst und
ausgeführt werden, damit nicht mehrere der anderen Colonnen
Zeit gewinnen, sich zu vereinigen, bevor man mit der einen
vollendet hat.

Auch in Rücksicht der Verpflegung, welche als unentbehrlich bei der Berechnung der Operationen nie darf ausser
Acht gelassen werden und im Gebirge oft unüberwindlichen
Schwierigkeiten unterliegt, ist die Aufstellung auf einem Centralpunkt vorzüglicher, als die Vertheilung in mehrere Posten. Man
bedarf weniger Truppen, weil man es nur mit der getheilten
Macht des Feindes aufnehmen will, und die Transporte brauchen
nicht so weit und in so verschiedenen Richtungen eingeleitet
zu werden. Endlich sind die Magazine leichter anzulegen, denn
im Gebirge vereinigen sich meistens die Strassen von mehreren
Seiten auf einem Punkt; folglich stehen auch Jenem, der sich

dort aufstellt, wo sie aus vorwärtigen Gegenden zusammenkommen, verschiedene aus den rückwärtigen zu Gebot. Der
von einer Centralstellung ausgehende Angriff ist das ausschliessliche Mittel zur Behauptung des Gebirges; man darf sich also
durch keine Scheingründe verleiten lassen, es aus den Händen
zu geben. Gleich nach der Zurückwerfung des Feindes und
nachdem die vorwärtige Gegend durch leichte Truppen occupirt
worden, muss die vorige Position wieder bezogen und das
nämliche Manöver so lange wiederholt werden, als man gezwungen ist, auf der Defensive zu bleiben.

Durch den hier auseinandergesetzten Vortheil der Aufstellungen auf den Vereinigungspunkten der gegen die bedrohte
Grenze zulaufenden Strassen könnte man zu dem Wahn verleitet werden, den Feind daselbst stehenden Fusses erwarten
zu wollen. Allein alle Positionen im Gebirge — selbst die auf
dem Hauptrücken nicht ausgenommen — haben die nämlichen
Gebrechen: sie sind ausgedehnt, nicht selbstständig; ihre Behauptung hängt von der Standhaftigkeit eines sich selbst überlassenen Postens ab; und die Rücken der hohen Berge, welche
meistens aus Felsen bestehen, gestatten keine Freiheit im
Manövriren. Ueberdies ist es ein grosser Fehler, in Stellungen
zu verharren und den Angriff abzuwarten, vor welchen der
Gegner seine ganze Macht vereinigen und die er auf allen
Seiten anfallen kann. Wenn man also bei dem Zusammentreffen der Strassen Positionen nimmt oder Reserven aufstellt,
so geschieht es nicht in der Absicht, solche Punkte zu vertheidigen, sondern nur, um sich die Wahl der Linie vorzube-
halten, auf welcher man dem Feind entgegenwirken will, und
des günstigen Zeitpunktes, den man zur Ausführung dieses Manövers bestimmt.

Die hier über den Gebirgskrieg angestellten Beobachtungen
und die daraus gefolgerten Axiome werden durch die Erfahrung
in älteren und neueren Zeiten bekräftigt. Seit der Schlacht in
den Thermopylen bis zu den Feldzügen des Revolutionskrieges
in den Alpen und Pyrenäen, in der Schweiz und in Tirol behielt im Gebirge die Offensive stets die Oberhand; und nur
durch eine thätige, mit Angriffen abwechselnde Defensive war
es möglich, sich in solchen Gegenden zu erhalten. Die glän-

zendsten Beweise liefert der Feldzug des Herzogs von Rohan
vom Jahre 1638 in dem Veltlin, und jener der Spanier von
1793 in den östlichen Pyrenäen. Beide verdienen nachgelesen
und gewürdigt zu werden. Rohan hatte den Auftrag, das Veltlin
zu behaupten und die Verbindung der Oesterreicher in Tirol
mit den Spaniern im Mailändischen zu hindern. Zu diesem
Ende besetzte er die Eingänge in das Thal der Adda nur leicht
und nahm seine Stellung im Centralpunkt bei Tirano. Mehrmals rückten die Oesterreicher auf der Strasse von Bormio
und die Spanier auf jener von Fort Fuentes vor, und allzeit
waren ihre Colonnen auf jeder Seite stärker, als Rohan's ganzes
Corps. Dennoch vereitelte er alle ihre Unternehmungen dadurch, dass er sich mit schnellem Entschluss auf Jenen warf,
der ihn zunächst bedrohte und dann ruhig seine Stellung bei
Tirano wieder bezog. Er blieb im Besitz des Veltlins bis ans
Ende des Feldzuges, und seine Gegner konnten ihre Vereinigung im Thale der Adda nicht vollbringen. Im Jahre 1793
eröffnete der spanische General Ricardos mit 3500 Mann
Linientruppen und den catalonischen Milizen den Feldzug gegen
Frankreich in den östlichen Pyrenäen. Mit diesem kleinen
Haufen, der sich erst später bis auf 12.000 vermehrte, durchzog er das Gebirge, drang in Roussillon ein und rückte bis an
die Mauern von Perpignan. Zu schwach, die Belagerung dieses
Platzes zu unternehmen, beschloss er, die französische Defensionslinie im Rücken anzugreifen und sich des festen Postens
von Bellegarde zu bemächtigen. Um dieses mit Sicherheit auszuführen und sich auf der überschrittenen Grenze zu behaupten,
wählte Ricardos mit Kennerblick die Stellungen bei Thuir und
Mas-deu (Mas Déous) in dem Gebirge von Truillas; seine Avantgarde stand bei Ponteilla und hielt die Eingänge der Thäler blos
mit leichten Truppen besetzt. Fruchtlos waren die Versuche der
Franzosen, ihn aus dieser Stellung zu vertreiben und mit der
Division Dagobert seine linke Flanke in der Cerdagna zu umgehen. Der spanische Feldherr wartete, bis die feindlichen
Colonnen in die Thäler eingedrungen waren, warf sich dann
mit ganzer Macht auf jene, die ihm die gefährlichste war,
schlug sie, zwang dadurch die anderen zum Rückzug, schob
seine leichten Truppen wieder vor und bezog ungestört seine

vorige Stellung. Auf diese Art erfocht er den glänzenden Sieg
bei Truillas, und die Festung Bellegarde [1]) fiel. Nach der Eroberung dieses wichtigen Postens, und da die französischen
Kräfte ein bedeutendes Uebergewicht gewannen, zog er sich
in eine zweite Stellung nach Boulou zurück und deckte durch
22 Tage unter stets wiederholten und stets vereitelten Angriffen
des überlegenen Feindes die Berennung von Fort Elno (Elne),
Collioure und Port-Vendres. Auch diese Plätze ergaben sich, und
Ricardos zwang mit einer kleinen, durch Krankheiten und
tägliche Gefechte erschöpften Armee seinen Gegner zum Rückzug nach Perpignan. Nicht nur die Ereignisse dieses Feldzuges
— eines Urbildes der Defensive im Gebirge —, sondern auch
die folgenden bestätigten die richtige Beurtheilung des spani-
schen Feldherrn. Sein Nachfolger Las-Amarillas hatte kaum
das Commando übernommen, als er alle seine Truppen in den
Thälern und Pässen vertheilte. Es bedurfte auch nur eines
Angriffes der Franzosen, um sie hinauszuwerfen. In Folge
dieser Missgriffe verloren die Spanier unter dem Grafen de la
Union nicht allein den Besitz des ganzen Gebirges, dieser
Schutzmauer gegen Frankreich, sondern sie mussten auch bis
hinter den Ebro weichen.

Nun einen Blick auf die Lage der Oesterreicher in Tirol
im März 1799, mit Anwendung der vorausgegangenen Grundsätze. Tirol hat auf der westlichen Seite drei Haupteingänge,
den ersten von Feldkirch über den Arlberg. Dieser war nicht
bedroht; denn Masséna konnte keinen Gebrauch davon machen,
so lange sich Hotze im Rheinthale und eine österreichische
Armee auf dem linken Ufer des Lech befand. Den zweiten
aus dem Engadein in das Innthal. Den dritten über Taufers
an die Etsch. Von den beiden letzteren war jener durch das
Engadein der wichtigste, weil das Innthal leichter zu durchziehen ist, und weil der Feind auf dieser Strasse zu der Verbindung mit Deutschland, folglich mit dem Schlüssel des
Kriegstheaters gelangen konnte, gegen welchen eine französische
Armee schon vorrückte, indessen die Feindseligkeiten in Italien

[1]) Sie beherrscht die von Perpignan über den Col de Perthuis nach
Barcelona führende Strasse.   D. H.

noch nicht angefangen hatten. Das Débouché an der Etsch
durfte jedoch nicht ausser Acht gelassen werden, denn es
führte die Franzosen auf die Communication zwischen Deutschland und Italien. Die Aufgabe war also, beide zu schützen. Sie
stehen an der Grenze durch die einzige Strasse von Nauders
über Burgeis in Verbindung und haben keine zweite Communication, als von Innsbruck über Brixen und Bozen, weil die
Berge zwischen diesen beiden Linien unwegsam, mit ewigem
Schnee und Eis bedeckt sind. Die erste dieser Strassen
musste aus dem Grunde benützt werden, um auf derselben
eine Reserve aufzustellen, die, gegen beide Zugänge anwendbar, den Feind bald in dem Thale des Inn, bald in jenem der
Etsch angreifen konnte. Allein die Franzosen waren schon so
nahe an dieser Strasse, dass die Gefahr des Verlustes auf dem
Verzuge haftete. Man hätte also vorerst die Reserve in dem
Innthale, als dem wichtigeren Eingange, versammeln und
Nauders, wo sich die Strassen aus beiden Thälern vereinigen,
zum Aufstellungspunkte wählen sollen. Von hier musste die
Operation durch die Entfernung des Feindes von Martinsbruck
beginnen; nach dieser ein schneller Marsch über Nauders nach
Glurns und ein Angriff auf Münster folgen; sodann die Position
bei Nauders wieder bezogen und dieses Manöver so oft und
so lang wiederholt werden, als die Umstände eine defensive
Haltung nothwendig machten. Auf diese Art wäre es möglich
gewesen, die westliche Grenze Tirols auch mit einem geringeren
Aufwand an Truppen zu decken.

Der Marsch aus dem Inn- in das Etschthal ist kurz und
beträgt von Martinsbruck bis Glurns keine vollen 5 Meilen.
Die Klugheit lehrte, nie aus dem einen in das andere zu ziehen,
bevor nicht der Feind in dem ersten weit genug zurückgeworfen war, um während der Bewegung für Flanke und
Rücken nichts besorgen zu dürfen. Wären auch die Franzosen
in das zur Zeit nur schwach besetzte Thal eingedrungen, so
konnten sie diesen Vortheil nicht verfolgen, weil man ihnen
durch den Angriff in dem anderen gleich in der Flanke stand.
Endlich blieb im schlimmsten Falle der Rückzug in diesem
letzteren immer frei, wenn man es verstand, Thätigkeit mit
Vorsicht zu verbinden.

Keine Jahreszeit ist für die Operationen im hohen Gebirge
günstiger als der März. Die Kälte ist nicht mehr streng genug,
um die Bewegungen des Angreifenden zu hindern; dagegen
ist sie für Jenen, der zur Vertheidigung auf hohen Bergen
ohne Obdach, ohne Holz, ohne irgend eine Erholung an seinen
Posten gefesselt ist, unerträglich. Der noch fest gefrorene Schnee
bahnt Zugänge über Felsen und Schluchten und füllt Ungleich-
heiten aus, über die man dann mit Abtheilungen marschiren
kann, und welche in der wärmeren Jahreszeit kaum einzeln zu
hinterlegen sind.

Wenn die Aufstellung bei Nauders der zweckmässigste
Punkt zur Deckung der westlichen Grenze war, so lagen doch
zu viel Truppen in Tirol, und die Oesterreicher hatten dort zu
viel Kräfte gesammelt, um sich auf eine blosse Defensive zu
beschränken und nicht zum Angriff überzugehen.

Eine Operation über Taufers würde zu beschwerlich und
ohne grossen Erfolg gewesen sein. Sie führt in das Thal der
Adda, ist mehr gegen Italien gerichtet und erlaubt die Ent-
wicklung hinlänglicher Streitmassen nicht, um eine bedeutende
Unternehmung gegen Italien oder die Schweiz auszuführen.
Im Innthal unterlag die Verpflegung auf dem langen Zug
durch das höchste Gebirge grossen Hindernissen, wozu man in
Tirol die erforderlichen Vorbereitungen noch nicht getroffen hatte.

Es blieb aber noch die Wahl eines dritten, leichteren,
kräftigeren und entscheidenderen Manövers; wenn man nämlich
einen grossen Theil der Truppen über den Arlberg in das
Rheinthal abgeschickt hätte, um, vereinigt mit Hotze, den
General Masséna selbst anzugreifen, dessen Aufstellung den
Rücken und die Flanke von Le Courbe und Dessolles deckte.
Ein Sieg an dem Rhein konnte Masséna von Jourdan trennen,
ihn im Gebirge versprengen oder wenigstens bis Zürich zurückwerfen und die Aufreibung der nach Tirol vorpoussirten Divisionen zur Folge haben, welche um so unausbleiblicher sein
musste, je weiter diese indessen vorgedrungen waren. Bei einer
verlorenen Schlacht, die man mit so überlegenen Kräften kaum
besorgen durfte, blieb der Rückzug nach Deutschland offen,
von wo das nördliche Tirol immer wieder zu gewinnen war.
An Verpflegung und an allen Bedürfnissen konnte es dabei

nicht fehlen, da man die freie Communication mit dem an
Hilfsquellen reichen Schwaben erhielt, und für Tirol würde
es eine Wohlthat gewesen sein, von Truppen entledigt zu
werden, denen es an Allem mangelte, die zu zahlreich waren
zu einer zweckmässigen Vertheidigung, und dennoch zu schwach,
wenn man sie vertheilte.

Das Missverhältniss einer defensiven Haltung mit über-
schwenglichen Mitteln war zu auffallend, um nicht bald erkannt
zu werden, und Bellegarde erhielt von Wien den Befehl, Graubünden wieder zu erobern.

Der Plan zu einem allgemeinen Angriff wurde ausgear-
beitet, aber so weitumfassend und mit so vielerlei Vorbereitungen
in Rücksicht der Verpflegung sowohl als der Disposition und
Combinirung der Bewegungen verknüpft, dass man die Epoche
der Ausführung vom 19. März auf den 2. April verschieben musste.

Schon dieser Umstand allein liess keine gedeihlichen
Folgen erwarten. Auf keinem Punkt sollte durch eine vorläufige
Zusammenziehung der Truppen die Grenze Tirols entblösst
und im Falle eines Rückzuges jeder Posten mit seinen vorigen
Vertheidigungsmitteln betheilt bleiben. Man wollte aus allen
Débouchéen offensiv hervorbrechen; indessen die zwei Reserven
über Laatsch und Finstermünz in das Taufersthal und in das
Engadein eindringen würden, um sich dann zu der Hauptoperation am Inn zu vereinigen. Dadurch wurde eine Masse
von Truppen auf so vielerlei Punkten in Bewegung gesetzt,
dass ihre Verpflegung bis zu der, obgleich verlängerten Epoche,
dennoch von unüberwindlichen Schwierigkeiten begleitet war.

Die grössere Leichtigkeit und das Uebergewicht der
Operationen ausserhalb des Gebirges gab zu dem Vorschlage
Anlass, die italienische Armee durch eine Vorrückung am Fusse
des Gebirges und Hotze durch einen Angriff im Rheinthale
mitwirken zu lassen. Allein in Italien hatten die Feindseligkeiten
noch nicht angefangen, und Hotze stand nicht unter Bellegarde.
Letzterer verlangte also vom Hofe die nöthigen Verhaltungs-
befehle für beide Flügel-Armeen und setzte sich darüber erst
mit Hotze ins Einvernehmen.

Wenn zwei Feldherren von einander unabhängig
sind, so betrachtet jeder den ihm angewiesenen Posten

wo nicht als den wichtigsten, doch als jenen, an den
seine Ehre geknüpft ist. Sie werden sich daher nicht
leicht zu dem nämlichen Zweck vereinigen, und sollten
sie es auch, so wird ihn jeder auf eine verschiedene
Weise erreichen wollen.

Bellegarde, dem die Vertheidigung Tirols anvertraut war,
und der den Werth kannte, welchen man in Wien auf die
Erhaltung dieser Provinz setzte, glaubte sich dadurch gegen
Verantwortung sichern zu müssen, dass er unmittelbar von der
bedrohten Grenze und in der Richtung, auf welcher sie bedroht wurde, ausging. Hotze sollte den Rücken und die Flanke
der Armee in Deutschland decken; er fürchtete daher sie durch
einen Marsch aufwärts des Rheins zu entblössen und war für
seinen Rückzug besorgt. Das Hauptquartier von Bellegarde
befand sich in Bozen, jenes von Hotze bei Bregenz; und in
dieser Entfernung ging die kostbarste Zeit mit militärischen
Controversen und Unterhandlungen verloren.

Die Vorrückung der Franzosen in Deutschland und die
Ankunft der Avantgarde ihres rechten Flügels vor Markdorf
erregte bei Hotze Besorgnisse für seine Flanke. Er verliess
daher am 19. März mit einem Theile seiner Truppen die
Position von Feldkirch und bezog mit 8 Bataillons, 6 Escadrons
ein Lager zwischen Leitenhofen und Lochau, um nöthigenfalls den Uebergang über die Leublach (Laiblach) zu vertheidigen. 5 Bataillons, 3¹/₂ Escadrons blieben in Bregenz, 1 Bataillon, 1 Escadron in Dornbirn, und der General Jellačić (Jellachich)
mit 5 Bataillons, 2 Escadrons hielt die verschanzte Stellung von
Feldkirch besetzt, mit dem Auftrag, bei einem erzwungenen
Rückzug sich gegen Bregenz zu wenden und nur im äussersten
Nothfall die Strasse von Bludenz einzuschlagen.

Die Gegend von Feldkirch ist von ganz eigener Beschaffenheit. Der Gebirgsrücken, welcher die Landquart von
der Ill trennt, zieht von den Eisbergen des Engadeins längs
des Montafoner Thales gegen den Rhein, an den er zwischen
Fläsch und Balzers herabfällt. Von ihm senken sich steile,
felsige, unwegsame Füsse gegen die Landquart sowohl als
gegen die Ill, unter welchen jener bemerkt zu werden verdient,
der das Samina- von dem Rheinthale trennt. Dieser begleitet

den Rhein bis Schaan in der nämlichen Richtung mit dem
Flusse, dessen Lauf er beschränkt. Von Schaan krümmt er
sich etwas nach Osten, weicht vom Rheine ab und erreicht
gegenüber von Feldkirch die Ill. Kein Steig geht über diesen
steilen Gebirgszweig. Felsenrisse durchschneiden seine mit
dichtem Wald bewachsene Böschung, welche sich bei der
Nendelmühle bis an die Heerstrasse von Graubünden ausdehnt.
Diese bildet ein Défilé, weil sie auf der anderen Seite von
einer sumpfigen Ebene begleitet wird. Von der Nendelmühle
bis gegen Feldkirch entfernt sich der Wald sowie der jähe
Fall des Gebirges immer mehr von der Strasse. Am Fusse der
Gebirgslehne ist das Terrain zwar bebaut, aber mit Hügeln
und Schluchten wellenförmig überzogen und von mehreren Feld-
wegen durchschnitten; einer derselben, jedoch nur für Fussgänger
anwendbar, führt am Rande des Waldes über Gallmist und
Fellgatter (Fellengatter) nach Frastanz im Saminathal. Wildbäche strömen von dem Gebirge in die morastige Ebene, die
auf der linken Seite von der Strasse aus Graubünden liegt,
und ergiessen sich dann bei Benderen in den Rhein. Diese
Ebene wird wesentlich von einem steilen, felsigen Rücken, der
Schellenberg genannt, beschränkt, welcher sich von Benderen
am Rhein bis Nofels an der Ill in divergenter Richtung mit
dem ersteren Flusse erstreckt. Er hat einen steinigen, bewachsenen Kamm und einen jähen Abfall gegen die Ill, auf deren
rechtem Ufer das Land offen ist. Zwischen dem Schellenberge
und dem Hochgebirge entsteht in der Ebene bei St. Michael
ein zweiter kleinerer Rücken parallel mit dem ersteren —
ebenso steil und felsig, aber nicht so breit als er. Die Ill
scheint ihn gewaltsam durchbrochen zu haben, denn er dehnt
sich auf ihrem rechten Ufer in seiner ersten Richtung bis
Altenstadt aus, und der Fluss durchschneidet ihn zwischen
Felsenwänden. Auf dem linken Ufer heisst er der Blasen-,
auf dem rechten der Arzenberg (Ardetzenberg). Auf jenem ist
der St. Margarethen-, auf diesem der St. Veitskapf die nächst
am Wasser liegende Kuppe, über welche man auf Steigen den
Kamm erklettern kann.

In dem schmalen Thale, welches den letzt beschriebenen
Rücken von dem Fuss der hohen Berge trennt, liegt Feldkirch

am rechten Ufer der Ill, über welche die Heerstrasse von
Graubünden nach Bregenz auf einer Brücke unterhalb der Stadt
führt. Die Strasse nach Tirol zieht von Feldkirch auf dem
rechten Ufer des Flusses, so lange das linke von Felswänden
gesperrt ist, und geht sodann über eine Brücke auf dem
linken fort.

Die Oesterreicher hatten den Blasen- und Arzenberg (Ardetzenberg), da sie schwer zu ersteigen sind, schwach besetzt und
nur den Theil des ersteren, der sich bei St. Michael aus der
Ebene erhebt, folglich zugänglicher ist, und wo die nach seiner
Länge aufgestellten Truppen dem von Nendeln kommenden Feind
die Flanke boten, verschanzt. Eine Linie verband den Blasen-
berg rückwärts von St. Michael mit den Anhöhen der Chaussée.
Vor dieser Linie lief eine zweite parallel mit ihr von den vordersten Häusern von Tisis bis an den Wald des Hochgebirges
und durchschnitt die Heerstrasse.

Auf den Hügeln des linken Flügels, die von Holz entblösst sind, lagen vorwärts Gallmist mehrere einzelne Werke.
Der ganze Rand des Waldes bis zu der Nendelmühle und ein
Durchschnitt gegen den felsigen Kamm waren verhaut, und
einige Flèchen deckten die Vorposten. Vier Bataillons hielten
die Werke mit Geschütz besetzt, ein Bataillon stand in Reserve,
und die Landesschützen waren auf den Bergen und am Verhau vertheilt. Masséna hatte sich bisher begnügt, im Rheinthale die Fortschritte seines rechten Flügels zu decken. Als
er aber erfuhr, dass sich die Oesterreicher durch den Abmarsch
des Feldmarschall-Lieutenants Hotze mit einem Theile der
Truppen bei Feldkirch geschwächt hatten, beschloss er die
Position anzugreifen. Allerdings wäre die Vertreibung des Feindes
von Feldkirch eine kräftige Diversion zum Vortheil der Donau-
Armee und von dem wichtigsten Einfluss auf die Operationen
in Tirol gewesen. Durch sie wurden die Oesterreicher von den
Communicationslinien ihrer Gegner in das Engadein entfernt,
und den Franzosen die Strasse über den Arlberg geöffnet, auf
welcher sie alle Unterstützungen an Kriegserfordernissen in
das Innthal abschicken konnten, sobald Le Courbe Landeck
erreichte; später vielleicht auch Verstärkungen, denn früher
durfte sich Masséna im Rheinthale nicht schwächen. Der

Augenblick war günstig, aber er musste schnell benützt werden, weil man mit Zuversicht auf die längere Dauer einer so vortheilhaften Lage nicht zählen konnte. Masséna entschied sich daher zu einem raschen Angriff. Die sicheren Mittel, seinen Zweck durch wiederholte Postengefechte, durch eine fortschreitende Annäherung und Festsetzung vor der feindlichen Stellung, endlich durch eine umgehende Colonne im Saminathal zu erreichen, waren mit Zeitverlust und mit ansehnlichen Detachirungen aus dem Rheinthale verknüpft. Die erprobte Tapferkeit seiner Soldaten und der geringe Widerstand, den die Oesterreicher bisher geleistet hatten, verleiteten ihn, auf den glücklichen Erfolg einer kühnen Unternehmung zu rechnen.

Der französische Feldherr vereinigte am 22. März die ganze Division Menard und die unter dem General Oudinot stehenden Truppen, nachdem noch an demselben Tage mehrere Scharmützel zwischen den Vorposten vorgefallen waren, in welchen die Oesterreicher den Feind an der Erbauung einer ihnen nachtheiligen Redoute hinderten.

Am 23. März Morgens durchwatete eine kleine französische Colonne die Ill unweit Nofels, wo vormals eine Brücke stand, wurde aber bald über das Wasser zurückgeworfen. Zwei Bataillons drangen zugleich auf dem linken Ufer dieses Flusses gegen den Margarethenkapf vor, litten aber so viel durch das Feuer und die Steinwürfe von der Höhe, dass sie den Angriff aufgeben mussten. Ebenso fruchtlos war der Versuch einer dritten Colonne von 2 Bataillons, welche von Mauern[1]) über die sumpfige Ebene bei Hueb setzte, um die Verschanzungen des Blasenberges auf ihrem linken Flügel zu erstürmen.

Den Hauptangriff führte Masséna selbst[2]) an der Spitze seiner Grenadiers und der Division Menard von Nendeln aus. Dazu war der Punkt gut gewählt: denn nur auf der Strasse von Graubünden konnte man sich der Position mit einer Masse von Truppen nähern und diese auch nur dort verwenden, wo sich das Terrain hinter der Nendelmühle zwischen Tisis und Gallmist erweitert.

[1]) Ueber Schellenberg.
[2]) Um 2 Uhr Nachmittag   D. H.

Verschanzungen können nur durch Umgehung oder mit Sturm genommen werden; jene zwingt den Feind, sie zu verlassen, wenn seine Rückzugslinie bedroht wird; dieser gelingt blos durch den raschen, einer Ueberrumplung ähnlichen Anfall, oder wenn die Vertheidigungskräfte durch das überlegene Feuer des Geschützes hinlänglich geschwächt worden sind, um jeden längeren Widerstand unmöglich zu machen.

Die Beschaffenheit des Terrains, welches bis zur Nendelmühle ein Défilé bildet und dann unter dem Feuer der österreichischen Verschanzungen lag, hinderte die Vorbringung und das Auffahren der Batterien, sowie die verdeckte Annäherung an die feindlichen Werke. Dennoch unternahmen die Franzosen gleichzeitig einen Angriff in der Front und eine Umgehung des österreichischen linken Flügels durch den an der Gebirgslehne befindlichen verhauten Wald. Ersterer wurde trotz der heftigsten Anstrengungen zu wiederholten Malen abgewiesen, obwohl eine Abtheilung verwegener Reiter auf der Chaussée zwischen den Verschanzungen durchsprengte. Auf dem linken Flügel der Oesterreicher gelang es den Franzosen, durch den Wald mehrere Werke zu umgehen und fast bis Gallmist vorzudringen. Allein die Redouten hielten, und Jellačić hatte noch eine Reserve, obgleich nur von 6 Compagnien. Es war um 4 Uhr Nachmittag, als er 4 davon in Bewegung setzte, um die höheren Kuppen, welche den von den Franzosen genommenen Wald und Verhau beherrschen, zu ersteigen und den Feind von dort aus anzugreifen. Zugleich beorderte er die bei ihm stehenden Landesschützen und den aufgeforderten Landsturm der Einwohner auf den Rojaberg und gegen das sogenannte Bärenloch, um den Angriff der Truppen mit ihrem Feuer und mit Steinwürfen von den Bergen zu unterstützen. Dieses Manöver zwang die Franzosen zum Weichen. Nun rückte Jellačić mit seinen noch übrigen 2 Compagnien und einer einzigen Kanone in der Front vor, zog die Besatzungen aus den Verschanzungen an sich und schlug die Franzosen mit grossem Verlust bis in ihr voriges Lager bei Nendeln zurück. Masséna hatte den Angriff mit zu grosser Zuversicht unternommen. Die Unkenntniss der Gegend, wo keine Steige auf die felsigen und waldigen Berge führen, an welche sich sein

rechter Flügel lehnte; die Natur des Terrains, das sich von
der Nendelmühle immer mehr erweitert und nach Mass der
Vorrückung eine grössere Ausdehnung der Front forderte, um
die Strasse zum Rückzug zu decken; endlich das Bedürfniss
eines schnell entscheidenden Erfolges hinderten ihn, mehr
Kräfte auf die Umgehung des Feindes zu verwenden: sonst
würde er gewiss versucht haben, die Oesterreicher durch die
rückwärtige Ersteigung des Prophezeikopfes, durch einen Marsch
auf den felsigen Rücken und durch Absendung einer Colonne
in das Saminathal so zu schlagen, wie es die Schweizer 300
Jahre vorher im Jahre 1499 gethan haben.

Obgleich Masséna den beschwerlichen Weg einschlug,
so behaupteten sich doch die Oesterreicher in ihren starken
und zahlreichen Verschanzungen, auf hohen und zum Theil
unzugänglichen Bergen blos durch den gegenseitigen Angriff
auf den vordringenden Feind und durch die zweckmässige Verwendung ihrer Reserve. Jellačić wandte zu rechter Zeit die
einzigen Hilfsmittel an, die der Vertheidiger gegen den Angreifenden hat; und dieses rettete ihn von einer sonst unvermeidlichen Niederlage.

Die erprobten Schwierigkeiten einer Unternehmung auf
Feldkirch bestimmten den General Masséna, sich vor der Hand
auf eine vortheilhafte Defensive zu beschränken.

Am 25. März räumten die Franzosen den Schellenberg
und ihre Stellung bei Nendeln. Oudinot zog sich grösstentheils
über den Rhein. Der Luziensteig und die in seinen Flanken
liegenden Berge blieben besetzt, die Division Menard zu ihrer
Unterstützung bereit.

Die österreichischen Vorposten wurden längs dem Rhein
bis Balzers aufgestellt.

Sechster Abschnitt.

Gefechte bei Taufers und Nauders am 25. März.

Erschöpfung und Mangel an Lebensmitteln hielten die
Generale Le Courbe und Dessolles in der Fortsetzung ihrer
Operationen auf. Seit dem 18. März blieben sie ruhig in ihren
Stellungen bei Remüs und St. Maria, beobachteten die Anstalten

der Oesterreicher vor Martinsbruck und Taufers und beschäftigten sich mit der Ergänzung und Vorbereitung ihrer Streitmittel. Es lag jedoch nicht in dem Charakter ihres Oberfeld-
herrn, auf halbem Wege stehen zu bleiben. Er schickte ihnen
Verstärkungen an Munition, an Officieren und an Truppen, so
viel er deren entbehren konnte, und befahl dem General Le
Courbe, sich des Postens von Finstermünz zu bemeistern, indessen Dessolles die Stellung bei Taufers überwältigen und
Glurns gewinnen sollte. Dadurch hoffte er diesen beiden Colonnen den Besitz der Strasse von Nauders als der kürzesten
und besten Verbindung zwischen ihren Operationslinien zu
verschaffen und die Oesterreicher auf die entferntere Communication von Innsbruck nach Bozen zu verweisen.

Die Strasse, welche von St. Maria über Münster und
Taufers nach Glurns führt, zieht längs dem Ramm-Bach in einem
von dem Gebirge eingeschlossenen Thal. Der Bach fliesst in
einer tiefen, escarpirten Schlucht. Auf seinem rechten Ufer
lässt der starke Abfall der Berge blos den Raum für einen
Fusssteig; auf dem linken erweitert sich das Thal vorzüglich
von Münster an gegen den Vallarola-Bach, welcher in einem
Graben von dem Scharljoch (Scarljoch senkrecht in den Ramm-
Bach herabstürzt. Ueber den Vallarola verengt sich das Thal
allmälig wieder bis zu dem Dorfe Ravail (Bundweil) hinter
Taufers, wo das Terrain weiterhin so eingeschränkt ist, dass
die Strasse auf das rechte Ufer des Ramm-Baches gezogen werden
musste, dann aber in zwei Aeste zerfällt, von welchen der eine
über die Etschbrücke vor Glurns und der andere abermals auf
das linke Ufer des Ramm-Baches nach Laatsch führt. Die weniger
hohen Abfälle der Berge zwischen Münster und Ravail, an
deren Fusse Taufers liegt, bestehen aus mehreren schmalen
Füssen, die sich gegen den Ramm-Bach abflächen. Von Taufers
führt ein Gebirgsweg an dem Vallarola aufwärts über das
Scharljoch nach Schuls in das Engadein.

Zur Vertheidigung der Zugänge aus dem Münsterthal
stand General Loudon mit 8 Bataillons (6279 Mann) bei Taufers.
Vor der Front seiner Stellung lief der Vallarola, dem es sowie
dem Ramm-Bach in der damaligen Jahreszeit fast ganz an Wasser
fehlte. Auf 150 Schritte hinter dem Vallarola und quer über

die Strasse von Münster wurde eine Linie mit zwei Flügel-
Redouten erbaut, von welchen die linke sich an das steile Ufer
des Ramm-Bachs lehnte. Das zwar nicht tiefe, aber ziemlich breite
Bett dieses Baches blieb unbesetzt und unbeachtet, von keinem
Feuer bestrichen und von keiner Seite beherrscht, obwohl
rückwärts der Stellung das Ufer leicht zu ersteigen und besonders zwischen Rifair und Ravail sehr zugänglich war. Drei-
hundert Schritte hinter dem rechten Flügel der ersten Linie
und parallel mit ihr befand sich eine zweite, welche etwas
höher hinter einem unbedeutenden Graben lag und als Échelon
diente, um die rechte Flanke der ersteren zu vertheidigen. Sie
verband ebenfalls zwei Redouten, deren jene zur rechten sich
an einen felsigen Abfall des Gebirges stützte. Die Verschanzungen waren mit der nöthigen Besatzung und mit 16 Stück
Geschütz versehen. Hinter der ersten Linie stand ein Bataillon
in Reserve, und vier lagerten rückwärts der zweiten, rechts von
Taufers. 4 Compagnien leichter Infanterie und Landesschützen
hielten die Berge auf dem rechten Flügel, 3 Compagnien jene
des linken über den Ramm-Bach besetzt. 4 Compagnien wurden
in das Drofuyer- (Trafoier-) Thal zur Versicherung des Gebirgs-
steiges detachirt, der durch dasselbe an die Etsch führt.

Die Vorposten standen ungefähr 1500 Schritte vor dem
Vallarola über Bundweil gegen Münster, und eine hölzerne
Brücke, hinter welcher man eine kleine Fläche aufwarf, diente
zur Communication mit den Vortruppen. Ausser dieser war der
felsige Graben, der das Bett des Vallarola bildet, nicht leicht
zu übersetzen.

Die Fehler dieser Stellung entgingen dem Feinde nicht.
Seine Vorposten standen bei Münster den österreichischen gegenüber, und die hohen Berge gewährten ihm die Uebersicht aller
gegenseitigen Anstalten. Aussagen von Ueberläufern und der
Umstand, dass Loudon am 24. bei der Anwesenheit des Feldmarschall-Lieutenants Bellegarde alle Truppen auf ihren Auf-
stellungspunkten ausrücken liess, erleichterten ihm die Kenntniss ihrer Stärke und den Entwurf zum Angriff, den seine
Gegner nicht zu erwarten schienen; obwohl die Franzosen
schon am 23. März einen Officiersposten bei der Einsiedelei
aufhoben und sich dort festsetzten, wodurch die Kette der

österreichischen Vortruppen noch mehr zurückgedrängt wurde.
In der Nacht vom 24. zum 25. rückte General Dessolles mit
4500 Mann von St. Maria vor, nahm zwei Kanonen mit
sich und formirte sein Corps vorwärts Münster mit dem
rechten Flügel am Ramm-Bach, mit dem versagten linken an
Münster.

Vor Anbruch des Tages am 25. März liess er alle Vortruppen des Feindes zurückwerfen und schob Plänkler gegen
den Vallarola vor, um die ganze Front der Oesterreicher zu
beschäftigen. Der Hauptangriff geschah mit 3 Bataillons des
rechten Flügels, welchen drei andere staffelweise zur Deckung
ihrer Flanke folgten. Die ersten warfen sich bei Bundweil in
die Schlucht des Ramm-Bachs und umgingen theils auf dem
Fusssteig, welcher das Bett dieses Baches begleitet, theils in
dem Bette selbst den linken Flügel der österreichischen Verschanzungen. Schnell liess Dessolles alle Truppen in der Front
vorrücken und griff die Brücke über den Vallarola an, indessen
ein Theil der umgehenden Colonne aus der Schlucht herausbrach, Alles in Unordnung brachte und in Taufers eindrang.
Der Rest der Colonne eilte nach Rifair, besetzte das Défilé,
durch welches der Rückzug des Feindes gehen musste, und
schickte ein starkes Detachement ohne Aufenthalt nach Glurns.
Die Oesterreicher wurden aufgerollt. Ihr letzter Versuch, die
Redouten des rechten Flügels zu halten, war fruchtlos. Die
Franzosen stürmten nach der Einnahme von Taufers von allen
Seiten auf sie ein, und es entstand eine allgemeine Auflösung.
Loudon entkam mit 400 Mann über die höchsten Gebirge nach
Burgeis und hoffte über Nauders sich dem Innthale zu nähern.
Als er aber unweit Reschen auf eine abgeschnittene Cavallerie-
truppe kam, von welcher er erfuhr, dass der Feind schon im
Besitz von Nauders sei, nahm er diese mit sich, warf sich
rechts in das Lang-Tauferer-Thal nach Hinterkirchen (Hinter-
kirch), erstieg unter unsäglichen Beschwerlichkeiten den Ge-
patsch-Ferner, wo die Pferde zurückblieben und mehrere
Menschen von den Schneelawinen fortgerissen wurden, und
kam endlich durch das Kaunserthal und Prutz nach Landeck.
Die leichte Infanterie, welche gegenüber von Taufers das Gebirge am rechten Ufer des Ramm-Baches besetzt hielt, zog über

die Lichtenberger Alpe gegen Laas. Alle übrigen Truppen und
das ganze Geschütz fielen dem Sieger in die Hände.

Dessolles brach noch am nämlichen Tage gegen Glurns
auf und erreichte diesen Ort am 26. März, woran ihn die
feindlichen Cavallerie-Abtheilungen, welche in Laatsch und
Mals cantonirten, nicht hindern konnten. Die zur Unterstützung von Taufers bestimmten österreichischen Reserven waren
zwischen Laatsch und Eyers (Eyrs) so unzweckmässig vertheilt,
dass 1 Bataillon, 3½ Escadrons erst bei Schluderns ankamen,
als sich der Feind schon in diesem Orte befand; sie vertrieben
ihn jedoch daraus und besetzten die Höhe hinter Schluderns,
wo sie noch 1 Bataillon Verstärkung erhielten. Die übrigen
Truppen der Reserve wurden bei Laas zur Deckung des Vintsch-
gaues concentrirt. Dessolles nahm seine Stellung jenseits der
Etsch zwischen Tartsch und Glurns, eine Abtheilung stand auf
den Anhöhen, an deren Fuss Schluderns liegt. Am 26. und 27.
erfolgten unbedeutende Gefechte um den Besitz dieses Ortes,
den die Oesterreicher behaupteten.

Zum Vortheil des Angreifenden wirken nicht
allein alle moralischen, die Stimmung des Soldaten
erhöhenden Triebfedern, sondern auch die Hilfsmittel
aus dem Gebiete der Kunst. Er fasst seinen Entschluss,
bestimmt seine Bewegungen, vereinigt seine Kräfte
auf dem erkorenen Punkt und gewinnt eine Ueberlegenheit, gegen welche sich der Vertheidiger nur
dadurch im Gleichgewicht erhalten kann, dass er dem
Gegner die Möglichkeit raubt, sich seiner überlegenen
Mittel zu bedienen und sie in vollem Masse zu benützen. Dahin gelangt man in der Defensive, wenn
man jedem nachtheiligen Gefecht ausweicht, blos
in vortheilhaften Positionen Widerstand leistet, die
Truppen nach dem Terrain zu verwenden versteht und
jeden günstigen Augenblick benützt, selbst die Offensive zu ergreifen.

Im Allgemeinen sind nur jene Stellungen mit Wahrscheinlichkeit eines günstigen Erfolges stehenden Fusses zu
behaupten, welche durch kein Manöver überwältigt werden
können, das der Vertheidiger nicht zu hindern vermag: also

durch keine nahe Umgehung, durch keinen verdeckten Angriff, durch keine Ueberraschung u. s. w. Aber wie selten findet man diese Eigenschaften im Gebirge vereinigt! Und doch erfordert öfters der Zusammenhang der Operationen sich gewisser Neben-linien zu versichern, Durchzüge durch Seitenthäler zu sperren, Posten zu behaupten, die zwar den combinirten Anstrengungen des Feindes in der Länge nicht widerstehen würden, aber durch eine bemessene Ausdauer zum Erfolg des Ganzen unentbehrlich sind und in diesem Erfolg ihren natürlichen Entsatz finden. Stellungen, die in einer solchen Absicht gewählt werden, müssen wenigstens den Vortheil gewähren, dass die Besatzung durch keine grössere, überflügelnde, umfassende Front des Gegners, oder durch sein überlegenes concentrisches Feuer zum Rück-zug gezwungen werde; dass das Terrain dem Feinde nicht gestatte, mehr Kräfte beim Angriff zu verwenden, als man ihm entgegenzustellen vermag. Ausserdem soll die verhältnissmässige Entfernung und Aufstellung der Vorposten gegen Ueberfälle schützen und den Feind so lange aufhalten, bis die Kenntniss seiner Absichten erreicht und die Gegenanstalten getroffen sind. Die Truppen und das Geschütz, welche die Stellung verthei-digen, sollen die Zugänge übersehen, bestreichen und womöglich beherrschen. Die Reserven müssen nahe genug hinter den Angriffspunkten sein, um sie im entscheidenden Augenblick zu unterstützen, und doch entfernt genug, um nicht vor der Zeit von dem Feuer der Angreifenden zu leiden oder bei der Zurück-werfung der Vorderen mit ihnen fortgerissen zu werden. End-lich muss der Rückzug gesichert und, wenn sich hinter der Front ein Défilé befindet, durch welches seine Richtung geht, dasselbe nie unbesetzt gelassen werden: sonst folgt auf den Verlust der Position die gänzliche Aufreibung ihrer Be-satzung.

Von allen diesen Grundsätzen wurde kein einziger bei der Stellung von Taufers befolgt. Hinter Ravail (Bundweil) war das Thal zwischen Bergen eingeengt, über welche kaum ein gangbarer Fussweg führte; und doch stand man in der offenen Gegend und liess die Gorge zum Rückzug unbesetzt. Eine Flanke lehnte an dem Gebirge, wo der Weg von Schuls de-bouchirt, und Schuls war seit längerer Zeit in den Händen des Feindes. Die andere stützte sich an die Schlucht des Ramm-Bachs, dessen Bett nicht vertheidigt war und mit weniger Infanterie, einem Aufwurf und einer Kanone so leicht vertheidigt werden konnte. Vor der Front wurde der Vallarola-Bach auch nicht bestrichen, wozu ein Laufgraben an seinem Rande hingereicht hätte. Die Reserve stand hinter dem rechten Flügel, dem sich der Feind nur unter dem Feuer der rückwärtigen Höhen nähern konnte, und dessen Ueberwältigung auch weniger gefährlich war als jene des linken, weil sie den Feind nicht so schnell zur Gewinnung der Gorge von Ravail führte. Die Entfernung der Reserve von der ersten Linie betrug kaum 200 Schritte, also zu wenig, um von ihr jene Haltung zu erwarten, die zur Herstellung des Treffens nothwendig war. Endlich befanden sich die Vorposten zu nahe an der Stellung; denn 1500 Schritte reichen kaum hin, schlagfertige Truppen vor einem Ueberfall zu schützen. Selbst in der Nacht nach einem Treffen sucht man die äussersten Posten auf eine weitere Entfernung aufzustellen; umsomehr soll dieses bei einer Position geschehen, die man zu einem längeren Aufenthalt bestimmt, und in der man den Soldaten durch immerwährende Bereitschaft nicht erschöpfen darf.

Die Kriegswissenschaft ist einfach und beschränkt sich auf wenige unabänderliche Grundsätze; allein die Art ihrer Anwendung ist so mannigfaltig, als die Fälle verschieden sind, die im Kriege eintreten können. Wenn daher so häufig Fehler gegen die Elementarbegriffe begangen und wiederholt werden, so geschieht es weniger aus Unkenntniss derselben, als aus Mangel an Beurtheilung der Umstände, unter welchen sie ihre Anwendung finden. Die meisten Menschen üben mehr das Gedächtniss als den Verstand, sie bleiben bei dem Lehrsatze stehen, ohne seinen Geist zu ergründen. Wenn dann Fälle eintreten, die sich unter mehrerlei Ansichten ihrer Beurtheilung darstellen, so drängen sich ihrem Geiste oder vielmehr ihrem Gedächtnisse ebensoviel durch Tradition empfangene Regeln zugleich auf, unter welchen sie nicht zu wählen wissen und aus Verlegenheit entweder keine befolgen, oder eine solche zum Leitfaden nehmen, die nur bedingnissweise den aufgestellten Grundsätzen entspricht. Das widerfuhr den Oester-

reithern: ganz von der vorgefassten Idee des auf den 2. April
bestimmten allgemeinen Angriffs eingenommen, huldigten sie
durch ihre Stellung bei Taufers dem Axiom, dass, um eine
offensive Operation mit einer ansehnlichen Truppenzahl zu beginnen, man in dem Besitz des Terrains sein müsse, auf
welchem man diese zu entwickeln und zu verwenden vermag.
Eines solchen Vortheiles wollten sie sich dadurch nicht begeben, dass sie ihre Stellung rückwärts der Engpässe von
Ravail (Bundweil) nahmen. Sie fanden es zweckwidrig, dem
Feinde einen Schritt Landes einzuräumen, den sie später wieder
mit Zeitverlust erobern mussten; allein sie vergassen darüber
den ersten aller Grundsätze, nämlich auf ihre Sicherheit bedacht
zu sein.

Nicht auf eine Nacht soll eine fehlerhafte Stellung genommen werden, wenn die Möglichkeit eines feindlichen Angriffes vorzusehen ist; und die Oesterreicher setzten sich durch
vierzehn Tage einer sicheren Gefahr aus, um nach deren Verlauf einen unsicheren Vortheil zu erhalten. Der Vorsprung für
künftige Operationen, die Ersparung einer doppelten Bewegung,
um die verlassene Gegend wieder zu gewinnen, sind Nebenrücksichten, die den Verlust eines Treffens und die daraus ent-
stehende Verfehlung der Hauptoperation nicht aufwiegen. Der
Nachtheil gewagter Stellungen ist in Gebirgsgegenden noch
bedeutender als in offenen, weil das Terrain die Freiheit der
Bewegungen zur schnellen Abhilfe eines Missgriffes erschwert
und oft unmöglich macht.

Die Position von Taufers war jedoch nicht sowohl wegen
ihrer Localgebrechen, als wegen der grossen Mängel in den
Vertheidigungsanstalten der Oesterreicher fehlerhaft. Hätten
sie ihre Vortruppen über Münster poussirt, die Schlucht des
Ramm-Baches beobachtet und gesperrt, die Böschung des Valla-
rola-Grabens bis auf den Grund eingesehen und zur Aufnahme
des Corps die Gorge hinter Ravail mit einer Reserve besetzt;
so würde wenigstens der Ueberfall mit seinen zerstörenden
Folgen unterblieben sein. Konnten sie diese Bedingnisse nicht
erfüllen, und wollten sie sich keinem Gefecht aussetzen, um
ihre beschränkte Vorpostenlinie über Münster vorzuschieben;
so blieb nichts anderes übrig — da rückwärts Taufers bis an

die Etsch die Truppen gar keine Unterkunft fanden — als das
Gros des Corps in die Aufstellungslinie der Reserven zwischen
Laatsch und Glurns zurückzuziehen, das Défilé hinter Ravail
unzugänglich zu machen und auf dem rechten Ufer der Etsch
die Wege nach Laatsch und Glurns mit Vortruppen beobachten
zu lassen, um den anrückenden Feind in das Défilé zurückzuwerfen, wenn er sich durch dasselbe herauswagen sollte.

Die Regeln des Gebirgskrieges bestimmen, dass man in
den Thälern nur nach dem erlangten Besitz der Höhen, welche
sie beherrschen, vordringen soll. Allein diese Maxime bezieht
sich auf die Voraussetzung, dass die Thäler auch wirklich von
den feindlich besetzten Höhen beherrscht werden, und dass
die auf den Bergen vertheilten einzelnen Posten weniger Widerstand zu leisten vermögen, als in der Tiefe die stärkeren, beweglicheren und mit allen Waffengattungen versehenen Truppen;
ferner, dass es im Allgemeinen leichter sei, von der Höhe in
die Tiefe, als von der Tiefe auf die Höhe schädlich zu wirken.
Keine dieser Voraussetzungen fand bei der Stellung vor Taufers
statt. Das Thal war so wenig von den angrenzenden Bergen
beherrscht, dass die dort aufgestellte leichte Infanterie nicht
einmal an dem Gefechte theilnahm. Der schwache Punkt
lag in der Tiefe selbst, wo die Oesterreicher umgangen, überflügelt, in Flanke und Rücken genommen werden konnten.
Dessolles handelte zweckmässig, dass er die gewöhnliche Regel
im Gebirgskriege hier nicht anwandte, sondern sich an den
wesentlicheren Grundsatz hielt, welcher den Angriff auf den
schwächsten Punkt der feindlichen Stellung gebietet. Die kräftige Ausführung entsprach seiner richtigen Ansicht und bewies
die Entschlossenheit des Mannes, der, seiner Sache gewiss, mit
Zuversicht dem vorgesteckten Ziel entgegeneilt und es erreicht.

Sowie bei Dessolles war der 25. März auch bei der Colonne
von Le Courbe ein merkwürdiger Tag. Dieser General hatte
sich durch wiederholte fruchtlose Angriffe auf die Position von
Martinsbruck von ihrer Stärke überzeugt; er beschloss daher,
sich durch eine Umgehung derselben zu bemeistern. Zwei
österreichische Bataillons hielten diese Stellung besetzt und
stützten ihren linken Flügel an den Inn. Hinter dem Ort führt
die Strasse über eine Brücke auf das rechte Ufer des Flusses

nach Nauders, und dahin ging der Rückzug aus der Position.
Bei Nauders, wo sich die Strasse aus dem Engadein mit jener
von Glurns vereinigt, standen 4 Bataillons in Reserve. Diese
hielten auf der letzteren einen Posten in Reschen und mehrere
andere, mit Landesschützen vermengt, auf den vorliegenden
Bergen.

Am 25. März rückte Le Courbe mit einem Theile seiner
Division gegen Martinsbruck vor, indessen General Loison mit
dem anderen Theil über Glamaschot (Sclamisott) und den
Pizlat (Piz Lat) die Gebirgsposten auf dem rechten Ufer des
Inns angriff und über die steilsten Felsen umging. Da man
diese Unternehmung kaum möglich glaubte, waren sie schwach
besetzt, leisteten wenig Widerstand, und Loison gewann die
Strasse zwischen Reschen und Nauders. Von hier fiel er der
Stellung bei Nauders in die Flanke, welche zugleich von einer
Abtheilung, die er aus Glamaschot über die Meiss (Mais) und
den Kohlstadtberg auf die Norbertshöhe detachirt hatte, in der
Front gestürmt wurde. Die Oesterreicher unterlagen und zogen
sich in Eile mit vielem Verlust nach Finstermünz. Dadurch
aber verloren jene 2 Bataillons, welche noch vor Martinsbruck
hielten, ihren Rückzug und fielen in die Gefangenschaft. Die
Franzosen eroberten 9 Kanonen.

Ueber dieses unglückliche Gefecht bestürzt, verliessen die
Oesterreicher bei der Annäherung der feindlichen Vortruppen
auch Finstermünz und gingen bis Landeck zurück, wo sie sich
mit den Truppen vereinigten, welche bisher in den verschiedenen
Thälern zu ihrer Unterstützung vertheilt waren. Bei Landeck
kamen 14½ Bataillons, 4 Escadrons (13.537 Mann), also zweimal so viel zusammen, als die Streitkräfte des Generals Le
Courbe bei seiner kühnen Vorrückung betrugen. In dem Gefühle
der Wichtigkeit und des grossen Nutzens, den die Oesterreicher
einer bei Nauders aufgestellten Reserve beilegten, hatten sie
diesen Ort mit 4 Bataillons besetzt. Allein die Absicht, aus
welcher man rückwärtige Reserven auf dem Vereinigungspunkt
mehrerer Strassen aufstellt, wurde durch ihre Unthätigkeit
verfehlt. Ihr Commandant, der General de Briey, blieb an
seinen Posten gefesselt und glaubte diesen allein behaupten
zu müssen, da er doch keiner isolirten Vertheidigung empfänglich,

von anderen Punkten, die ihren eigenen Wirkungskreis hatten,
abhängig war, und so wie alle dergleichen Positionen am Débouché mehrerer Wege nicht gehalten werden konnte, wenn
man den Angriff des Feindes abwartete.

Aus Mangel an Geistesvermögen entstehen oft ganz entgegengesetzte Wirkungen; der Eine wird zu viel — der Andere
zu wenig besorgt. Jener will allen zweifelhaften Ereignissen
zuvorkommen, weil es ihm an der Zuversicht fehlt, sich aus
einer verwickelten Lage herauszuhelfen; der Andere beurtheilt
den Feind nach sich selbst und hält für unmöglich, was er
nicht auszuführen vermag. In dem letzteren Falle befand sich
der österreichische General. Die Zugänge über das Gebirge
zu seinem linken Flügel und in seine Flanke führten über steile
Felsen, auf schlechten Fusssteigen und waren besetzt; diese
Hindernisse brachten ihn zu dem Wahn einer unbegrenzten
Sicherheit von dieser Seite. Was ist aber dem Angreifenden
und dem Kühnen nicht möglich! — Loison überstieg Felsen-
klüfte, umging und vertrieb die Vertheidiger der Fusssteige
und überflügelte die Stellung von Nauders, für welche wegen
des gleichzeitigen Angriffes in der Front keine Hilfe mehr war.
Nie ist die Kühnheit besser angewandt und von einer entscheidenderen Wirkung, als in durchschnittenen Gegenden und
vorzüglich im hohen Gebirge, wo es sich um blosse Postengefechte handelt, die das Terrain ebenso schnell zur Entstehung
als zur Beendigung bringt, und wo die Ueberraschung — eine
natürliche Folge der Kühnheit — die Kräfte des Feindes für
den bemessenen Augenblick lähmt. Im offenen Terrain hingegen entdeckt man die Dispositionen des Gegners von fern;
man hat Zeit, sie zu würdigen, und selbst wenn sie etwas Unerwartetes verrathen, dennoch Gegenanstalten zu treffen. Wagt
er endlich eine kühne Bewegung, so wird man ihre Blösse
gewahr, bevor er sein Ziel erreicht, und man kann ihn für
seine Verwegenheit strafen.

Hieraus entwickelt sich eine Ursache mehr, welche im
Gebirgskriege der Offensive eine so grosse Ueberlegenheit über
die Defensive gibt, und eine neue Bestätigung, wie nothwendig
es ist, in der Kriegskunst immer von den Regeln zu den Grundsätzen zurückzugehen, um ihren Geist zu fassen und sich

dadurch gegen gefährliche Missgriffe in der Anwendung zu hüten.

Was in der Ebene unklug und gewagt sein würde, ist oft im Gebirge zweckmässig. In einer offenen Gegend hätte Le Courbe seine Kräfte nicht auf beiden Ufern des Inns vertheilen, sich nicht zwischen Martinsbruck und Nauders werfen und die Stellung nicht auf eine solche Art umgehen dürfen, ebensowenig gegen einen unternehmenden Feind. Nur die Beschaffenheit des Terrains, der Charakter und die Kriegsart des Gegners rechtfertigte dergleichen Manöver.

Nach dem Gefechte vom 25. blieb Le Courbe bei Nauders stehen und begnügte sich, den General Demont mit einer Avantgarde bis Pfunds vorzuschicken. Indessen hatte Masséna, bevor er noch von den glücklichen Ereignissen unterrichtet war, durch welche seine Unterfeldherren in den Besitz der Communication zwischen dem Inn und der Etsch gelangten, den Befehl an beide erlassen, mit ihren weiteren Operationen innezuhalten; denn es drohte ihm und ihnen Gefahr.

Ein ungünstiges Treffen an der Ostrach zwang Jourdan zum Rückzug gegen den Schwarzwald. Die Brigade Rubi (Ruby) stand unfern von Schaffhausen, der Feind bei Stockach.

Wegen der Ueberlegenheit der Oesterreicher war ein Sieg auf dem rechten Rheinufer nicht wohl zu erwarten, und die Communication der Schweizer-Armee sowie ihre Rückzugslinie wurden in dem Masse gefährdet, als sie in Tirol vordrang. Schon jetzt lag die Operationslinie von Le Courbe ausser allem Verhältniss mit jener des Feindes, wenn dieser von Feldkirch oder aus dem Montavon auf Chur oder in die kleinen Cantone gegen den Gotthard vorgehen wollte; und nur die mangelhaften Dispositionen der Vertheidiger von Tirol hatten seine Unternehmungen mit Erfolg gekrönt. Le Courbe und Dessolles zogen sich, um ihre Linie zu verkürzen und durch Besetzung eines weniger ausgedehnten Terrains dem zahlreicheren Feinde widerstehen zu können, am 30. März und in der Nacht vom 31. zurück. Le Courbe ging bis Remüs und hinterliess blos ein Beobachtungs-Detachement bei Finstermünz. Dessolles replirte sich auf Taufers. Die bei Landeck aufgestellten Oesterreicher rückten am 30. längs dem Inn vor. Bei der Ankunft ihrer

Avantgarde verliessen die Franzosen Finstermünz, setzten ihren
Marsch theils über den Novella-Steig, theils über Nauders fort,
verbrannten die Martinsbrücke und räumten auch die dortige
Position. Am 31. kam eine andere österreichische Colonne aus
dem Vintschgau und nahm ihre Stellung bei Mals. Die Communication zwischen dem Inn und der Etsch war wieder frei.
Die Oesterreicher, mit diesem Vortheile zufrieden, zauderten
noch und entschlossen sich erst zur Fortsetzung der Offensive,
als sie benachrichtigt wurden, dass Dessolles sich im Münsterthale verschanze. Ihre Mehrzahl und der Vortheil aus dem
Vertheidigungs- in den Angriffskrieg überzugehen, konnte ihnen
keinen Zweifel über den Erfolg ihrer Operationen lassen.

Zwölf Bataillons, 3 Escadrons hatten sich bei Laatsch
versammelt und rückten am 4. April mit Tagesanbruch in
3 Colonnen vor: die stärkste von 8 Bataillons, 3 Escadrons
im Thale auf der Strasse nach Taufers, der Rest in 2 kleinen
Colonnen auf den rechts und links befindlichen Abfällen des
Gebirges. Ueberdiess war schon am Tag vorher ein Detachement
von 300 Mann über Stilfs in das Drofuyer-(Trafoier-)Thal abgegangen, um das mit Schnee bedeckte Wormser Joch zu
ersteigen und bei St. Maria den Feind im Rücken zu bedrohen.

Die Franzosen standen vorwärts Taufers staffelweise im
Thale und hatten vor dem Eingang des Ortes eine Flèche
aufgeworfen. Ihre Posten auf dem Gebirge am rechten Ufer
des Ramm-Bachs waren sehr schwach, jene des linken etwas
stärker, und hielten die alten Schlösser Rotund und Reichenberg
besetzt; überhaupt aber gebrach es ihnen an Truppen, um einen
kräftigen Widerstand zu leisten.

Ohne viel Mühe vertrieb die linke Colonne der Oesterreicher den Feind vom rechten Ufer des Ramm-Bachs und begünstigte durch ihr Flankenfeuer den Angriff des Centrums.
Die rechte Flügelcolonne wurde einige Zeit vor den Schlössern
aufgehalten, dennoch mussten die Franzosen dem Feuer des
Geschützes weichen und zogen sich hinter Taufers zurück.
Aber auch hier konnten sie nicht lange halten, da die Oesterreicher in der offeneren Gegend mehr Raum zur Entwicklung

ihrer überlegenen Kräfte gewannen und ihre linke Colonne auf dem Gebirge den Feind immerfort gegen Münster flankirte. Sie concentrirten sich demnach bei diesem Orte, besetzten den zur Vertheidigung vorbereiteten Kirchhof am Eingang des Dorfes und postirten sich auf den rückwärtigen Höhen.

Die Oesterreicher setzten ihren Angriff fort, und in dem nämlichen Augenblick zeigte sich auch bei St. Maria die Colonne, welche aus dem Drofuyer- (Trafoier-) Thal das Wormser Joch erstiegen hatte. Nunmehr eilten die Franzosen die Gegend von Münster zu räumen und zogen sich unter steter und lebhafter Beunruhigung der österreichischen leichten Truppen auf St. Maria zurück. Um sich diese vom Halse zu schaffen und die Artillerie in Sicherheit zu bringen, sammelte General Fedrigoni einen Theil seiner Truppen, griff die Verfolgenden an und brachte sie zum Weichen; letztere wurden jedoch bald verstärkt, drangen wieder vor und nahmen ihm 3 Kanonen, 14 Munitionskarren und mehrere Gefangene ab. Von St. Maria wagten die Franzosen wegen des Vorsprunges, den die feindliche Colonne im Gebirge gewonnen hatte, nicht, ihren Marsch im Münsterthale fortzusetzen, sondern wandten sich über Feldora (Fuldera) und Tschirfs (Cierfs) gegen Zernetz. Die Oesterreicher nahmen Position zwischen Taufers und Münster, ihre Vorposten zwischen St. Maria und Feldora.

Ruhig blieben beide Theile in dem Besitze ihrer neuen Stellungen sowohl im Engadein als im Münsterthale bis zum Ende des Monates. Die schwächeren Franzosen betrachteten jeden Tag als gewonnen, an welchem man sie ungestört auf ihrer gewagten Operationslinie liess; die Oesterreicher hatten ihr so sehr erwünschtes Ziel erreicht; denn der Feind war nicht mehr auf Tiroler Boden, und ihr Oberfeldherr wollte sich in keine weitere Unternehmung einlassen, ohne von der Mitwirkung der Armeen in Deutschland und Italien versichert zu sein.

Siebenter Abschnitt.

Jourdan's Vorrückung über den Rhein. Treffen bei Ostrach am 21. März.

Jourdan hatte in den letzten Tagen des Hornung alle Anstalten zum Uebergang über den Rhein vollendet und setzte in Folge der von dem Directorium erhaltenen Befehle am 1. und 2. März über die Brücken von Basel und Strassburg. Seine Armee erhielt den Namen Donau-Armee und war in 5 Divisionen eingetheilt, von welchen eine unter Anführung des Generals Lefebvre (6800 Mann Infanterie, 2200 Pferde) die Avantgarde, die Division Ferino (7200 Mann Infanterie, 1000 Pferde) den rechten Flügel, St. Cyr (5800 Mann Infanterie, 1400 Pferde) den linken, Souham (6500 Mann Infanterie, 900 Pferde) die Mitte, und Hautpoul (3500 Mann Infanterie, 2500 schwere Cavallerie) die Reserve bildeten. Ihre Gesammtzahl betrug (bei) 30.000 Mann Infanterie und 8000 Pferde.

Sie durchzog den Schwarzwald in vier Colonnen über die Waldstädte, durch das Höllthal, durch das Kinzigthal und auf der Strasse von Oberkirch über Freudenstadt. Am 5. trafen ihre Vortruppen bei Villingen ein. Am 7. cantonirte die ganze Armee zwischen Blomberg (Blumberg) und Rothweil (Rottweil), und die Avantgarde rückte bis Tuttlingen vor. Zur Vermehrung der Communications- und Rückzugslinien liess Jourdan bei Alt-breisach eine Schiffbrücke über den Rhein schlagen und durch einige Verschanzungen decken. Am 1. März ging auch die Observations-Armee, welche damals kaum 8000 Streitbare zählte, in der Nähe von Mannheim über den Rhein und forderte diese Stadt zur Uebergabe auf. Sie war in keinem Vertheidigungs-stande, weil man während der Waffenruhe den grössten Theil ihres Geschützes nach Philippsburg abgeführt und die Besatzung bis auf 500 Mann vermindert hatte; daher leistete sie auch keinen Widerstand und wurde, sowie Heidelberg, vom General Bernadotte besetzt, dessen leichte Cavallerie längs dem Neckar und gegen Philippsburg streifte.

Der Erzherzog Carl erhielt am 3. Abends in seinem Hauptquartier zu Friedberg die Nachricht von Jourdan's Ueber- gang. Sie überraschte ihn nicht, denn der Gang der Unter- handlungen in Rastadt liess keinen anderen Erfolg erwarten, und die Anstalten zur allgemeinen Vorrückung der Armee waren so getroffen, dass schon am 4. der grösste Theil der in Bayern cantonirenden Truppen sich in Bewegung setzte. Am 4. März fing die aus 9 Bataillons, 44 Escadrons (9500 Mann Infanterie, 7800 Pferde) bestehende Avantgarde an, über den Lech zu gehen, und der Erzherzog selbst folgte mit 39 Ba- taillons, 94 Escadrons (37.800 Mann Infanterie, 16.000 Pferde) in dem Masse, dass die Infanterie seiner Colonnen über Augs- burg, Landsberg und Schongau am 9., die Cavallerie am 14. das linke Ufer des Lech betrat. Nur 3 Cavallerie-Regimenter, die an der österreichischen Grenze lagen, kamen später nach. Ausser diesen Truppen defilirten 6 Bataillons (6600 Mann) längs der Donau nach Ulm, 3 andere (1500 Mann) wurden aus Böhmen zur Besatzung von Ingolstadt herangezogen, und Feldmarschall-Lieutenant Sztáray mit 7 Bataillons, 20 Es- cadrons (9800 Mann Infanterie, 3500 Pferde), welche bei Neu- markt versammelt waren, gegen die Rednitz zu marschiren beordert. Die Avantgarde rückte in 3 Colonnen vor: die eine über Babenhausen und Biberach, die zweite und stärkste über Memmingen und Waldsee, die dritte über Leutkirch und Ra- vensburg. Am 9. März hatten sie diese Orte erreicht und Ab- theilungen leichter Cavallerie über Pfullendorf vorpoussirt, um Nachrichten vom Feinde einzuholen. Der rechte Flügel der nachrückenden Armee erstreckte sich an diesem Tage bis Memmingen, der linke bis Leutkirch, und ihre Cantonirungen lagen zwischen der Iller, der Günz und der Mindel.

Da von Franken her nichts zu besorgen war, musste sich Sztáray gegen Ulm ziehen und Detachements über Blaubeuern nach dem Neckar abschicken. Die Avantgarde machte an der Schussen Halt, um die Annäherung der Armee zu erwarten.

Der Plan des Erzherzogs war seinen Verhältnissen an- gemessen. Er wollte dem Feind mit gesammter Macht entgegen- gehen und den Feldzug durch eine entscheidende Schlacht eröffnen. Seine Vortruppen rückten schnell bis an die Schussen,

um die rechte Flanke der Postirungen in Vorarlberg zu decken
und den Feind aufzuhalten, wenn er sie überflügeln wollte.
Nach diesem ersten Schritt wartete er mit dem zweiten, bis
seine Streitkräfte versammelt waren. Er wählte zu seiner Operationslinie die Strasse über Memmingen nach Ostrach, weil
sie die kürzeste war, am sichersten zu einer Schlacht führte,
und weil ihm der Feind auf diesem Wege nicht ausweichen
konnte.

Jourdan durfte ebensowenig wagen, den Marsch zwischen
der österreichischen Armee und dem Bodensee, als jenen an
der Donau fortzusetzen, längs welcher Ulm das Débouché
der Strasse sperrte, und das Gebirge der Rauhen Alb jede
Flankenbewegung hinderte. Jourdan's Absicht war, seinem Auftrag gemäss, auf die Vereinigung mit Masséna und auf die
Vertreibung der Oesterreicher aus Vorarlberg gerichtet. In dem
Gefühl von der Unzulänglichkeit seiner Mittel beschloss er die
Offensive nicht eher zu beginnen, als bis ihm die ersten Nachrichten von dem glücklichen Anfang der Operationen in der
Schweiz zukommen würden. Diese trafen am 13. ein; und nun
befahl er den Aufbruch aus den seit dem 7. bezogenen Can-
tonirungen auf beiden Ufern der Donau. Noch an diesem
Tage, am 13. März, und am 14. defilirten die Truppen von
dem linken auf das rechte Ufer mit Ausnahme zweier Halbbrigaden und dreier Cavallerie-Regimenter, mit welchen General
Vandamme auf dem linken blieb. Die Armee rückte in die
Linie zwischen Tuttlingen und Hohentwiel. Der Commandant dieser württembergischen Feste wurde aufgefordert, ergab
sich aber nicht, sondern erklärte sich neutral. Die Division
Lefebvre zog eine Vorpostenkette von Radolfszell bis Sigmaringen; und die österreichischen Cavallerieposten, welche bis
Mösskirch und Stockach gekommen waren, kehrten zurück, als
die Franzosen nach der ersten Forderung, diese Punkte zu
räumen, Miene machten, Gewalt brauchen zu wollen.

Am 15. März marschirte Jourdan nach Stockach. Die
Division der Avantgarde concentrirte sich bei Mösskirch. Ferino
erhielt die Bestimmung, vereinigt mit der Brigade Rubi von
der Schweizer-Armee sich rechts an den Bodensee zu halten,
indessen Jourdan mit dem Centrum über Pfullendorf und

St. Cyr an der Donau vorgehen wollten. Am 16. März nahm
Ferino seine Stellung bei Ueberlingen und sein Vortrab unter
Thareau bei Salmansweiler.[1]) St. Cyr stand bei Sigmaringen.
Ein falscher Lärm von der Annäherung der Oesterreicher auf
dem linken Donauufer in der Flanke der französischen Armee
gab Ursache, dass Vandamme sich von der Donau entfernen
und seine Richtung gegen den Neckar nehmen musste.

Lefebvre besetzte Pfullendorf, wohin Jourdan am 17. März
folgte, nachdem er die Avantgarde an die Osterach (Ostrach) vorpoussirt hatte. Die österreichischen Posten zogen sich, nach Mass
als die feindlichen vorrückten, hinter die Ostrach und die Aach
zurück; aber der Erzherzog blieb nicht unthätig. Er überliess
die Beobachtung der Division Ferino und die Deckung der
Communication mit Bregenz dem General Piaczek, welcher
sich mit 2 Bataillons und 10 Escadrons längs der Schussen
bis an den Bodensee ausdehnte. Buchau, Alschhausen (Altshausen), Waldsee waren besetzt, der Rest der Avantgarde stand
bei Biberach. Die Armee bezog am 17. eine gedrängte Cantonirung zwischen Ochsenhausen und Wurzach, und am 18.
mehrere Lager vorwärts Biberach. 4 Bataillons rückten von
Ulm, wo nichts mehr zu besorgen war, wieder zur Armee.
Am 18. März erhielt Jourdan von Paris die Nachricht, dass
der Krieg an Oesterreich erklärt sei, und nun durfte nichts
mehr seine Offensive aufhalten. Allein über den Weg, den er
hierzu einschlagen wollte, hatte er noch manche Bedenklich-
keiten, da ihm zumal die Ueberlegenheit seines Gegners nicht
unbekannt war. Um sich mit Masséna zu vereinigen und zu
der schon angefangenen Operation dieses Feldherrn mitzuwirken, musste er mit dem rechten Flügel vordringen und sich
von Bernadotte beträchtlich entfernen. Hierdurch gab er ihre
wechselseitige Unterstützung auf und setzte seine entblösste
linke Flanke der Gefahr aus, gegen den Bodensee gedrückt
zu werden. Rückte Jourdan mit dem linken Flügel vor und refü-
sirte den rechten, so verfehlte er den Zweck der Zusammenwirkung gegen Vorarlberg. Nahm er endlich seine Richtung
aus der Mitte, so war eine nahe Schlacht unvermeidlich, und

---

[1]) Gegenwärtig Salem.

D. H.

die Wahrscheinlichkeit des Sieges sprach für die Mehrzahl des
Gegners, — ein Verhältniss, welches zum Nachtheil der Franzosen, je weiter sie vordrangen, zunahm; weil sich die Donau
von dem Rhein und dem Bodensee immer mehr entfernt, und
die grössere Ausbreitung des Terrains weniger Stützen für die
Flügel und den zahlreichen Truppen eine unbedingtere Freiheit
in der Entwicklung und Verwendung ihrer Kräfte gewährt. In
dieser Verlegenheit forderte Jourdan den Oberbefehlshaber der
Schweizer-Armee auf, sich mit seiner ganzen Macht gegen
Feldkirch zu wenden, und entschloss sich zur Vorrückung aus
der Mitte auf dem wenigst gefährlichen Wege zwischen der
Donau und dem Bodensee an die Ostrach.

Es verdient bemerkt zu werden, dass die Strasse von Ostrach
die Aufmerksamkeit beider Feldherrn fesselte, da beide einer
entscheidenden Schlacht entgegengingen. So bestimmt zeichnet
das Terrain die Objecte und die Linien zu den Operationen vor! —

Der Bach, der den Namen Ostrach führt, durchschlängelt
bald nach seinem Ursprung ein grosses Ried, hat meist
sumpfige Ufer und ergiesst sich in die Donau. Aus dem nämlichen Ried, das sehr breit ist und keine Uebergänge hat, entsteht die Aach und fliesst in entgegengesetzter Richtung bei
Buchhorn [1]) in den Bodensee. Die Ostrach verlässt diesen Mo-
rastgrund bei dem Dorfe gleichen Namens, wo sie auf beiden
Seiten zwischen Anhöhen eingeengt ist, die sie dann abwech-
selnd gegen die Donau begleiten. Abwärts des Dorfes Einhard
erweitert sich das Thal und enthält einen Sumpf, der sich mit
dem grossen Morast an der Donau verbindet. Uebergänge über
den Bach befinden sich nur in Ostrach selbst, wo die Strassen
von Saulgau und Alschhausen (Altshausen) zusammenkommen
und in zwei Aesten nach Pfullendorf und Denkingen führen,
dann bei Jettkofen, Wangen, Einhard, Enzkofen, Beizkofen und
endlich auf der Heerstrasse längs der Donau nach Mengen.
Die ganze Gegend von den Sümpfen der Ostrach bis an die
Schussen besteht aus einem sanften Mittelgebirge, welches von
vielen zum Theil morastigen Thälern durchschnitten und mit
kleinen Waldungen bewachsen ist. Zwischen der Ostrach und
dem Andelbach sind die Wälder dichter. Dieser letztere Bach

---

[1]) Gegenwärtig Friedrichshafen.   D. H.

ist breiter, hat weniger Uebergangspunkte, und steilere Höhen beherrschen sein linkes Ufer, so dass die Stellung vor Pfullendorf günstig und in der Front schwer anzugreifen ist. Auch jene an der Ostrach gewährt von beiden Ufern gegenseitig den nämlichen Vortheil: Sümpfe decken ihre Flügel, und wenn die Verhältnisse, wie im März 1799, kein ausgedehntes Manöver gestatten, ist die Umgehung unmöglich.

Betrachtet man diese Position mit Aufmerksamkeit, so zeigt sich zwar jeder Angriffspunkt als beschwerlich, aber jener bei dem Dorfe Ostrach dennoch als der günstigste. Der Ort selbst ist lang, auf mehreren Stellen zugänglich, bildet das Débouché zweier Heerstrassen und den kürzesten Uebergang über das Défilé. Die gegenseitigen Anhöhen nähern sich hier so sehr, dass sie von dem gegenüberstehenden Geschütz wirksam bestrichen werden, und Jener, der sich in dem Besitz des rechten Ufers befindet, gewinnt noch den wichtigen Vortheil, dass der Gegner gezwungen ist, seine Frontlinie in schräger Richtung nach dem Laufe des Baches zu nehmen. Dadurch aber nähert sich die Rückzugslinie so sehr dem rechten Flügel, dass, wenn dieser überwältigt wird, der bis Mengen ausgedehnte linke Gefahr läuft, Pfullendorf nicht mehr erreichen zu können. Nach der Disposition, welche Jourdan zur Vorrückung auf den 20. entwarf, sollte die Division Lefebvre die Ostrach besetzen und über den Bach vorpoussiren; St. Cyr vor Mengen und Vandamme auf dem linken Donauufer gegenüber von Sigmaringen Posten fassen; Ferino bis an die Aach [1] vordringen und die Zugänge von Ravensburg gewinnen; Souham und Hautpoul als Reserven, ersterer vor und der andere in enger Cantonirung hinter Pfullendorf bleiben.

Dieser Anordnung zufolge marschirte Ferino am 19. März über Markdorf nach Hetigkofen; sein Vortrab warf die feindlichen leichten Truppen über die Schussen und nahm, nach einem fruchtlosen Versuch, sich der Brücke von Ravensburg zu bemeistern, seine Stellung bei Bavendorf. Die Division Lefebvre rückte an die Ostrach, der grösste Theil ihrer Ca-

[1] Unter diesem Namen ergiessen sich drei kleine Flüsse in den Bodensee: der erste, von dem hier die Rede ist, bei Buchhorn, der zweite bei Seefelden, der dritte unweit Radolfszell.   Anm. des Verf.

7*

vallerie und die Hälfte der Infanterie setzten über den Bach
und gingen in 3 Colonnen vor, die stärkste auf der Strasse
von Saulgau, eine schwächere auf jener von Alschhausen (Altshausen) und eine dritte gegen Friedberg. Die ganze Linie
der österreichischen Vorposten musste auf der einen Seite bis
vor Saulgau, auf der anderen bis Ratzenreute weichen. Der
Obergeneral glaubte die Oesterreicher noch einige Märsche
entfernt. Allein sie hatten sich ebenfalls zu einer offensiven
Bewegung auf Ostrach vorbereitet und waren am 19. an die
Schussen, am 20. in zwei Lager bei Renhardsweiler und
Alschhausen marschirt, welche hinter den Wäldern so genommen wurden, dass sie der Feind von den Anhöhen vorwärts
der Ostrach nicht entdecken konnte.

Der Erzherzog kannte die Stärke der Stellung an der
Ostrach und wollte seinem Gegner keine Zeit lassen, sich in
derselben festzusetzen; daher liess er sogleich die Avantgarde
mit 9 Bataillons, 4 Escadrons verstärken und brach aus dem
Lager von Renhardsweiler nach Saulgau auf.

Die Avantgarde gewann nun Terrain und hatte vor einfallender Nacht die Orte Königseckberg [1]), Hosskirch, Erhardts-
kirch (Erartskirch) und Kloster-Siessen [2]) wieder genommen, von
wo sich ihre Kette über Fulgenstadt und Herbertingen bis zur
Donau ausdehnte. Französischerseits liefen die Posten der Division
Lefebvre von Königseckwald über Bolstern nach Friedberg und
schlossen dort an jene des Generals St. Cyr, der an der Donau
stand, an.

In der Nacht nach diesem Gefechte der Vortruppen ordnete
der Erzherzog den allgemeinen Angriff auf den folgenden Tag
an. Die Armee wurde in 3 Colonnen getheilt; die erste von
11 Bataillons, 20 Escadrons unter Commando des Feldmarschall-
Lieutenants Fürstenberg versammelte sich hinter Fulgenstadt
und sollte den Feind aus Friedberg vertreiben, die rechte Flanke
des Hauptangriffes auf Ostrach decken, dann auf Mengen und
von dort in der Richtung nach Pfullendorf vordringen. Die
zweite von 22 Bataillons, 50 Escadrons kam bei Siessen zusammen, um auf der Strasse von Saulgau Ostrach zu erreichen;

[1]) Königsegg bei Hosskirch.
[2]) Siessen 11 Klm. östlich von Laupheim.　　　　　D. H.

indessen die dritte von 15 Bataillons, 42 Escadrons unter Anführung des Feldzeugmeisters Wallis von Alschhausen (Altshausen) über Ratzenreute eben dahin ihre Bestimmung erhielt.
Der grösste Theil der Cavallerie blieb wegen des durchschnittenen
Terrains an der Queue der Colonnen. Der Erzherzog begab
sich an die Spitze der zweiten, um von da den ganzen Angriff
zu leiten. Noch in der Nacht formirten sich die Colonnen hart
hinter der Aufstellung der äussersten Vorposten, und mit Anbruch des Tages am 21. März erfolgte die Vorrückung von
einem dichten Nebel begünstigt. Jourdan hatte die Aufstellung
seiner Truppen nicht verändert, obwohl er aus dem Gefecht
des vorigen Tages den ernstlichen Willen seines Gegners ab-
nehmen konnte, ihm mit Nachdruck zu begegnen. Die Division
St. Cyr stand auf den Höhen vorwärts Mengen und hatte vor
ihrer Front Oelkofen, Hohenthengen, Völkofen und Ursendorf
auf dem rechten Ufer der Ostrach besetzt, um dem Feinde
die Uebergänge über den Bach zu erschweren.

Von der Division Lefebvre waren 2 Halbbrigaden und
3 Cavallerie-Regimenter von Friedberg über Bachhaupten,
Oberweiler bis zu dem grossen Ried in Posten vertheilt. Die
erste Colonne der Oesterreicher theilte ihre Avantgarde in zwei
Abtheilungen, von welchen die schwächere ihre Richtung durch
den Thiergarten auf Hohenthengen, die stärkere über Friedberg
auf Reppersweiler und Einhard nahm. Die Franzosen wurden
aus allen diesen und den dazwischen liegenden Orten vertrieben,
und die Colonne folgte auf Reppersweiler. Indessen hatte
St. Cyr aus Besorgniss für seine linke Flanke, weil Vandamme
von seiner Absendung gegen den Neckar noch nicht an die
Donau zurückgekommen war, 2 Escadrons auf das linke Ufer
dieses Flusses gegen Riedlingen, 1 Bataillon nach Sigmaringen
und Scheer detachirt und die Heerstrasse nach Ulm mit 1 Bataillon, 3 Escadrons und 3 Kanonen besetzt. Mit seinen zurück-
gewichenen Truppen griff er nunmehr Hohenthengen an, warf
die Oesterreicher wieder heraus und drang gegen die rechte
Flanke ihrer Colonnen vor, welche soeben auf den Höhen vor
Reppersweiler angekommen war. Fürstenberg schickte ihm
5 Bataillons, 12 Escadrons entgegen, die ihn bald zum Weichen
brachten und nach Hohenthengen verfolgten. Dieser Ort wurde

mehrmal genommen und wieder verloren, bis endlich ein gleichzeitiger Angriff auf Enzkofen und Bremen den Rückzug der
Franzosen bedrohte, worauf sie Hohenthengen räumten und
sich über Beitzkofen hinter die Ostrach zogen. Die Oesterreicher warfen 1 Bataillon in das Dorf und liessen die Heerstrasse längs der Donau durch leichte Cavallerie beobachten.
Die Colonne rückte indessen der Avantgarde nach, welche den
Uebergang bei Einhard forcirt und den Weg nach Habsthal[1])
geöffnet hatte. Letztere wurde sodann in den Ostracher Wald
auf die Communication von Mengen nach Pfullendorf vorpoussirt und Rosenau (Rosna) besetzt. Die Colonne selbst
nahm ihre Richtung auf Magenbuch, um zu dem Hauptangriff
mitzuwirken, welcher mittlerweile gelungen war.

Um 3 Uhr Morgens hatte sich auch die zweite Colonne
von Siessen in Marsch gesetzt, und ihr Vortrab stiess hinter
Bolstern auf das Gros der französischen Avantgarde von 2 Bataillons und 2 Cavallerie-Regimentern. Diese leisteten tapferen
Widerstand und zogen sich langsam durch Taffertsweiler auf
die vortheilhaften rückwärtigen Anhöhen. Ein zweiter Angriff,
verbunden mit der Umgehung durch den Wald von Wag-
hurst, zwang sie zum Rückzug, welcher in bester Ordnung auf
Ostrach und Jettkofen geschah.

Jetzt fiel der Nebel. Jourdan, der auf die erste Nachricht
von dem Angriff des Feindes nach Ostrach geeilt war, und
der Erzherzog, der mit der Tête der zweiten Colonne anrückte,
konnten nun Alles übersehen und ihre gegenseitigen Verfügungen auf der Stelle treffen.

Die österreichische Avantgarde besetzte die Anhöhen vor
Ostrach und jagte den Feind aus dem Dorfe Jettkofen, wo
die Brücke schnell hergestellt und der Weg vorbereitet wurde,
dieses Débouché zu benützen. In Ostrach selbst war die
Brücke ebenfalls abgeworfen, und die Franzosen hatten zur
Vertheidigung des Ueberganges 4 Compagnien am Eingang
des Dorfes, 10 Compagnien am Ufer des Baches bei Wangen
und Einhard, 1 Bataillon, 2 Cavallerie-Regimenter hinter dem
Dorfe Ostrach, 1 Bataillon an der Waldspitze gegenüber von

---

[1]) 8 Kilometer NNW. von Ostrach.   D. H.

Jettkofen und ein drittes am Rande des Waldes an der Strasse nach Pfullendorf aufgestellt. Ihr sämmtliches Geschütz stand auf den Höhen hinter Ostrach und spielte auf die Zugänge des Ortes.

Die ersten Vortruppen der Oesterreicher wagten vergebens einige Versuche einzudringen, als von einer Seite der Erzherzog mit der zweiten, von der anderen der Feldzeugmeister Wallis mit der dritten Colonne ankam. Diese hatte wenig Widerstand gefunden; nur eine detachirte Abtheilung, welche die linke Flanke der Colonne gegen Riedhausen decken sollte, bestand ein lebhaftes Gefecht mit $1^1/_2$ Bataillon, 6 Escadrons der französischen Vortruppen, die, bei Hosskirch durch die schnelle Vorrückung der Oesterreicher abgeschnitten, Ostrach nicht mehr gewinnen konnten, und sich unter dem Schutze des Nebels längs des grossen Rieds über Riedhausen nach Pfrungen zogen, wo sie von einer Halbbrigade aufgenommen wurden, die der General Souham von Pfullendorf aus zur Versicherung dieser Gegend abgeschickt hatte. Um den Uebergang bei Ostrach zu forciren, liess der Erzherzog auf den Anhöhen gegenüber der feindlichen Stellung aufmarschiren und mehrere Batterien gegen dieselbe aufführen. 9 Bataillons, 8 Escadrons blieben auf der Strasse in Colonne zum Angriff bereit. Das Wasser war hoch, und die Furt gut bestrichen; dennoch befahl der Erzherzog den Durchzug zu erzwingen. 8 Bataillons stürzten sich nacheinander hinab und lösten nicht allein diese schwere Aufgabe, sondern stürmten auch die jenseits tapfer vertheidigten Höhen. 3 Bataillons, 12 Escadrons, welche schnell folgten, dann ein gleichzeitiger Angriff über Jettkofen und die Vorrückung der ersten Colonne gegen Magenbuch vereitelten das Bestreben des Generals Jourdan, mit seiner Reserve und mit einer von Pfullendorf herbeigeeilten Halbbrigade das Gefecht wieder herzustellen.

Lefebvre wurde dabei verwundet, und die Franzosen zogen sich durch den Ostracher Wald gegen Pfullendorf zurück. Die österreichische Avantgarde vereinigte sich in dem Walde mit der ersten Colonne und folgte dem Feind auf dem Fusse nach. Der ganze Rest der Armee ging nunmehr über das Défilé und setzte seinen Marsch in 4 Colonnen auf der Hauptstrasse, am Abhang der Höhen gegen Kalkreute, nach Spöck

und auf Burgweiler fort. Drei Kanonen fielen in die Hände
der Sieger.

Der Erzherzog wollte noch an diesem Tage die Stellung
von Pfullendorf angreifen. Als jedoch die Vortruppen den Andelbach erreichten, fanden sie alle Brücken abgetragen und die
Divisionen Lefebvre, Souham und Hautpoul in Schlachtordnung
auf den Höhen vor Pfullendorf. Der Angriff in der Front war
schwer, weil der Sumpf des Andelbaches breiter ist und weniger
Uebergänge hat, als jener der Ostrach. Daher beschloss der
Erzherzog den rechten Flügel der Franzosen über Denkingen
zu umgehen, wo sich das Terrain erhebt und der Morast
weniger ausgedehnt ist. In dieser Absicht wurde der Abmarsch
eines Theiles der Truppen gegen H a h n e n n e s t angeordnet.
Allein die eintretende Nacht verhinderte die Ausführung dieser
Unternehmung, die man auf den folgenden Tag verschob. Die
Armee lagerte in mehreren Treffen theils bei Magenbuch, theils
zwischen Kalkreute und Burgweiler, und die Vorposten besetzten
das Ufer des Andelbaches.

Jourdan, überzeugt von der Unmöglichkeit, die Fortschritte
seines Gegners durch Gefechte aufzuhalten, in welchen die
Mehrzahl so entscheidend gegen ihn wirkte, trat noch in der
Nacht seinen Rückmarsch auf Stockach an und zog die Division
Ferino eiligst an sich. Diese bildete nunmehr den rechten
Flügel am Bodensee, St. Cyr den linken bei Friedingen.

Sobald die Oesterreicher am 22. M ä r z den Rückzug des
Feindes gewahr wurden, gingen ihre leichten Truppen über
Sigmaringen, Mösskirch bis D e u t w a n g¹) und U r s a u l vor,
und die Armee bezog das von den Franzosen verlassene Lager
bei Pfullendorf, wo sie am 23. Rasttag hielt. Jourdan setzte
seinen Marsch in der Nacht vom 22. auf den 23. fort und
nahm eine Stellung mit dem Centrum vor Engen: Ferino bei
Singen; St. Cyr auf den Höhen vor Tuttlingen gegen Emmingen
ab Egg, dann zwischen Neuhausen (N. ob Egg) und Grindel-
buch; Vandamme in Friedingen. Die österreichische Avantgarde folgte ihnen nach, besetzte Schwandorf, Raithaslach,
Eigeltingen, Orsingen und beobachtete die Gegend von Aach

---

¹) 6 Kilometer NO. von Stockach.   D. II.

mit den umliegenden Wäldern hinter Rieden, Steisslingen,
Welschingen und Glatt,[1]) welche noch in den Händen des Feindes
waren. Die Armee rückte am 24. März nach Stockach.

Die ersten Ereignisse des Feldzuges in Deutschland verdienen sowohl in Beziehung auf den Entwurf als auf den Gang
der Operationen und die Voranstalten zu dem Treffen bei
Ostrach gewürdigt zu werden. Die Kräfte der französischen
Donau-Armee standen weder mit jenen des Feindes, noch mit
der ihr zugedachten Bestimmung im Verhältniss. Dieser Rech-
nungsfehler kann dem Feldherrn nicht zugeschrieben werden,
denn er hatte Alles gethan, ihn durch Vorstellungen aufzudecken
und seine unseligen Folgen zu verhüten. Mehr liegt nicht in
dem Wirkungskreis derjenigen, welche von den Regierungen
als Werkzeuge ihres Willens betrachtet werden, und denen
nur selten die Wahl der Mittel, der Art und der Zeit der Ausführung überlassen bleibt. Ebensowenig kann dem Obergeneral
über die Epoche der eröffneten Feindseligkeiten, welche der
vollendeten Organisation aller Streitmittel vorausging, ein billiger
Vorwurf gemacht werden; auch nicht über die Aufstellung einer
Observations-Armee, welche, entfernt von dem Schlüssel des
Kriegstheaters, keinen Nutzen brachte und dem Hauptendzweck
Truppen entzog. Wie oft sind nicht Feldherren in dem Fall,
die Tugend heroischer Hingebung in grösserem Masse zu üben
als ihre Untergebenen, wenn diese aufgeopfert werden, um
das Ganze zu retten!

Vermöge des Operationsplanes sollte die Donau-Armee
durch ihre Vorrückung in Deutschland die Operationen der
Schweizer-Armee begünstigen und sich mit derselben zu vereinigen suchen. Ein solcher Zweck konnte nur durch Gewinnung der Höhe von Bregenz erreicht werden, weil dadurch der
in Vorarlberg stehende Gegner überflügelt, zur Räumung des
Rheinthals und zur Freigebung der nächsten Communication
zwischen Deutschland und der Schweiz gezwungen wurde.
Allein die nördliche Grenze Vorarlbergs liegt näher am Lech
als am Rhein zwischen Basel und Strassburg; und es war bei
der damals herrschenden Spannung vorauszusehen, dass der

---

[1]) Schlatt. D. H.

erste Schritt über diesen Fluss die Oesterreicher zu einem
gleichen über den Lech veranlassen würde. Nur der Vortheil
der Initiative, die grösste Schnelligkeit in den Bewegungen und
die Ueberraschung des Gegners, damit er keine Zeit gewann,
seine in Bayern verlegten Truppen früher zu sammeln, konnten
den Franzosen die Wahrscheinlichkeit gewähren, die Linie von
Bregenz mit hinlänglicher Macht vor dem Feind zu erreichen.
Dazu musste aber der kürzeste Weg eingeschlagen werden —
und Jourdan debouchirte aus Basel und Strassburg!

Hätte er seine Truppen auf dem linken Ufer des Rheins
bis Schaffhausen und Stein marschiren lassen und erst dort
über den Fluss gesetzt; so würde er den Oesterreichern keinen
Vorwand gegeben haben, so früh über den Lech zu gehen, und
er gewann vier oder fünf Märsche. Die französische Armee
konnte dann ungestört längs dem Bodensee und jenseits desselben vorrücken, bevor der Feind ihr kräftig entgegenzukom-
men oder ihre Flanken zu gewinnen vermochte: und dann war
es auch möglich, den Erfolg im Voraus zu berechnen, den die
Ueberflügelung der österreichischen Linie im Rheinthale erwarten liess. Wenn es auch Jourdan an Kräften fehlte, diesen
Vortheil in die Länge zu behaupten, so wirkte er doch gleich
bei der Eröffnung des Feldzuges sehr nachtheilig auf den
Feind. Denn durch die Räumung des Rheinthales und durch
den Rückzug des Hotze'schen Corps nach Tirol wäre die Com-
bination aller österreichischen Stellungen und Operationen gestört worden, und diese Störung konnte nur durch Opfer, Anstrengung und Zeitverlust wieder gutgemacht werden. Endlich
wurde der Fehler in der ersten Einleitung zu den Operationen
noch durch Jourdan's sechstägigen Aufenthalt bei Rottweil und
Blumberg vergrössert. Wäre die französische Armee nach ihrem
Rheinübergang ohne Verzug bis an die Iller fortmarschirt, so
traf sie am 12., längstens am 13. März bei Memmingen ein,
und erst dort — nämlich nach der vollbrachten Umgehung von
Bregenz — würde sie einen bedeutenden Widerstand gefunden
haben, da die letzte Infanterie des Feindes am 9. über den Lech
ging und ausser Stand war, die Iller vor dem 12. zu erreichen.

Der Leser, welcher den Gang der Geschäfte bei den Voranstalten eines Feldzuges kennt, wird auch die Schuld dieser

Fehler nicht ausschliesslich dem Obergeneral beimessen, ohne ihn jedoch ganz davon freizusprechen. Es bleibt immer die Pflicht eines Jeden, dem eine — obgleich fehlerhaft berechnete, Unternehmung aufgetragen wird, sich nicht durch das Gefühl ihrer Unzweckmässigkeit abschrecken zu lassen, sondern Alles aufzubieten, um ihren Nachtheil zu vermindern, und in der Ausführung selbst die Mittel zu suchen, irrige Combinationen unschädlich zu machen. Als Jourdan sich am 13. in Bewegung setzte, war die Hoffnung verschwunden, die Verbindung mit Masséna zu bewerkstelligen, ohne auf den Feind zu stossen und sich den Weg durch eine Schlacht zu bahnen. Was also bis dahin Schnelligkeit und Kühnheit der Bewegungen erwirkt hätten, musste jetzt durch richtige Berechnung derselben umsomehr herbeigeführt werden, als die Ueberlegenheit des Gegners bekannt war. Es handelte sich darum, ohne selbst Blössen zu geben, jene des Feindes zu benützen, wozu eine gut gewählte Operationslinie, gesicherte Märsche, feste Stellungen, die Zusammenhaltung der Kräfte, die Vermeidung eines nachtheiligen Gefechtes und die grösste Entschlossenheit, ein vortheilhaftes nicht zu versagen, die sichersten Mittel waren. Der Vorzug der Operationslinie in der Nähe des Bodensees fiel weg, denn sie war zu gefährlich. Jourdan fühlte es und wählte zweckmässig jene über Pfullendorf und Ostrach, bemass aber nicht ihren Werth in seinem ganzen Umfang. Er schien nicht überzeugt zu sein, dass die Oesterreicher ebenfalls gezwungen waren, diese Linien einzuschlagen, und sie nicht umgehen durften. Er wähnte, dass ihre Bewegungen nach dem Verhältnisse der Mehrzahl ausgedehnter und umfassender sein würden, und wollte sich durch die Detachirungen von Ferino, Rubi, Vandamme gegen ein Manöver sichern, welches — sobald er seine Kräfte in der Mitte beisammen hielt — für ihn erwünscht sein musste, um den Feind theilweise zu schlagen. Ansehnliche Truppen-Abtheilungen wurden auf Punkte geschickt, wo Cavallerie-Parteien zur Einholung von Nachrichten hingereicht hätten, und auf der entscheidenden Linie blieben nur die Divisionen Lefebvre, St. Cyr, Souham und die schwere Cavallerie. Zu welcher Vereinzelung, Ausdehnung und Vervielfältigung der Operationslinien würde eine fernere Vorrückung nach solchen

Grundsätzen nicht geführt haben, wenn Jourdan seine Flügel
forthin an den Bodensee und an die Donau stützen und sich
auch noch des linken Ufers dieses Flusses versichern wollte?
Behielt aber Jourdan seine ganze Macht auf der Operations·
linie über Pfullendorf vereinigt, so hing es von ihm ab, bei
der Annäherung eines überlegenen Feindes jene Partei zu ergreifen, die er den Umständen am angemessensten fand. Die
starke Position hinter der Ostrach konnte selbst nach einer
vorwärts verlorenen Schlacht das Gleichgewicht der Kräfte
wieder herstellen, und die Oesterreicher würden den Besitz dieses
Punktes vielleicht gar nicht oder nur mit den grössten Opfern
errungen haben. Schlug aber ihr Angriff fehl, so blieb ihnen
nicht leicht etwas anderes übrig, als sich gegenüber der Position zu verschanzen und zu ihrer Umgehung zu detachiren.
Dann gewannen die Franzosen den Vortheil, zwischen einem
ungestörten Rückzug oder einem verdeckten Marsch gegen das
umgehende Corps, oder einem Angriff auf den getheilten, folglich nicht mehr überlegenen Feind wählen zu können. Bei der
Vorrückung an die Ostrach schwächte Jourdan durch die zweck-
lose Zurücklassung der Divisionen Souham und Hautpoul vor
und hinter Pfullendorf seine Kräfte noch mehr. Sie sollten als
Reserve für alle Punkte seiner Linien dienen und konnten
Keinem zu Hilfe kommen, denn sie waren zwei Meilen von
Mengen, drei von Saulgau und mehr als vier von der Schussen
entfernt. Hinter der Ostrach würde die Reserve im Centralpunkte gestanden, ein Défilé vor sich gehabt und eine gute,
zum Sammelplatz aller vorwärtigen Truppen angemessene
Stellung besetzt haben, ohne von beiden Flügeln weiter entfernt
zu sein. Folgte sie dann der Division Lefebvre auf der Operationslinie nach, so erhielt diese Kraft genug, um den Widerstand einer blossen feindlichen Avantgarde zu vereiteln, oder
stärkere Corps so lange aufzuhalten, bis die Flügel-Abtheilungen
näher an das Centrum gezogen werden konnten. Jourdan glaubte
nur mit dem Vortrab der Oesterreicher zu thun zu haben und
beging den Fehler aller Derjenigen, die nicht mehr
Kräfte in Thätigkeit setzen, als sie gerade zur Erfüllung ihrer Absicht nöthig erachten, und nicht so
viel, als ihnen zu Gebote stehen. Warum zog er die

Reserve nicht wenigstens am 20. an die Ostrach, als er die
kräftige Gegenwirkung des Feindes gewahr wurde? Warum
erst am 21., wo sie eintraf, nachdem das Gefecht entschieden
war?

Vorausgegangene Fehler führten den Verlust des Treffens
herbei, und diese lassen sich am wenigsten wieder gut machen,
wenn man durch Vertheilung und Ausdehnung seiner Kräfte
sich in die Nothwendigkeit setzt, den grössten Theil der Truppen
blos zur Vertheidigung der Frontlinie verwenden und gleich ins
Gefecht bringen zu müssen. St. Cyr's Marschdirection an der
Donau, die bei den häufigen Communicationen jener Gegend sehr
füglich in einer geringeren Entfernung von der Mitte statthaben
konnte, verursachte, dass er bei Mengen zu weit von dem
Hauptpunkt der Position und wegen der dazwischen liegenden
Sümpfe nur auf einem Umweg mit ihr in Verbindung stand.
Hätte sich Jourdan begnügt, die zwei gefährlichen Uebergänge
bei Mengen und Bremen mit etwas Infanterie und Geschütz
zu besetzen, so konnte die Division St. Cyr in die Hauptstellung
gezogen werden. Hier würde sie auf den Höhen hinter Jettkofen und Wangen, gestützt an den Morast von Magenbuch,
den linken Flügel der Position gebildet, die Passage von Einhard nach Magenbuch gedeckt und jene nach Bernweiler [1])
durch ihr Feuer kräftig bestrichen haben. Die Division Lefebvre
war dann hinlänglich, um den Uebergang bei Jettkofen gemeinschaftlich mit St. Cyr und Ostrach selbstständig zu vertheidigen; und Souham stand als Reserve hinter Lausheim und
Magenbuch in der Verfassung, allen Punkten Unterstützung zu
leisten und nöthigenfalls auch die linke Flanke zu verstärken.
Die schwere Cavallerie allein befand sich in der offeneren
Gegend bei Pfullendorf auf ihrem Platz, um die Armee im Falle
eines Rückzuges aufzunehmen.

Alle diese Anstalten hätte Jourdan in der Nacht vom 20.
auf den 21. treffen können und sollen, nachdem ihm der
Widerstand des Feindes bewies, dass es auf ein ernstliches
Gefecht ankommen werde. Die französischen Truppen schlugen
sich tapfer, und St. Cyr machte eine zweckmässige Bewegung

---

[1]) 4·8 Kilm. NNW. von Ostrach.   D. H.

gegen die Flanke der vorrückenden feindlichen Colonne; aber
er hatte sich durch die Detachirungen nach Scheer und Sigmaringen unnöthig geschwächt.

Jourdan's Rückzug auf drei Märsche vom Schlachtfelde
war den Umständen angemessen; denn eine weitläufige, durch-
brochene Linie bringt man in der Nähe des Feindes und unter
täglichen Gefechten nicht wieder in Ordnung. Er nahm aber
wieder eine zu ausgedehnte Stellung an der Donau bis an den
Bodensee und wollte durch Besetzung aller Strassen, welche
von dem Eingang des Kinzigthales bis Stein dem Rheine zuführen, zu viel Absichten auf einmal erfüllen. Zugänge werden
nicht blos durch ihre unmittelbare Besetzung gedeckt; man
versichert sich derselben weit mehr durch Positionen, in welchen
die Kräfte vereinigt bleiben, und an denen der Feind nicht
vorbeigehen kann. Wie wäre es sonst möglich, ein offenes
Land zu schützen, und in wie viel Theile müsste man sich
auflösen, um in einem durchschnittenen alle Eingänge zu verwahren? Eine solche Defensive würde einen grösseren Aufwand
an Truppen erfordern als die kräftigste Offensive und dennoch
unvermögend sein, dem Angriff eines schwächeren Gegners
auf einem Punkt allein zu widerstehen.

Die Operationen des Erzherzogs waren besser berechnet.
Seine Vorrückung vom Lech geschah mit viel Schnelligkeit; und
wenn die Franzosen nicht ganz die Möglichkeit verloren,
die Flanke Vorarlbergs vor ihm zu gewinnen, so lag
die Schuld nicht an dem österreichischen Feldherrn.
sondern an den politischen Verhältnissen, welche
seine Bewegungen von jenen des Gegners abhängig
machten. Die Zusammenziehung der Truppen an der Schussen,
der Marsch an die Ostrach verdienen den nämlichen Beifall;
aber die Detachirung Sztáray's gegen die Rednitz unterliegt
einem gerechten Tadel. Wenn der Feind eine ganze Armee
durch Franken vorrücken liess, so konnte sie dem Erzherzog
erst dann schaden, als sie die Donau erreichte; die Vorsicht
erheischte also blos, dass Sztáray den Fluss cotoyirte, um die
Uebergänge zu vertheidigen, wenn ausgeschickte Parteien die
Annäherung des Feindes entdeckten, oder sich mit der Hauptarmee zu vereinigen. Sztáray erhielt zwar den Befehl, seinen

Marsch nach Ulm zu richten, aber zu spät, so dass er vor
dem 24. nicht in Albeck (Alpeck) eintreffen konnte, und die
bevorstehende Schlacht war so entscheidend, dass jede unnöthige
Detachirung und Schwächung der Kräfte selbst bei ihrer Ueberlegenheit als ein wesentlicher Fehler gerügt werden muss.

Die Disposition des Erzherzogs zum Angriff beabsichtigte
die Vereinigung seiner Colonnen auf dem wesentlichen Punkt
und gab ihrem Zusammenwirken eine solche Richtung, dass
bei veränderten Umständen schnell andere Vorkehrungen getroffen werden konnten. Sie waren daher gut und bestimmt.

Wer seine Entwürfe auf klare Begriffe und Ansichten
gründet und sie ebenso klar und einfach mittheilt, wird verstanden, belehrt und kann unbedingten Gehorsam fordern. Er
verfolgt den wahren und nur einen Zweck auf dem sichersten,
einfachsten Weg und überwältigt mit vereinter Kraft den
zwischen mehrerlei Objecten schwankenden Gegner, der nach
einem jeden strebt, ohne das wichtigste von dem zufälligen zu
unterscheiden. Der grosse Haufen bewundert den umfassenden Geist des Mannes, der über einen und denselben Gegenstand die zahlreichsten und verschie-
densten Ansichten hat, man erstaunt über die Auf-
fassung von so vielerlei Begriffen und huldigt ihnen
als Ausströmungen einer höheren Intelligenz. Dagegen erscheint derjenige gemein und alltäglich, dessen
Blick und Entscheidung so einfach und klar sind, dass
sie einem Jeden im ersten Augenblick einleuchten.[1]
Dennoch wirkt in dem ersten nur das Spiel der Phantasie und
des Gedächtnisses, in dem zweiten allein zeigt sich der Geist
des Feldherrn; in ihm allein entwickelt sich das Resultat einer
tiefen Sachkenntniss. Je zahlreicher und vielartiger die Bestandtheile eines Ganzen sind, desto schwerer ist es, sie auf wenige
unumstössliche Hauptzüge zurückzuführen, aber desto leichter,
eine grosse Menge scheinbarer Regeln aufzufinden; daher aber
auch so oft die Verwirrung in den Entwürfen, und so gewöhnlich die Anmassung in der Beurtheilung der Kriegsoperationen.

---

[1] Man vergl. damit: Erzh. Carl, Aphorismen, pag. 70 u. 71. D. H.

Achter Abschnitt.

Schlacht bei Stockach am 25. März.

Der Hauptgebirgsrücken, welcher Vorarlberg mit dem
Schwarzwald verbindet, trennt in der Vertiefung des grossen
Rieds die Quellen der Aach von jenen der Ostrach, umgeht
den Ursprung des Andelbaches, wendet sich nordwestlich gegen
Afholterberg (Aftholderberg), nimmt die Strasse von Pfullendorf
nach Stockach auf, zieht westlich zwischen Sentenhart und
Ligersdorf (Liggersdorf), dann zwischen Volkertsweiler [1] und
Meinwangen auf Liptingen (Lipptingen) und nähert sich, Em-
mingen ab Eck rechts und Biesendorf [2] links lassend, der
Donau.

Obwohl diese ganze Gegend hoch liegt, bildet sie doch
nur ein sanftes Mittelgebirge, und der Hauptrücken ist an einigen
Stellen, besonders bei Lipptingen breit und ziemlich frei. Aus
demselben entsteht ein Zweig, den die Strasse von Lipptingen
nach Stockach bezeichnet, der aber von Mahlspüren senkrecht
gegen Süden an den Bach Stockach herabfällt, indessen die
Strasse seitwärts über Hindelwangen nach dem Städtchen dieses
Namens führt.

Dieser Zweig wird östlich von der Stockach begleitet,
stösst sich südlich in dem Bogen ab, welchen die veränderte
Richtung des Baches bildet, und seine letzten Füsse werden
von dem steilen Ravin eines anderen kleinen Baches begrenzt,
der unweit der Zollbrücke [3] sich in die Stockach ergiesst. Weiter
abwärts verliert sich seine westliche Böschung in sanftere Abfälle, die verschiedene unbedeutende Bäche von einander trennen.
Der hier beschriebene Rücken ist nicht breit, meistens mit
dichten Waldungen bedeckt, erweitert sich aber am Ende, wo
einige hohe Köpfe sich über seinen südlichen Absturz erheben,
unter welchen der Nellenberg der merkwürdigste ist. Dieser

---

[1] 10 Kilom. N. von Stockach.
[2] 7·5 Kilom. NNO. von Engen.
[3] Zollbruck, ö. von Nenzingen.   D. H.

geht in der Gestalt einer Erdzunge westlich hervor und trägt die Ruinen des alten Schlosses Nellenburg [1]).

Die Stockach entsteht aus mehreren Bächen, deren einer von Ober-Schweingrub aus dem Grauen Walde (Grauwäldle), der andere aus der Gegend von Hoppetenzell herabfliesst. Vereinigt läuft sie in einem tiefen eingeschlossenen Thale längs dem Gebirgsrücken über Zizenhausen, umgeht Stockach rechts, nimmt jenseits des Ortes einen dritten, von Winterspüren herströmenden Bach auf, wendet sich schnell gegen Nenzingen nach Westen, dann bei der Zollbrücke in einem grösseren Bogen südlich auf Wahlwies, kehrt endlich ganz wieder nach Osten zurück und verliert sich über Espesingen (Espasingen) durch einen breiten undurchdringlichen Sumpf in den Ueberlinger-See.

Dieser bogenförmige Lauf des Baches umschliesst gegenüber dem Nellenberge ein erhabenes Plateau, welches wegen seiner steilen Ränder und des sumpfigen Bettes der Stockach nur auf den Heerstrassen von Nenzingen und Wahlwies, dann bei Espasingen und Sernadingen [2]), durch leicht zu vertheidigende Défiléen zugänglich ist. Jene Wässer, welche aus der westlichen Seite des Gebirgszweiges zwischen Heudorf und Raithaslach entspringen, mit Einschluss des Espebaches, richten ihren Lauf nach Westen, wenden sich dann in einem stark hervorspringenden Winkel zurück, vereinigen sich unterhalb Eigeltingen in einem theils sumpfigen, theils mit scarpirten Wänden eingefassten Thale und fliessen über Orsingen bei Wahlwies in die Stockach. Ein anderer Zweig geht von dem Hauptrücken des Gebirges in der Gegend von Lipptingen aus, trennt alle vorangeführten Bäche von der Aach und bildet in dem Bodensee jene lange Erdzunge, welche den Ueberlinger-von dem Unter-See [3]) scheidet. Seine Abfälle sind gegen Osten durchgehends kurz und jäh, gegen Westen hingegen weniger abschüssig. Der Lauf der Aach ist mit jenem der Stockach parallel und wendet sich so wie dieser in einem noch grösseren Bogen unweit Radolfszell nach dem Unter-See. Die Aach ist

---

[1]) 2 Kilom. von Stockach.
[2]) Sernatingen, gegenwärtig Ludwigshafen.
[3]) Auch Zeller-See.　　D. H.

gleich von ihrem Ursprung an wasserreicher als die Stockach
und nimmt bei Hausen einen Bach auf, der ihr von Biesendorf über Engen zufliesst. Die Gegend zwischen Stockach und
Engen hat überall den nämlichen Charakter. Das Gebirge ist
nicht hoch, aber es wird von Thälern durchschnitten, die anfangs
eng, dann sumpfig, zwischen steilen Wänden eingeschlossen
sind. Das Terrain ist geworfen, waldig, für Cavallerie nur in
einigen Strecken angemessen und gewährt wenig freie Aussichten. Bei Stockach vereinigen sich mehrere Strassen aus der
Schweiz, von dem Schwarzwald und aus den Neckargegenden.
Wenn es sich daher um Operationen handelt, bei welchen die
Verbindung mit der Schweiz erhalten werden soll, so ist Stockach
ein strategischer Punkt. Des Bodensees wegen kann eine Umgehung nur auf jenem Flügel geschehen, der den Umgehenden
von der Schweiz entfernt und ihn folglich der Gefahr aussetzt,
bei widrigen Ereignissen von ihr getrennt zu werden. Beide
Theile sind also gezwungen, ihren Gegner bei Stockach anzugreifen, bevor sie weiter fortschreiten können. Die Oesterreicher
hatten jedoch den Vortheil, dass sie von Stockach nur eines
Schrittes bedurften, um die Communicationen des Feindes mit
der Schweiz zu erreichen, die Franzosen hingegen noch mehrere
Märsche über Stockach vordringen mussten, um jene der ersteren
über Bregenz zu unterbrechen.

Am 24. März bezog die österreichische Armee eine Stellung vor Stockach. Der linke Flügel (13 Bataillons, 24 Escadrons) lehnte an den Sümpfen des Bodensees und stand auf
der erhabenen, schwer zu ersteigenden Fläche hinter Wahlwies und Nenzingen. Die Mitte (9 Bataillons, 12 Escadrons)
stand zwischen Stockach und dem Nellenberg zur Vertheidigung
der ebenso beschwerlichen Zugänge zu diesem Berg, der rechte
Flügel (15 Bataillons, 24 Escadrons) auf den sanft gegen Mahlspüren hinabfallenden Höhen längs der Strasse nach Lipptingen.
In der Flanke dieses Flügels lag der Wald, durch welchen die
Wege aus der vom Feinde besetzten Gegend von Lipptingen
und Neuhausen ob Eck nach Stockach führen, und in seinem
Rücken das tiefe Thal der Stockach, durch welches kein Geschütz gebracht werden kann. Beide Gebrechen waren von der
bedeutendsten Art; aus dem letzteren entstand noch der grosse

Nachtheil, dass im Falle eines Rückzuges zur Fortbringung des Geschützes die Strasse nach Stockach in der Verlängerung der Aufstellungslinie eingeschlagen werden musste. Dadurch wären Verwirrungen und Stockungen umsomehr unvermeidlich geworden, als auch das Centrum und der linke Flügel wegen der rückwärtigen Terrain-Hindernisse keine andere Rückzugslinie als über Stockach hatten und erst nach der Hinterlegung dieses Ortes in mehrere Colonnen abfallen konnten. Der einzige Vorzug der österreichischen Stellung gegen jene der Franzosen bestand in der engeren Concentrirung ihrer Kräfte. Von den letzteren lagerte am 23. Früh die Division Ferino (3 Halbbrigaden, 2 Cavallerie-Regimenter) und die Brigade Rubi von der Schweizer-Armee hinter der Aach bei Singen und Hohentwiel; die Division der Avantgarde, welche seit Lefebvre's Verwundung bei Ostrach der General Soult commandirte, dann die Divisionen Souham und Hautpoul (6 Halbbrigaden, 12 Cavallerie-Regimenter) vor und hinter Engen; die Division St. Cyr (3 Halbbrigaden, 3 Cavallerie-Regimenter) zwischen Tuttlingen und Emmingen ab Egg; mit einem Vorlager zwischen Neuhausen ob Eck und Grundelbuch (Gründelbuch); und das detachirte Corps des Generals Vandamme (2 Halbbrigaden, 2 Cavallerie-Regimenter) auf dem linken Donauufer bei Friedingen. Gleichzeitig [1]) mit dem Marsch der österreichischen Armee am 24. März nach Stockach brach auch ihre Avantgarde in 3 Colonnen auf. Die erste (3 Bataillons, 6 Escadrons) nahm ihre Richtung auf Schwandorf und Lipptingen; die zweite (6 Bataillons, 16 Escadrons) auf Aach; die dritte (2 Bataillons, 12 Escadrons) über Orsingen, indessen eine Abtheilung leichter Truppen ($1\frac{1}{2}$ Bataillons, 8 Escadrons) über Radolfszell gegen Constanz vorrückte. General Merveldt, welcher die erste Colonne anführte, vertrieb den Feind aus Neuhausen ob Eck. Hinter diesem Orte standen einige Bataillons und Cavallerie mit Geschütz aufmarschirt. Diese vermutheten aus dem kühnen Angriff der Oesterreicher, dass ihnen eine stärkere Colonne im Walde nachfolge, und zogen sich nach einer blossen Kanonade

---

[1]) Am 23. März.

D. H.

8*

auf Mühlheim[1]) zurück. Aus Lipptingen wurde ein französisches Bataillon ebenfalls delogirt und über Emmingen ab Egg gegen Tuttlingen verfolgt. Merveldt fasste auf den Höhen von Lipptingen Posten und warf etwas Infanterie in die auf seinen Flügeln liegenden Waldungen. Von diesen Fortschritten unterrichtet, verstärkte ihn der Erzherzog mit 5 Bataillons aus der Position, um für die Sicherheit seiner Flanke, die ihm einige Besorgnisse einflösste, mehr beruhigt zu sein.

Nachmittags rückte St. Cyr, welcher seine Truppen vereinigt und Vandamme näher an sich gezogen hatte, in 3 Colonnen zum Angriff vor. Die eine marschirte über Emmingen ab Egg gegen die Front des Feindes, die zweite, und zwar die stärkste, von Mühlheim gegen seinen rechten, die dritte von Biesendorf[2]) gegen den linken Flügel. Emmingen ab Egg, dann alle vor Lipptingen und Neuhausen ob Eck liegende Waldungen wurden bald genommen, und nur die wiederholten Angriffe der österreichischen Cavallerie, bei welchen sie drei Kanonen eroberte, verhinderte das Debouchiren der Franzosen in die offenere Gegend. Mittlerweile kamen die 5 Bataillons Verstärkung aus Stockach herbei. Diese drangen mit ganzer Front in den Feind und zwangen ihn nach Hinterlassung eines Postens in Emmingen ab Egg sich bis in die Vertiefung des Donauthals zurückzuziehen. Auf dem linken Flügel gewannen die österreichischen Avantgarden ebenfalls Terrain. Nauendorf stellte sich mit der zweiten Colonne hinter Eigeltingen auf und schob seine leichte Infanterie gegen Aach vor. Fürst Schwarzenberg hatte Steisslingen erreicht und liess die feindlichen Vortruppen bis hinter Friedingen und aus dem Walde vor Singen vertreiben. Als jedoch Ferino eine Brigade zu ihrer Unterstützung vorschickte, mussten die Oesterreicher weichen und sogar Steisslingen räumen. Vier Bataillons Verstärkung trafen zu rechter Zeit ein, um das Gefecht wieder herzustellen und den Franzosen den Besitz des Waldes vor Singen noch einmal zu entreissen.

---

[1]) Mühlheim an der Donau 4·5 Kilom. NO. von Tuttlingen.
[2]) 7·5 Kilom. NNO. von Engen.   D. H.

Den Erzherzog befriedigte der bei Ostrach errungene Vortheil nicht; er wollte eine entscheidende Schlacht herbeiführen, aber auch nichts wagen, ohne von der Wahrscheinlichkeit des Erfolges dazu berechtigt zu sein. Getreu dem Princip, seine Kräfte nicht zu theilen und nie vor einem erfochtenen Sieg zwei Wege zugleich einzuschlagen, stand er bei Stockach auf dem Scheidepunkte, entweder seine Richtung nach der Schweiz oder nach den Quellen der Donau zu nehmen. Er sah die Richtung nach der Schweiz als die entscheidende für beide Theile an; aber ohne die Kenntniss der feindlichen Stellung war es unmöglich, eine zweckmässige Anordnung zu treffen; er lief Gefahr, dorthin zu marschiren, wo sich der Feind nicht befand, dadurch seine Flanke preiszugeben, und entweder nach einem unglücklichen Treffen an den Rhein und den Bodensee gedrückt, oder ganz aus der Verbindung mit der Schweiz geworfen zu werden. Die Gefechte am 24., bei welchen die Oesterreicher auf allen Punkten von der Strasse an die Donau bis zu jener nach Schafhausen Widerstand gefunden hatten, gaben ihm keine hinlängliche Aufklärung über die Absichten des Feindes: er beschloss daher am 25. mit Anbruch des Tages eine allgemeine Recognoscirung vorzunehmen, deren Resultate seine weiteren Schritte bestimmen sollte. Zu diesem Ende liess der Erzherzog die Avantgarde bei Eigeltingen, mit welcher er selbst vorgehen wollte, durch 3 Bataillons, 12 Escadrons aus der Linie verstärken und sandte noch 2 Bataillons zu dem General Merveldt mit dem Auftrag, den gegenüberstehenden Feind, dessen Stärke man weniger bedeutend glaubte, anzugreifen.

Jourdan hatte durch die vorgegangenen Ereignisse die volle Ueberzeugung von der Ueberlegenheit seiner Gegner und von der Unmöglichkeit erlangt, ihnen nach seinem Defensionssystem in einer weit ausgedehnten Linie zu widerstehen; allein es entging ihm nicht, dass eine schwächere Armee auch die stärkere durch ein unerwartetes Manöver, durch einen raschen Angriff, durch eine Ueberflügelung schlagen könne. Diese Betrachtungen, welche ihm nach seiner bisherigen Methode allen Erfolg absprachen, in der zweiten Voraussetzung aber einige Hoffnung gaben, brachten ihn zu dem Entschlusse, den Feind anzugreifen.

Der Gewinn der Schlacht konnte Alles herstellen, ihr Verlust keine grossen Folgen haben; weil Jourdan die Linie von Basel bis Strassburg zur rückwärtigen Aufstellung behielt, welche, durch eine Reihe der stärksten Festungen geschützt, in der damaligen Lage unangreifbar war, auch dann noch, wenn eine auf das Haupt geschlagene Armee sich hineinwarf. Ausserdem hatte er den General Masséna unter dem Versprechen der kräftigsten Mitwirkung aufgefordert, seine ganze Macht gegen Feldkirch zu wenden. Er wollte seine Verheissungen erfüllen und hielt es für eine Schande, das Feld zu räumen, ohne eine Schlacht gewagt zu haben. Das Gefecht vom 24. bewog ihn, keine Zeit zu verlieren, damit ihm der Feind nicht zuvorkommen könne, und er entwarf noch am nämlichen Abend die Disposition für den folgenden Tag. Nach dem Inhalte derselben sollten die Division Ferino auf der Strasse von Steisslingen, Souham auf jener von Engen vorrücken, und beide nach Ueberwältigung des Feindes Stockach als ihren Vereinigungspunkt zu erreichen suchen. Soult mit der Division Lefebvre und hinter ihr Hautpoul mit der schweren Cavallerie erhielten die Richtung über Emmingen ab Egg auf Lipptingen, um St. Cyr's Angriff zu unterstützen, welcher gemeinschaftlich mit Vandamme von Tuttlingen, Mühlheim und Friedingen her ebenfalls gegen Lipptingen vorzudringen beordert wurde.

Am 25. März um 4 Uhr Morgens befanden sich alle Truppen in Marsch. Die Oesterreicher hatten sich um dieselbe Stunde zu der auf den nämlichen Tag angeordneten Recognoscirung in Bewegung gesetzt. Der Morgen graute kaum, als ihre Hauptcolonne, die auf der Strasse von Engen vorging, die französischen Posten angriff, das Städtchen Aach nebst dem dort befindlichen Schloss erstürmte und den Feind in die rückwärts liegenden Weinberge und Wälder verfolgte. Aber bald stiess sie auf die anmarschirende Division Souham und wurde mit Verlust bis hinter die Aach zurückgeworfen; General Decaen hatte ihre Flanke umgangen, und ein zu weit vorgeschobenes Bataillon fiel ihm fast ganz in die Hände.

In dem nämlichen Augenblick erhielt der bei dem Gefecht gegenwärtige Erzherzog die Anzeige, dass der Feind mit meh-

reren Colonnen bei Lipptingen debouchire, und dass sein
Hauptangriff auf diesen Punkt gerichtet scheine. Ueberzeugt
von der Festigkeit des linken Flügels seiner Stellung eilte er
auf den rechten und hinterliess dem Feldmarschall-Lieutenant
Nauendorf den Befehl, alle vorgerückten Truppen in die Position zurückzuziehen, und zwar dergestalt, dass die auf der
Strasse von Engen befindlichen sich erst auf Eigeltingen und
dann theils auf den Nellenberg, theils über Hirschlanden[1] auf
Mahlspüren repliiren sollten. Nauendorf vollzog seinen Rückzug
langsam und unter hartnäckigen Gefechten. Er verliess Eigeltingen erst um Mittag, als die Truppen, welche auf der Strasse
von Singen zurückkamen, Orsingen durchzogen hatten. Sie
waren bei Steisslingen von der Division Ferino in der Front
angegriffen, aus dem Ort herausgejagt und von Friedingen über
Wiex umgangen worden, als sie den Befehl zum Rückzug erhielten. Zugleich retirirte auch eine bis Stahringen vorgeschobene
Abtheilung auf Wahlwies. Nun marschirte Nauendorf durch
das Espethal auf die Höhen zwischen Raithaslach und dem
Brunnenberger Hof. 5 Bataillons, 16 Escadrons blieben zur
Deckung dieser Bewegung an der Eigeltinger Strasse zwischen
dem Briel- und dem Erlenholz, welches letztere stark besetzt
wurde.

Erst spät und mit wenig Truppen folgten die Franzosen
in dem Espethal nach, wo blos unbedeutende Pränkeleien in
den Wäldern bei Homberg vorfielen. Souham war bei Eigeltingen stehen geblieben, um Ferino's Ankunft vor Orsingen zu
erwarten, wonach sie dann beide der Disposition zufolge die
Heerstrassen von Stockach einschlugen und den österreichischen
Nachtrab nach drei wiederholten Angriffen aus seiner Stellung
vertrieben. Um 3 Uhr Nachmittags besetzten die Franzosen
Nenzingen und suchten unter dem Schutze des rückwärts auf-
gefahrenen Geschützes sich der Zollbrücke zu bemächtigen.

Allein die Oesterreicher hatten in der Hauptposition alle
Anstalten zur kräftigsten Vertheidigung getroffen, den Nellenberg stärker besetzt und besonders gegen die Zollbrücke
mehrere Batterien aufgeführt. Ihr Feuer demontirte das feind-

---

[1] Hof zur Gemeinde Münchhof (Baden, Seekreis) gehörig. D. H.

liche Geschütz und hinderte das Debouchiren der französischen Infanterie. Ebenso missglückte ein Versuch, den Ferino, unter dessen Commando beide Divisionen seit ihrer Vereinigung standen, mit einem Plänklerschwarm gegen den Nellenberg machen liess, und ein gleichzeitiger Angriff auf Wahlwies. Letzterer wurde um 8 Uhr Abends mit frischen Truppen wiederholt. Die Franzosen bemeisterten sich des auf dem rechten Ufer der Stockach gelegenen Theiles des Dorfes, verliessen es aber in der Nacht und nahmen ihre Stellung am Fusse der Höhen hinter dem Bach bei Nenzingen und in den Wäldern vorwärts Eigeltingen.

Wichtiger waren die Ereignisse auf dem rechten Flügel der Oesterreicher. Merveldt hatte 9 Bataillons, 14 Escadrons, ungefähr 11.800 Mann, zwischen Lipptingen und Neuhausen ob Eck vereinigt und erwartete noch 2 Bataillons von der Armee. Er sollte den Feind angreifen und fasste daher den Entschluss, über Emmingen ab Egg vorzudringen, um die Strasse von Engen nach Tuttlingen zu gewinnen und dadurch die Verbindung Jourdan's mit St. Cyr zu unterbrechen. Die dortige offene Gegend begünstigte die Verwendung seiner Cavallerie.

Um 5 Uhr Morgens vertrieben die leichten Truppen den französischen Posten aus Emmingen, und Merveldt rückte mit der Spitze der ersten Cavallerie-Abtheilungen auf die Höhe der Drei Buchen. Hier entdeckte er die herannahenden feindlichen Colonnen und ihre Ueberlegenheit. Er gab folglich den Plan des Angriffes auf und beschloss, zuerst die verlassene Stellung bei Lipptingen wieder zu beziehen. Seine Truppen waren eben von diesem Dorfe her in zwei Colonnen im Anzug, die eine auf der geraden Strasse, die andere links auf einem Waldweg. Die zwei erst von der Armee angekommenen Bataillons standen hinter Lipptingen. Merveldt liess die Vorrückenden umkehren und wollte diese rückgängige Bewegung durch Behauptung der zwischen Lipptingen und Emmingen ab Egg liegenden Wäldchen decken, aber dazu blieb ihm nicht Zeit genug.

Eine französische Halbbrigade stürmte Emmingen ab Egg; die österreichische Cavallerie wurde von der feindlichen umgangen und geworfen. Sogleich liess Soult seine ganze Division,

die aus 3 Halbbrigaden und 4 Cavallerie-Regimentern bestand,
vormarschiren und die Waldungen angreifen, in welche sich
General Mortier mit einer Halbbrigade rechts geworfen hatte.
Der Ungestüm dieser Bewegungen brachte die Oesterreicher
in Unordnung. Die aus Emmingen Vertriebenen theilten ihre
Bestürzung den Rückwärtigen im Walde mit; Alles flüchtete
gegen Lipptingen. Da Mortier seinen Vortheil benützte und in
der linken Flanke vordrang, Soult gegen Lipptingen in der
Front herausbrach und St. Cyr's Colonnen auf den Wegen von
Tuttlingen, Mühlheim und Friedingen erschienen, so konnte
auch hier das Gefecht nicht wieder hergestellt werden. Die
französischen Divisionen marschirten auf den Höhen gegenüber
von Lipptingen und Neuhausen ob Eck in Schlachtordnung
auf. Von Merveldt's Truppen waren nur 2 Bataillons, 3 Escadrons mehr beisammen. Um Zeit zu gewinnen, postirte er
sie auf beiden Seiten der Strasse nach Stockach, am Eingang
des Grauen Waldes, wo sie aber den fortgesetzten Angriff von
2 Halbbrigaden und 2 Cavallerie-Regimentern nicht lang aus-
hielten. Die österreichische Infanterie zog sich in Verwirrung
gegen Stockach zurück; einen Theil der Cavallerie, der noch
in der Ebene bei Neuhausen ob Eck geblieben war, beorderte
Merveldt nach Schwandorf und Mösskirch, um diese Gegend
nicht unbeobachtet zu lassen. Dem Feinde fielen 2 Haubitzen
in die Hände. Jourdan schmeichelte sich, dass bedeutendere
Fortschritte seines rechten Flügels in Verbindung mit jenen des
linken den Gegner zum Rückzug bestimmt haben würden; und
er wollte nunmehr seinen Sieg vollkommen machen. In diesem
Wahne liess er die Oesterreicher auf der Strasse nach Stockach
durch den Grauen Wald nur von der Division Soult lebhaft
verfolgen und detachirte St. Cyr nach Mösskirch und Pfullendorf, um ihre Flanke und Rücken zu gewinnen. Aber es fehlte
dem Feinde noch nicht an Mitteln, den erlittenen Unfall wieder
gut zu machen, und sein Heerführer verlor die Besonnenheit
nicht. Acht unangetastete Bataillons standen noch bei Mahlspüren, von welchen drei bei der Annäherung der Franzosen
in und über die Schlucht von Rierhalden [1]) gesetzt wurden, die

---

[1]) Halden, Hof zur Pfarre Mühlingen gehörig.   D. H.

übrigen aber die Front veränderten und sich zwischen dem
benannten Ort und Raithaslach aufstellten. Cavallerie-Detache-
ments beobachteten die Zugänge von Heudorf[1]) und Guggen-
hausen.[2]) Unter dem Schutze dieser Linie sammelten sich die
Flüchtlinge, und der hier commandirende Feldzeugmeister
Wallis ordnete eine allgemeine Vorrückung zum Angriff an. Dieser
gelang auf dem rechten Flügel, der in den Buswinkel-Wald
eindrang und dadurch die Flanke sicherte. Auf der Heerstrasse
hingegen, wo der Feind am stärksten war, wichen die Oesterreicher in Unordnung, als eben der Erzherzog eintraf. Mit
Hilfe seiner untergeordneten Generale sammelte er sie wieder.
Es begann ein heftiger Kampf, der um so blutiger war, als die
Franzosen ihr Geschütz auf der Strasse hervorbrachten und
ein mörderisches Feuer unterhielten. Der österreichische Feldmarschall-Lieutenant von Fürstenberg[3]) und der Oberst Prinz
von Anhalt-Bernburg[4]) fielen eines rühmlichen Todes an der
Spitze ihrer Truppen. Das Gefecht dauerte einige Stunden mit
abwechselndem Glücke, aber ohne entscheidenden Erfolg. Die
schwächeren Franzosen stritten mit ausserordentlicher Tapferkeit. Der österreichische Feldherr erwartete die Ankunft von
6 Grenadier-Bataillons aus der Stellung hinter dem Nellenberg
und von 12 Escadrons Cuirassiers, welchen er den Befehl er-
theilt hatte, ihm auf der Strasse nach Lipptingen zu folgen,
als er sich auf den rechten Flügel begab. Ausserdem wurden
12 Escadrons hinter Stockach beordert und 6 gegen Mösskirch
detachirt, um den Feind zu beobachten und aufzuhalten, im
Fall er sich von dieser Seite zeigen sollte.

Bei Annäherung der Grenadiers liess der Erzherzog zwei
Bataillons, die noch nicht im Gefecht waren, gegen den feindlichen rechten Flügel vorrücken. Dieser wurde überflügelt, und
die Franzosen wichen. Nun zog er 5 Bataillons, die am meisten

---

[1]) 9 Kilometer NW. v. Stockach.

[2]) Weiler, 7·5 Kilometer NW. von Stockach.

[3]) Carl Joseph Alois v. Fürstenberg, FML. des schwäbischen Kreises,
geb. 1760.

[4]) Wilhelm Prinz von Anhalt-Bernburg, geb. 1771, hatte sich schon
1796 am 9. Juli bei Nauheim, bei Kehl 1797 und bei Ostrach 20. März 1799
ausgezeichnet.   D. H.

gelitten hatten, aus dem Walde zurück und stellte sie als Reserve mit dem linken Flügel an Raithaslach. Die übrige Infanterie setzte ihren Angriff lebhaft fort, vereitelte den Versuch der Franzosen, sich am Ausgang des Waldes bei Schweingrub [1]) wieder zu setzen und verfolgte sie in den Grauen Wald. Dem Erzherzog war die Nachricht von der Bewegung St. Cyr's in seinem Rücken zugekommen, aber diese bekümmerte ihn nicht. Er sah den Sieg auf dem Punkte, wo er sich befand, als das sicherste Mittel an, jene unschädlich zu machen. Daher rückte er selbst mit den angekommenen 6 Grenadier-Bataillons, hinter welchen die Cuirassiers folgten, auf der Heerstrasse in Colonne vor, entschlossen, durchzubrechen, es koste was es wolle. Der Muth seiner im Walde kämpfenden Infanterie wurde dadurch erhöht, sie warf die Franzosen auf beiden Seiten der Strasse über Neuhausen [2]) — welches mit Neuhausen ob Eck nicht zu verwechseln ist — gegen Lipptingen zurück. In der Ebene vor dem letzteren Orte hatte Jourdan 7 Cavallerie-Regimenter mit mehrerem Geschütz aufmarschiren lassen, um das Debouchiren der Oesterreicher aus dem Walde zu verhindern; 2 andere Cavallerie-Regimenter standen weiter rückwärts vor den Ausgängen des Waldes, die in seinen Rücken führten. In dieser Verfassung wollte er die Wirkung von St. Cyr's Manöver abwarten, an welchen er wiederholte Befehle zur Beschleunigung seines Marsches, zur Detachirung einer Halbbrigade nach Neuhaus und einiger Abtheilungen in den Rücken des Waldes abschickte. St. Cyr hatte sich in Marsch gesetzt, sobald die Gegend um Neuhausen ob Eck vom Feinde gereinigt war, und bereits über Mösskirch Krauchenwies [3]) erreicht, indessen Vandamme mit 1 Halbbrigade und 6 Escadrons sich gegen Meinwangen und Mühlingen wandte und Patrouillen bis an den Wald hinter Stockach vorschickte.

Ueberall wichen die schwachen Abtheilungen der österreichischen Cavallerie, bis sie, durch das von Stockach detachirte Regiment und durch Flüchtlinge von der Infanterie

---

[1]) Schweingruben, zur Pfarre Raithaslach gehörig.
[2]) 2 Kilom. S. von Engen.
[3]) 7¹/₂ Kilom. S. g. O. von Sigmaringen am Andelsbache.   D. H.

verstärkt, Vandamme's vertheilte Truppen anfielen, zurücktrieben und nunmehr selbst Streifparteien gegen Mösskirch und Krumbach abschickten. St. Cyr's Bewegung war zu weit ausholend, Vandamme's Unternehmung nicht kräftig, und der Andrang der Oesterreicher auf der Strasse nach Lipptingen zu stark, als dass Jourdan den Erfolg dieser vielversprechenden Ueberflügelung abwarten konnte.

Die Tête der österreichischen Grenadiers erreichte bald den Ausgang des Grauen Waldes, und die Linie der Franzosen kam aus allem Zusammenhang. Eine ihrer Halbbrigaden blieb auf dem linken Flügel im Walde jenseits des dortigen Wiesengrundes, zwei waren auf der anderen Seite der Lipptinger Strasse, etwas Infanterie hatte sich hinter der Cavallerie gesammelt. In diesem Augenblicke liess der Erzherzog die zwei ersten Bataillons seiner Colonne auf der Höhe vorwärts Neuhausen aufmarschiren, die folgenden formirten sich hinter ihnen.

Sobald Jourdan diese Bewegung bemerkte, befahl er dem General Hautpoul mit der Cavallerie einzuhauen, indessen die Infanterie von allen Seiten in dem Walde wieder vordringen und eine Halbbrigade, welche von St. Cyr zurückdetachirt und soeben angekommen war, durch den sumpfigen Grund von Edenstetten [1]) in die rechte Flanke des Feindes fallen sollte.

Die französische Cavallerie rückte zwar an, allein die 2 österreichischen Cuirassier-Regimenter, welche ihren Grenadiers gefolgt waren, deployirten schnell rechts und stürzten sich auf sie mit so entscheidendem Erfolg, dass sie trotz Jourdan's Bemühungen erst hinter Lipptingen unter dem Schutze der Infanterie und des Geschützes zum Halten gebracht und gesammelt werden konnte. Die Oesterreicher eroberten dabei eine Kanone. Nun wurden die vorliegenden Wälder ganz verlassen, und die französische Infanterie zog sich auf die Anhöhen vorwärts Lipptingen zurück; die Halbbrigade aber, welche in der Flanke der Oesterreicher manövriren sollte,

---

[1]) Hof, Amt Stockach.   D. H.

wurde umringt und beinahe ganz gefangen. Der Abend näherte
sich. Der Erzherzog liess seine Infanterie, die das Waldgefecht
grösstentheils in Unordnung gebracht hatte, so gut als möglich
in mehreren Treffen aufstellen. Zufrieden den Sieg entschieden
zu haben, wagte er nicht in die Ebene hervorzubrechen. Die
französische Infanterie blieb vor Lipptingen, die Cavallerie
hinter dem Dorfe, und beide Theile beschränkten sich auf eine
gegenseitige Kanonade, welche bis in die Nacht anhielt. Jourdan
war mit Recht um den General St. Cyr besorgt und schickte ihm
daher den Befehl, bei Sigmaringen über die Donau zu gehen
und seinen Rückzug auf dem linken Ufer des Flusses zu nehmen.

Um Thaten zu würdigen, muss man die Ansichten
prüfen, auf welche sie sich gründen und dann unter-
suchen, ob sie aus logischen Schlussfolgen entsprossen
sind.

Jede Operation soll auf der Sicherheit ihrer Basis beruhen.
Jourdan hatte die Linie von Basel bis Strassburg als solche
angenommen. Sie war selbstständig unter dem Schutze des
Rheins und der Festungen, welche mit den im Lande zurückgebliebenen Dépôts und Nationalgarden hinlänglich besetzt
und noch überdies von der Observations-Armee verstärkt
werden konnten. Die Ursache, welche den Rückzug auf die
Basis gebietet, fiel also weg. Das zweite Bedürfniss bei Operationen ist eine gesicherte und vortheilhafte Rückzugslinie.
Man retirirt in defensiver Absicht, und der Zweck der Defensive ist eigene Sicherheit und Zeitgewinn durch die möglichste
Verspätung der feindlichen Fortschritte. Wenn man für die
Sicherheit rückwärtiger Punkte nicht besorgt sein darf, so ist
jene Rückzugslinie die zweckmässigste, auf welcher man den
längsten und kräftigsten Widerstand leisten kann. Jourdan's
Basis und Frankreichs Grenzen waren gesichert, folglich durfte
nur die letztere Rücksicht die Wahl seiner Rückzugslinie bestimmen. Er konnte sie in zwei verschiedenen Richtungen
nehmen, entweder durch die Gebirge des Schwarzwaldes auf
seine Basis oder über den Rhein in die Schweiz. Eine dritte
von der Donau über den Neckar gegen die Enz würde ihn zu
weit von allen wichtigen Punkten des Kriegsschauplatzes entfernt haben und kann hier in keine Betrachtung kommen. Ein

Marsch nach dem Schwarzwalde musste die unausbleibliche
Fortsetzung des Rückzuges bis an den Rhein zur Folge haben;
denn in der Strecke von Aach und Lipptingen bis Donaueschingen, wo sich die Strassen trennen, um die Gebirge zu
durchziehen, befindet sich kein Anhaltspunkt für eine geschlagene Armee, und die Entfernung ist so kurz, dass sie
der Gegner mit der vollen Kraft des Sieges hinterlegen wird,
bevor jene die Möglichkeit findet, ihre zerstörten Streitmittel
zum neuen Widerstand zu sammeln. Ist aber einmal der erste
Schritt in die Engwege des Schwarzwaldes gethan, so kann
weder die Vereinigung der Truppen mehr stattfinden, noch auf
die Vertheidigung der vielfältigen Gorgen gezählt werden,
welche zwar die Bewegungen des Feindes beschränken, aber
nicht unzugänglich genug sind, um seinen Andrang von mehreren
Seiten zu verhindern. Für Jourdan war also auf dieser Rückzugslinie keine Position mehr denkbar, in welcher er Verstärkungen erwarten und Masséna's Rücken durch Bedrohung der
feindlichen Flanke sichern konnte. Dagegen gewannen die
Oesterreicher von dem Augenblick an, als ihre Gegner Donaueschingen verliessen, um ihren Rückzug nach dem Rhein fortzusetzen, freie Hand, ihre Operationen nach der Schweiz zu
richten, und sie durften sich der Hoffnung überlassen, durch
eine rasche Bewegung auf Zürich die Schweizer-Armee zur
Räumung aller vorwärtigen Stellungen zu zwingen, bevor die
Donau-Armee neuerdings durch den Schwarzwald weit genug
vorgerückt wäre, um dieses Manöver zu vereiteln.

Vor dieser Rückzugslinie verdiente jene in die Schweiz
beiweitem den Vorzug. Eine Aufstellung hinter dem Rhein
zwischen Schaffhausen und dem Bodensee würde alle ferneren
Fortschritte der Oesterreicher über Stockach auf der Stelle
eingehalten haben. Jourdan blieb in Verbindung mit Masséna,
und beide erwarben die Möglichkeit, vereint und kräftig dem
Feind die Spitze zu bieten. Dieser konnte sie zwar in einem
von Bergen und Wässern getrennten Halbkreis umfassen, aber
gegen ihre Communicationen zwischen Schaffhausen und Basel
nichts unternehmen. Jourdan war bei der Hand, in einem,
längstens in zwei Märschen dahin zu gelangen, und vermied
dadurch die von einem längeren Rückzug unzertrennliche Des-

organisation und Schwächung der Truppen. Ueberdies verband diese Stellung alle Eigenschaften, welche eine gute defensive Haltung charakterisiren; sie wirkte eingreifend auf das Ganze, war leicht zu behaupten und mit voller Kraft zu erreichen. Diese Vorzüge sind so überwiegend, dass Jourdan vorsichtiger gehandelt haben würde, sie gleich zu benützen, als eine Schlacht zu wagen, deren Gewinn wegen der Ueberlegenheit des Gegners sehr problematisch war, und deren Verlust ihm die Mittel benehmen konnte, die Schweiz zur rechten Zeit und in einer für künftige Unternehmungen angemessenen Schlagfähigkeit zu betreten. Selbst ein Sieg würde, wenn die Oesterreicher nicht eine vollkommene Niederlage erlitten, kein günstigeres Resultat hervorgebracht haben, als die Aufstellung in der Schweiz; denn die Kräfte der Franzosen waren unvermögend, den Ankriffskrieg in die Länge fortzusetzen, und dann blieb ihnen keine vortheilhaftere defensive Haltung übrig als jene, die sie schon früher mit Vermeidung aller Gefahr anzunehmen vermochten.

In Jourdan's Plan lag der Rückzug durch den Schwarzwald, sobald sich das Schicksal der Waffen gegen ihn entschied. Als richtige Schlussfolge dieses Planes erscheint dann freilich der Entschluss zur Schlacht, durch welche er Alles gewinnen und wenig verlieren konnte, weil es für die Vertheidigung der selbstständigen französischen Grenze ziemlich gleichgiltig war, in welchem Zustand er ihr die Armee zuführte. Ebenso consequent war es, dass Jourdan die Schlacht nicht erwartete, sondern selbst zum Angriff schritt; denn in diesem allein fand er noch eine Möglichkeit des Erfolges. Es entsteht aber die Frage, ob er hierzu den günstigsten Augenblick gewählt, und ob sowohl die Vorbereitungsanstalten als die Anordnungen während des Treffens ihrem Zweck entsprochen haben.

So lange die Oesterreicher bei Stockach standen, konnten sie die Strassen von der Schweiz und vom Schwarzwald her aus der nämlichen Frontalstellung beobachten, und sie brauchten ihre Kräfte nicht zu theilen. Näherte sich aber Jourdan dem Gebirge, ohne durch eine Schlacht dazu gezwungen zu werden, und wollten die Oesterreicher ihre Operationen fortsetzen, sei es nach Westen oder nach Süden, so mussten sie detachiren, weil sie sich gegen ihn und gegen Masséna vorzusehen hatten.

Eine Bewegung Jourdan's nach Geisingen oder Pfora [1]) und die Absendung der Brigade Rubi in die Schweiz, um bei dem Gegner auch von dieser Seite Besorgnisse und Ungewissheit zu erwecken, würden wahrscheinlich einen günstigeren Moment zur Schlacht herbeigeführt haben, als jener war, da der französische Feldherr mit Gewissheit berechnen konnte, auf die Gesammtkraft des Feindes zu stossen. Kam ihm aber dieser auch dann noch im Angriff zuvor, so liegt die Gegend von Pfora nicht so nahe an den Défiléen des Gebirges, dass er besorgen durfte, in dieselben geworfen zu werden.

Die Disposition zu einer Schlacht ist nur dann zweckmässig, wenn sie die Rückzugslinie sicherstellt und die Streitkräfte zum Angriff des schwächsten Punktes in der feindlichen Stellung vereinigt. Als Jourdan jene für den 25. entwarf, hatte er drei Strassen zum Rückzug: von Tuttlingen über Rottweil auf dem linken Flügel, durch die Waldstädte längs dem Rhein auf dem rechten, und von Engen über Donaueschingen oder Neustadt in der Mitte.

Die letzte über Donaueschingen ist die beste und führt gerader zu der Hauptpassage des Schwarzwaldes durch das Kinzigthal, als der längere Weg über Rottweil. Die Strasse längs dem Rhein hat zwar den Vortheil, dass gleich von Engen aus mehrere Communicationen auf dieselbe führen, bevor sie das Gebirge erreicht; späterhin aber wird sie zum Engweg, der für den Durchzug starker Colonnen weniger günstig ist. Der nämliche Anstand, und zwar mit weit mehr Beschwerlichkeiten ergibt sich auf dem Wege über Neustadt durch das Höllthal, der nur als Nebenlinie bei dem Rückzug aus der Mitte zu betrachten ist. Jourdan's Hauptaugenmerk musste also auf die Strasse von Engen gerichtet sein, auf welcher auch am 24. der grösste Theil seiner Armee versammelt war.

---

[1]) Pfohren, 4 Kilom. OSO. von Donaueschingen.   D. H.

Die Oesterreicher hatten Posten zwischen Eigeltingen und Aach und ein Corps bis Lipptingen vorgeschoben. Ihre Vorrückung über Eigeltingen konnte in den beschwerlichen Défiléen vor Aach und Engen leicht aufgehalten werden; dagegen machte das offene Terrain bei Lipptingen und Emmingen ab Egg die Zugänge von jener Seite weit gefährlicher, und es war der Klugheit angemessen, dass Jourdan die Vertreibung der Oesterreicher von Lipptingen dem Angriff ihrer Position vorangehen liess. Dadurch bewirkte er auch die Vereinigung mit seinem bei Tuttlingen und Friedingen stehenden linken Flügel, ohne welchen es ihm an hinreichenden Kräften zu einer ernstlichen Unternehmung fehlte. Ebenso zweckmässig war am Tage der Schlacht die Wahl des österreichischen rechten Flügels zum Angriffspunkt. Auch die Vorrückung aus dem Centrum über Aach entsprach einer richtigen Ansicht; denn Jourdan gewann die Höhen von Eigeltingen, und seine Hauptrückzugslinie wurde durch die Besetzung eines dritten Défilés in höherem Masse gesichert.

Allein die Disposition an sich selbst steuerte[1]) dem wesentlichen Bedürfnisse nicht,[1]) welches die Zusammenhaltung der Kräfte sowohl zum Angriff als zur Deckung der Rückzugslinien gebietet: Souham allein wurde zur Vorrückung auf der wichtigen Linie von Eigeltingen, Ferino über Steisslingen auf Wahlwies und Orsingen beordert. Diese getrennten isolirten Divisionen erhielten Stockach zum Vereinigungspunkt, welcher erst nach der Eroberung der feindlichen Stellung erreicht werden konnte. Auf solche Art greift man dem Resultate vor und benimmt sich die Mittel, dahin zu gelangen.

Am Tage der Ausführung vergrösserte Jourdan diesen Fehler auf dem linken Flügel noch mehr. Nach dem glänzenden Gefecht bei Lipptingen genügte ihm die Hoffnung nicht, seinen überlegenen Gegner zu schlagen; er wollte ihm eine vollständige Niederlage beibringen und detachirte zu diesem Ende den General St. Cyr nach und über Mösskirch. Sicher wirkt nichts treffender als eine Umgehung, durch welche man mit vollkommener Streitfähigkeit Punkte in der Flanke und im Rücken des Feindes gewinnt, die er nicht zu vertheidigen ver-

---

[1]) Für: steuerte nichts zu dem wesentlichen Bedürfnisse bei. D. H.

mag; allein sie verliert ihre Wirkung und ist keine Umgehung mehr, wenn der Gegner Zeit und vorräthige Mittel hat, ihrer Ausführung auf irgend eine Art vorzukommen. Diese Mittel bestehen entweder in der Veränderung der Front oder in einem raschen Angriff auf die Gegenüberstehenden, die sich durch die Detachirung zur Umgehung geschwächt haben, und wodurch das Gefecht entschieden wird, ehe der Feind seinen Zweck erreicht. Hat man gesiegt, dann wirft man sich auf die Umgehenden selbst, und ihr Rückzug wird äusserst gefährdet. Wird man geschlagen, und die Umgehung ist weit ausholend, so kann man die Position, auf die sie gerichtet ist, noch eher verlassen, als der Feind seine Umgehung vollbracht hat. Die einzigen vollwirkenden Umgehungen werden nicht durch detachirte Corps in entfernten Richtungen, sondern durch Manöver auf dem Schlachtfelde bewirkt, durch welche man den Feind so schnell zwischen zwei Feuer bringt, dass ihm keine Zeit zu Gegenbewegungen übrig bleibt, und dass er in seiner nachtheiligen Lage Stand halten, kämpfen und unterliegen muss. Die anderen sind ein Geschäft für Streifparteien, an deren Verlust oder längerem Ausbleiben wenig gelegen ist, und die wegen ihrer Schnelligkeit mehr dazu angemessen sind, als schwerfällige Armee-Colonnen.

Die Disposition zur Schlacht wäre viel einfacher und zweckmässiger gewesen, wenn Jourdan die beiden Divisionen Souham und Ferino während der Zeit, als der linke Flügel das Gefecht bei Emmingen ab Egg engagirte und den Feind über Lipptingen zurückwarf, vereint gegen Eigeltingen vorrücken und sich auf den Höhen hinter dem Dorfe mit ihrem rechten Flügel an dem Sumpfe von Langenstein [1]) aufstellen liess. Nach dem Schlage bei Lipptingen hätte die schwere Cavallerie in jenem offenen Terrain zurückbleiben, die beiden Divisionen des linken Flügels aber nach der Richtung der Heerstrasse vordringen sollen. Die Gegend von Raithaslach und des Mönchshofs[2]) würde dann der vorgesehene Punkt gewesen sein, gegen welchen zur nämlichen Zeit die Divisionen von Eigeltingen mit Zurückhaltung ihres rechten Flügels staffelweise vorgezogen,

---

[1]) 7·5 Kilometer WSW. von Stockach.
[2]) Münchhöf, w. von Raithaslach.   D. H.

ohne Preisgebung ihrer Rückzugslinie zur Unterstützung des
Hauptangriffes mitwirken konnten. Zum Detail der Disposition
gehörte noch ferner, dass eine nicht sehr beträchtliche Abtheilung auf der Strasse von Singen die Vortruppen des österreichischen linken Flügels beschäftigen, dass zur Verbindung
zwischen beiden Hauptarmee-Abtheilungen eine Mittel-Colonne
von Lipptingen aus ihre Richtung über Rorgenwiesen (Rorgen-
wies) nach dem Mönchshof (Münchhöf) nehmen, und dass die
Flanqueurs-Brigade des Generals Vandamme über Hoppetenzell in dem Rücken der feindlichen Stellung streifen und Verwirrung zu verbreiten suchen sollte.

Diese Disposition ist zwar auch von dem Fehler nicht
frei, dass die beiden Flügel erst während des Angriffes der
feindlichen Stellung zusammenkommen; aber es zeigt sich die
Unmöglichkeit einer früheren Vereinigung, wenn man die Linie
von Friedingen bis Singen, von welcher ausgegangen werden
musste, betrachtet und die Nothwendigkeit erwägt, sich vor
allem Anderen das feindliche Corps bei Lipptingen vom Halse
zu schaffen. Wenigstens war dieses Corps, dessen Ueberwältigung man hoffen durfte, das einzige Hinderniss in dem Zusammentreffen der Truppen sowohl zum Angriff als zur Gewinnung der Rückzugslinie.

Hätte Jourdan, als er die Oesterreicher in den Grauen Wald
(Grauwäldle) zurückwarf, die ganze Division St. Cyr's auf seinem
äussersten linken Flügel behalten und staffelweise durch das
Thal von Ober- und Unter-Schweingrub [1]) in den Buswinkel-Wald
vorrücken lassen; so wären die Oesterreicher fortan in die Flanke
genommen, vielleicht nicht mehr zum Halten gebracht worden,
und er brach auf der Strasse von Stockach durch. Veränderten
sich die Umstände, so hatte er eine ansehnliche Masse beisammen, um sie nach Gutbefinden schnell verwenden zu können.

Jourdan wusste, dass ihm der Gegner an Truppenzahl
überlegen war, er strebte nach der Vereinigung der Seinigen
bei Stockach, und im Widerspruche mit sich selbst schickte
er einen grossen Theil derselben auf eine solche Entfernung
ab, dass sie den Rücken des Feindes kaum mit Parteien in

---

[1]) Schweingruben 2 Höfe, zur Pfarre Raithaslach.   D. H.

9*

einem Tage erreichen konnten. Als ihm das Glück anfing un-
günstig zu werden, rief er zwar eine Halbbrigade von St. Cyr's
Division wieder zurück. Aber wie wenig war diese vermögend,
das Gefecht herzustellen; wie kräftig würde dagegen die un-
erwartete Ankunft der ganzen Division gewirkt haben, wenn
sie auch erst bei Neuhausen in der Flanke der vordringenden
Oesterreicher erschienen wäre! Ihr stand die Gefahr, gefangen
zu werden, nicht so leicht bevor, als einer Halbbrigade.

Wer sich erst dann zur Vereinigung seiner Kräfte und
zur Anwendung seiner gesammten Streitmittel entschliesst,
wenn er schon im entschiedenen Nachtheil ist, kommt damit
immer zu spät und wird theilweise aufgerieben. Man findet in
der Kriegsgeschichte wenig sprechendere Beweise von der
grossen Wichtigkeit gut gewählter Positionen als jene, welche
der Gang der Schlacht bei Stockach liefert. Die nachtheilige
Lage des österreichischen rechten Flügels hätte dieser Armee
bald den Verlust des Treffens gekostet; und nur die Festigkeit
des linken führte sie wieder zum Siege, weil der Erzherzog
ohne Gefahr Truppen von demselben entlehnen und auf den
bedrohten Punkt bringen konnte.

Ein Feldherr kann sich oft genöthigt sehen, seine Stellung
bei einem strategischen Punkte zu nehmen, dessen Localität in
taktischer Beziehung gefährliche Blössen darbietet. [1]) In diesem
Falle muss durch Verwendung der Truppen und mit Hilfe der
Befestigung den schwächeren Theilen der Position mehr Stärke
gegeben, und durch vorbereitete Manöver der Feind an der
Benützung solcher Gebrechen gehindert werden, welche die
Natur in die Bildung des Terrains gelegt hat.

Die österreichische Armee war bei Stockach in den Besitz
eines strategischen Punktes gelangt, den der Erzherzog mit
Recht nicht verlassen wollte, ohne auf einer entschiedenen
Operationslinie fortzuschreiten. Bevor er die Wahl derselben
bestimmen konnte, musste er in einer haltbaren Position zum
Widerstande bereit sein, weil ihn die Nähe des Feindes einem
plötzlichen Angriffe aussetzte. Allein die strategisch richtige

---

[1]) Zu vergleichen: »Grundsätze der höheren Kriegskunst«, 2. Abschnitt §. 3, Bd. I, pag. 21 dieser Sammlung. D. H.

Stellung bei Stockach gewährte keine Stütze für seinen rechten
Flügel, dessen Versicherung um so wichtiger war, als die
natürlichste Rückzugslinie auf Pfullendorf ihre anfängliche
Richtung bis Ursaul[1]) hinter demselben nahm. Sowie dieser
Flügel postirt stand, hatte er zwar den Vorzug, eine Linie mit
der Mitte zu bilden und günstige Anhöhen zu krönen; er war
aber rückwärts an eine Schlucht gedrängt, und seine Flanke
lag entblösst, gegen welche der Feind in einer breiten Front vom
Mönchshof(Münchhöf)bis zum Buswinkel-Waldaufmarschiren und
die Vertheidiger durch ein kreuzendes Feuer vernichten konnte.

Während der Schlacht machten die Oesterreicher eine
Viertelschwenkung und formirten sich auf der Linie zwischen
Rierhalden und Raithaslach, von wo die Verbindung mit dem
Nellenberg durch Nauendorf's Truppen unterhalten wurde. Diese
Frontveränderung war unter den obwaltenden Umständen die
einzig vortheilhafte Bewegung; allein es entstand ein todter
Winkel bei Raithaslach und bis Rierhalden eine lange Flanke,
die der Feind auf ihrem äussersten rechten Flügel überwältigen,
und von wo er dem Rückzug sehr gefährlich werden konnte.
Nur der Drang der Umstände kann eine solche Stellung rechtfertigen, und jede weitere Ausdehnung würde den rechten
Flügel noch mehr geschwächt haben, weil sie nach der Beschaffenheit des Terrains eine verhältnissmässige Verlängerung
der Flanke erfordert hätte. Endlich kam den Oesterreichern
der zwar unvorgesehene Fall zu Statten, dass der Feind gegen
die Front nichts unternahm und sich ganz auf ihre Flanke
warf, wodurch sie in der ersteren nur figuriren und ihre Mehrzahl auf der letzteren verwenden durften.

Nach diesen Betrachtungen erscheint im Allgemeinen die
Stellung, welche die Oesterreicher bei Stockach nahmen, noch
als die beste, weil sie die unvermeidlichen Nachtheile des
Terrains in geringerem Masse als jede andere enthielt. Aber
man kann es ihrem Feldherrn als einen grossen Fehler an-
rechnen, dass er durch Voranstalten diese Gebrechen nicht so
unschädlich als möglich zu machen suchte. Warum wurde
nicht gleich nach der Einrückung ins Lager der Wald verhaut,

---

[1]) Weiler, Gemeinde Winterspüren.   D. H.

an den sich die rechte Flanke lehnte? Warum nicht bei Rierhalden der Bach durch einen Damm geschwellt, um den oberen
Theil des Thales zu überschwemmen und seine Zugänge zu
verderben? Warum nicht zwischen Mahlspüren und dem Walde
Batterien aufgeworfen, um die Höhen bei Raithaslach zu bestreichen, im Falle es dem Feind gelingen sollte, bis dahin
vorzudringen? Warum nicht durch das Thal hinter der Position
Communicationen vorbereitet, um sich mehr als einen Weg
zum Rückzug zu bahnen?

Wenn auch alle diese Anstalten in der kurzen Zeit vor
der Schlacht nicht vollständig ausgeführt werden konnten, so
würden sie doch auch unvollkommen den schwachen Stellen
der Position zu Hilfe gekommen sein, und es wäre nicht unmöglich gewesen, wenigstens die wichtigen rückwärtigen Communicationen mit Zuziehung der Landarbeiter in einigen Stunden
herzustellen. Aber auch eine zweckmässigere Vertheilung der
Truppen würde dem rechten Flügel mehr Selbstständigkeit
gegeben haben. Auf dem durch die Natur so festen linken,
dessen wenige Zugänge mit 4 oder 5 Bataillons, mit den zurückziehenden Vortruppen, mit dem aufgeführten Geschütz und
mit der Cavallerie so leicht zu vertheidigen waren, befanden
sich 13 Bataillons!

Ein Theil der Cavallerie stand umsonst bei Windeck[1])
und hinter dem Nellenberg. Warum wurden nicht 9 Bataillons
von dem linken auf den rechten gezogen und staffelweise im
Buswinkel-Wald aufgestellt, wo sie zugleich als Reserve zur
Deckung der Flanke und zur Ueberflügelung des Feindes
dienen konnten, wenn er sich gegen dieselbe gewagt hätte?
Warum setzte man die Cavallerie nicht vor Hoppetenzell, um
diese Flanke und die Strasse nach Pfullendorf noch mehr zu
schützen? — Die auf einer richtigen Berechnung ruhende
Wahrscheinlichkeit, dass Jourdan seinen Rückzug gegen die
Schweiz nehmen werde; der Entschluss, ihm in dieser Richtung
zu folgen und keinen Angriff in einer defensiven Stellung abzuwarten, verleiteten den Erzherzog zur Vernachlässigung des
rechten und zur unverhältnissmässigen Verstärkung des linken

---

[1]) Windegg, Weiler, 3 Kilometer NWN. von Stockach.   D. H.

Flügels, von welchem die weitere Vorrückung ausgehen sollte. Er beging also einen sicheren Fehler, um sich die Ausführung eines ungewissen Vorhabens zu erleichtern, das nicht von seinem Willen allein, sondern von der Bestimmung des Gegners abhing; und wie unbedeutend war diese Erleichterung für die Truppen, die einen Marsch von höchstens 2 Stunden ersparten, um im vorgesehenen Falle vom rechten wieder auf den linken zu kommen!

Solche Missgriffe, welche nur zu häufig aus einer übel verstandenen Schonung der Truppen entstehen, haben den Verlust mancher Schlacht nach sich gezogen. Der Soldat verdankt[1]) durch Treue, Anhänglichkeit und Liebe die väterliche Sorge des Feldherrn. Er ist aber auch sein strengster Richter, und da ihn der Geist seines Standes lehrt, die Ehre durch Duldungen zu erkaufen und selbst dem Leben vorzuziehen, so verurtheilt er streng jede ihr nachtheilige Verfügung, wenn sie ihm auch eine augenblickliche Erleichterung bringt. Ueberdies ist eine solche Schonung nur scheinbar: denn die Truppen leiden nie mehr, als bei unglücklichen Ereignissen und bei Rückzügen, welche meistens die Folge vernachlässigter Vorsicht sind.

Man soll in allen Gelegenheiten — auch entfernt vom Feinde — zweckmässige, dem Terrain angemessene Stellungen nehmen: dann wird es zu einer unvertilgbaren Gewohnheit, und man betrachtet jede Vernachlässigung als unmöglich. Dadurch versichert man sich, dass selbst mechanische Menschen in wichtigen Fällen keine Vorsicht unterlassen. Die Untergebenen lernen durch Beispiele, Uebung und Anstrengung einen der wesentlichsten Theile der Taktik kennen, und der Soldat fühlt und bemerkt die zuweilen damit verbundene Unbequemlichkeit nicht.

Man kann dem Erzherzog in seinen Anstalten während der Schlacht blos den aus vorstehenden Bemerkungen ersichtlichen Vorwurf machen, dass er nicht mehr als 6 Bataillons von der Mitte und vom linken Flügel abzog, um den rechten zu verstärken; denn es sollen zu jeder Unternehmung

---

[1]) Nicht mehr üblicher Ausdruck für vergilt. D. H.

so viel Truppen verwendet werden, als man auf-
bringen kann, damit sie sicher und im vollen Masse
gelinge. Als er bei Mahlspüren die Umgehung seiner Flanke
erfuhr, beurtheilte er richtig, dass eine Detachirung gegen das
umgehende Corps zu spät kommen und ihn ausser Stand setzen
würde, weder dort, noch auf der Strasse von Lipptingen zu
wirken; und dass ein Sieg auf dem Punkte, wo er seine Kräfte
vereinigt hatte, schneller, leichter und kräftiger das Manöver
des Feindes vereiteln müsse. Die Bewegung, welche er auf
diese Ueberzeugung gründete, entsprach ihrer Absicht, obwohl
beim ersten Anblick das Vordringen in Colonne durch einen
vom Feinde noch nicht geräumten Wald mit den Regeln der
Taktik im Widerspruche zu sein scheint.

Aber eine ganze Linie Infanterie war schon im Walde
vertheilt, im Vorrücken begriffen, und es handelte sich um eine
schnelle Entscheidung. Hätte der Erzherzog seine Reserve aufmarschiren lassen und auch im Walde aufgelöst, so behielt er
sie nicht mehr in der Hand, um sich auf was immer für einen
Punkt zu werfen und ihn zu forciren. Mit einem Wort, er verfehlte dann seinen Zweck.

Die Schlacht von Stockach wurde, wie die meisten
grossen Gefechte, durch eine Reserve gewonnen. Diese
zur rechten Zeit zu verwenden und mit ihr den entscheidenden
Schlag zu geben, ist die Kunst des Feldherrn. Wenn das Corps
de bataille nicht mehr vermögend ist, den Andrang des Feindes,
oder seine Manöver, oder seinen Widerstand in dem Haupt-
moment der Schlacht zu überwinden, dann muss die Reserve
an dem Gefechte theilnehmen. Ihre Bestimmung ist eigentlich
nur, den Abgang an Kräften zu ersetzen, die zur Gewinnung
eines Objectes erforderlich sind; denn die Truppen, welche
zuerst in das Handgemenge kommen, werden meistens aufgelöst, oder zerstreut, oder geschwächt, und der Sieg bleibt der
zuletzt wirkenden Kraft. Die Reserve darf folglich nie am Anfang der Schlacht engagirt werden, weil dann noch keine Aufgabe zu lösen ist, die das Vermögen der zuerst in das Gefecht
kommenden Abtheilungen übersteigt. Da aber das Verhältniss
ihrer Stärke nach dem von ihr erwarteten Resultat, jedoch
nur unter der Mitwirkung der übrigen Truppen, berechnet wird;

so darf sie auch nicht so lange zurückgehalten werden, bis diese ihre Schlagfähigkeit verloren haben, damit sie nicht allein die ganze Last der Schlacht trage und der Ueberlegenheit des Feindes unterliege. Beweglichkeit ist eine der Haupterfordernisse aller Reserven; weil sie nicht unmittelbar auf der Kampflinie auftreten, sondern zur Unterstützung jeder wankenden Abtheilung bereit sein müssen. Sind sie zu weit vom Schlachtfelde entfernt, so treffen sie erst am Ende des Gefechtes ein, und der Vortheil, den man von ihnen erwartet, ist verloren. Im Unglück stellen sie das Gleichgewicht nicht wieder her, im Siege kommen sie zur Verfolgung zu spät, um die Aufreibung der Geschlagenen zu vollenden. Der Gegner hat inzwischen seine Truppen wieder geordnet, und es beginnt ein neuer Kampf, in welchem Jener unterliegt, der ihn nur mit dem zurückgebliebenen Theil seiner Kräfte besteht.

Reserven, welche zur Unterstützung von Positionen aufgestellt werden, sollen nie weiter davon entfernt sein als der Feind, oder die Positionen müssen Kraft und Selbstständigkeit genug haben, bis zu ihrer Ankunft mit Gewissheit auszuhalten. Können die Reserven während eines Gefechtes nicht eintreffen, so weicht man demselben aus, sobald man die Vorbereitungen des Feindes zum Angriff entdeckt. Man zieht sich dann auf die Reserven und vermeidet bis zur Vereinigung mit ihnen jedes Treffen, um nicht das Uebelste von Allem zu gewärtigen, nämlich theilweise geschlagen zu werden.

Neunter Abschnitt.

Rückzug der französischen Donau-Armee über den Rhein.

Jourdan hatte seine Absicht bei dem Angriff am 25. verfehlt, den Feind nicht geschlagen, Stockach nicht erreicht; aber die Armee war durch keine Niederlage gedemüthigt. Sie hielt noch nach der Schlacht auf mehreren Punkten, welche die Oesterreicher am Anfange des Gefechtes inne hatten, und sie konnte stolz sein auf die bewiesene Tapferkeit. Dennoch machte ihre Vertheilung in drei so weit entfernte isolirte Abtheilungen jede schnelle Zusammenziehung, jedes rasche Manöver, einen

erneuerten Angriff und sogar eine widerstandsfähige Aufstellung
unmöglich, und ihr Feldherr sah sich genöthigt, den Rückzug
zur Vereinigung seiner Kräfte anzutreten, er mochte nun die
Offensive wieder ergreifen oder sich auf die Defensive einschränken wollen. Indessen hatte er sich für die letztere entschieden und hoffte, in einer günstigen Position vor dem
Schwarzwald Verstärkungen an sich ziehen, die Ereignisse abwarten, neue vorbereiten und den Feind von jeder Unternehmung gegen die Schweiz abhalten zu können. Auf den Fall
jedoch, dass ein fernerer Rückzug nothwendig würde, bestimmte
er denselben mit der Mitte durch das Kinzig-, mit dem rechten
Flügel durch das Höllthal und mit dem linken über Rottweil
auf Freudenstadt und Oberkirch.

Am 26. März Morgens standen beide Armeen so, wie
sie die Nacht überfallen hatte, auf dem Schlachtfelde; nur war
die österreichische Cavallerie bei Neuhausen ob Eck durch
jene verstärkt, welche sich in der Nacht vom 25. nach den
Gefechten bei Meinwangen und Mühlingen über Schwandorf
auf den rechten Flügel zog. Mit Anbruch des Tages wiederholte Ferino zweimal den Angriff auf Wahlwies, und obwohl
dieser beidemal fehlschlug, so gelang es ihm doch, die Oesterreicher auf diesem Punkte zu beschäftigen und ihre Aufmerksamkeit von dem Rückzug der Armee abzuwenden, welcher
Nachmittags erfolgte.

Ferino ging bis Singen, von wo er die Brigade Rubi nach
Stein und Schaffhausen detachirte; mit seiner Division marschirte er am 27. über Blomberg (Blumberg) nach Löffingen,
nahm zwischen diesem Ort und Unadingen eine Stellung und
besetzte Hüfingen, Breunlingen und Donaueschingen.

Die Division Souham erreichte durch eine gleichzeitige
Bewegung am 26. Aach, brach aber in der folgenden Nacht
wieder auf und zog über Engen nach Geisingen.

Jourdan räumte mit den Divisionen Soult und Hautpoul
erst am 26. Abends das Schlachtfeld und nahm seine Richtung
auf Villingen, wohin er die schwere Cavallerie und das Geschütz über Tuttlingen, die Infanterie aber auf dem rechten
Donauufer bis Geisingen und dann über Donaueschingen abrücken liess. Möhringen und Geisingen wurden am 27. ver-

lassen, alle Brücken über die Donau zerstört. Jourdan liess Schwenningen, Dauchingen und Lauffen besetzen, seine Posten hielten das linke Ufer des Neckars bis Rottweil.

St. Cyr war nach dem Befehl des Obergenerals in der Nacht vom 26. auf den 27. bei Sigmaringen über die Donau gegangen und hatte seinen Marsch dermassen beschleunigt, dass er über Ebingen und Schemberg (Schömberg) am 27. Abends bei Rottweil eintraf und die Orte Frittlingen, Aldingen, Aixhaim, Trossingen und Deisslingen mit seinen Truppen belegte. Eine Seitenabtheilung nahm ihren Weg über Haigerloch.

Die Aufstellung von Unadingen bis Rottweil war zu ausgedehnt, um haltbar zu sein; und doch musste Jourdan eine so lange Linie besetzen, weil er seinen Rückzug in der Breite von Neustadt bis Freudenstadt nehmen wollte.

Dadurch wurden die Truppen in eine schwache Postenkette aufgelöst, und die Oesterreicher durften nur einen Posten über den Haufen werfen, was sie mit ihren leichten Truppen ohne Schwierigkeit vermochten, um die ganze Armee zum Rückzug zu bringen. In einer weit gedrängteren Lage nahm Moreau im Herbst von 1796 mit dem grössten Theil seiner zweimal so starken Armee die einzige Rückzugslinie durch das enge Höllthal. Hätte Jourdan die Strasse durch das Kinzigthal ausschliesslich zum Marsche seiner gesammten Truppen gewählt, so konnte er so lange in einer imponirenden Verfassung bleiben, bis der Feind mit einer überlegenen Macht in seine Nähe kam. Der Rückzug wäre auf der kürzeren Linie und leichter als auf jeder anderen erfolgt, weil das Thal breit ist und neben der Heerstrasse noch einige Seitenwege für Infanterie brauchbar sind. Als die Franzosen am 26. das Schlachtfeld verliessen, ging ihnen nur die leichte Cavallerie der Oesterreicher nach, deren Avantgarde erst am 27. März nach Singen, Engen und Tuttlingen vorrückte. Der Erzherzog betrachtete die Schweiz als das wesentlichste Object für beide Theile und wollte sich nicht von ihrer Grenze entfernen. Alle Geräthschaften zum Brückenschlag wurden vorgezogen. Man hielt es für hinlänglich, dem Feinde eine blosse Avantgarde nachzuschicken, weil man in der Ueberzeugung war, dass Jourdan sich diesseits des Schwarzwaldes nicht mehr halten werde.

Um diese Zeit überfiel den Erzherzog eine plötzliche Krankheit; von dem Wiener Hof trafen Missbilligungen über die allzuweite Vorrückung der Armee ein, weil man in derselben die Preisgebung Tirols — des vermeintlichen Schlüssels vom Kriegsschauplatz — wahrzunehmen glaubte. Diese Ursachen lähmten die Thatkraft des Erzherzogs und begünstigten den Rückzug der Franzosen. Die Oesterreicher liessen die Gelegenheit unbenützt verstreichen, den getheilten Feind auf das Haupt zu schlagen, ihn ausser Stand zu setzen, im Felde zu erscheinen, und dann durch den Einbruch in die Schweiz das bedrängte Tirol auf eine glänzendere und unfehlbarere Weise zu befreien, als durch eine unmittelbare Operation aus seinen Engpässen.

Auf die erhaltene Nachricht, dass die Franzosen von Villingen aus ihren Marsch nicht fortsetzten, entschloss sich der Erzherzog gegen die Quellen der Donau zu marschiren und jede andere Massregel zu verschieben, bis er den Feind gezwungen haben würde, sich gänzlich in das Rheinthal zurückzuziehen. Er bestimmte daher blos 4½ Bataillons, 18 Escadrons zur Beobachtung der Schweiz und concentrirte am 29. und 30. März 42 Bataillons, 64 Escadrons bei Emmingen ab Egg, Lipptingen und Neuhausen, wozu noch Sztáray herangezogen wurde, welcher am 27. von Ulm in Gamertingen eingetroffen war. Zur Verstärkung der Avantgarde rückten 6 Bataillons, 24 Escadrons nach Geisingen und fassten dort Posten.

Alle diese Anstalten geschahen viel zu langsam. In der damaligen Lage musste schnell gewirkt werden, und der Erzherzog hatte Kräfte genug, um vorwärts zu gehen, ohne Sztáray's Ankunft abzuwarten. Er mochte was immer für einen Punkt der feindlichen Linie angreifen, so unterlag der Sieg keinem Zweifel; eine Bewegung in Eilmärschen nach Donaueschingen und die Zersprengung des feindlichen Centrums würde am kräftigsten zum Ziele geführt haben. Allein der Erzherzog zweifelte noch immer an Jourdan's Missgriff, den jedoch die Folgen bald bewiesen. Denn als die Parteien der österreichischen Cavallerie, welche die ganze Gegend durchstreiften, die rechte Flanke der Franzosen bei Rottweil bedrohten, wurden

diese für die Sicherheit ihres Rückzuges besorgt und verliessen in der Nacht vom 30. zum 31. März schnell ihre Aufstellung.

Ferino zog sich zur Deckung der Strasse in das Höllthal nach Neustadt zurück und besetzte Röthenbach und Lenzkirch. Souham und Soult gewannen die vortheilhaften Höhen
der Benz-Ebene hinter der Schiltach. Jener verwahrte seinen
rechten Flügel durch Posten in Tryberg, Furtwangen und
St. Georgen, dieser den linken durch die Occupirung von
Schramberg und des gegen das Dorf Krumm-Schiltach sich
ausdehnenden Waldes. Vandamme beobachtete die Zugänge
von Schiltach und erhielt die Bestimmung, gemeinschaftlich
mit St. Cyr Freudenstadt und den Kniebis zu vertheidigen,
den letzterer am 1. April besetzte. Die schwere Cavallerie,
welche in dieser Gegend zu keinem Gebrauch diente, wurde
über Offenburg in das Rheinthal abgeschickt. Ueberall sollten
die verschiedenen Posten durch Verhaue gedeckt werden.

Die österreichischen leichten Truppen verfolgten den Feind
auf allen Seiten und beschäftigten ihn mit kleinen Gefechten;
ihre Cavallerie streifte bis über Horb und Dornstetten. Auf
dem linken Flügel drang eine Colonne am 2. April in zwei
Abtheilungen über Löffingen und Lenzkirch auf Saig vor. In
der Mitte vertrieb eine andere den Feind am 3. von Peterzell,
eine dritte bemächtigte sich der Orte St. Georgen und Tryberg
und setzte sich in die Flanke der Benz-Ebene.

Die Franzosen waren im Rückzug und hatten ihre Kräfte
vereinzelt. Dieses Gefühl der Schwäche wirkte auf alle Glieder
der Armee. Jede von fern drohende Gefahr stellte sich ihnen
als gegenwärtig und dringend dar; sie unterliessen alle Mittel,
sich in einer Lage zu behaupten, die sie für precär ansahen
und als unvortheilhaft erkannten. Die Oesterreicher hatten
Furtwangen und Tryberg nur mit wenigen leichten Truppen
besetzt, und dennoch fand General Ernouff, der wegen Jourdan's Erkrankung das Commando der Armee übernommen
hatte, darin einen Beweggrund, eine so schwach bedrohte
Stellung eiligst zu verlassen. Die Hauptcolonne des Centrums
brach in der Nacht vom 3. zum 4. April von der Benz-Ebene
auf und zog durch das Kinzigthal hinter Haslach; eine Ab-

theilung ging durch das Bregethal, eine andere über Elzach und Waldkirch. Vandamme folgte der Hauptcolonne über Wolfach und Hausach.

Am 5. April nahmen die Divisionen Souham und Soult mit ihrem Gros eine Stellung bei Gengenbach, am 6. bei Offenburg. Die beiden Flügel-Divisionen setzten sich später in Bewegung und mussten die verlorene Zeit durch die Stärke der Märsche hereinbringen. Erst in der Nacht vom 4. zum 5. räumten ihre letzten Truppen Freudenstadt und Neustadt. Am 5. erreichte St. Cyr schon Renchen und Appenweier und rückte dann in Verbindung mit der Colonne, die durch das Kinzigthal marschirt war, durch Kehl auf das linke Rheinufer; die Abtheilungen, welche das Brege- und Elzachthal eingeschlagen hatten, folgten auf dem nämlichen Uebergangspunkt. In Offenburg und Oberkirch blieben starke Posten, und in Kehl, dessen Werke mit Thätigkeit hergestellt wurden, eine Besatzung von 1200 Mann mit 16 Kanonen zurück. Ferino bewirkte den Uebergang über den Rhein bei Alt-Breisach, wo er am 5. eintraf. Die dort befindliche Brücke wurde zwar nach dem Uebergang abgebrochen, musste aber gleich wieder hergestellt werden, als der Artillerie-Director die Vorstellung machte, dass ihre Behauptung von der Regierung ausdrücklich befohlen sei. Zu diesem Ende besetzte eine Halbbrigade Alt-Breisach, dessen Lage auf einer steilen isolirten Anhöhe einen vortrefflichen Brückenkopf bildet. Die anderen zwei Halbbrigaden marschirten auf dem linken Rheinufer nach Basel, wo sie am 7. eintrafen und gemeinschaftlich mit den Schweizer Truppen zur Deckung der dortigen Brücke in Klein-Basel, Weil, Richen und Krenzach (Grenzach) verlegt wurden.

Die Oesterreicher verfolgten zwar die Franzosen auf ihrer ganzen Linie, da sie aber viel Zeit verloren hatten, nur schwach und blos mit leichten Truppen; daher konnten sie auch den unverhältnissmässig schnellen Rückzug des französischen Centrums gegen jenen der Flügel zu keiner wesentlichen Unternehmung benützen. Das Gros ihrer Avantgarde rückte auf Hornberg, und der Erzherzog traf in Donaueschingen ein, wo er am 3. Halt machte, als er erfuhr, dass der Feind den Schwarzwald räume. Der österreichische Feldherr bestimmte nunmehr

18 Bataillons, 64 Escadrons unter Sztáray's Commando zur Beobachtung dieses Gebirges und gab ihm die Belehrung, den Gegner durch fortwährende kleine Gefechte und Streifzüge zu beunruhigen, bei einem ernstlichen Angriff desselben aber alle seine Truppen zu vereinigen und sich auf eine der feindlichen durch das Gebirge vordringenden Colonnen zu werfen. In dieser Absicht wurden 10 Bataillons, 28 Escadrons in die Gegend von Villingen verlegt, wo sie bereit standen, sowohl auf der Heerstrasse durch das Kinzig-, als auf jener von Freiburg durch das Höllthal verwendet zu werden. Die übrigen 8 Bataillons, 36 Escadrons besetzten die Ausgänge der Thäler bei Neustadt, Furtwangen, Tryberg, Hornberg, Freudenstadt, und führten von diesen Punkten aus mit Hilfe der bewaffneten Einwohner fortwährend den kleinen Krieg gegen die französischen Parteien, die von den Ufern des Rheins häufige Einfälle in das Gebirge unternahmen. Auf beiden Flügeln streifte die österreichische Cavallerie links gegen die Waldstädte, rechts in die untere Neckargegend und gegen Philippsburg. Der Erzherzog selbst wandte sich nach der Schweiz und liess von der Hauptarmee am 5. und 6. April eine gedrängte Cantonirung hinter Engen und Wahlwies beziehen. Ein Vorlager von 7 Bataillons, 13 Escadrons stand bei Singen, und eine Vorpostenkette von 4 Bataillons, 18 Escadrons beobachtete den Rhein und die auf dem rechten Ufer befindlichen Punkte Petershausen[1]), Schaffhausen und Eglisau, welche der Feind noch besetzt hielt. Das Hauptquartier des Erzherzogs kam den 8. April nach Engen und am 13. April nach Stockach.

Am unteren Rhein ereignete sich nichts mehr, was die Aufmerksamkeit der Oesterreicher dorthin zu ziehen vermochte. General Bernadotte hatte Philippsburg am 30. März eingeschlossen. Aber die Observations-Armee bestand in der damaligen Epoche, da sie einige Verstärkungen an die Donau-Armee abgegeben hatte, nur aus 3 Halbbrigaden und 5 Cavallerie-Regimentern meistens neu ausgehobener Truppen. In Mannheim lag eine Garnison von 3400 Mann mit 40 Kanonen. Heidelberg und Bruchsal waren mit starken Posten besetzt,

---

[1]) Vorstadt NO. von Constanz.   D. H.

und ihre Cavallerie schwärmte in der umliegenden Gegend,
vorzüglich am Neckar. Die Franzosen schienen eine ernstliche
Unternehmung auf Philippsburg im Schilde zu führen und erbauten Batterien auf dem linken Rheinufer bei dem Mechters-
heimer-Hof. Als aber Bernadotte von dem Schicksale der
Donau-Armee Nachricht erhielt, hob er in der Nacht vom 5.
zum 6. die Blockade der Festung auf und zog den grössten
Theil seiner Truppen über den Rhein zurück. Acht Escadrons,
welche die Oesterreicher über Pforzheim und Bruchsal abgeschickt hatten, vereinigten sich bald mit der Garnison von
Philippsburg, und da diese späterhin mit 1 Bataillon aus Ulm
verstärkt wurde, so war ihr Commandant, der Rheingraf Salm,
im Stande, die gegen Schwetzingen und Heidelberg liegenden
Orte Alt- und Neulussheim, St. Leon und Roth zu besetzen,
und die französischen Garnisonen in Mannheim und Heidelberg
unablässig zu beunruhigen. Zwei Escadrons setzten sogar über
den Neckar und warfen sich in den Odenwald, dessen Bewohner
die Waffen ergriffen und den ganzen Feldzug hindurch ihr
Gebirge gegen die Streifzüge der Franzosen tapfer vertheidigten.

Nachdem die Blockade von Philippsburg aufgehoben war,
verliess Bernadotte die Armee und übergab sie der Leitung
des Generals Collaud. Jourdan hatte am Tage nach der Schlacht
bei Stockach die Erlaubniss angesucht, nach Paris abgehen zu
dürfen, um das Directorium persönlich von der Lage der Armee
zu unterrichten. Hierauf wurde er abgerufen und das Commando der am Rhein stehenden Truppen mit jenem der
Schweizer-Armee in der Person des Generals Masséna vereinigt.

Es war vorauszusehen, dass die Wendung des Krieges
und das Missgeschick von Jourdan's ersten Operationen auf die
Unterhandlungen des Congresses zu Rastadt (Rastatt) Einfluss
nehmen würde. Am 8. April erklärte der kaiserliche Bevoll-
mächtigte, dass er in Folge der ausgebrochenen Feindseligkeiten
seine Sendung als beendigt ansehe, und reiste am 13. von
Rastadt ab.

Der Congress blieb zwar beisammen, allein ohne irgend
ein Resultat zu erzielen. Die französischen Gesandten beschäf-

tigten sich mit Einstreuungen, um die deutschen Fürsten von
Oesterreich zu trennen. Diese wünschten wohl sämmtlich an
dem Kriege keinen ferneren Antheil nehmen zu dürfen, aber
es lag nicht in ihrer Macht, sich demselben zu entziehen; denn,
so wie Preussen im nördlichen Deutschland den Ton angab, so
stand es seit Jourdan's Rückzug an Oesterreich, das Benehmen
der Reichsstände im südlichen zu bestimmen.

Am 19. April streiften die österreichischen Husaren in
der Gegend von Rastadt, und als der Mainzische Directorial-
Minister die Neutralität für den Sitz des Congresses fruchtlos
angesucht hatte, erklärte er die Unterhandlungen wegen Mangels
an Ruhe und persönlicher Sicherheit für abgebrochen.

Die französischen Bevollmächtigten protestirten gegen das
nach ihrem Vorgeben völkerrechtswidrige Betragen der österreichischen Truppen, bestimmten aber doch, da dieses nicht
zu ändern war, den 28. April zu ihrer Abreise. Bevor noch
diese erfolgte, erschien am nämlichen Tage ein österreichischer
Husaren-Officier mit der Erklärung, dass er Befehl habe, Rastadt zu besetzen und die französische Legation aufzufordern,
die Stadt binnen 24 Stunden zu räumen. Die Gesandten traten
daher in der Nacht des 28. April ihre Reise nach Strassburg
an, wurden aber unterwegs angefallen, zwei derselben getödtet;
und nur der dritte, mit Wunden bedeckt, rettete sich unter Begünstigung der Dunkelheit. Die Veranlassung zu dieser Kata-
strophe ist bis jetzt nicht bekannt, und die Aufklärung dieses
Geheimnisses bleibt der Nachwelt überlassen.[1] Indessen ergriff
der Factionsgeist, der damals in Frankreich zügellos wüthete
und sich über ganz Europa verbreitete, ein solches Ereigniss
mit Hastigkeit, um die Schuld des Verbrechens auf die entgegengesetzten Parteien zu wälzen. Die Einen warfen sie auf
das österreichische Ministerium, die Anderen auf die französische
Regierung.

Nicht so bedeutend, als man es hätte vermuthen sollen,
zeigten sich die Folgen dieser Gewaltthätigkeit. Der Eindruck

---

[1] Die Untersuchung dieser Frage und die Litteratur darüber bei
Helfert: »Der Rastadter Gesandtenmord«. Wien 1874.   D. H.

war nur vorübergehend und wurde schnell durch die wichtigen Ereignisse verdrängt, welche ohne Unterlass aufeinander folgten.

Zehnter Abschnitt.

Eröffnung des Feldzuges in Italien.

Nicht allein in Deutschland, sondern auch in Italien begünstigte das Glück die österreichischen Waffen und gab ihnen eine solche Ueberlegenheit, dass sie von den Operationen der Franzosen gegen Tirol nichts zu besorgen hatten. In der nämlichen Zeit, als der Sieg bei Stockach über den Besitz des Schlüssels vom Kriegsschauplatz entschied, wurde der Feldzug in dem südlichen Theile desselben eröffnet.

General Scherer hatte das Kriegsministerium in Paris abgegeben und das Commando der französischen Armee in Italien übernommen. Er traf am 11. März in Mailand ein und beschäftigte sich mit der Organisation seiner Truppen, die mit Einschluss der Piemontesen, Polen, Helvetier und Cisalpiner über 62.000 Mann betrugen. Nach Abschlag eines Corps, welches zur Erhaltung der Ruhe in Piemont zurückbleiben musste, dann der zur Schweizer-Armee abgegebenen Division Dessolles und einer anderen mit der Besetzung von Toscana beauftragten Division unter dem General Gauthier, blieben ihm jedoch nur gegen 45.000 Mann an disponiblen Streitkräften, mit welchen er nach den Befehlen des Directoriums die Offensive ergreifen sollte. Seine erste Sorge war, die Armee in dem Mantuanischen zu versammeln und sie der österreichischen Grenze näher zu bringen. Scherer selbst nahm am 21. März sein Hauptquartier in Mantua.

Diese Bewegungen und die Nachrichten von den in Graubünden und Tirol vorgefallenen ungünstigen Ereignissen bewogen den österreichischen General Kray, seine Truppen, die den französischen an Stärke ziemlich gleich waren, ebenfalls zusammenzuziehen. Bei Pastrengo wurde zwischen der Etsch und dem Gardasee eine Stellung verschanzt und von dem rechten Flügel besetzt; das Centrum stand in und vor Verona, der linke Flügel als Reserve bei Bevilacqua hinter Legnago.

Am 26. März griffen die Franzosen, ohne den Ausbruch der Feindseligkeiten angekündigt zu haben, auf allen Punkten an. Scherer hatte seine Armee in zwei grosse Corps, jedes von 3 Divisionen getheilt. Mit jenem zur Linken warf er sich auf die Stellung von Pastrengo, forcirte sie und bemächtigte sich der Brücke bei Polo.[1] Sein linker Flügel reinigte das Gebirge von Lazise bis Corona[2] und setzte sich bei Rivoli. Von dem anderen Corps unter den Befehlen des Generals Moreau griffen 2 Divisionen die Oesterreicher vor Verona an und kämpften mit abwechselndem Glück um den Besitz der Dörfer Santa Lucia und San Massimo, welches letztere siebenmal genommen und endlich in der Gewalt der Oesterreicher blieb. Die dritte Division drang bis zu den Thoren von Legnago und versuchte sich dieses befestigten Postens zu bemeistern. Um 4 Uhr Nachmittags zog Kray Verstärkungen aus Bevilacqua an sich, brach durch Legnago heraus, warf den französischen rechten Flügel bis an den Tartaro zurück und zwang auch das Centrum, die um Verona besetzten Dörfer zu verlassen.

Scherer wagte nicht, die Vortheile seines linken Flügels zu benützen, weil Dessolles erst bis Taufers vorgerückt war und die Schweizer-Armee dem Feinde die Mittel nicht benommen hatte, beträchtliche Abtheilungen aus Tirol nach Italien zu detachiren. Er zog sich daher am 30. März in eine Centralposition nach Isola della Scala zurück mit Ausnahme der Division Serrurier, welche bei Rivoli stand und die Brücke bei Polo besetzt hielt. Scherer befahl dieser Division, um die Aufmerksamkeit des Feindes von den Bewegungen der übrigen abzuziehen, am nämlichen Tage über die Etsch zu gehen und den rechten Flügel der bei Verona stehenden Oesterreicher über das Lessinische Gebirge im Rücken zu alarmiren. Serrurier befolgte diesen Auftrag, drang auf dem linken Ufer des Flusses bis gegenüber von Bussolengo vor und vertrieb die feindlichen Posten gegen Verona, wurde aber dann selbst angegriffen und

---

[1] Pol NNO. von Pastrengo.

[2] Madonna della Corona Gefecht am 17. Jänner 1797 zwischen Oesterreichern und Franzosen.   D H.

10*

mit Verlust vieler Gefangenen über die Etsch zurückgeschlagen. Darauf suchte er den linken Flügel der Armee bei Villafranca zu gewinnen.

Scherer gab die Hoffnung noch nicht auf, unterhalb Verona einen Uebergang auszuführen, und schob 4 Divisionen zwischen Bagnolo und Cerea gegen die Etsch, indessen Moreau mit zwei Divisionen bei Buttapietra und Isolalta eine Flanke gegen Verona bildete.

Kray hatte mittlerweile seine Armee bei Verona versammelt und beobachtete die Bewegungen des Gegners. Als er bald darauf aus einem aufgefangenen Befehlschreiben nach Peschiera ersah, dass die dort befindlichen Pontons eiligst nach Castellaro [1]) gebracht werden sollten, argwohnte er Scherer's Absicht und beschloss in diesem Fall am Punkte des Ueberganges keinen Widerstand zu leisten, sondern von Verona aus mit seiner ganzen Stärke dem Feinde auf dem rechten Ufer der Etsch in Flanke und Rücken zu gehen.

Scherer zauderte aus Unentschlossenheit; und nun unternahm Kray den Angriff selbst, nachdem er am 3. April die Stellung des Feindes recognoscirt hatte. Als Ersterer die Vorbereitungen seines Gegners durch Kundschafter erfuhr und die sodann erfolgte Recognoscirung diese Nachricht zu bestätigen schien, hielt er Kriegsrath, in welchem Moreau die Mehrzahl zu dem Entschlusse bestimmte, den Angriff nicht abzuwarten, sondern ihm entgegenzugehen. Auf diese Art stiessen beide Armeen am 5. April bei Magnano aufeinander, wo die Oesterreicher nach einer hartnäckigen Schlacht den Sieg erfochten.

Die Franzosen warfen Besatzungen nach Peschiera und Mantua und nahmen ihren Rückzug über den Mincio. Von da zogen sie hinter die Chiese und am 20. hinter den Oglio aus Besorgniss für ihre linke Flanke, gegen welche General Vukassovich aus Tirol mit seinen in den Giudicarien (Judicarien) aufgestellten Truppen westlich des Gardasees über Gardola [2]) und Rocca

---

[1]) NOO. von Mantua.
[2]) Gardone?　　　　　　　　　　　　　　D. H.

d'Anfo vordrang. Die Oesterreicher verweilten unthätig in der errungenen Stellung bei Isola della Scala; obwohl ihre Armee durch angekommene Verstärkungen über 50.000 Mann angewachsen, und das russische Hilfscorps nebst einer frischen Division aus Steiermark im Anzug war. Die Franzosen brachten 28.000 Mann an den Oglio, zu welchen noch 18.000 von den rückwärtigen Garnisonen und aus Neapel stossen sollten.

Erst am 14. April setzten die Oesterreicher bei Valeggio über den Mincio, wo Souwarow das Commando übernahm und wieder einige Tage verloren gingen.

Am 19. April brachen die nun vereinigten Russen und Oesterreicher auf und rückten an die Chiese, am 21. April gegen den Oglio. Mantua und Peschiera wurden eingeschlossen. An dem unteren Po bemächtigte sich eine Partei des Postens von Lagoscuro [1] unweit Ferrara; eine andere überfiel die cisalpinische Besatzung in Mirandola. Das ganze Landvolk in jener Gegend ergriff die Waffen gegen die Franzosen und blockirte Ferrara. Ein österreichisches Corps nahm seine Richtung auf Cremona. Das Castell von Brescia ergab sich am 21., und Detachements von der Armee in Tirol zeigten sich bei Lovere am Iseosee.

Unter diesen Umständen glaubte Scherer sich nicht länger am Oglio halten zu können und zog sich über die Adda. Dort setzte er 2 Divisionen hinter Cassano, vertheilte alle übrigen Truppen längs dem Flusse vom Lago di Lecco bis an den Po, und von Piacenza bis Parma, liess Brückenschanzen bei Lecco und Cassano aufwerfen, schickte Eilboten, um den Marsch der neapolitanischen Armee unter Macdonald und der Division Gauthier aus Toscana an den Po zu beschleunigen; legte aber schon am 25. April das Commando der Armee in die Hände des Generals Moreau und reiste am folgenden Tag über Mailand nach Paris, nachdem er noch zuvor 1 Halbbrigade von der Division Dessolles aus der Schweiz abberufen hatte, um über Como seinen linken Flügel zu verstärken.

Souwarow ging am 23. über den Oglio und rückte in mehreren Colonnen vor, welche die ganze Breite der Ebene

---

[1] Ponte-di-Lago-Scuro (Pontelagoscuro). D. H

von dem Fusse der Gebirge bis an den Po einnahmen. Am
25. traf die Armee an der Adda ein. Am 26. April wurde die
Brückenschanze bei Lecco forcirt und die Besatzung bis Como
verfolgt.

In der darauffolgenden Nacht, 27. April, setzte eine
andere Colonne bei Brivio über den Fluss, und am 27. Früh
eine dritte am Fusse des Schlosses Trezzo. Moreau erfuhr die
Unfälle seines linken Flügels bei Lecco und Brivio, und eilte
mit einer Division von Cassano herbei, begegnete aber bei
Pozzo den Flüchtlingen von Trezzo und stiess auf den dort noch
im Uebergang begriffenen Feind.

Es entstand ein äusserst hartnäckiges Gefecht, welches
lang zweifelhaft blieb; endlich siegten die Verbündeten und
schlugen ihre Gegner über Vaprio bis Gorgonzola zurück. Dadurch wurde die Division Serrurier an der oberen Adda von
den Uebrigen, die sich zu ihrer Unterstützung in Marsch gesetzt hatten, abgeschnitten, in ihrer Stellung bei Verderio über
Lecco umgangen, von Brivio aus in der Front angegriffen und
nach einer verzweifelten Gegenwehr zur Niederlegung der Waffen
gezwungen. Während dieser Gefechte, und da Moreau sein Centrum entblösst hatte, um dem linken Flügel zu Hilfe zu kommen,
bemeisterten sich die Oesterreicher des Brückenkopfes und der
Brücke von Cassano und drangen am 28. April bis Gorgonzola vor. Bei Lodi leisteten die Franzosen keinen Widerstand,
da sich schon Parteien von Cassano aus in ihrem Rücken
zeigten, bevor noch der Angriff in ihrer Front von Crema
erfolgte.

Eine österreichische Division stand in Cremona, schickte
Streifzüge in das Modenesische, beobachtete Pizzighettone und
liess von einer Abtheilung die kleine Festung Orzinovi berennen,
welche sich am 30. ergab. Die Trümmer der französischen
Armee zogen sich in drei Colonnen zurück: die erste und
stärkste über Buffalora und Vigevano hinter den Ticino, die
zweite über Pavia, die dritte auf Piacenza. Durch diesen Rückzug standen alle Eingänge in das Veltlin und die Strasse auf
den Gotthard offen. Souwarow hielt am 29. April seinen Einzug in Mailand, liess die Citadelle einschliessen, poussirte seine
leichten Truppen an den Ticino und detachirte die Brigade

Strauch durch die Val Brembana nach Morbegno und Chia-
venna; den Prinzen Rohan aber mit 4 Bataillons, 1 Escadron
gegen Bellinzona, um den Feind aus den Umgebungen des
Lago Maggiore, di Lugano und di Como bis an den Fuss des
Gotthard zu vertreiben und sich mit den Operationen der
Tiroler-Armee in Verbindung zu setzen.

Eilfter Abschnitt.

Bellegarde dringt in das Engadein.

Leidenschaft und revolutionärer Schwindel, welcher damals alle Massregeln der französischen Regierung charakteri-
sirte, hatten den Ausbruch des Krieges veranlasst und Unglück
über Frankreichs Waffen gebracht, weil es an der kalten Berechnung fehlte, die mit dem Uebermuth unverträglich ist. Die
Stärke der angewandten Streitkräfte stand in keinem Verhältniss mit der gegenseitigen und entsprach dem vorgesetzten
Endzweck nicht. Auf allen Punkten, wo man den Feind berühren konnte, wurde offensiv vorgegangen, angegriffen und
der Besitz des Hauptobjectes vernachlässigt, der zu den übrigen
führen musste. Als daher der Gegner die ersten Angriffe auf
der entscheidenden Operationslinie zurückwarf und auf dieser
vordrang, fielen alle erfochtenen Vortheile auf dem weniger
wichtigen Punkte weg, und die Isolirung der dort verwendeten
Truppen konnte sogar von grossem Nachtheil werden.

Am Anfang April bildete die Division Le Courbe mit dem
rechten Flügel der Schweizer-Armee bei Remüs eine weit her-
vorragende Spitze zwischen den höchsten mit Schnee bedeckten
Bergen des tiefen Innthals. In ihrer rechten Flanke und im
Rücken wurde sie von dem Feinde bedroht, der im Münsterthale und an den Eingängen des unbesetzten Veltlins ihre
Verbindung mit Italien störte. Die linke Flanke war den Anfällen aus dem Paznaunthal, welches den Trisanna-Bach von
Galtür gegen Landeck begleitet, ausgesetzt. Mit dem Centrum
der Schweizer-Armee stand Le Courbe in keiner anderen Verbindung, als über Chur; denn die Strasse durch das Bretigau
(Prättigau; Thal der Landquart) konnte nicht dazu dienen, so

lange die Oesterreicher das Montafun (Montafon) besetzt hielten.
Von den Wegen aus dem Engadein nach Chur ist jener über
Davos oder Hauptkirchen durch das Schalfiker- (Schanfigg-) Thal
nicht in jeder Zeit gangbar, jener hingegen über Silvaplana
sehr lang, und auf beiden konnte der Feind dem von Remüs
abziehenden Corps sowohl über Galtür als von Balzers nach
Wiedereroberung des Luziensteiges zuvorkommen. Der ohnehin viel schwächere Le Courbe war also in der Gefahr abgeschnitten und aufgerieben zu werden, bevor ihm die Division
Menard zu Hilfe kommen konnte, welche bei Maienfeld am
Ausflusse der Landquart stand und genug zu thun hatte, um
das Débouché des Bretigaus (Prättigaus), den Luziensteig und
die Verbindung mit dem linken Flügel der Armee zu behaupten,
der sich bis an den Bodensee ausdehnte. Auf dieser so gefahrvollen Linie zählte die Schweizer-Armee kaum 30.000 Streiter.
    Ihr gegenüber standen von Tonale bis in das Paznaun
mehr als 30.000 Oesterreicher; von diesem Thale bis Bregenz
28.000, und 40.000 bedrohten zwischen dem Bodensee, der
Aach und der Donau die wichtigen Communicationen mit
Frankreich und die besten Strassen zum Rückzuge, welche
durch die einzige Brigade Rubi vorwärts Schaffhausen gedeckt waren. Wurde diese geworfen, und drang der Feind gegen
Zürich vor, wohin er schneller gelangen konnte als jede Abtheilung aus der ganzen französischen Aufstellung: so blieb
der Armee kein anderer Rückzug als auf dem südlichen Ufer
des Züricher-Sees über die Hochgebirge der kleinen Cantone.
Aufreibung durch Mühseligkeiten, durch Mangel, durch das in
hohem Grade erbitterte Landvolk und durch Neckereien des
in die Flanken eindringenden Feindes mussten die Folgen eines
solchen Marsches werden, welcher noch überdies die Vereinigung mit der Donau-Armee unmöglich machte. So verderblich
wirkt die unzweckmässige Anlage eines Feldzuges und so unaufhaltsam ist der Sturz der Ereignisse, dass es nicht mehr in
der Macht der Franzosen lag, ihre zerstreuten Kräfte zum
Widerstand zu sammeln, wenn die Oesterreicher den Vortheil,
sich schon mit überlegener Stärke an den entscheidenden
Punkten zu befinden, in vollem Masse benützten! — Die Gefahr erweckte bei der französischen Regierung Thatkraft zur

Ergreifung solcher Massregeln, welche wenigstens für die Zukunft weiteren Unfällen vorbeugen konnten. Aus Holland, den Niederlanden und dem inneren Frankreich zogen zahlreiche Verstärkungen zu den Armeen. Das Schreckenssystem wurde in der Schweiz eingeführt, wo die französischen Garnisonen kaum mehr vermögend waren, die allgemeine Gährung im Zaum zu halten und die Verbreitung blutiger Auftritte zu hemmen — ein Umstand, der die Lage der Armee verschlimmerte, ihre Hilfsmittel lähmte, die Zufuhren erschwerte und auf den Fall eines erzwungenen Rückzuges von gefährlichen Folgen war. — Doch traf man Anstalten zur Aushebung und Bildung von Schweizer Truppen, und Masséna wurde allein zum Oberbefehlshaber aller französischen Streitkräfte von Düsseldorf bis an die italienische Grenze ernannt.

Selten trat ein Feldherr in einem verhängnissvolleren Augenblick an die Spitze der Armeen. Er konnte den Feind an der Erreichung grosser und entscheidender Resultate nicht mehr hindern; und es gehörte in die militärische Berechnung der Wahrscheinlichkeiten, dass die Oesterreicher nicht unterlassen würden, aus ihrem günstigen Verhältnisse den möglichsten Vortheil zu ziehen. je mehr sie Zeit gewannen, das gegenseitige zu durchblicken.

Masséna musste also seine Stellung durch einen schnellen bestimmten Entschluss verändern, und da diese Veränderung mit einem unvermeidlichen Zeitverlust verknüpft war, so musste in der Ausführung auch nur der geringere Nachtheil zum Ziele genommen werden, im Falle die Oesterreicher der Vollbringung zuvorkamen. Dazu gab es nur zwei Wege: entweder eine neue Vorrückung der Donau-Armee von Basel und Kehl in den Schwarzwald, um den Feind von dem Einfall in die Schweiz abzuhalten; oder die Entblössung der an sich selbst widerstandsfähigen Linie vom Elsass und die Vereinigung der gesammten Streitkräfte in der Schweiz. Das erste dieser Mittel versprach wenig Nutzen. Die Linie von Stein nach Zürich ist kürzer als jene von Basel und Strassburg an den Bodensee: die Oesterreicher wagten also nicht, den entscheidenden Schlag in der Schweiz zu führen; denn im äussersten Fall konnten sie ihre Communicationslinie auf dem rechten Ufer des Rheins wieder gewinnen, bevor es den Franzosen möglich wurde, aus dem Elsass dahin zu gelangen. Sie hatten aber auch 20.000 Mann im Schwarzwald, und die Donau-Armee war nicht so übermächtig, um diese schnell über den Haufen zu werfen. Angenommen jedoch, dass die Oesterreicher sich augenblicklich von der Unternehmung in die Schweiz abhalten liessen, so würde die unbedeutende Bedrohung ihrer Flanke durch die Brigade Rubi sie nicht gehindert haben, der Donau-Armee entgegenzugehen. Ihre Ueberlegenheit sicherte ihnen dort den Sieg, und dann trat wieder das alte Verhältniss, nur im höheren Grade, zum Vortheil der Oesterreicher ein; weil sie es alsdann einer zweiten gewonnenen Schlacht verdankten. Eine solche Diversion wäre also zu unbedeutend und von zu kurzer Dauer gewesen, um dem General Masséna die Möglichkeit zu verschaffen, seine nachtheilige Verfassung durch Zusammenziehung und bessere Aufstellung der Truppen in eine günstige zu verwandeln. Viel zweckmässiger erscheint hingegen eine Bewegung aus dem Elsass nach der Schweiz. Diese konnte ungehindert vor sich gehen und führte zur Zusammenwirkung der Kräfte. Der Feind mochte sie aufhalten, wo er wollte, so verbesserte sich die Lage der Dinge immer mehr als durch eine fortdauernde oder durch Operationen auf isolirten Punkten. Selbst wenn sich die Oesterreicher mittlerweile nach Zürich in Marsch setzten, so wurde die Gefahr der Aufreibung vermindert, welche die Schweizer-Armee bedrohte. Denn die aus dem Elsass kommenden Truppen hätten durch einen Marsch an die Aar oder in eine von der Natur starke Stellung hinter der Reuss den Feind im Schach gehalten und ihn gehindert, seine Mehrzahl gegen die durch die kleinen Cantone zurückziehenden Colonnen zu verwenden.

Von der Nothwendigkeit durchdrungen, den grösseren Theil seiner Streitkräfte an dem entscheidenden Punkte aufzustellen, schritt Masséna mit Thätigkeit zur Ausführung dieses Entschlusses. Schwächer sollte die Linie vom Bodensee bis an das Engadein besetzt bleiben, weil sie weniger wichtig, mehr von den anrückenden Verstärkungen entfernt war und nur den Nebenvortheil gewährte, gemachte Fortschritte nicht aufgeben zu dürfen und die Vereinigung der feindlichen Kräfte länger zu verzögern.

Am 8. April wurden die Posten am Rhein von der Bündner Grenze abwärts vermindert und die Division Oudinot, welche dort gestanden, nach Frauenfeld gezogen, um als Reserve gegen beide Enden des Bodensees zu dienen.

Am 11. April rückte die Division Vandamme von Alt-Breisach durch Basel in die Schweiz, wohin ihr die Division Ferino und Soult — vormals Lefebvre[1] — dann ein Theil der Observations-Armee folgten.

Aus dem Innern trafen vom 17. bis 27. April 10 Linien-, 6 leichte Halbbrigaden, 5 Cuirassier-, 3 Dragoner-, 3 Chasseur- und 2 Husaren-Regimenter als Verstärkung ein, wornach Masséna's Armee in den letzten Tagen des Monats auf folgende Art organisirt war:

Dem rechten Flügel unter Commando des Generals Ferino lag die Vertheidigung der ganzen Strecke von Bormio bis Constanz ob; wozu ihm die Division Le Courbe zur Besetzung des Veltlins und Engadeins, Menard zur Behauptung von Graubünden, und Lorges zur Bildung eines Cordons in dem Rheinthale bis Münsterlingen unweit Constanz angewiesen wurden.

In dem Centrum, welches sich vom Bodensee bis zum Frickthal[2] erstreckte, stand die Division Oudinot von Münsterlingen bis Stein; Vandamme bis Eglisau; Thareau bis an die Aar; Soult als Reserve bei Wyl.

Der linke Flügel dehnte sich abwärts des Rheins aus und bestand aus den Divisionen Souham, welche von der Aar bis Hüningen aufgestellt war; Le Grand — vormals St. Cyr —, die Alt-Breisach, Kehl und die vorwärtigen Posten besetzte; endlich Collaud hinter Mannheim.

Das Missverhältniss an Kräften hatte Masséna gezwungen, sich auf die Defensive einzuschränken, das heisst, ausschliesslich auf seine Sicherheit bedacht zu sein. Er musste folglich vor Allem jene Linie decken, ohne deren ungestörten Besitz es keine Sicherheit gibt, nämlich die Operationsbasis und die von ihr ausgehenden Communicationen. Zu diesem Ende sammelte er 4 Divisionen zwischen Wyl, Constanz und der Aar und setzte sich mit den gegenüber stehenden Oesterreichern

---

[1] Lefebvre, François Jos. Seit 1804 Marschall, 1807 zum Herzog von Danzig erhoben (geb. 1755, gest. 1820).

[2] Im Aargau.   D. H.

ins Gleichgewicht. Das Défilé des Rheins verlieh ihm die Möglichkeit, diese Divisionen zu vereinigen, bevor der Feind den
Uebergang vollziehen konnte, nach welchem neue Hindernisse
an der Thur und an der Töss sein Vordringen erschwerten. Mit
diesen concentrirten Streitkräften stand die Division Lorges,
obwohl sie sich bis Graubünden ausdehnte, im Zusammenhang.
Sie konnte von ihnen unterstützt werden, wenn von Schaffhausen keine Gefahr drohte: und im Falle eines Rückzuges
war sie der Vereinigung mit demselben spätestens an der
Limmat gewiss. Ausserdem hatte sie auch das Défilé der Thur
und die hohen Gebirge von Appenzell hinter sich, welche ihr
zur Schutzwehr gegen jede rasche Verfolgung dienten. Es war
zweckmässig, dass Masséna diesen zweiten verwundbaren Theil
seiner Linie auf der südlichen Seite des Bodensees nur schwach
und blos zur Beobachtung des Feindes mit einer Division besetzte. Endlich befanden sich 2 Divisionen auf dem rechten
Flügel zur Behauptung von Graubünden, ein Gegenstand, der
in unmittelbarem Bezug auf die Schweizer-Armee für sie die
geringste Wichtigkeit hatte.

Entscheidende Operationen fordern einen angemessenen Aufwand an Truppen; sie können folglich
weder anhaltend auf ein hohes Gebirge basirt sein,
noch in solchen Gegenden fortgesetzt werden, wo
es an Mitteln zur Nachschaffung der Kriegsbedürf-
nisse fehlt. Bellegarde war aus dieser Ursache unvermögend, aus dem Engadein in das enge Thal der Rhône überzugehen oder zwischen den Felsen der kleinen Cantone vorzudringen. Er musste eine neue Basis und eine neue Richtung
annehmen: entweder in Vorarlberg durch einen Zug längs dem
Rhein und dann gegen Zürich, oder in Italien durch einen
Abmarsch links. Die französische Besatzung von Graubünden
konnte Masséna nicht hinlänglich verstärken, um ihm Widerstand zu leisten; sie war also nur ein Observationsposten der
feindlichen Bewegungen. Mit dieser Bestimmung vereinigte sich
jedoch eine zweite von grösserer Wichtigkeit, nämlich die
Sicherstellung der Verbindung mit der italienischen Armee
während dem ferneren Lauf der Operationen. Durch das
Veltlin war sie schon aufgegeben, über den Gotthard musste

sie es werden; denn es liess sich voraussehen, dass die Oesterreicher doch endlich ihren Vortheil und ihre Ueberlegenheit benützen würden, um Masséna's rechten Flügel zurückzuweisen. Nach der Verlassung des Gotthard blieb keine Communicationsstrasse mehr von der Schweiz nach Italien als über den Bernhard; weil die zwei unwegsamen Wände, welche das Wallis einschliessen, nur die Uebergänge auf dem Steig über den Gemmi nach Leuk und dem damals noch unfahrbaren Wege über den Simplon, oder auf dem Fussteig über den Grimsel durch die Val Formazza gestatten. Für Frankreich war die Erhaltung der Strasse über den Bernhard äusserst wichtig, um Verstärkungen auf dem kürzesten Wege nach Italien zu schicken, wo die Oesterreicher eine grosse Ueberlegenheit gewonnen hatten. Dieser Umstand und die Betrachtung, dass Masséna nicht stark genug war, um aus seiner Stellung hinter Schaffhausen auf den Bernhard zu detachiren, und da dieser Punkt ebenso entfernt von ihm lag als von dem Feinde bei Münster, machten es ihm zur Nothwendigkeit, schon früher auf die Deckung einer so wichtigen Communication vorzudenken und eine Abtheilung seiner Armee in die Verfassung zu setzen, dass sie auf jeden Fall das Thal der Rhône sicher erreichen und durch Posten in den kleinen Cantonen mit ihm in Verbindung bleiben konnte. Wenn man demnach die Verwendung zweier Divisionen in einer für die Armee unmittelbar nicht sehr wichtigen Gegend rechtfertigen muss, so unterliegt jedoch die Art ihrer Aufstellung in jeder Betrachtung dem billigsten Tadel. Seit den ersten Tagen des April blieb die Division Menard in Graubünden vertheilt, und Le Courbe auf der vorgeschobenen Spitze bei Remüs. Dadurch wurde weder der Feind hinlänglich beobachtet, noch Graubünden gedeckt, noch der Rückzug in das Thal der Rhône gesichert.

Die Oesterreicher bedrohten nicht allein von Balzers die Operationsbasis von Le Courbe, auf deren Verlängerung sie standen, und die Menard allein nicht zu behaupten vermochte, sondern auch von Münster die Aufstellungs- und Rückzugslinie dieser Division auf den Gotthard.

Masséna hätte gleich nach der fehlgeschlagenen Unternehmung auf Feldkirch Hand anlegen sollen, dem Luziensteig

die möglichste Selbstständigkeit zu geben, und zwar durch Erbauung neuer Werke, die ihn in seinem Rücken schlossen,
und einiger Blockhäuser, um die Besatzung gegen das Feuer
und die Steinwürfe von den dominirenden Höhen zu schützen.
Auf dieser gesicherten Basis wäre es möglich gewesen, eine
Aufstellung zu nehmen, welche jedem Endzweck entsprach und
die Aussicht zur hartnäckigen Vertheidigung Graubündens gewährte. Zwischen Maienfeld, Chur und Lenz concentrirt, wo
sich die Wege aus allen Richtungen vereinigen, konnten Le
Courbe und Menard ruhig die Unternehmungen der Oesterreicher und die Berichte der verlorenen Posten abwarten, die
sie in den vorwärtigen Thälern aufstellen mussten. Drang der
Feind mit zu grosser Macht vor, oder liefen sie Gefahr, den
Gotthard nicht mehr vor ihm zu erreichen; so blieb ihnen der
Rückzug durch die Thäler des Vorder- und Hinterrheins in die
kleinen Cantone unbenommen. Beging er einen Fehler in der
Combinirung der verschiedenen Colonnen, in welche er sich
unvermeidlich theilen musste, so konnten sie aus den Thälern
der Landquart und Plessur über den Flüela, Albula und Sep-
timer-Pass ausbrechen und sich auf eine derselben werfen. Ganz
unnütz befand sich die Division Collaud auf dem linken Flügel
der Armee am Rhein und schien die Oesterreicher mit einer
Diversion bedrohen zu wollen, die mit so geringen Mitteln
nicht einmal eine Täuschung hervorbrachte. Zwar bestand sie
grösstentheils aus der in der Schweiz nicht anwendbaren Cavallerie
und war mehr ein Uebernahmsposten, von welchem die aus
Holland, Niederland und dem Innern ankommenden Verstärkungen ihren Marsch staffelweise nach der Schweiz fortsetzten.

Darf man aber den Feldherrn nach den strengen Regeln
der Kriegskunst beurtheilen und tadeln, der unter einer revolutionären Regierung an der Spitze von dem nämlichen Schwin-
delgeist hingerissener Armeen stand, zu einer Zeit, in der man
jede rückgängige Bewegung, jede Entblössung einer besetzten
Gegend, jede Unterlassung einer nicht mehr ausführbaren oder
übel berechneten Unternehmung dem Verrath oder der Feigheit
zuschrieb, und wo kalte Ueberlegung ein Verbrechen war?

Die Oesterreicher benützten den überwiegenden Vortheil
ihrer Lage nicht und brachten den ganzen Monat April in Un-

thätigkeit zu. Ihre Avantgarden allein vertrieben den Feind am 13. April von Schaffhausen, am 14. von Petershausen, am 17. von Eglisau und zwangen ihn dadurch, das ganze rechte Rheinufer in jener Strecke zu räumen. Bei diesen Gefechten gerieth die Brücke von Schaffhausen — ein Meisterstück der Baukunst — in Brand. und die Schiffe, welche sich auf dem linken Ufer befanden, wurden zerstört. Nach Jourdan's vollbrachtem Rückzug hatte sich die österreichische Armee gegen die Grenze der Schweiz gewendet. Der Erzherzog bestimmte den 10. April zum Anfang einer Operation in der Richtung nach Zürich, zu welcher Hotze aus Vorarlberg über St. Gallen mitwirken sollte. Man erliess Proclamationen an die Schweizer, um sie durch die Versicherung zu gewinnen, dass Oesterreich kein anderes Verlangen als die Herstellung ihrer alten Verfassung hege. Indessen erklärte der Verpflegs-Inspector, dass es unmöglich sei, in dem Moment der bevorstehenden Bewegung den nöthigen Vorrath an Lebensmitteln herbeizuschaffen. Der Geist, welcher damals diesen wichtigen Zweig der militärischen Administration belebte, passte nicht zu jenem des neuen Kriegssystems. Er war langsam. schwerfällig und allen ausserordentlichen Massregeln entgegen. Man hielt sich zu einer übertriebenen Schonung des Landes verpflichtet, die keine Schonung ist, weil sie schnelle Operationen und grosse entscheidende Schläge verzögert, oft verhindert und nicht allein den Krieg, sondern auch den drückenden Aufenthalt der Armeen in der nämlichen Gegend verlängert. Dieser Anstand würde jedoch in dem fruchtbaren Schwaben bald gehoben worden sein; aber noch andere Ursachen hemmten den Lauf der siegreichen österreichischen Waffen. Der Erzherzog erkrankte und übertrug das Commando auf einige Zeit dem Feldzeugmeister Wallis. Die häufigen feindlichen Verstärkungen trafen auf ihrem Marsche nach der Schweiz grösstentheils im Elsass oder zwischen Mainz und Mannheim ein und erregten Zweifel über ihre Bestimmung, die vielleicht auf eine Vorrückung gegen die Donau gerichtet sein konnte. Es gehörte zwar keine grosse Berechnung dazu, um aus dem Vergleich der Marschlinien von Basel und Strassburg nach Stein mit jener von Stein nach Zürich die Ueberzeugung zu

schöpfen, wie grundlos diese Besorgniss war. Dennoch fand
der Wiener Hof[1]) eine Unternehmung in die Schweiz unterhalb des Bodensees zu gewagt, empfahl wiederholt Tirol und
Vorarlberg nicht zu entblössen und bestimmte ausdrücklich,
dass die Hauptoperation von dort aus nach Graubünden gerichtet sein müsse. Späterhin sollte die Ankunft von 40.000
Russen, welche jedoch den Rhein erst im Monat Juli erreichen
konnten, abgewartet werden, um mit mehr Sicherheit für
Deutschland aus Schwaben in die Schweiz einzubrechen. Auf
diese Art traten nach und nach mehrere Hindernisse ein und
lähmten die Thatkraft des Erzherzogs. Auch Bellegarde musste
von seiner Seite grössere Schwierigkeiten bei der Operation
aus Tirol nach Graubünden finden, weil er dann auf jener
Linie eine stärkere Truppenzahl benöthigte, die nur nach den
grössten Anstrengungen und auf eine kurz bemessene Zeit in
den engen Thälern der unwirthbaren höchsten Gebirge mit
dem Nöthigen versehen werden konnte. Die Armee von Tirol
war erst kurz vor dem Ausbruch des Krieges ansehnlich vermehrt worden, und es fehlte ihr noch im April an den unentbehrlichsten Erfordernissen, um mit ihrer ganzen Masse thätig
zu sein.

Freilich hatte der Hofkriegsrath in Wien dieses Bedürfniss durch Aushebungen, Ankäufe, Lieferungen und Transporte
aller Art zu decken gesucht; und er durfte mit Zuversicht behaupten, Alles geleistet zu haben, was in seinem Wirkungskreis stand. Aber von der Anordnung bis zur Erfüllung
liegt ein weiter Raum, der am Schreibpult selten be-
berechnet wird und den Feldherrn in grosse Verlegenheit setzt. Man soll zur Ausführung schreiten, ehe die
Mittel bereit sind; dadurch entstehen Missgriffe oder Missver-
ständnisse, die für das Ganze verderblich, kränkend für den
Feldherrn und niederschlagend für die Armeen ausfallen. Sie
sind nicht selten in der Kriegsgeschichte Oesterreichs und
werden sich überall erneuern, wo die Administrationen unabhängig von dem Feldherrn und unbekannt mit dem Gang und
dem Zweck der Kriegsereignisse die Voranstalten einleiten

---

[1]) Scil. der Hofkriegsrath.   D. H.

und für die Ausführung derselben nicht verantwortlich bleiben.

Mit sehr überlegenen Kräften waren beide Befehlshaber in Schwaben und in Tirol ohnmächtig. In Beiden kämpfte die Ueberzeugung von der Nothwendigkeit, von der Möglichkeit zu wirken, mit den Hindernissen, die sie umgaben; und ihr empörter Sinn gegen unwillkürliche Unthätigkeit suchte selbst in der Vergrösserung dieser Anstände ein Mittel, sich dem eigenen Geständniss zu entziehen, dass sie dort stehen blieben, wo gehandelt werden sollte und konnte. Keiner wollte eine offensive Operation beginnen, ohne von der thätigen Mitwirkung des Andern überzeugt zu sein; und doch war Jeder stark genug, um sie selbstständig zu unternehmen. Hätte nur Einer das Eis gebrochen, der Andere würde nicht zurückgeblieben sein. Allein es entstand zwischen ihnen eine weitläufige Correspondenz, Einvernehmungen, Mittheilung von Entwürfen, kurz Verhandlungen, die, so lange Krieg geführt wird, kein bestimmtes Resultat hervorgebracht haben und es bei der grossen Entfernung der beiden Hauptquartiere hier am wenigsten konnten.

Oesterreich vermisste in diesem Jahre den Vortheil der Einheit im Commando, dem es das Glück seiner Waffen im Feldzug von 1796 verdankte; dagegen befand er sich auf der Seite des Gegners. Die Grenze zwischen Tirol und Vorarlberg schied die beiden österreichischen Armeen. Der Erzherzog, dem die Vertheidigung von Schwaben, Hotze, dem jene von Vorarlberg, Bellegarde, dem die von Tirol oblag, betrachteten jeden Vorschlag als Nebensache oder unthunlich, der nicht ausschliesslich ihrem Endzweck entsprach, oder wohl gar ihn zu benachtheiligen schien. Unter der nämlichen Anführung in Schwaben und Tirol, da beide Länder in der Offensive und Defensive so eng mit einander verbunden waren und beider Schicksal von dem Schlüssel des Kriegstheaters abhing — würde gewiss viel früher ein kräftiger Entschluss gefasst und ausgeführt worden sein. Aber dann wäre wahrscheinlich die Hauptoperation nicht aus Tirol geführt und diese vermeintliche Vormauer nicht mit Truppen überladen worden.

Aufgefordert durch die Befehle des Wiener Hofes und
durch Souwarow's Begehren, dem bei seiner Vorrückung in
den Ebenen Italiens an der Vertreibung des Feindes aus dem
angrenzenden Theile der Schweiz gelegen war, beschloss Bellegarde am 22. April in das Engadein einzudringen. Die Nachricht von einem frisch gefallenen tiefen Schnee, der die Steige
für die Seiten-Colonnen ungangbar machte, gab Anlass zum
Gegenbefehl, der jedoch eine dieser Abtheilungen (1 Bataillon,
6 Compagnien Landesschützen) nicht erreichte. Diese brach
am 21. Abends von Ysgl (Ischgl) im Paznauner-Thal auf, überstieg den Fimber-Berg, vertrieb die französischen Posten aus
Manas (oder Manal) und drang mitten unter die feindlichen
Cantonirungen in Remüs ein. Zweimal nahmen die Franzosen
Remüs wieder, und zweimal mussten sie es verlassen, bis sie
endlich, aus den nächsten Umgebungen verstärkt, von Schleins
in den Rücken von Manas und von Sins auf den sogenannten
Jansa-Boden detachirten, wo die Oesterreicher eine Reserve zur
Deckung ihres Rückzuges gelassen hatten. Nach einer tapferen
Gegenwehr wurde die ganze Schaar theils gefangen, theils zur
einzelnen Rettung über das Gebirge genöthigt.

Am 30. April erfolgte endlich der entscheidende Angriff
der Oesterreicher. In dem finstern Innthal eingeengt, auf einer
einzigen Operations- und Communicationslinie aufgestellt, in
beiden Flanken und im Rücken bedroht, hatte Le Courbe das
Mögliche zur Behauptung und Verstärkung seiner Position gethan und hierzu einen Fuss des Fimber-Gebirges gewählt,
welcher hinter dem Varana (in der Landessprache Ramosch-
Bach genannt) gegen den Inn herabfällt. Die Dörfer Manas
und Remüs lagen vor der Front, sowie der Bach, dessen Bett
von steilen Ufern eingefasst ist. Auf dem rechten Flügel befand
sich eine palissadirte Redoute, die von einer dominirenden Höhe
die jenseitige Gegend am Inn bestrich. Die rechte Flanke sowie die Front waren durch einige andere minder bedeutende
Werke verstärkt. Bei Manas konnte der gewöhnliche Fehler
aller Gebirgsstellungen nicht vermieden werden; hier lehnte
sich nämlich der linke Flügel an höhere, aber nicht ganz unzugängliche Berge, und die Tiefe des Varanabettes, über welches
oberhalb Manas ein Fusssteig führt, vermindert sich nach Mass,

als man seinem Ursprunge näher kommt. Die Truppen standen staffelweise im Thal und hielten die höchsten Punkte auf beiden Ufern des Inns in den Flanken der Stellung besetzt.

Bellegarde rückte mit 6 Bataillons auf der Hauptstrasse über Martinsbruck heran. Diese Colonne wurde in der rechten Flanke von einem Detachement ($1^2/_3$ Bataillon) begleitet, welches über die Abfälle des Mondiner-Berges gegen Schleins zog. Ein anderes von ähnlicher Stärke ging auf dem rechten Ufer des Inns über die Mais und (über) Glamaschott (Sclamisott) gegen die Brücke von Strada, um den Hauptangriff auf Schleins und Schlaflur (Chaflur) zu begünstigen, wo sich der Feind festgesetzt hatte.

Eine zweite Colonne von $4^1/_2$ Bataillons unter Anführung des Feldmarschall-Lieutenants Hadik versammelte sich schon am 29. in dem Avignathale unweit Taufers, um am 30. über das Scharljoch durch das Thal dieses Namens (Val da Scarl) gegen Tarasp und Schuls vorzugehen. Auch diese cotoyirten zwei Nebenabtheilungen, von welchen die rechte (1 Bataillon) ihre Richtung über den Rosenkopf auf die Brücke von Pradella nahm, die linke hingegen ($1^1/_3$ Bataillon) über das Tschirfser- (Cierfser-) Joch und die Oefen (Ofner-Pass) Besorgnisse für die Brücke von Zernetz geben sollte. Drei Bataillons blieben bei St. Maria in Reserve mit der Bestimmung, die Zugänge von Bormio zu beobachten und später über das Tschirfser-Joch nachzufolgen.

Bei dem Angriffe der ersten Colonne, welche Bellegarde selbst führte, wurden die französischen Vorposten und ihre Reserven nach einem tapferen und anhaltenden Widerstand bis hinter Remüs zurückgeworfen. Um die Hauptstellung leichter zu überwältigen, war am 29. abermals 1 Bataillon aus dem Paznaun in das Fimber-Thal abgegangen, welches am 30. jedoch wegen Zurücklassung einer Reserve am Ursprung des Varana-Baches nur mit 3 Compagnien auf Manas herabkam. Diese kleine Colonne ging oberhalb des Ortes über den Bach und vertrieb den Feind aus zwei zunächst liegenden Posten, indessen Bellegarde Remüs und das linke Ufer des Varana reinigte. Da der so schwache rechte Flügel nicht weiter vordringen konnte, setzte der linke längs dem Inn über den Varana und versuchte fruchtlos die Hauptredoute der Franzosen zu stürmen.

Als es Nacht wurde, standen die österreichischen Abtheilungen am Fusse der Höhen, auf welchen die Verschanzungen lagen. Hadik fand grosse Schwierigkeiten sowohl in den mit Schnee und Eis bedeckten Wegen als in der hartnäckigen Gegenwehr des Feindes. Dieser musste vom Scharljoch an fortwährend durch Erklimmung der steilsten Felsen umgangen und aus jedem Posten, deren einige verschanzt waren, mit Gewalt vertrieben werden. Unweit des Inns warfen die Franzosen eine hölzerne Brücke ab, welche, an eine Felsenwand gelehnt, den einzigen Zugang zu dem Flusse öffnete. Nachdem diese mit vieler Arbeit wieder hergestellt worden, fand Hadik die Brücke über den Inn gegenüber von Schuls ebenfalls abgebrochen und die einzige brauchbare Furt so gut von dem Geschütz bestrichen, dass er sich begnügen musste, seine äusserst ermattete Truppe auf den Anhöhen des rechten Ufers zu postiren.

Die Seiten-Colonne, welche das Tschirfser- (Cierfser-) Joch ersteigen sollte, war noch weniger glücklich. Nach zwei Versuchen, durch einen Verhau zu dringen, hinter welchen sich die ersten feindlichen Posten gezogen hatten, wurde sie von den zu Hilfe gekommenen Reserven angegriffen und mit Verlust zurückgeschlagen. Le Courbe befand sich am 30. Abends in einer zu gefährlichen Stellung, um länger in derselben zu verweilen; er zog sich daher in der Nacht bis Süs zurück und liess seine Vorposten bei Guarda und Lavin. Bellegarde marschirte am 1. Mai mit seinen nun vereinigten Colonnen auf die steilen Höhen von Fettan und poussirte die Avantgarde an den Tasna-Bach gegen Adetz. Am 2. Mai brach das Corps auf der Strasse nach Lavin auf und wurde von einer Seiten-Colonne auf dem rechten Ufer des Inns in der nämlichen Höhe begleitet. Bei Guarda machte die Herstellung der einzigen Communicationsbrücke, welche der Feind zerstört hatte, einigen Aufenthalt [1]); und Bellegarde verstärkte die Colonne auf dem jenseitigen Ufer. Die Franzosen zogen indessen ihre Vorposten hinter Lavin zurück, wo sie lange Widerstand leisteten, bis ein über das Gebirge abgeschicktes Detachement ihre Flanke umging. Als sie hierauf Lavin verliessen und eine kleine Fläche

---

[1]) Bis 4 Mai.   D. H.

zu hinterlegen hatten, liess Bellegarde eine Abtheilung Cavallerie nachjagen, welche den General Demont und mehrere Gefangene einbrachte.

Le Courbe schien das Dorf Süs und das Défilé des Flüelathales vertheidigen zu wollen, war aber schon auf dem Gebirge überflügelt, als die Oesterreicher Süs wegnahmen und aus dem Ort debouchirten. Er griff jedoch von den rückwärtigen Höhen rasch an und gewann einige Vortheile, bis er auf das Gros der nachrückenden Colonne stiess, welche ihn in Unordnung zurückwarf, wobei er selbst verwundet wurde. Le Courbe musste bis zu dem Défilé von Zernetz weichen. Hier liess er seine Arrièregarde zurück und setzte den Marsch ohne Aufenthalt nach Pont (Ponte) im Innthale fort. Am 3. Morgens brannte letztere die Brücke von Zernetz ab und folgte ihrer Division. In der Nacht vom 3. auf den 4. M a i ging Le Courbe über den Albula (-Pass) und am 4. Mai zog auch seine Arrièregarde in der nämlichen Richtung ab. Davos, der Flüelasteig und Weissenstein auf dem Albula blieben besetzt; die Division nahm eine Stellung bei Lenz.

Fünfzehn- bis achtzehnhundert Mann von der Division Dessolles, welche nunmehr unter den Befehlen des Generals Loison stand und zur italienischen Armee gehörte, warfen sich theils über St. Moritz in das Thal der Maira, Bergell (Bregaglia) genannt, theils über Poschiavo nach Tirano in jenes der Adda. Bellegarde folgte dem Feinde am 3. bis Süs, liess am nämlichen Tage Brail und Zinusel (Cinuschel) besetzen, poussirte Detachements über Ponte gegen den Albula und nach Silvaplana und bezog am 6. Mai ein Lager bei Zernetz.

Die Franzosen hatten auf ihrem Rückzuge mehrere[1]) Kanonenlafetten verbrannt und schleppten nur die Röhren mit sich; sie mussten aber auch von diesen einige am Fusse des Albula zurücklassen, welche den Oesterreichern nebst verschiedenem Kriegsgeräthe auf der Strasse nach Chiavenna in die Hände fielen. Loison übereilte seinen Marsch so sehr, dass am 7. nicht nur das Thal der Maira mit Chiavenna, sondern auch jenes der Adda geräumt war.

- - - - - - -

[1]) 8 Stück.   D. H.

Am 28. April hatte eine österreichische Colonne von
5 Bataillons, ½ Escadron unter dem Obersten Strauch vom
Tonale über Ponte di Legno in der Val Camonica Posten
gefasst, den Mortarolo besetzt und von Edolo längs dem
Oglio gegen Lovere mit der italienischen Armee die Verbindung
eröffnet.

Souwarow zog diese Colonne an sich und gab ihr die
Bestimmung, über Pallazolo an seinen rechten Flügel anzu-
schliessen. Als aber mittlerweile das Glück der Waffen den
Uebergang der Verbündeten über die Adda begünstigte, schickte
Souwarow der Brigade Strauch den Befehl entgegen, von Lo-
vere über Ponte di Nozza in die Val Brembana und dann über
Morbegno nach Chiavenna zu marschiren, wo ihre Tête am
8. Mai Abends eintraf.

Am 5. Mai liess Bellegarde den am Tonale zurückgebliebenen Soutien des Obersten Strauch von 4 Bataillons über
Tirano in das Veltlin einrücken und der ersteren durch die
Val Brembana debouchirenden Colonne über Morbegno nach-
folgen. Die Communication mit Chiavenna wurde durch Patrouillen unterhalten, welche Bellegarde von Silvaplana über
den Maloja nach Casaccia abschickte.

Loison hatte sich von Chiavenna durch das Thal San Giacomo über den Splügen gezogen, um mit Le Courbe in Verbindung zu kommen: ein starker Posten beim Wirthshaus
am Splügen deckte den beschwerlichen Uebergang über diesen
Berg.

Es lassen sich nur wenig Betrachtungen über die einzelnen
Vorfälle in dem Engadein sowie über jede Operation in ähnlichen Gegenden anstellen. Unabänderlich hat die Natur in der
Gestalt der hohen Gebirge und der tiefen Thäler die Aufstellungen, sowie die Bewegungen bezeichnet. Dem Genie des
Feldherrn bleibt keine Wahl und kein Feld zu seiner Entwickelung. Die Colonnen ziehen langsam im Thale fort, indessen
die Höhen auf beiden Seiten vom Feinde gereinigt werden, und
man benützt jeden Steig, der aus einem besetzten Seitenthale
in Flanke und Rücken des Gegners führt. Dieser hält so lang
als möglich die Berge und Zugänge, welche das Thal beherrschen, und verstärkt seine Vertheidigung durch alle Hilfs-

mittel der Natur und Kunst. Die Untergebenen können hier durch Entschlossenheit und durch Ausdauer in den oft sehr beschwerlichen Unternehmungen glänzen: dem Feldherrn gereicht nur der Entwurf der Operationen im Ganzen zum Verdienst, so wie ihm die dabei unterlaufenen Versäumnisse und Vernachlässigungen zur Last fallen [1]).

Bellegarde hat seine Bewegungen mit Vorsicht und Kenntniss geleitet. Wenn bei dem Angriff auf Remüs mehr Kraft bei der Colonne gewesen wäre, die über den Fimber-Berg herabkam, so würde der Feind schneller zum Rückzuge gezwungen worden sein. Allein im Paznaun waren die Oesterreicher durch Detachirungen gegen den Luziensteig zu sehr geschwächt, um eine stärkere Abtheilung formiren zu können; und Truppen aus dem Engadein dahin abzuschicken, war mit zu viel Zeitverlust verknüpft. Auch der misslungene Angriff auf den befestigten rechten Flügel unterliegt keinem Tadel; denn der unternehmende Charakter des französischen Feldherrn war zu bekannt, um nicht zu gewärtigen, dass er sich mit seiner ganzen Stärke auf die Colonne des Generals Hadik werfen und die entscheidende Bewegung desselben in seinem Rücken vereiteln würde, sobald er aus dem Benehmen der Oesterreicher schliessen konnte, dass sie ihn in der Front nur beschäftigen wollten. Le Courbe zeigte Einsicht und Entschlossenheit. Er hatte jeden günstigen Punkt vorläufig in Vertheidigungsstand gesetzt; er behauptete jede vortheilhafte Aufstellung, und es war kein Hinderniss, welches er nicht der Vorrückung des Feindes in den Weg legte. Als er endlich sah, dass der fernere Widerstand unnütz sei, hielt ihn weder die Beschwerlichkeit des Zuges über den Albula, noch der dabei unvermeidliche Verlust an Kriegsgeräthschaften ab, nach Lenz zu eilen. Durch die Erreichung dieses Punktes veränderte Le Courbe sein bisher nachtheiliges Verhältniss in ein vortheilhafteres. Er verliess die gefahrvolle Strasse nach Chiavenna, auf welcher ihm die Oesterreicher durch das vertheidigungslose Veltlin zuvor-

---

[1]) Man vergleiche damit in den Beiträgen zum Unterricht im Felde den Abschnitt: »Von Défiléen«, Bd. I, pag. 58 ff. dieser Sammlung.　　　　　　　　　　　　　　　　　　　　D. H.

kommen konnten, während Bellegarde mit überlegener Macht
ihn drängte. Er näherte sich dem Centrum der Schweizer-
Armee, von der er Unterstützung und keine Trennung mehr
zu besorgen hatte. Bisher lag es ausser Masséna's Macht, der
Division Le Courbe eine den Umständen angemessene Bestimmung zu geben; jetzt hing es von seinem Gutbefinden
allein ab, ob er sie zu einem Marsch in das Toggenburg, zur
Behauptung von Bünden oder zur Gewinnung des Gotthard
verwenden wollte.

Zwar hätte Le Courbe diese Vortheile nicht erreicht, wenn
die Oesterreicher ihre Vorrückung in das Engadein mit einer
kräftigen Operation im Rheinthale gegen Chur verbunden und
mit der Bezwingung des Luziensteiges, als dem wesentlichsten
Hinderniss auf dieser für stärkere Colonnen einzig brauchbaren
Strasse, angefangen hätten. Allein, dass dieses Letztere geschehen
konnte, lag in der ursprünglichen Aufstellung der Franzosen,
und war nicht zu verbessern. Le Courbe benützte den Fehler
des Gegners und vermehrte dadurch den Ruhm eines ehrenvollen Rückzuges. Seine Truppen zählten kaum mehr 8000 Mann.

Als Bellegarde die Vorrückung in das Engadein unternahm, hatte er sich mit Hotze über einen Angriff des Luziensteiges einverstanden, welcher auf den 1. Mai festgesetzt wurde,
und wozu er ihm 5 Bataillons aus Montafon und Paznaun unter
dem Obersten St. Julien überliess. Diese Truppen sollten dann
nach der glücklichen Einnahme des Steiges in das Brettigau
(Prättigau) einrücken, über Jenatz, Küblis, Zum-Kloster (Klosters)
marschiren, Davos gewinnen und sich von dort mit dem Hauptcorps im Engadein wieder in Verbindung setzen. Um diese
Bewegung zu erleichtern, erhielt eine andere Abtheilung von
1½ Bataillon den Befehl, aus dem Montafon am Tage des
Angriffes auf dem Gargellensteig über das Slapiner- (Schlappiner-)
Joch zu gehen und einen Scheinangriff auf den französischen
Posten Zum-Kloster zu unternehmen.

Hotze versammelte seine Truppen am 30. April Abends,
nachdem er schon am 29. die erste Colonne (1½ Bataillons),
welche den Steig von der Maienfelder-Alpe in Rücken nehmen
und eigentlich der ganzen Operation den Ausschlag geben sollte,
zu diesem Ende in das Gamperton-Thal geschickt hatte. Die

zweite Colonne (1 Bataillon) musste noch in der Nacht den
Falknis ersteigen, um mit Anbruch des Tages das kleine Dorf
Guschen (Guscha) zu emportiren und sich in die feindliche
rechte Flanke herabzulassen. Die dritte Colonne (1 Bataillon,
1 Escadron) formirte sich auf der Strasse nach Balzers, um
den Feind in seiner beinahe unangreifbaren Front nur zu
beschäftigen. Oberst St. Julien mit der 4. Colonne (3½ Bataillons) setzte sich um 1 Uhr Nachts hinter dem Dorfe Mels
am Rhein mit der Bestimmung, den Fläscher-Berg zu nehmen,
die linke Flanke der Verschanzungen zu umgehen und sich in
ihrem Rücken mit der ersten zu vereinigen. Die Schüsse dieser
letzteren waren das Signal zum Angriff der übrigen. Zwei Bataillons, 1 Escadron blieben bei Balzers in Reserve.

Unglücklicherweise hatte Hotze die Leitung der ersten
und entscheidenden Colonne [1]) einem Manne übertragen, der
aus Unfähigkeit oder Zaghaftigkeit seines Vertrauens nicht
würdig war; diese Colonne erreichte ihre Bestimmung nicht.
Die Avantgarde der zweiten stiess am 1. Mai bald auf die
französischen Piquets bei Guschen. Es entstand eine Plänkelei,
welche die anderen Colonnen für die Signalschüsse der ersten
nahmen. Die dritte griff sogleich die Vorposten auf der Strasse
an, warf sie in die Schanzen zurück und verbreitete ihr Feuer
auf der ganzen Front. St. Julien war mit Anbruch des Tages
auf den Bergwiesen bis zu dem steilen Abfall des Fläscher-
Berges, welcher vom Rhein bespült wird, marschirt. Hier liess
er eine Abtheilung zur Beobachtung des Rheines zurück, erstieg
mit den übrigen die Felsenwand des Berges, drang in den dort
angelegten Verhau, machte die feindlichen Posten nieder,
schritt über die Klippen fort, bemächtigte sich des verschanzten
Dorf Fläsch und schlug nach einem zweistündigen Gefecht den
Feind mit grossem Verlust in die Flucht. Dieser räumte sogar
Maienfeld und eilte unter steter Verfolgung der Plänkler der
unteren Zollbrücke zu.

Es war 10 Uhr Morgens, und die ermüdeten Truppen
erwarteten vergebens das Eintreffen der ersten Colonne. Hier-

---

[1]) 1½ Grenzbataillons unter Hauptmann Vukassovich.   D. H.

durch und während St. Julien seine zerstreuten Abtheilungen
wieder vereinigte, gewann der Feind Zeit, sich zu erholen.
Menard sammelte seine Division, zog Cavallerie und Kanonen
aus der umliegenden Gegend herbei; eine Halbbrigade ging
unterhalb Fläsch über den Rhein, und als um 12 Uhr St. Julien
von Hotze wegen fehlgeschlagener Unternehmung und aus
Besorgniss eines feindlichen Ueberganges in seinem Rücken
den Befehl zum Rückzug nach Feldkirch erhielt, war er auch
schon in Front und Flanke mit solchem Ungestüm und (solcher)
Ueberlegenheit angegriffen, dass er nur mit der grössten Anstrengung einen Theil seiner Truppen über den für unersteiglich
gehaltenen Berg fechtend bis Mels führen konnte, 1 1/2 Bataillons
aber das Gewehr strecken mussten.

Am 2. Mai traf St. Julien wieder in Bludenz ein, von wo
ihn Bellegarde durch das Montafon über Galtür und Remüs
am 10. an sich zog. Die kleine Colonne im Montafon vollzog
ihren Auftrag mit Entschlossenheit und Glück. Durch Landesschützen verstärkt, ging sie am 1. Mai in der Früh von Gargellen über das sehr steile, mit tiefem Schnee bedeckte Sla-
piner- (Schlappiner-) Joch, nahm den starken Posten Zum-
Kloster (Klosters) mit stürmender Hand, sprengte den Feind
theils nach Fideris, theils nach Dörfli, besetzte Mezza-Selva,
Conters und Küblis, und behauptete sich durch zwei Tage an
der Landquart; bis ihr endlich die Nachricht von dem verun-
glückten Angriff des Luziensteiges zukam und der Feind sie
von allen Seiten einzuschliessen drohte, worauf das ganze
Detachement ohne besonderen Verlust in der Nacht vom 2.
auf den 3. nach Gargellen zurückkehrte.

Die Wahl der Officiere, denen das Commando einzelner
Abtheilungen anvertraut wird, ist nie wichtiger als im Gebirgskriege; weil oft von ihnen der Erfolg grosser Unternehmungen
abhängt, und weil die Beschaffenheit des Terrains dem Feldherrn die schnelle Uebersicht der begangenen Fehler und die
Mittel, sie auf der Stelle wieder zu verbessern, benimmt.

Es verdient bemerkt zu werden, dass in den letzten Kriegen
die Unfähigkeit der Anführer ganz entgegengesetzte Wirkung
bei den Deutschen und bei den Franzosen hervorbrachte; bei
jenen erzeugte sie Wankelmuth, diese wurden tollkühn. Die

Franzosen, von dem Geist der Revolution gestimmt, alle
Schranken zu durchbrechen und nur von Wagnissen Resultate
zu erwarten, folgten diesem Impuls, wenn sie keinen anderen
Ausweg fanden. Die Deutschen, in der Abhängigkeit des Willens
erzogen, an Regeln gewöhnt und durch Verantwortlichkeit gebunden, blieben unthätig aus Verlegenheit. Daher das Uebergewicht der ersteren, wenn es sich um gleichzeitige Thatkraft
mehrerer sich selbst überlassenen Menschen handelte; während
ihre Gegner Vortheile errangen, wo sie unter der unmittelbaren Leitung ihres Feldherrn standen. Daher die Gewandtheit
der Franzosen im Gebirgskriege, und die Verlässlichkeit der
Deutschen im offenen Felde.

Der Unfall am Steig brachte Verderben über mehrere
Bewohner der Schweiz. Viele ihrer angesehensten Männer
hatten sich zu den Oesterreichern geschlagen und 3 Bataillons
Hilfstruppen errichtet. Ausgewandert aus dem Schoss ihrer
Familie, unterhielten sie fortwährend geheime Einverständnisse
mit den Unzufriedenen, besonders in Bünden und in den
kleinen Cantonen, und bearbeiteten sie mit jener Hitze und
Zuversicht, die den Vertriebenen aller Nationen gemein sind,
weil sie nichts zu verlieren und Alles zu gewinnen haben. Als
sich daher die Nachricht verbreitete, dass die Operationen der
Oesterreicher am 1. Mai beginnen würden, und in der unbe-
zweifelten Hoffnung ihres günstigen Erfolges griffen bei 10.000
Bewohner des Oberen oder Grauen Bundes, dann die Cantone
Glarus und Schwyz zu den Waffen. Auch Wallis gerieth in
Aufstand. Die Franzosen wurden aus Disentis, Ilanz, Reichenau
und von der wichtigen dortigen Brücke verjagt.

Masséna eilte selbst auf seinen rechten Flügel und beorderte Menard, sobald er in der Front beruhigt sein würde,
gegen das bewaffnete Landvolk zu marschiren. Menard vertrieb
es am 3. von Reichenau, dann aus Ilanz und Truns, und
schlug den grössten Haufen bei Disentis, wobei viele Bauern
ihr Leben verloren und mehrere Dörfer zum abschreckenden
Beispiele eingeäschert wurden.

Auf der anderen Seite zog Soult gegen den Canton Schwyz.
Vorwärts des Rossthurmes fand er die Insurgenten in Schlacht-

ordnung, welche jedoch nach der ersten Aufforderung die
Waffen niederlegten und auseinander gingen.

Soult rückte in Schwyz ein und segelte am 9. Mai auf
dem Vierwaldstätter-See nach Altorf. Hier standen 3000 Landleute mit 4 Kanonen, um sich der Landung zu widersetzen.
Sie wurden jedoch auch in die Flucht geschlagen, im Reussthal bis Urseren verfolgt, und dadurch die Sicherheit sowohl als
die Verbindung über den Gotthard wieder hergestellt.

Zwölfter Abschnitt.

Die Oesterreicher bemeistern sich Graubündens.

Das Ereigniss am Luziensteig war nicht geeignet, die
schwankende Harmonie zwischen zwei unabhängigen Feldherren von so verschiedenem Charakter wie jener des vorsich-
tigen Bellegarde und des feurigen Hotze zu befestigen. Letzterer
zumal brannte vor Ungeduld, sein Vaterland, die Schweiz, dem
französischen Einfluss entrissen und in seine vorige Verfassung
zurücktreten zu sehen. Dennoch brachten die Umstände bald
die Knüpfung eines neuen Einverständnisses herbei: denn bei
Beiden hatten die ersten Unglücksfälle des Feldzuges eine übertriebene Meinung von des Feindes Stärke und Thatkraft erzeugt,
und Einem wie dem Anderen schien jede Operation ohne gegenseitige Mitwirkung zu gewagt und unmöglich. Ihre Ansicht war
richtig, wenn es der Vordersatz, auf welchem sie beruhte, gewesen wäre.

Allerdings würde Masséna mit einer überlegenen Macht
zwischen Chur und Lenz jede vorwärtige Bewegung von Bellegarde durch das obere Engadein gehindert haben, denn er stand
in seiner Flanke, bedrohte seine Communication mit Tirol,
bedrohte sogar seinen Rücken; und Bellegarde lief Gefahr, auf
die Rückzugslinie in das Veltlin oder gar nach Italien geworfen
zu werden. Von der anderen Seite durfte Hotze nichts unternehmen, wenn ein stärkerer Feind Meister des Luziensteiges
und im Besitze des Débouchés auf jener Strasse war, welche
die Operationsbasis und Defensionslinie der Oesterreicher in
Vorarlberg bildete. Aber das Verhältniss der Kräfte rechtfertigte

diese Besorgniss nicht: 28.000 Mann in Vorarlberg konnten sich allein mit den 3 Divisionen Lorges, Menard und Le Courbe messen, und was hätte Menard und Le Courbe gegen 22.000 Mann im Innthale vermocht, da noch überdies 6000 andere gegen Chiavenna anrückten?

Zu den Ursachen der bisherigen Unthätigkeit von Seiten der Oesterreicher abwärts des Bodensees gesellte sich nun auch die Aufstellung der vier Divisionen des französischen Centrums zwischen dem See und der Aar, welche die bis dahin so einladende Unternehmung des Gegners[1] zwar nicht unmöglich machte, aber doch sehr erschwerte. Leichter wurde nun die Operation aus dem Vorarlberg und dem Innthale, weil die Vereinigung der dort befindlichen Kräfte ein ansehnliches Uebergewicht über die feindlichen[2] gewährte, und weil der Erzherzog wegen des grossen Werthes, den man auf die Behauptung jener Gegend setzte, es angemessener fand, Truppen dahin zu schicken, als von dort an sich zu ziehen. Er verstärkte daher Hotze bis auf 34 Bataillons, 26 Escadrons, gab ihm den Befehl zu einer kräftigen Operation und begnügte sich einstweilen, die Aufmerksamkeit des Feindes durch Scheinbewegungen und Uebergangsanstalten zwischen Stein und Eglisau zu fesseln.

Hotze und Bellegarde verstanden sich nunmehr zu einem gleichzeitigen Angriff auf die ganze feindliche Linie. Wie es aber gewöhnlich geschieht, wenn zwei freie Willen sich vereinigen sollen, wurde die Unternehmung verzögert und erst der 14. Mai zur Beginnung der gemeinschaftlichen Operation gegen Graubünden bestimmt. Bis dahin blieb man auf beiden Seiten ruhig und unthätig, statt den Feind fortwährend durch den kleinen Krieg zu beschäftigen, damit er sich schnell irgendwo auf einen Punkt werfe und durchbreche.

Diese Zögerung hätte besonders für Bellegarde von bösen Folgen sein können, der auf seiner einzigen Communicationslinie der Länge nach Front machte, und dessen Stellung gefährlich war, weil die Franzosen durch den Besitz des Gebirgsweges über den Flüela gegenüber von Süs sich näher an dem

---

[1] Der Oesterreicher.
[2] Französischen.   D. H.

Débouché seines Rückzuges befanden, als ein grosser Theil seiner Truppen, die sich bis Silvaplana ausdehnten.

Zum Glücke durfte sich Masséna an dem Rhein nicht schwächen, um seinen rechten Flügel in dem Masse zu ver- stärken, dass er dem von Chiavenna aus den Gotthard und die Strasse durch das Rhônethal bedrohenden Feind die Spitze bieten oder wohl gar ihn angreifen konnte. Der französische Obergeneral war vielmehr gezwungen, auf den Vortheil selbst Verzicht zu leisten, den ihm der Marsch des Le Courbe nach Lenz und die dadurch bezweckte Möglichkeit einer hartnäckigen Vertheidigung Graubündens darboten.

Auf seinen Befehl brach Le Courbe von Lenz auf, gewann bei Thusis die Via Mala, vereinigte sich mit Loison und zog durch das Thal des Hinterrheins aufwärts über Splügen. Am 10. Mai gingen Beide über den Bernhardin und erreichten Bellinzona durch das Misoxer- (Mesocco-) Thal in dem näm- lichen Zeitpunkte, als die von Souwarow nach der Schweiz detachirte Brigade des Obersten Prinzen Rohan in Lugano ein- traf. In der Nacht vom 11. Mai besetzte Rohan den Monte Cenere mit Vorposten und rückte bis Pironico vor; aber schon am 13. Mai griff ihn Le Courbe an und warf ihn über Taverne am Agno zurück. Der Oberst Strauch, den Souwarow zu gleicher Zeit durch die Val Brembana über Morbegno abgeschickt hatte, um gemeinschaftlich mit Rohan an den Operationen der Tiroler- Armee Antheil zu nehmen, konnte ihn nur durch kleine Diver- sionen in das Misoxer-Thal unterstützen, weil seine Truppen zur Be- obachtung des Splügen, der Furcula (Furka), und auf dem Marsch nach Chiavenna vertheilt waren, wo die letzten Abtheilungen erst am 12. ankamen. Nun hatten sich die Franzosen die Ver- bindung mit Italien und für die Zukunft die Aussicht eröffnet, jene über den Bernhard zu decken. Der untergeordnete Le Courbe handelte zweckmässig, als er, von den Oesterreichern im Engadein gedrängt, sich nicht abschneiden liess, sondern eine Stellung bei Lenz nahm, wo er Aufnahme und Verstärkung zu erwarten hatte. Unabhängig von allen anderen Rücksichten, übersah er nur die Lage des rechten Flügels der Schweizer- Armee. Die Disposition des Obergenerals, welcher ihn wieder von dort entfernte, gründete sich auf die umfassende Uebersicht des ganzen Kriegstheaters und auf den Gang der Operationen im Allgemeinen. So verschieden sind oft gleich richtige Ansichten nach dem Standpunkte, von welchem man ausgeht! Diese Ueberzeugung ist das Wesentliche der Subordination, denn sie fordert unbedingten Gehorsam gegen Denjenigen, der auf einer höheren Stufe mit ausgedehnterem Ueberblicke sich in der Lage befindet, einen richtigeren Entschluss zu fassen. Durch die Detachirung der Division Le Courbe wurden die Streitkräfte der Franzosen in Graubünden sehr geschwächt; dennoch blieben sie in der nachtheiligen Stellung, die einem spitzwinkeligen, weit hervorragenden Dreieck glich. Die Division Menard und eine von Le Courbe zurückgelassene Abtheilung besetzten die Linie, welche beim Luziensteig anfing, auf den letzten Abfällen des Gebirges das Thal der Landquart verfolgte, ihren Ursprung umging und sich dann über den Flüela, den Albula, den Septimer-Berg gegen den Bernhardin zurückbog. Das nachtheilige Verhältniss der geringen Truppenzahl zu dieser weiten Strecke zog eine Vertheilung und Auflösung in Posten nach sich, die weder durch Verschanzungen und Verhaue zur Selbstständigkeit erhoben, noch durch hinlängliche Reserven unterstützt werden konnten.

Unter solchen Umständen war der Ausgang eines mit Kenntniss des Terrains und nur mit mittelmässiger Entschlossenheit unternommenen Angriffes der Oesterreicher leicht zu berechnen und musste alle die leidigen Folgen haben, welche von der Sprengung eines Cordons, vorzüglich im Gebirge, unzertrennlich sind. Hotze hatte durch starke Besatzungen bei Bregenz, Dornbirn und Feldkirch für die Sicherheit Vorarlbergs gesorgt und setzte sich mit $18^1/_2$ Bataillons, $8^1/_2$ Escadrons[1]) zur Eroberung des Steiges und Graubündens in Marsch. Sein Angriff geschah in 4 Colonnen, von welchen zwei ausschliesslich gegen den Steig und die zwei anderen über das Hochgebirge zum Einfall in das Thal der Landquart bestimmt waren, während Bellegarde auf der südlichen Seite zu gleicher Zeit eindringen sollte.

---

[1]) 1200 Landesschützen, 10.000 Mann und 25 Reservegeschütze.

D. H.

Die erste Colonne (6 Bataillons, 8 Escadrons und 21 Stück
Geschütze) unter Hotze's eigener Anführung formirte sich am
14. Mai bei Balzers, deckte den Angriff gegen jedes Hinderniss vom linken Rheinufer, brachte die dort aufgeführten Batterien zum Schweigen,[1]) sperrte durch das Feuer ihres Geschützes die jenseitige Strasse von Werdenberg auf Ragatz und
hielt sich zur Erklimmung des Steiges auf den mitgebrachten
Sturmleitern bereit.

Die zweite Colonne[2]) (3 Bataillons)[3]) war schon am 12.
in das Gamperton-Thal abgegangen, hatte am 13. die Maienfelder-Alpe erstiegen, detachirte am 14. ein Bataillon in den
Rücken des Steiges, nahm mit den übrigen Maienfeld, Jenins,
Malans und warf den Feind mit Verlust einer Kanone über
die untere Zollbrücke. Sobald das detachirte Bataillon die
glücklichen Fortschritte der anderen bemerkte und für seinen
eigenen Rücken nichts mehr zu besorgen hatte, griff es den
Steig,[4]) der mit 2 französischen Bataillons besetzt war, von
rückwärts an, drang in das feindliche Lager unter dem heftigsten
Feuer des umgewandten Geschützes, eroberte 11 Kanonen,
10 Munitionskarren, machte den grössten Theil der Besatzung
gefangen, versprengte die Uebrigen und öffnete schnell der
ersten Colonne das Thor. Hotze eilte hinein, verfolgte den
Rest, nahm noch 3 Kanonen bei Fläsch und liess seine Cavallerie auf der Heerstrasse an die Landquart vorjagen, über
welche der Feind die obere Zollbrücke abgebrannt hatte und
die untere über den Rhein soeben in Brand steckte. Die
Cavallerie schwamm durch den Fluss und rettete diese Brücke.
Durch die Gewinnung der Landquart wurde die Verbindung
mit den beiden anderen Colonnen geöffnet, welche ihre Bewegung ebenfalls am 12. angefangen hatten.

Die dritte[5]) (5 Bataillons)[6]) debouchirte über die Gamper-
ton-Alpe bei Seewis, bemächtigte sich der dort angelegten Ver-

---

[1]) Durch die zwischen Vaduz und Triesen aufgestellten Geschütze.
[2]) Unter Generalmajor Jellačić.
[3]) Und 200 Schützen.
[4]) Um 1 Uhr Mittags.
[5]) Unter Generalmajor Hiller.
[6]) Und die Montafoner Schützen.   D. H.

schanzungen durch Umgehung, forcirte die Schlossbrücke über die Landquart, drang durch die französischen Posten, denen sie kleine Detachements entgegensetzte, und zog unaufhaltsam nach Zizers, wo sie sich mit der ersten Colonne vereinigte und auf Chur vorpoussirte.

Die vierte (4²/₃ Bataillons, ¹/₂ Escadron[1]) hatte ihren Weg in das Montafon nach Tschagguns genommen, überstieg das Gebirge bei Gavia (Gafia) und Gargellen, traf bei dem letzteren Orte mit einer Colonne des Bellegarde'schen Corps zusammen und rückte ohne bedeutenden Widerstand in das Thal der Landquart, längs welcher sie ihren Marsch nach der oberen Zollbrücke fortsetzte.

Bei diesen Unternehmungen fielen den Oesterreichern 3000 Gefangene[2], 15 Kanonen, 22 Munitionskarren nebst einigen Vorräthen in Zizers und Chur in die Hände; ihr eigener Verlust war nicht beträchtlich.

Noch weniger Widerstand fand Bellegarde, der auch in 4 Colonnen aus dem Montafon und Engadein herausbrach.

Die erste (1¹/₂ Bataillons[3]) ging am 13. von Galtür nach Gargellen, begegnete dort die vierte von Hotze, überstieg mit ihr das Slapiner- (Schlappiner-) Joch und wandte sich sodann links gegen Zum Kloster (Klosters), welches der Feind ohne Widerstand verliess; dann vereinigte sich die Colonne bei Davos mit der zweiten.

Die zweite Colonne (7 Bataillons[4]) brach am 13. Abends von Süs im Engadein auf, vertrieb die französischen Posten auf dem Flüela und rückte bis Schuggen (Tschuggen); am 14. griff sie einen Verhau vor Davos an, reinigte denselben und machte mehrere Gefangene. Am 15. wurden 2 Bataillons nach Langwies in das Schanfiggthal detachirt, und die übrigen verfolgten den Weg nach Lenz bis Alveneu, wo sie Posten fassten; am 16. poussirte ihre Avantgarde nach Obervatz.

---

[1] Und 4 Gebirgsgeschütze. Commandant der vierten Colonne war Oberst Graf Plunkett.

[2] Darunter 80 Officiere.

[3] Unter Oberst St. Julien.

[4] Unter Generalmajor Graf Nobili.   D. H.

Die dritte Colonne (8 Bataillons[1]), von Bellegarde selbst geführt, versammelte sich bei Pont (Ponte), verstärkte am 14. Nachmittags ihre Vorposten auf dem Albula, bemächtigte sich des Weissensteins und rückte am 15. nach Bergün. Zwei französische Bataillons, welche in dieser Gegend standen, zogen sich eiligst an den Rhein und warfen sich in das vordere Rheinthal, als sie den Verlust des Steiges erfuhren. Bellegarde nahm eine Stellung bei Filisur hinter dem Landwasser-Bach.

Die vierte Colonne (4 Bataillons[2]) ging theils von Silvaplana über den Julier-, theils über Casaccia über den Maloja-Berg, vereinigte sich ober den Quellen des Inns, kam am 14. bis Molins (Mühlen) im Ober-Halbsteiner-Thal und traf am 15. bei Tiefenkasten gegenüber von Lenz ein; ein Seiten-Detachement besetzte die Brücke über die Albula unter Obervatz und das Dorf Fürstenau am Rhein. Der Rückzug der Franzosen war übereilt und ging grösstentheils durch das hintere Rheinthal auf Splügen und dann durch das Misoxer- (Mesocco-) Thal auf Bellinzona. Von allen Seiten brachten die Oesterreicher einzelne Gefangene. Sie fanden bei Filisur 2 Kanonen, welche der Feind nicht fortschleppen konnte und in einen Abgrund geworfen hatte. Mittlerweile verstärkte Hotze am 15. Mai seine Posten bei Chur und unternahm eine Recognoscirung auf Reichenau. 3000—4000 Franzosen hatten sich dort unter dem General Suchet gesammelt. Sie brachen die Brücke von Felsberg ab und verbrannten unter heftigem Kanonenfeuer jene von Reichenau.

Andere 2000, welche aus den Umgebungen des Luziensteiges geflüchtet waren, postirten sich bei Ragatz; allein die österreichische Cavallerie ging über den Rhein, vertrieb sie aus jener offeneren Gegend über Pfäffers und Vättis und erbeutete 2 Kanonen.

Am 16. Mai räumte ein kleines Corps Franzosen die Stellung bei Sargans; die Infanterie zog sich nach Wallenstadt, die Cavallerie nach Werdenberg. Die Oesterreicher rückten nunmehr in Sargans und Reichenau ein, nachdem der Feind

---

[1] Unter FML. Graf Hadik.
[2] Unter Oberst Lamarseille.   D. H.

auch dieses letztere verlassen hatte. Suchet musste alles Geschütz und die Munition in den Rhein werfen. Er nahm seinen
Weg auf Disentis und erreichte am 19. Mai Urseren, wo er sich
mit Le Courbe in Verbindung setzte. Hotze liess ihn schwach
und nur bis Ilanz verfolgen. Er wollte seine ferneren Operationen
auf die Vereinigung mit dem Erzherzog richten. Bellegarde
erhielt von Souwarow die Aufforderung, nach Italien zu marschiren.

Selten erprobt sich die Theorie des Gebirgskrieges
bestimmter, als im Frühjahre von 1799 auf dem Boden
Tirols und Graubündens — auf einem der erhabensten
von ganz Europa.

Die Franzosen eröffneten den Feldzug mit einer Offensive
und schlugen die Oesterreicher theilweise, da diese durch ihre
Mehrzahl kein Uebergewicht erlangen konnten, weil sie sich
auf eine strenge Defensive setzten. Le Courbe kam in die
Nothwendigkeit, eine ähnliche Haltung anzunehmen, und vereinigte dazu seine ganze Stärke auf der Hauptoperationslinie
des Gegners im Engadein. Diese Massregel — nützlich in
offenen Gegenden, weil der Feind eine solche Stellung nicht
ohne Gefahr vorbeigehen kann — verfehlte ihren Zweck im
Gebirge. Er wurde ohne viele Mühe aus dem Innthale verdrängt. Nun suchten die Franzosen den noch innehabenden
grössten Theil von Graubünden durch die Besetzung seines
ganzen Umfanges zu behaupten; allein ihre Linie ward gesprengt, weil es jedem Posten an Kraft zum Widerstand fehlte.

Masséna wollte ein Resultat erreichen, das sein Wirkungs-
vermögen überstieg, und verlor dadurch den passiven Vortheil
der Defensive, den Gegner aufzuhalten, durch partiellen Verlust
zu schwächen und die Sicherheit seiner eigenen Truppen sowie des Rückzuges zu bewahren.

Die Tage des 14. und 15. Mai kosteten allen vier Colonnen des Hotze'schen Corps an Todten und Blessirten nicht
mehr als 4 Officiere und 67 Mann, indessen die Franzosen
an Gefangenen allein 3000 verloren, welche in verschiedenen
Posten abgeschnitten wurden. Beide Theile siegten stets durch
Umgehung des Gegners. Dieses Manöver wirkt im Gebirgskriege immer leichter, sicherer und entschei-

dender als Frontalangriffe auf Hauptposten. Bei den
letzteren hat der Vertheidiger alle Vortheile für sich, die von
dem früheren Besitz einer Gegend abhängen. Er wählt seine
Standpunkte und stellt sich nur dort auf, wo seine Flanken
durch Waldströme, durch schwer zu ersteigende Wände oder
durch besetzte Felsen und Berge gesichert sind, und wo er
mit einem umfassenden kreuzenden Feuer den Feind empfangen
kann, der jeden Schritt erkaufen muss, um sich in einer be-
engten Colonne zu nähern, zu debouchiren, sich zu entwickeln,
der die Zugänge verdorben, verschanzt, verhauen findet, und
der sich einem mörderischen Feuer blossgibt, ohne es beant-
worten zu können, weil die Vorbringung und Aufführung des
Geschützes zu viel Zeit und Vorbereitung erfordert.

Wenn auf solche Weise besetzte Posten von einem Frontalangriff wenig zu besorgen haben, so fehlen ihnen hingegen
alle jene Mittel, welche in offenen Gegenden die Wirkung
einer Umgehung vereiteln. Das eingeengte Terrain erlaubt
keine Formirung von Échelons zur Deckung der Seiten, keine
Flankenbewegung der Reserven zur gegenseitigen Umgehung
des überflügelnden Gegners. Nur mit vieler Mühe und Zeit
kann man auf Felsen und Steinen einem Posten Selbstständigkeit und Sicherheit gegen so viele dominirende Punkte verschaffen. Man übersieht das Manöver des Feindes nicht, und
man wird wegen der Beschwerlichkeit der Communicationen
so spät davon unterrichtet, dass selbst für das letzte Mittel
gegen Umgehungen — für das Zuvorkommen durch einen
klugen Rückzug — keine Zeit mehr übrig bleibt.

Hauptposten gibt es nur in den Thälern oder an ihren
Eingängen auf Heerstrassen, und hier allein sind im strengsten
Verstand Défiléen, nicht aber auf den Kuppen und Rücken
der Berge. Zwar führen wohl auch gewöhnlich nur Fusssteige
auf dieselben, aber sie ziehen nicht zwischen Wänden in der
eingeschlossenen Tiefe fort. Man kann gewöhnlich auf beiden
Seiten der betretenen Pfade ausweichen und marschiren, und
wenn auch einer dieser Steige durch Felsen und Schluchten
unterbrochen wird, so kommen einzelne Menschen doch immer
darüber fort. Vertheilt nun der Angreifende seine Truppen auf
diese vielen Steige und lässt sie von allen Seiten vorrücken,

so wird die Aufmerksamkeit des Feindes durch die Menge der Anfälle getheilt und irre geführt. Er unterliegt stets dem Uebergewicht seines Gegners, er mag seine Soldaten zur Vertheidigung der Fusssteige verwenden oder zur Behauptung der Stellung vereinigen; denn man kann wohl eine bedeutende Truppenzahl zu einer augenblicklichen Unternehmung, nicht aber auf längere Dauer mit allen Erfordernissen im Gebirge versehen. Wird nun ein Posten überwältigt, so sind alle übrigen zum Rückzug gezwungen, oder sie werden in Flanke und Rücken genommen und aufgerieben; weil der Vertheidiger nicht Zeit und Manövrirfähigkeit hat, dem Angreifenden seinen Vortheil zu entreissen, bevor er ihn benützen kann. Kurz, wer im Gebirge den Feind stehenden Fusses erwartet, setzt sich allen Gefahren, die von der Auflösung der Streitkräfte in einen Cordon unzertrennlich sind, noch weit mehr aus, als in offenen Gegenden, wo rasche Bewegungen die schnelle Veränderung nachtheiliger Verhältnisse möglich machen. Jene ist die schlechteste aller Aufstellungen, welche unwiederbringlich von dem Besitz einzelner isolirter Punkte abhängt: und alle defensiven Gebirgsstellungen befinden sich mehr oder weniger in diesem Falle.[1])

Die Unternehmung auf Graubünden war die letzte, an welcher Bellegarde in der Schweiz Antheil nahm. Souwarow verlangte, dass er sich in Italien mit ihm vereinigen solle, wo die französische Armee geschwächt, desorganisirt, von schlecht dotirten und noch schlechter vertheidigten Festungen unterstützt, den Anfällen des aufgereizten Landvolkes ausgesetzt, nicht mehr im Stande war, verhältnissmässigen Widerstand zu leisten. Der glückliche Feldherr befand sich in der Lage, seine Operationen ausschliesslich auf die Mehrzahl und auf die physischen Kräfte seiner Truppen gründen zu können, und durfte sich schmeicheln, in kurzer Zeit den Besitz von ganz Italien zu erringen, um den die berühmtesten Heerführer oft durch mehrere blutige Feldzüge gekämpft haben.

---

[1]) Man vergleiche damit den §. 3 des II. Abschnittes der »Grundsätze der höheren Kriegskunst etc.«, Bd. I, pag. 27. dieser Sammlung. D. H.

Deutschland und die Schweiz waren für Oesterreich nur
in defensiver Rücksicht wichtig, nämlich wegen der Sicherheit
seiner eigenen Staaten und wegen der näheren und geschützten
Verbindung mit der in Italien agirenden Armee. Auf eine
fernere, zu dauerhaften Resultaten führende Operation konnte
von jener Gegend aus in der damaligen Zeit nicht gedacht
werden; und im Vergleich mit der französischen Streitmacht
hatte der Erzherzog mit Hotze vereint Truppen genug, um den
Schwarzwald zu behaupten und in der Schweiz so weit vorzurücken, als es die Fortschritte der Armeen im Süden des Gotthard erforderten.

Glänzendere Aussichten bot die Eroberung eines so reichen
und fruchtbaren Landes wie Italien. Auf alle Fälle wurde dadurch eine kurze, parallele, durch Natur und Kunst feste Vertheidigungslinie an den Grenzen von Savoyen und Piemont
gewonnen; und Oesterreichs gesammte Streitkräfte konnten
vom Neckar bis an das Mittelländische Meer in der nämlichen
Höhe und in einer solchen Verfassung aufgestellt werden, um
sich wenigstens ebenso schnell als die feindlichen zu unterstützen und die Hand zu bieten. Aber es blieb noch viel zu
thun übrig, um dieses Resultat zu erreichen, und es durfte
keine Zeit verloren werden; denn die nachtheilige Lage der
französischen Armee, von welcher allein der Erfolg abhing,
konnte sich bald verändern. Verstärkten sich die Franzosen
bedeutend am Rhein, so wurden die Oesterreicher gezwungen,
ihre Hauptmacht in Deutschland auf diesem Schlüssel des
Kriegsschauplatzes zusammenzuziehen und die Eroberung Italiens aufzugeben. Souwarow urtheilte daher richtig, als er die
Vermehrung seiner Kräfte zur unverweilten Benützung des günstigen Augenblickes wünschte.

Die erste Operation gegen Graubünden war eben vollendet, als Bellegarde von den Gesinnungen des russischen
Feldherrn Nachricht erhielt. Sogleich verlegte er seine Truppen
auf der Linie von Lenz, Splügen und Chiavenna in Cantonirung
und traf Anstalten zur Bildung eines Magazins in dem letzteren
Orte und zur Ueberschiffung des Sees von Como. Le Courbe
hatte sich durch seinen Marsch auf Bellinzona wohl den Weg
nach Italien, aber nicht die Verbindung mit der italienischen

Armee eröffnet, welche durch ihren weiteren Rückzug nach
Coni von der Strasse des Gotthard abging. Die Oesterreicher
zogen gegen Turin, und ein Corps organisirter und verbündeter
Piemontesen drang von Arona gegen Domo d'Ossola vor. Von
der anderen Seite konnte Le Courbe nicht länger in den
Thälern des Agno und Ticino verweilen, sobald dem Feinde
nach der Eroberung Graubündens nichts mehr im Wege stand,
seine Operation über den Splügen fortzusetzen. Er zog sich also
schnell über den Monte Cenere zurück; und da sich schon
am 16. österreichische Detachements auf dem Splügen zeigten,
räumten die Franzosen am 20. Mai den Bernhardin und das
Misoxer-(Mesocco-)Thal und liessen bis zum 23. nur mehr Beobachtungsposten in Bellinzona. Ihr Rückzug gegen den Gotthard geschah nicht ohne beträchtlichen Verlust an Nachzüglern,
an Munition und an Tragthieren; er wurde aber nur durch
die Beschwerlichkeit des Weges und nicht von ihren Gegnern
veranlasst.

Anstatt die begonnene Operation fortzusetzen und durch
beide Thäler des Rheins schnell den Gotthard, diesen Haupt-
stock des Gebirges, zu gewinnen, von welchem alle Flüsse,
folglich alle Thäler und alle Communicationen nach jeder
Richtung ausgehen, beschäftigte sich nunmehr Bellegarde, dem
Wunsche Souwarow's gemäss, ausschliesslich mit Anstalten, die
dennoch vor sich gehen konnten, ohne eine solche Unternehmung zu hindern. Er hätte den Gotthard vielleicht vor,
wenigstens zugleich mit Le Courbe erreicht, das Corps desselben aufgerieben und jeden Widerstand in dem Thale der
Rhône bis zur Ankunft neuer feindlicher Truppen vereitelt.
Auch zu dem Marsche an seine künftige Bestimmung gewann
Bellegarde mehr Leichtigkeit, wenn er den Gotthard besetzte:
denn er öffnete und sicherte sich mehrere Strassen nach Italien,
ohne jene Voranstalten treffen zu dürfen, die bei Chiavenna
zur Ueberschiffung des Comer-Sees nothwendig waren. Alle
Débouchéen aus der südlichen Schweiz nach Italien befanden
sich in den Händen der Oesterreicher, welche sich auch bald
des Forts Bard am Fusse des Bernhard bemeisterten. Wallis
war in Aufstand; 600 bewaffnete, mit 7 Kanonen versehene
Insurgenten, von der Masse des Volkes unterstützt, hatten sich

des Postens Leuk im Rhônethal bemächtigt und sperrten dem
Feinde den Rückzug durch ihr Land. Endlich hatte Hotze, welcher
mit den Zufuhren aus dem fruchtbaren Schwaben disponirte,
die Verpflegung für das ganze Bellegarde'sche Corps während
der Unternehmung auf den Gotthard zugesichert und dadurch
den einzigen Anstand gehoben, der sie verhindern konnte. In
4 bis 5 Märschen wären die Truppen von Chiavenna, vom
Splügen und von Disentis auf dem Berge eingetroffen; und in
welcher Lage hätte sich Le Courbe befunden, der in der Verfolgung des Prinzen Rohan über den Monte Cenere ging
und zu lang in den Thälern des Agno und des Ticino verweilte? Bellegarde's Ankunft in Italien würde dadurch nicht
mehr verspätet worden sein, als durch die Verzögerung am
Comer-See, auf welchem trotz aller Vorbereitungen ein Theil
der Truppen mit der Artillerie und Bespannung erst am 27. Mai
bei Riva und Novale zur Ueberfahrt nach Como eingeschifft
wurde. Der Rest musste wegen Mangels an Fahrzeugen erst
auf das jenseitige Ufer nach Gera übersetzen und dann zu
Land über Gravedona und Menaggio nach Como marschiren.

Souwarow hatte 3 Brigaden unter Commando des Feldmarschall-Lieutenants Hadik zur Sicherheit seiner rechten
Flanke in dem Gebirge zurückzubleiben und den Gotthard zu
besetzen bestimmt. Dieses Corps wurde aus den Truppen der
Obersten Rohan, Strauch und St. Julien, zusammen 16 Bataillons, 1½ Escadrons, formirt. Strauch war bereits von Chiavenna nach der Ankunft der ersten Abtheilungen von Bellegarde über Lugano zum Prinzen Rohan gestossen, und beide
rückten nach Bellinzona vor, als die Franzosen am 23. Mai
diesen Ort verliessen und sich nach Biasca auf der Strasse
zum Gotthard zurückzogen. St. Julien befand sich mit seiner
Brigade von 6 Bataillons im vorderen Rheinthale und war von
Bellegarde auf Hotze's Verlangen zur Mitwirkung bei den
ferneren Operationen in den kleinen Cantonen zurückgelassen
worden; erhielt aber jetzt den Befehl, über Disentis nach Urseren
auf die Rückseite des Gotthard zu marschiren, indessen Hadik
mit 10 Bataillons, 1½ Escadrons der anderen beiden Brigaden
am 24. bis Osogna in das Thal des Ticino drang. Am
27. Mai griff letzterer die aus 2000 Mann bestehende Arrière-

garde des Feindes an, welche Le Courbe unter Loison's Commando bei Airolo am Fusse des Gotthard aufgestellt hatte.

Da der Weg in das Thal der Rhône gesperrt war, so blieb den Franzosen kein anderer Rückzug frei, als in jenes der Reuss; und sie mussten die Zugänge des Gotthard halten, um ihrem Gepäck Zeit zu lassen, die Teufelsbrücke zu hinterlegen und sich nebst einem Theil der Truppen auf dem Vierwaldstätter-See einzuschiffen. Aus dieser Ursache fand Hadik einen hartnäckigen Widerstand und konnte, nachdem das Gefecht den ganzen Tag gedauert hatte, nicht mehr als die ersten Abfälle des Gebirges ober Airolo erreichen.

In der Nacht zog der Feind 900 Mann Verstärkung aus Hospital (Hospenthal) herbei, und Hadik erwartete am folgenden Tag die Ergänzung seiner Munition. Am 28. M a i Abends griffen die Oesterreicher nach einer klügeren Disposition in drei Colonnen an und gewannen die höchsten Punkte des Gotthard. Nun setzten die Franzosen am 29. M a i ihren Marsch nach Urseren fort, stiessen aber unterwegs auf St. Julien's Colonne, welche von Disentis über Andermatt in das Thal der Reuss debouchirte und sich auf dem Marsch verspätet hatte. Doch that sie ihnen vielen Schaden, trieb ihre Arrièregarde fechtend über die Teufelsbrücke und besetzte dieselbe noch am nämlichen Tage. Le Courbe war zum zweiten Male in die Nothwendigkeit gerathen, sich gegen die Hauptarmee zurückzuziehen, und nahm eine Stellung bei Altorf. Hadik glaubte von dieser Seite nichts mehr besorgen zu dürfen und schickte, den Gesinnungen des Feldmarschalls Souwarow gemäss, die Brigade Rohan nach Domo d'Ossola.

Masséna gab die Hoffnung nicht auf, die Communication mit Italien über den Bernhard zu retten, und beorderte in dieser Absicht den General Xaintrailles in das Walliser-Land, um sich an die Spitze einer Abtheilung zu setzen, welche die Bestimmung nach Italien hatte und auf dem geraden Weg nicht mehr durchkommen konnte‘

Wenn man die verschiedenen Bewegungen der Franzosen mit jenen der Oesterreicher in der hier beschriebenen Epoche

vergleicht, so bemerkt man bei den ersteren einen höheren
Grad von Schnelligkeit und Thatkraft. Dadurch erhielten sie
ein entscheidendes Uebergewicht über den an Zahl stärkeren
Gegner, der immer zu langsam operirte, um die gegebenen
Blössen in dem günstigen Augenblick zu benützen.

Ein unwiderrufliches Gesetz der Natur sichert
bei der Reibung zweier entgegengesetzter Körper dem
stärkeren die Oberhand zu. Die Stärke ist das Resultat
von dem Zusammenwirken aller Kräfte, welche in dem aus so
vielen Theilen künstlich gebildeten Körper einer Armee mannigfaltig sind. Sie liegen theils in dem Mechanismus selbst;
und dann ist die Zahl der Streiter nur eine davon, ebenso
ihre physische Beschaffenheit, Gewandtheit, Bewaffnung, Ausrüstung, Nahrung u. dgl.; theils in äusserlichen Hilfsmitteln,
wie z. B. in den natürlichen oder erzeugten Vortheilen des
Terrains. Die Summe aller dieser verschiedenen Kräfte bildet
die Stärke der Armee und entscheidet im Kriege nicht für jene,
bei welcher die Summe grösser ist, sondern für jene, welche
die Kunst versteht, die Gesammtzahl ihrer Kräfte vereint in
Anwendung zu bringen und ihnen einen überlegenen Grad
von Wirksamkeit zu geben. Dieser Zweck wird durch moralische und intellectuelle Einwirkungen hervorgebracht; bei
den Soldaten durch den Geist der Mannszucht und
Tapferkeit, (durch) die Liebe zum Vaterlande und das
Zutrauen zu den Vorgesetzten; bei den Officieren durch
die Gewalt der Ueberzeugung von den hervorstechenden
Eigenschaften des obersten Feldherrn, dessen Charakter und Talente, Machtvollkommenheit, Einheit
im Commando und im Willen dem Ganzen die nöthige
Bewegung und die zweckmässige Richtung geben
müssen.

Solche moralische Mittel sind auch vermögend, in einzelnen Fällen einer geringeren Masse physischer Kräfte die
Ueberlegenheit über eine zahlreichere zu verschaffen, welche
nicht von dem nämlichen Geiste beseelt ist. Aber ganz und
im Allgemeinen können sie das fehlende Gleichgewicht nicht
herstellen, weil kein Wille ohne Werkzeug zur Ausführung
fruchtet. Die Verbindung und das Verhältniss zwischen den

physischen, moralischen und intellectuellen Bestandtheilen des
Menschen ist uns zu wenig bekannt, um einen sicheren Massstab anzugeben, in welchem Grade sie jedesmal sich wechselseitig unentbehrlich sind und einer von dem andern ersetzt
werden kann. Allein der Menschenkenner — und dies sollte
jeder Staatsmann und jeder Feldherr sein — wird sich durch
Beobachtung und Erfahrung einen gewissen Takt eigen machen,
der richtig genug ist, um seine Berechnungen selten zu täuschen.
So besiegten oft kleine, aber geistvolle Heere grössere Massen,
und im Gegentheil unterwarfen rohe Barbaren blos durch
den Aufwand überlegener physischer Kräfte die gebildetsten
Truppen der Welt. Zuweilen stellte auch ein dem Scheine
nach unbedeutender Umstand das Gleichgewicht zwischen den
Kämpfenden her, welches man schon unwiederbringlich verloren
wähnte.

Dreizehnter Abschnitt.

Masséna wird über die Glatt zurückgedrängt.

Die Eroberung Graubündens, mit welcher die Oesterreicher ihre Operationen in der Schweiz eröffnet hatten, benahm ihnen den Wahn von der Ueberlegenheit des Feindes
und von den übergrossen Schwierigkeiten des Gebirgskrieges;
Masséna hingegen konnte ihre Absichten nicht mehr ver-
kennen.

Die Truppen des Erzherzogs waren seit dem 7. Mai in
verschiedenen Lagern bei Wahlwies, Singen und Neunkirch
versammelt. Alle Demonstrationen gegen die Schweiz wurden
nunmehr eingestellt; weil der Erzherzog entschieden war, in
dieselbe einzudringen, sobald die Fortschritte des Feldmarschall-Lieutenants Hotze eine nähere Verbindung mit ihm
hoffen liessen, oder den Feind zu einer Blösse verleiteten.

Hotze erhielt den Befehl, seine Vortheile mit Thätigkeit
zu verfolgen und sich die Vereinigung aller österreichischen
Streitkräfte zum vorzüglichsten Ziel seiner Bewegungen zu
setzen.

Nach der Einnahme von Sargans liess Hotze am 19. Mai eine kleine Colonne gegen Wallenstadt vorrücken und eine zweite den Rhein abwärts marschiren, um das linke Ufer vorderhand bis Werdenberg zu reinigen und die Uebersetzung mehrerer Truppen zu erleichtern. Die Franzosen wurden bald aus ihren Verschanzungen von Atzmoos, so auch von Werdenberg mit dem Verlust von 5 Kanonen vertrieben. Sie zogen sich auf Altstädten (Altstätten), liessen aber 2000 Mann mit 6 Kanonen beim Hirschensprung, und Vorposten bei Gams. Die Oesterreicher setzten sich bei Werdenberg und schlugen bei Balzers eine Schiffbrücke über den Rhein. Der Oberst Gavasini fand Wallenstadt vom Feinde geräumt, drang bis Mels und auf die Höhen vor Flums und nahm mit 2 Bataillons Posten bei Bärschis. Zu Mittag griffen ihn die Franzosen über Mels lebhaft an; das Gefecht dauerte mit äusserster Hartnäckigkeit bis in die Nacht; Gavasini behauptete jedoch seine Stellung. Bewaffnete Bauern vom Landsturm kamen ihm zu Hilfe, und der Feind wurde mit Verlust bis Murg zurückgeworfen. Hotze liess Reserven auf Sargans und Balzers vorrücken und schickte 1 Bataillon mit Gebirgskanonen zur Verstärkung nach Bärschis.

Masséna wollte weder die weiteren Fortschritte der Oesterreicher, noch einen ernstlichen Angriff in seiner ausgedehnten Stellung erwarten, welche in einem rechten Winkel gebrochen war, und deren Flanke und Rücken Hotze schon bedrohte. Er zog daher am 19. einen Theil der Truppen, die den Rhein-Cordon bildeten, zurück. Am 20. verliessen alle französischen Posten die Ufer des Flusses und des Bodensees von Gams bis Stein, und bald darauf auch bis zum Einfluss der Thur. Jene Divisionen, die abwärts des Bodensees standen, marschirten gegen Winterthur; Thareau aus der Gegend von Schaffhausen an die Thur; Lorges auf St. Gallen, Lichtensteig und Utznach. Die Reste der Division Menard hatten sich theils über Sargans, theils aus dem Gebirge des vorderen Rheinthals im Canton Glarus gesammelt und lagerten bei Mollis, Näfels und bei Kerenzen am Wallenstädter-See (Walen-See).

Die Linie der Thur hatte die nämliche nachtheilige Richtung, wegen welcher jene des Rheins verlassen wurde, und

obgleich kürzer, forderte ihre Vertheidigung einen grösseren
Aufwand an Truppen, weil ihre Mitte nicht durch den Bodensee gesichert war. Auch hielt sie Masséna nicht. Am 21. Mai
verliessen die Franzosen die Ufer der Thur, sowie jene des
Rheins zwischen der Thur und der Aar. Thareau zog sich
auf Winterthur; die Divisionen Vandamme, Soult, Oudinot und
die Cavallerie-Reserve concentrirten sich zwischen der Töss
und der Glatt bei Kloten; und Bassersdorf auf der Vereinigung
der wichtigsten Strassen aus der umliegenden Gegend. Chabran
(vormals Lorges) sammelte sich bei Utznach. Menard rückte am
linken Ufer der Linth gegen den Züricher-See zwischen Bilten
und Lachen. Masséna hatte Zürich als den Punkt bestimmt,
wohin er sich im Nothfalle zurückziehen wollte; man arbeitete
daher mit verdoppelter Thätigkeit auf den günstigen Anhöhen
vor der Stadt an Vollendung der Verschanzungen, deren Erbauung schon vor Ausbruch der Feindseligkeiten angefangen war.

Die Oesterreicher benützten die Entfernung des Feindes
vom Rhein und schlugen eine Flossbrücke bei Meiningen unweit Feldkirch, dann später eine Schiffbrücke weiter abwärts
bei Höchst. Von der ganzen Linie des Vorarlberges gingen
Streifparteien auf Kundschaft der jenseitigen Bewegungen aus.
Die österreichische Flottille auf dem Bodensee kreuzte längs
dem feindlichen Ufer, zerstörte die französichen Batterien zwischen Rorschach und Constanz und bemächtigte sich des
Geschützes. Bei diesen Unternehmungen wurden 59 Kanonen,
Mörser und viele Kriegsvorräthe in St. Gallen, Frauenfeld und
Constanz erbeutet. Hotze selbst rückte am 22. mit 18 Bataillons,
13 Escadrons in zwei Colonnen über die beiden Brücken von
Balzers und Meiningen. Später folgten noch 4 Bataillons aus
Vorarlberg, wo die Landesschützen die Bewachung der befestigten Punkte übernommen hatten. In Graubünden blieben
5 Bataillons, 6 Escadrons zurück. Am 23. erreichte Hotze
St. Gallen, seine Avantgarde Gossau und Bischofzell. Am
24. ging letztere bis Schwarzenbach vor, besetzte Wyl und suchte
ihre Verbindung über Lichtensteig, Wattenwyl, St. Johann
mit Gavasini herzustellen, welcher mit 5 Bataillons, 1 Escadron
am 23. ohne Widerstand in Mollis eingerückt war und ein
Detachement nach Glarus gesandt hatte.

Gegen den Wunsch des Erzherzogs verweilte Hotze, statt sich der Hauptarmee zu nähern, einen ganzen Tag in St. Gallen; weil er von dem Rückzuge der Divisionen Chabran aus Lichtensteig und Menard vom Wallenstädter- (Walen-) See noch nicht in der Kenntniss, und für seine Communicationen mit Vorarlberg, besonders mit Bregenz, in übertriebener Besorgniss stand. Aus diesem Grunde detachirte er am 24. blos den Feldmarschall-Lieutenant Petrasch mit 6 Bataillons, 6 Escadrons gegen Pfyn.

Am 21. hatte eine Abtheilung österreichischer leichter Truppen über die hergestellte Rheinbrücke bei Constanz gesetzt, um die Verbindung mit Hotze aufzusuchen. Zugleich wurden zwei Schiffbrücken bei Stein geschlagen, auf welchen Nauendorf noch am nämlichen Tage mit 21 Bataillons, 30 Escadrons überging, zwischen Nussbaum (Nussbaumen), Steineck (Steinegg), Huttwyl (Hüttwylen) eine Stellung nahm und von seinen leichten Truppen Andelfingen, Frauenfeld, Pfyn und die Ufer der Thur besetzen liess.

Der Wille des Erzherzogs war, dass Nauendorf gegen die Töss vorpoussiren, aber bis zur Vereinigung der österreichischen Gesammtkräfte sich in kein bedeutendes Gefecht einlassen sollte, zu dessen Vermeidung das Défilé der Thur und im schlimmsten Falle ein freiwilliger Rückzug über den Rhein die grösste Leichtigkeit gaben. Seine Vortruppen näherten sich am 22. der Töss und eroberten nach einem hartnäckigen Gefechte Hettlingen, welches die Franzosen mehrmals fruchtlos wieder zu nehmen versuchten. Henkhart (Henggart), Buch wurden besetzt, und ein Posten bis zum Einflusse der Töss in den Rhein vorgeschoben.

Die französische Division der Avantgarde hielt die Linie von Senzach, Oringen, Neftenbach, Dättlikon und Freienstein gegenüber von Rorbas, wo eine Schiffbrücke über die Töss war; 1200 Mann standen hinter dem Berge bei Wülflingen.

Nauendorf rückte am 22. Abends auf die Höhen zwischen Marthalen und Oerlingen und schob eine starke Abtheilung bis an das rechte Ufer der Thur bei Andelfingen. Gleichzeitig mit der Bewegung an die Töss war auch eine Streifpartei Cavallerie bei Eglisau über den Rhein gegangen und bis (Unter-) Embrach gekommen, ohne auf die Franzosen zu stossen.

Masséna wähnte, dass dieses Detachement die Tête einer auf seine Communication mit Zürich marschirenden Colonne sei, und liess 3 Cavallerie-Regimenter mit einigen tausend Mann Infanterie gegen dasselbe aufbrechen; allein sie fanden nichts mehr als einen Infanterieposten bei Seglingen, der sich unter dem Schutze von Eglisau dort behauptete. Die österreichische Cavallerie war wieder über den Rhein, und die Franzosen zogen sich auf Bülach zurück. Durch dieses Ereigniss aufmerksam gemacht, detachirte Masséna noch am nämlichen Abend auch den General Thareau mit 1 Halbbrigade, 1 Regiment Cavallerie und 6 Kanonen nach Baden, damit er von dort den Rhein vom Einfluss der Töss bis zu jenem der Aar wieder besetze. Daher scheiterte am 23. ein zweiter Versuch der Oesterreicher, von Eglisau, Kaiserstuhl, Coblenz und Zurzach Parteien ausgehen zu lassen. Nur die letzte drang vor und eilte dem geworfenen feindlichen Posten bis gegen Baden nach. Ihr folgten die auf dem rechten Rheinufer gestellten Piquets, ohne Anstalten zur Ueberschiffung im Falle des Rückzuges getroffen zu haben. Durch diese Unvorsichtigkeit wurde eine ganze Escadron gefangen.

An diesem Tage blieb bei Winterthur Alles in der bezogenen Stellung ruhig. General Ney übernahm statt Thareau[1]) das Commando der französischen Avantgarde. Der Erzherzog liess nach Herstellung der Landbrücken bei Stein und Diessenhofen die beiden Schiffbrücken bei dem ersten Ort abbrechen und zwischen Büsingen und Kloster Paradies schlagen, über welche er am 23. setzte, nachdem er am 22. die Gegend von Stockach verlassen und bei Singen gelagert hatte. Fünfzehn Bataillons, 10 Escadrons wurden vor Paradies aufgestellt.

Zweckmässig wählte dieser Feldherr die Strasse über Andelfingen nach Zürich zu seiner Operationslinie. Ging er weiter rechts, so entfernte er sich von Hotze und verspätete seine Vereinigung mit ihm; hielt er sich näher am Bodensee, so konnte er in die Gefahr gerathen, gegen denselben gedrückt zu werden und die Rückzugslinie nach seiner Hauptposition von Stockach zu verlieren. Die österreichischen Vorposten mit Ein-

---

[1]) Thareau, nach Jourdan's »Précis des opérations de l'armée du Danube«, sonst gewöhnlich: Tharreau.   D. H.

schluss des Soutiens auf den Höhen hinter Henkhardt (Heng-
argt) bestanden aus 5 Bataillons, 16 Escadrons. Von diesen
lagen 3 Compagnien im Dorf zur Deckung ihrer rechten
Flanke; die übrigen formirten eine Kette von Buch über
Hünikon, Hettlingen, Eschliken [1]), Rikenbach, Oberwyl, Frauenfeld und Pfyn. Die Brücken bei Andelfingen und Pfyn, dann
die Furten bei Ellikon und Gütikhausen waren die einzigen
möglichen Uebergänge über die Thur in dem Falle eines erzwungenen Rückzuges. Ein fliegendes Detachement stand bei
Wyl und unterhielt durch Patrouillen die Verbindung mit Hotze.
In dieser Aufstellung blieben die Oesterreicher unverrückt, als
Masséna sie am 24. recognoscirte und auf den folgenden Tag
einen allgemeinen Angriff anordnete.

Der französische Obergeneral hatte seine Armee auf dem
Vereinigungspunkte mehrerer Strassen vorwärts der Glatt concentrirt, um sich von dort aus der Vereinigung des Erzherzogs
mit Hotze [2]) durch ein Manöver zu widersetzen — ein Zweck,
der durch eine blosse Aufstellung nicht mehr erreicht werden
konnte und dennoch der einzige war, nach welchem er in der
damaligen Epoche streben musste. Der Erfolg eines solchen
Manövers hängt von der Zurückwerfung einer der feindlichen
Colonnen nach der anderen ab, bevor sie nahe genug sind,
sich gegenseitig zu unterstützen und gemeinschaftlich zu wirken.
Es muss so wie jede offensive Bewegung ohne Ausnahme auf
die Sicherheit des Rückzuges gegründet sein und schnell in
dem einzig günstigen Moment ausgeführt werden; damit man
nicht zu spät komme, die Combinationen des Gegners zu vereiteln, und sich von dem eigenen Pivot nicht zu weit entferne,
um plötzlich von einer Marschlinie auf die andere übergehen
zu können. Endlich erfordert es viel Kraft in der Ausführung;
weil man sich nicht von einer Abtheilung des Feindes auf die
andere werfen kann, so lang die erste nicht ganz unschädlich
gemacht worden.

Unter allen Strassen, welche von den österreichischen
Aufstellungen herkamen, war jene von Andelfingen die kürzeste
und die gerade auf die französische Rückzugslinie führte. Von

---

[1]) Islikon.
[2]) Bei Kloten.   D. H.

dieser Strasse durfte sich Masséna in keiner Richtung weiter
entfernen, als die Distanz betrug, welche der Feind auf derselben zu hinterlegen hatte, um ihm gefährlich zu werden.
Wenn also des Erzherzogs Stillstehen und Hotze's Marschrichtung
über St. Gallen die Absicht ihrer Vereinigung nicht mehr bezweifeln liessen, so musste der französische Obergeneral sich
zuerst gegen Andelfingen sicherstellen, bevor er dem feindlichen
Corps auf der weit entlegeneren Marschlinie von St. Gallen
entgegenwirken konnte; und diese Sicherheit ist von einer
passiven Truppenaufstellung nie zu erwarten. Auf der Linie
von Andelfingen war folglich der Schlüssel des Ganzen, auf
den sich Masséna mit seiner ganzen Macht hätte werfen sollen,
um das Manöver der Oesterreicher durch die Sprengung des
Punktes zu vereiteln, auf dessen Behauptung es beruhte. Wurde
der Erzherzog geschlagen und zum Rückzug über den Rhein
gezwungen, dann war es Zeit, sich gegen Hotze zu wenden;
denn eine geschlagene Armee ist nicht in der Verfassung, so
schnell wieder über einen Fluss zu setzen und von Neuem
vorzudringen. Im Unglücksfalle liefen die Franzosen keine
wesentliche Gefahr; denn die Armee blieb auf ihrer Rückzugslinie, und in der Folge wurde der Angriff immer schwerer, je
mehr sich die Oesterreicher der Epoche ihrer Vereinigung
näherten. Hätte Masséna gleich, als ihre Vorrückung aus Graubünden über den Rhein auf eine grössere Operation deutete,
diesen Fluss abwärts des Bodensees verlassen, um den Erzherzog zu einem Uebergang zu verleiten, so lang sich Hotze
noch weit von ihm befand, so war die Ausführung seines
Planes nicht schwer. Hotze's langsamer Marsch, der die Zusammenkunft der Oesterreicher um zwei Tage verspätete, während welchen er zu weit entfernt blieb, um die rechte Flanke
der Franzosen bei einer Operation über Andelfingen zu bedrohen, war für sie ein unverhoffter Zeitgewinn; dennoch bestimmte Masséna den Angriff erst auf den 25., gerade auf den
letzten Tag, an welchem er noch ungestraft geschehen konnte,
wenn er nämlich mit der grössten Energie und Schnelligkeit
ausgeführt wurde. Aber statt die Disposition auf den Marsch
der ganzen Armee gegen Andelfingen und nur einer Flanqueur-
Abtheilung gegen Frauenfeld zu richten, blieb Thareau un-

thätig zur Beobachtung des Rheins zwischen der Töss und der Aar, und die zur Offensive bestimmten Truppen wurden in drei Hauptcolonnen getheilt, von welchen keine vermögend war, ihrem Endzwecke mit Kraft und Schnelligkeit zu entsprechen. Die zahlreichste unter den Befehlen des General Oudinot, von dem grössten Theil seiner Division und den Schweizer-Truppen zusammengesetzt, erhielt die Richtung auf Frauenfeld, um das in Marsch begriffene Corps des Feldmarschall-Lieutenants Hotze anzugreifen und seine Vereinigung mit dem Erzherzog zu verhindern. Die zweite und dritte, von Ney und Paillard geführt, rückten auf den Strassen von Pfyn und Andelfingen vor. Soult folgte diesen verschiedenen Angriffen mit dem Auftrage, sie nach Umständen zu unterstützen.

Hätten die ersten zwei Colonnen auch einen bedeutenden Vortheil gewonnen, so kamen sie zwischen den Erzherzog und Hotze und konnten ihn nicht benützen, weil es ihnen wegen der unsicheren Rückzugslinie an der Freiheit der Bewegung fehlte. Brachen die Oesterreicher indessen mit Macht von Andelfingen vor und warfen den General Paillard zurück, so wurde die Lage von Oudinot und Ney in dem Masse gefährlicher, als sie weitere Fortschritte gemacht hatten. Mit einem Wort, dieser Disposition fehlte die erste Grundlage einer jeden Operation: die Sicherheit des Rückzuges. Auch war die Folge dieses Versehens, dass die ganze Unternehmung gar kein Resultat hervorbrachte, obwohl die Franzosen wegen der unzweckmässigen Aufstellung ihrer Gegner auf allen Punkten Vortheile errangen. Hier bestätigte sich in hohem Grade die Ueberlegenheit der Strategie über die Taktik. Am Morgen des 25. Mai debouchirte General Paillard bei Korbas über die Töss, warf sich in die rechte Flanke der feindlichen Vortruppen und trieb sie von Dorf gegen Andelfingen, indessen er sie bei Hünikon, Hettlingen und Eschlikon [1]) in der Front beschäftigte. Von der Gefahr benachrichtigt, die ihrem Rücken drohte, zogen sich die Oesterreicher unter dem Schutze ihrer Cavallerie auf die Höhe vor Andelfingen zurück, wo sie sich wieder aufstellten und das Gefecht erneuerten.

[1]) Islikon.   D. H.

Drei Compagnien besetzten den Theil des Städtchens abwärts der Thur, weil die Oesterreicher für ihre rechte Flanke besorgt waren; zwei andere standen an der Brücke jenseits des Wassers. General Ney hatte indessen die feindlichen Vorposten auf dem Wege von Altikon so gesprengt, dass die Infanterie mit einem Theile der Cavallerie zum Rückzug nach Pfyn gezwungen wurde, der andere Theil hingegen nach Andelfingen floh. Mit diesem zugleich jagten die französischen Jäger zu Pferd längs der Thur in die Stadt, als eben die vorwärts aufgestellten Truppen der Oesterreicher, von Paillard übermannt, durch den Ort defilirten, dessen Zugänge nicht hinlänglich besetzt waren. Es entstand ein hitziges Gefecht in den Strassen, wobei die Verwirrung um so grösser wurde, als sich die Zahl der Zurückziehenden immer vermehrte, die Verfolger von allen Seiten eindrangen, die Brücke gewannen und sich der daran stossenden Häuser bemächtigten. Endlich rückte die auf dem rechten Ufer der Thur stehende österreichische Abtheilung mit Gewalt über die Brücke, machte den Ihrigen Luft und öffnete ihnen den Rückzug, jedoch mit grossem Verlust. Etwas Cavallerie, welche vor Andelfingen geblieben war und sich den Weg durch die Stadt bis zur Brücke nicht mehr bahnen konnte, sprengte wieder zum oberen Thore hinaus und schwamm durch die Thur. Ein starkes Feuer von einem Ufer auf das andere, dann der Brand der Brücke und einiger Häuser von Andelfingen machte dem Gefecht ein Ende.

Gleichzeitig hatte General Ney die vertriebenen feindlichen Vortruppen bis Pfyn verfolgt und sich des Ueberganges daselbst sowie des Ortes bemeistert, vor welchem er seine Truppen aufstellte. Nauendorf detachirte eine Brigade dahin, welche nach Besetzung der Furten durch die Thur im Dunkel der Nacht die Franzosen anfiel, verjagte und nach Eroberung der Brücke jenseits des Flusses Posten fasste. In der nämlichen Absicht trafen auch noch vor Anbruch des Tages 9 Bataillons, 6 Escadrons von dem Erzherzog bei Pfyn ein, und dieser Uebergang wurde von den Oesterreichern behauptet.

Bei der Colonne des Generals Oudinot war das Gefecht am lebhaftesten. Als sie sich Frauenfeld näherte und die Vor-

truppen nach Zurückwerfung der ersten feindlichen Posten
gegen Mazingen streiften, stiessen sie auf die Avantgarde
des Feldmarschall-Lieutenants Petrasch, welcher am 24. von
St. Gallen abmarschirt war, am 25. Früh bei Wyl eintraf und
seinen Marsch gegen Pfyn fortsetzte. Die französischen Vorläufer mussten sich auf ihr Gros repliiren. Petrasch rückte bis
Frauenfeld vor, wo er sich formirte, um den Angriff des herannahenden Feindes zu empfangen.

Frauenfeld liegt auf dem rechten Ufer der Murg am Ab-
hange sanfter Anhöhen. Rechts hinter dem Orte erhebt sich
das Terrain und ist von der Strasse nach Pfyn, welche rückwärts am Fusse der Höhen fortläuft, bis zur Murg ziemlich
geworfen, von Thälern, Waldungen und Weingärten durchschnitten. Die Abfälle gegen die Murg sind steil, dicht bewachsen,
und das Flussbett bildet ein Défilé. Petrasch besetzte Frauenfeld und stellte 3 Bataillons auf die Höhen hinter dem Orte:
1 Bataillon deckte die linke Flanke in einem ausgehenden[1])
Bogen der Murg; 2 Bataillons, 6 Escadrons blieben in Reserve.

Oudinot liess sein Geschütz gegen die Stadt aufführen
und nahm sie nach einer heftigen Kanonade. Späterhin musste
die Besatzung auch die zunächst liegenden Gärten und Weinberge verlassen und sich auf die rückwärtigen Höhen ziehen.
Mehrmals versuchten die Franzosen aus der Stadt zu debouchiren und wurden immer wieder zurückgeworfen. Nach und
nach kam die ganze Reserve der Oesterreicher in das Feuer,
und ein Theil ihrer Cavallerie focht zu Fuss in den Weingärten
vor ihrem linken Flügel. Endlich brachen die Franzosen, von
dem General Soult mit der Reserve verstärkt, um 7 Uhr Abends
in der Mitte der feindlichen Stellung durch. Petrasch hatte
noch 400 Mann im Rückhalte; mit diesen und den gewichenen
Truppen, die sich an ihn anschlossen, trieb er seinen Gegner
zwar noch einmal nach Frauenfeld; allein da dieser immer
zahlreicher hervorbrach, konnten die Oesterreicher sich nicht
behaupten und zogen sich unter wiederholten Aufstellungen
auf jedem günstigen Punkte bis Mazingen zurück. Beide Theile
hatten tapfer gefochten und viel verloren. Ueberhaupt büssten

—— · · —

[1]) Ausspringenden.

die Oesterreicher an diesem Tage zwei Kanonen und den General Piaczeck ein, der bald darauf an seinen Wunden starb. Am nämlichen Tage war Hotze von St. Gallen aufgebrochen und nach Schwarzenbach marschirt; seine Avantgarde erreichte Münchweil (Münchwylen) und poussirte bis Elgg. Er liess sich durch Chabran's Bewegungen nicht irre machen, mit welchen dieser General auf Masséna's Befehl ihn von Utznach gegen Wattwyl und Lichtensteig zu beunruhigen suchte. Hätte Hotze, statt sich auf die Detachirung des Feldmarschall-Lieutenants Petrasch zu beschränken, am 24. den Marsch mit seinem ganzen Corps angetreten, so würde das Gefecht bei Frauenfeld wahrscheinlich zu seinem Vortheil ausgefallen sein: denn die Franzosen verdankten den Erfolg blos ihrer Reserve, diesem Theil der Schlachtordnung, welcher die meisten Treffen für Jenen entscheidet, der sie am kräftigsten, zur rechten Zeit und womöglich am spätesten in das Feuer bringt.

Die Oesterreicher gewannen bei Pfyn den Besitz der Brücke wieder, weil ihr entschlossener Major Pflacher eine auf die Umstände passende Ausnahme von der Regel zu machen wusste, welche in einer unbekannten Gegend Gefechte in dem Dunkel der Nacht verbietet.

Bei Andelfingen siegte der rasche Angriff über eine unzweckmässige Aufstellung und eine noch fehlerhaftere Disposition zur Vertheidigung und zur Uebersetzung des Défilés. Als sich die Oesterreicher am 22. der Töss genähert hatten, verbreiteten sich ihre leichten Truppen in eine weit ausgedehnte Postenkette, welche nur in offenen Gegenden, wo der Rückzug in jeder Richtung frei steht, oder vor einer Aufstellung von kurzer Dauer anwendbar ist, nicht aber bei einem längeren Aufenthalte vor einem Défilé, das nur wenig Uebergänge hat. Wenn daher diese Massregel für den ersten Tag der Ankunft in jener Gegend zu entschuldigen ist, so hätte sie doch Nauendorf am folgenden gleich abändern sollen, da er wusste, dass der Erzherzog noch Zeit zu gewinnen suchte. Eine gedrängte Position der Vortruppen vor den zwei Hauptübergängen bei Andelfingen und Pfyn, die starke Besetzung dieser beiden Punkte und Batterien an den gangbarsten Furten wären hinlänglich gewesen, sich derselben zu versichern; und zu ihrer

Verbindung konnte die Postenkette füglich hinter der Thur
fortlaufen, wo sie weder eine Sprengung, noch den Verlust der
Rückzugslinie zu besorgen hatte. Wollte man jedoch das jenseits des Wassers besetzte Terrain behaupten, so musste
Nauendorf den grössten Theil seines Corps vor Andelfingen
und Pfyn postiren, und der Erzherzog nicht bei Paradies bleiben,
sondern zu seiner Unterstützung an der Thur selbst in Verfassung stehen. Nauendorf ergriff einen Mittelweg, und dieser
war in seiner Lage der schlechteste; denn er verband viel
Gefahr mit wenig Nutzen. Ebenso unzweckmässig erschienen
die Massregeln zum Rückzuge und zur Besetzung des Défilés
von Andelfingen.

Die Art, wie die Défiléen[1]) besetzt werden sollen, ist
mannigfaltig und verschieden, sowohl in Rücksicht auf ihre
Beschaffenheit als auf den vorhabenden Zweck.

Es gibt enge Défiléen in offenen Gegenden, wo das Feuer
von einer Seite auf die andere allein hinreichend ist, den Feind
davon zu entfernen; bei breiten Défiléen oder durchschnittenen
Gegenden wirkt dieses Mittel nicht. Bei einigen sind nur die
beiden Endpunkte ihres Ueberganges zugänglich, wie z. B. bei
Brücken über Flüsse. Wieder andere gewähren keine Sicherheit
für die Flanken des Ueberganges oder des Durchzuges; hierher
gehören Strassen, Hohlwege, Gassen u. s. w., welche zwar die
Durchziehenden auf einen bemessenen Raum einschränken, aber
doch Seiten-Communicationen aufnehmen, die mehr oder weniger
winkelrecht in dieselben einfallen. Die Défiléen dieser letzteren
Art sind die häufigsten, und es vergeht selten eine Bewegung,
ohne auf solche zu stossen. Mit der Besetzung der Uebergänge
über Défiléen verbindet man entweder die Absicht, dem Feind
ihren Gebrauch zu entziehen, oder sich seines eigenen Durchzuges zu versichern. Ersteres wird erreicht, wenn man sich
hinter dem Défilé auf den günstigsten Punkt postirt, um den
anrückenden Feind mit einem mörderischen Feuer zu empfangen
und dann durch den unmittelbaren Widerstand der Truppen

---

[1]) Man vergleiche damit den Abschnitt »Von Défiléen« in den »Beiträgen zum Unterrichte im Felde«, Bd. I, pag. 154, dieser Sammlung. D. H.

im Debouchiren zu hindern. Aber eben diese Mittel der kräftigen Gegenwehr beweisen auch die Nothwendigkeit für den Angreifenden, sich dagegen vorzusehen, und zwar durch die vorläufige Entfernung der Vertheidiger von dem Débouché und dann durch die fortwährende Deckung des Debouchirens selbst. Man erschüttert nämlich den Feind, wo es die Localität erlaubt, zuerst durch ein überlegenes Feuer und, wenn ihn dieses zum Wanken bringt, durch den Andrang einer Colonne. Ist das Terrain dazu nicht angemessen, so ersetzen Manöver, deren mehrere dem Angreifenden fast immer zu Gebote stehen, die Stelle der offenen Gewalt, als z. B. Demonstrationen, Umgehungen, Uebergänge auf den anderen Punkten u. dgl. Hat man einmal festen Fuss auf dem jenseitigen Ausgang, so wird derselbe von den ersten Abtheilungen besetzt, deren beide Flügel sich an das Défilé selbst lehnen und auf diese Art den Zug der ganzen Colonne schützen. Nach Mass als diese übergeht, vermehrt sich die Kraft; man entwickelt sich gegen alle Zugänge, man verbreitet sich immer mehr mit Beibehaltung der Stütze für die Flügel.

Viel künstlicher ist die Sicherstellung des Rückzuges bei einem solchen Uebergange, wo sich die Widerstandskräfte nach und nach vermindern und die Colonne, welche dem Feind den Rücken kehrt, unvermögend ist, das Andringen seiner breiten, umfassenden Front aufzuhalten. Hier wird vor Allem die Aufstellung einer Infanterielinie an dem Eingang eines Défilés nothwendig. Ihre Flügel werden an dasselbe gestützt, und sie muss — sei es durch Truppen oder durch Hindernisse im Terrain — voll sein, das heisst: der Feind darf nirgends eine Lücke zum Durchbrechen finden. Ist durch diese Massregel der Eingang in das Défilé geschützt, so setzt sich die Colonne in Marsch, entweder aus der Mitte oder von beiden Flügeln, je nachdem man es in Bezug auf das Terrain und auf die Manöver des Gegners für sicherer hält. Zuerst défilirt die Cavallerie, als eine Waffe, welche unwirksam ist, wenn sie keinen Spielraum zur Offensive hat und, in einem Défilé eingeengt, nicht schnell umkehren kann; dann folgt das Geschütz und endlich die Infanterie. Die erste an dem jenseitigen Débouché ankommende Abtheilung formirt sich dem Uebergang

gegenüber, um ihn mit ihrem Feuer zu bestreichen; die folgenden setzen sich auf ihre beiden Flügel. Gibt es Zugänge
zu den Flanken des Défilés, welche zu weit von der ersten
Aufstellung des Nachtrabs entfernt sind, um mit hinein gezogen
zu werden, so wirft die Colonne, nach Mass als sie sich ihnen
nähert, ihre ersten Abtheilungen in oder auf diese Seiten-
Communicationen und lässt sie so weit vorrücken und Posten
fassen, als es nöthig ist, den Marsch der Colonne und der
Arrièregarde gegen jede Beunruhigung zu schützen. Letztere
vertheidigt den Eingang in das Défilé, bis die Hauptcolonne
von dem Feind nicht mehr eingeholt werden kann; dann befolgt auch sie ihren Rückzug nach den hier angegebenen
Grundsätzen. Mit Standhaftigkeit und kluger Benützung des
Terrains kann man öfters Abtheilungen, deren Stärke sich mit
der Annäherung an das Défilé vermindert, staffelweise Halt
machen lassen und dem Feind entgegenstellen, wodurch der
Rückzug ehrenvoller und fester sein wird. — Alle diese Beobachtungen wurden bei Andelfingen vernachlässigt. Dieser Ort liegt
an dem linken Ufer der Thur auf dem Abhang von Höhen,
welche, ringsherum mit kleinen Wäldern und Gärten bedeckt,
bis an das Wasser herabfallen und die gegenseitigen des
rechten Ufers beherrschen. Die Stadt hat mehrere Zugänge,
aber eine einzige Gasse führt aus derselben an die Brücke.
Längs dem Ufer kann man jedoch von beiden Seiten dahin
gelangen; obwohl der Weg an der unteren Thur von einem
steilen Rideau gedeckt wird und an der oberen hinter einer
Höhe, auf der sich ein altes Schloss befindet, durch eine Reihe
von Häusern zieht, welche sich bis an die Brücke erstrecken.
Als die Oesterreicher zum Rückzug gezwungen wurden, formirten sie sich gerade vor der Stadt in einer solchen Entfernung, dass keiner ihrer Flügel an dem Défilé des Flusses
lehnte. Statt die Gärten und Häuser des Städtchens in seinem
äusseren Umfange und später die näheren Zugänge zu der
Brücke zu besetzen, waren sie nur für jene von der unteren
Thur in ihre rechte Flanke besorgt. Dort, wo die Colonne
durchziehen sollte, stand wenig; an der oberen Thur gar nichts.
Weder das alte Schloss, welches den Weg längs dem Ufer
beherrscht, noch die hinter demselben liegenden Häuser wurden

zur Vertheidigung benützt. Hieraus folgte, dass der Feind
von allen Seiten eindringen konnte, als die Oesterreicher sich
in eine Colonne brechen mussten und blos Cavallerie zurückgelassen hatten — wohl gut zum Angriff, aber nicht, alle Zugänge
von Andelfingen in einem Halbkreis zu schützen.

Mehrere Generale haben den Fehler erneuert, die Cavallerie als Arrièregarde zur Deckung des Rückzuges über ein
Défilé zu verwenden. Gewohnheit, diese Waffe immer auf den
äussersten Posten zu sehen, Zutrauen in ihre Gewandtheit und
Tapferkeit, eine dunkle Idee, dass sie zuletzt das Défilé am
geschwindesten hinterlegen könne, wenn die Anderen schon in
Sicherheit gebracht sind, endlich Mangel an Kenntniss und
Beurtheilung haben diesen Irrthum erhalten; und es ist daraus
ein schädlicher Missbrauch entstanden, der gerügt zu werden
verdient. Wenn die Colonne des Generals Paillard stärker gewesen wäre, so musste die ganze österreichische Avantgarde
aufgerieben werden, und die Franzosen bemächtigten sich des
Ueberganges über die Thur.

Masséna hatte seinen Zweck verfehlt; die mehr strategische
Anordnung des Erzherzogs behielt die Oberhand über die erfochtenen taktischen Vortheile der Franzosen, und die Vereinigung der Oesterreicher war nicht mehr zu hindern. Es blieb
dem französischen Feldherrn nichts anderes übrig, als seine
Truppen staffelweise aufzustellen und sich auf die standhafte
Vertheidigung der durchschnittenen Gegend zu beschränken,
um die Fortschritte des Feindes zu erschweren und zu verzögern. Daher zogen sich die Franzosen am 26. Mai auf allen
Punkten in die nämliche Stellung zurück, welche sie vor dem
Gefecht vom 25. inne hatten. Nur bei Winterthur blieb noch
eine Reserve zur Unterstützung der von dem General Ney
commandirten Avantgarde zurück. Oesterreichischerseits wurde
eine allgemeine Vorrückung, jedoch erst auf den 27., beschlossen,
weil die Herstellung der Brücke von Andelfingen zum Uebergang über die Thur nicht früher zu Stand kommen konnte.
Zur Vorbereitung dieser Bewegung vereinigte sich der Erzherzog am 26. an der Spitze von 6 Bataillons unweit Andelfingen mit Nauendorf. Hotze, den er mit Cavallerie verstärkt
hatte, zog die Truppen von Schwarzenbach, Mazingen und

Pfyn in zwei Lager bei Frauenfeld und Duttwyl (Tuttwyl) zusammen; seine Avantgarden standen bei Islikon und Elgg. Am
27. Mai Morgens brach Hotze aus beiden Lagern auf und
nahm seine Richtung auf Winterthur. Die Vortruppen bemeisterten sich der Wälder bei Islikon, der Dörfer Gunderswyl
(Gundelschwyl), Schottikon, Wiesendangen und Stocken [1]), jedoch
nicht ohne theilweise Gefechte.

Bei Ober-Winterthur hatten die Franzosen eine durch
sumpfige Gründe gedeckte Aufstellung, die sie gegen den mit
Umgehung ihrer rechten Flanke vereinten Angriff nicht zu
halten vermochten. Auch die Stadt Winterthur wurde bei der
Annäherung der österreichischen Colonnen forcirt. Die Franzosen zogen sich gegen die Töss.

Ein kleiner Gebirgsrücken, welcher unterhalb des Dorfes
Töss entsteht und sich gegen Pfungen erstreckt, begleitet die
Töss auf ihrem linken Ufer. Diesen Rücken trennt ein sumpfiges
Wasser von dem sehr steilen, mit dichtem Wald bewachsenen
Gebirge, das sich bis Brütten erhebt. Die Hauptstrasse von
Töss nach Zürich umgeht den kleinen Abfall desselben links
und führt in einem halben Bogen auf den Kamm, welchen
man den Steig nennt, und der schwer zu ersteigen ist. Auf
dieser schroffen Höhe nahmen die Franzosen ihre Hauptstellung
bei Brütten und besetzten den vorderen Staffel zwischen Detnau
(Dättnau) und Töss, sowie den letzteren Ort und die dort befindliche Brücke. Die Oesterreicher erstürmten Töss so rasch,
dass der Feind nicht Zeit hatte, die Brücke zu zerstören, gingen
dann über das Wasser und bemächtigten sich der ersten Höhe
bis an den Dättnauer Hof. Allein sie mussten den weiteren Angriff aufgeben und sich begnügen, die Franzosen nur mit
Plänkeln zu beschäftigen, weil die jenseitige Stellung zu fest
war und das Terrain die Aufführung des Geschützes auf der
eroberten Höhe unmöglich machte. Hotze nahm seine Position
mit der Infanterie vor Winterthur, mit der Cavallerie hinter
der Stadt.

[1] 4 Kilom. O. von Winterthur.

Die Herstellung der Brücke von Andelfingen wurde erst
zu Mittag vollendet, [1]) worauf der Erzherzog in zwei Colonnen
auf den Strassen von Winterthur und Neftenbach vorrückte,
später aber alle seine Truppen auf der letzten vereinigte, als
er Hotze's glückliche Fortschritte erfuhr. Die Franzosen vertheidigten Neftenbach lange und verliessen es erst gegen Abend,
dann auch das Ufer der Töss und Pfungen, welches sie noch
spät durch einen raschen, aber fruchtlosen Angriff wieder zu
gewinnen suchten. Die Oesterreicher blieben bei Neftenbach,
ihre Vortruppen bei Pfungen. Die Divisionen Ney und Oudinot
hatten die Arbeit dieses Tages bestanden und vier Kanonen
verloren. General Ney erhielt zwei Wunden.

Durch die Besetzung von Pfungen, von wo aus die vorliegenden Höhen nicht so schwer zu ersteigen sind als auf
der Hauptstrasse, hatten sich die Oesterreicher den Weg zur
Umgehung des in der Front fast unangreiflichen Steiges gebahnt; auch verliessen die Franzosen ihre Stellung in der
folgenden Nacht und gingen gegen die Glatt zurück. Die
Division Oudinot postirte sich am 28. M a i auf den Höhen
von Kloten. Die Division Thareau zog sich von der unteren
Töss und dem Rhein gegen Bülach und besetzte die Waldspitze des sogenannten Wagenbrechts. Die österreichischen
Vortruppen warfen sich nach Rorbas, Embrach und in die Waldungen diesseits des letzteren Ortes.

Während der Zeit als diese Bewegungen am 28. unter
dem Scharmuziren der leichten Truppen vor sich gingen, rückte
plötzlich General Thareau um 11 Uhr Vormittags mit 5 Halbbrigaden auf dem Wege von Bülach vor, besetzte die Anhöhen
längs dem Bache, der sich bei Rorbas in die Töss ergiesst,
und liess sein Geschütz rückwärts Ilingen und der Thaumühle
aufführen. Eine Halbbrigade vertrieb die Oesterreicher aus
Rorbas, ging über die Töss und war eben im Begriff über
Freienstein und Teufen vorzudringen; als 4 Bataillons den gedrängten Vorposten zu Hilfe kamen, Rorbas wieder nahmen

---

[1]) In Folge späten Eintreffens der Pontons.   D. H.

und durch die Behauptung dieses Ortes den ferneren Unternehmungen des Feindes Schranken setzten.

Andere Versuche über Embrach und Lufingen wurden
gleichmässig zurückgewiesen. Dieser Angriff des Generals
Thareau war zu einseitig, um ein bedeutendes Resultat her-
vorzubringen; besonders da Masséna schon einen Theil seiner
Truppen über die Glatt gegen Zürich zurückgezogen hatte und
Hotze am 28. auf dem Steig nachrückte. In der Nacht vom
29. Mai gingen die Franzosen mit Ausnahme einzelner Posten
ganz auf das jenseitige Ufer der Glatt und stellten ihren rechten
Flügel in das verschanzte Lager vor Zürich. Hotze nahm
Position auf den vortheilhaften Höhen hinter Bassersdorf; die
Vorposten standen in Kloten. Die Brücke von Dübendorf wurde
erstürmt und behauptet. Die Avantgarde der österreichischen
rechten Colonne hielt Embrach besetzt und bildete eine Postenkette zwischen Bülach und Kloten. Der Erzherzog lagerte bei
Pfungen und schob zur Versicherung seines rechten Flügels
Unterstützungstruppen gegen Bülach vor. Am 31. Mai rückte
das Gros seiner Colonne nach Embrach.

Um bei den Franzosen Besorgnisse für ihre linke Flanke
und für ihre Communication mit Basel zu erwecken, marschirten von den auf dem rechten Rheinufer zurückgebliebenen
Truppen der Oesterreicher 3 Bataillons mit einer Batterie nach
Wästerchingen (Wasterkingen) und Stetten, und erhielten den
Auftrag, zwischen Eglisau und Waldshut Scheinbewegungen
zu einem Uebergang auf das linke Ufer zu machen. Masséna
zog hierauf alle seine Truppen von Kaiserstuhl zur Verstärkung
seines linken Flügels an der Glatt über Weyach zurück und
liess die Besatzung von Kaiserstuhl durch 4 Bataillons aus
Basel ersetzen, welche dort seit den neu angelegten Verschanzungen entbehrlich wurden.

Damit aber auch die Verbindung mit Basel auf der Strasse
von Zürich und Baden über Frick in dem Falle eines Rückzuges nicht beunruhigt werde, indem sie so nahe am Rhein
vorbeizieht, dass sie von dem jenseitigen Geschütz bestrichen
wird; liess der thätige Masséna einen Weg von Frick über
Wegenstetten und Gelterkinden nach Sissach anlegen, von wo

man ungehindert über Liestal nach Basel oder über Waldenburg nach Solothurn marschiren konnte.

Der Erzherzog hatte nunmehr durch die stärkere Besetzung des Rheins und durch die aufgestellen Reserven hinter Bülach seinen rechten Flügel vollkommen gesichert; er wollte aber auch für seinen linken beruhigt sein, da die Franzosen noch immer die beiden Ufer des Züricher-Sees nach seiner ganzen Länge besetzt hielten. Dieses war jedoch eine übertriebene Vorsicht. Der Gang der Operationen in einer durchschnittenen, nicht genug bekannten und tapfer vertheidigten Gegend ist zwar immer langsam, wenn sich kein entscheidendes Uebergewicht auf der einen Seite befindet; und der Erzherzog musste die Annäherung des Hotze'schen Corps erwarten, wenn er sich durch die Vereinigung mit demselben dieses Uebergewicht verschaffen wollte. Aber darum waren doch von dieser Epoche an seine Bewegungen nicht mit jener Schnelligkeit verbunden, die nun möglich war, und welche die Kraft so ungemein erhöht. Zürich war der strategisch entscheidende Punkt, dessen Gewinnung die Räumung des oberen Sees und der Gebirgscantone vom Feinde zur Folge haben musste; überdies waren die Franzosen in jener Gegend zu schwach und zu weit entfernt, um die Hauptcommunication der Oesterreicher mit mehr als unbedeutenden Diversionen zu bedrohen. Durften sie wohl wagen, eine Operation auf zwei Seen und auf das höchste Gebirge zu gründen und sich dem Verlust von Zürich auszusetzen, wodurch sie um ihre Rückzugslinie gebracht und der Aufreibung preisgegeben wurden? Lohnte es wohl der Mühe, eine entscheidende Unternehmung zu verschieben, um sich erst vor Diversionen zu schützen, gegen welche zweckmässige Aufstellungen und Manöver am Tage der Schlacht hinlängliche Sicherheit gewähren? Dennoch detachirte der Erzherzog den General Jellačić mit 6 Bataillons, 4 Escadrons von Winterthur gegen Utznach, um in Verbindung mit dem Obersten Gavasini die Linth und den oberen Züricher-See zu reinigen und sich von dieser Seite den Weg gegen Zürich zu bahnen. Auch aus Graubünden wurden einige Escadrons von der dort zurückgebliebenen Cavallerie über Sargans in Marsch gesetzt und zu dieser Unternehmung bestimmt.

Die Division Chabran stand bei Utznach, Menard auf dem linken Ufer der Linth, von dem oberen Züricher — gegen den Wallenstädter- (Walen-) See, und ein Theil von (der Division) Le Courbe bei Schwyz; — Gavasini mit 5 Bataillons, 1 Escadron bei Mollis und Glarus, zu schwach, dem Feinde kräftigen Widerstand zu leisten. Am 25. Mai hatte derselbe eine Recognoscirung abwärts der Linth gegen Richenburg unternommen; wurde aber bis Näfels mit dem Verlust von zwei Kanonen und der dortigen Brücke zurückgeworfen, welche er jedoch bald wieder eroberte, und seine Posten bis Bilten vorschob.

Am 28. detachirte Gavasini eine kleine Colonne[1]) durch das Klön- und Mutten- (Muotta-) Thal gegen Schwyz in der Absicht, von dort über Einsiedeln eine Diversion in Menard's Rücken zu machen. Diese Colonne stiess auf jenen Theil der Division Le Courbe, welcher unter dem Schutze der auf dem Gotthard gegen den General Hadik aufgestellten Arrièregarde durch das Thal der Reuss gegen Altorf marschirt war, sich dort eingeschifft und erst kürzlich auf dem rechten Ufer des Vierwaldstätter-Sees gelandet hatte. Die Oesterreicher wurden im Mutten-Thale übermannt und mussten mit dem Verluste der zwei mitgeführten Kanonen bis Nettstall zurückweichen. Nach diesem unvortheilhaften Gefechte zog Gavasini alle seine Truppen von Näfels, Nettstall und Glarus bei Mollis hinter der Linth zusammen und beobachtete die vorliegende Gegend nur mit einzelnen Posten.

Unterdessen hatten die Franzosen am 28. Mai schon Utznach verlassen und sich gegen Rapperswyl zurückgezogen, als Jellačić am 30. Mai in Pfäffikon eintraf. Dort erfuhr er, dass sie am 29. Mai das rechte Ufer des oberen Sees geräumt, theils nach Zürich, theils bei Rapperswyl über den grossen Seesteig auf das jenseitige Ufer marschirt und sowohl die Linthbrücke bei Grünau (Grynau) als den Steig selbst ungangbar gemacht hatten. Jellačić ging am 31. nach Rapperswyl, poussirte seine Vorposten nach Stäfa und beschloss, der Strasse längs dem See zu folgen: indessen Ga-

---

[1]) Unter Oberst Rovéria.   D. H.

vasini das Débouché aus dem Klönthal beobachten, die Zollbrücke bei Wesen halten und ein Detachement nach Utznach
abschicken, später aber und nach Umständen auf dem linken
Ufer des Sees vorrücken sollte. Als die Oesterreicher am
1. Juni im Begriffe waren, ihren Marsch nach Meilen fortzusetzen, griffen die Franzosen den Posten von Stäfa in der Front
und über Hombrechtikon in der rechten Flanke an. Dieser
Angriff wurde am 1. Juni zurückgeschlagen. Jellačić rückte in
3 Colonnen über Stäfa, Esslingen und Grüningen vor und besetzte die Linie von Meilen über Egg an den Greifen-See, längs
welchem er mit den Vorposten der Hauptarmee in Verbindung kam.

Nun standen die Oesterreicher in einer die feindliche
Stellung vor Zürich umfassenden Linie, und eine entscheidende
Schlacht war nicht mehr zu vermeiden, wenn Masséna sich dort
behaupten wollte.

Vierzehnter Abschnitt.

Erste Schlacht bei Zürich am 4. Juni.

Die Natur hat die Gebirgsgegenden der Schweiz mit bestimmten Linien gezeichnet. Im Süden erhebt sich als Grenz-
scheide von Italien eine Wand, welche zwei der höchsten
Berge, den Gotthard und den Bernhard, verbindet. Eine andere
erstreckt sich von dem Gotthard zu dem Genfer-See. Beide verlängern sich vereint nach Osten und erzeugen mehrere Aeste,
welche theils den Zug des Hauptrückens nach Tirol begleiten,
theils nördlich gegen den Rhein und die Aar auslaufen. Die
näheren Umgebungen dieser Gebirgsstämme sind bis zu den
Abstufungen am Wallenstädter-, Luzerner-, Vierwaldstätter- und
Thuner-See eine äusserst beschwerliche, unzugängliche Gegend,
die höchstens den Durchzug einzelner Armeecorps, aber keine
anhaltende bedeutende Operation gestattet. Offener ist jener
Theil der Schweiz, der sich von dem linken Ufer der Reuss
abwärts Luzern gegen die Aar und den Neuenburger-See bis
an die Grenze von Frankreich ausdehnt, wo er von dem steilen,

unwegsamen, mit den Vogesen verbundenen Rücken des Jura
beschränkt wird. In dieser westlichen Strecke hemmen blos
einzelne Gebirgszweige, und nur auf kurze Distanzen, die Freiheit der Bewegungen; und das durchschnittene Terrain verzögert zwar, aber unterbricht nicht, wie im hohen Gebirge, den
Gang der Operationen.

Eine gleiche Beschaffenheit hat es mit der Gegend zwischen dem Bodensee, dem Rhein, der Limmat, dem Züricher-,
dem Wallenstädter-See und der Grenze von Vorarlberg. Ueber
den Besitz dieses Bezirkes entscheidet jener von Zürich, weil
sich bei dieser Stadt nebst dem vorzüglichsten Uebergang über
die Limmat alle Strassen aus der ganzen Gegend vereinigen.
Wenn daher die gegenseitigen Kräfte nicht gar zu unverhältnissmässig sind — eine Voraussetzung, auf welche sich jede
relative Berechnung gründet, und die auch im Frühjahre von
1799 eintraf —; so ist Zürich ein strategischer Punkt, das
heisst, man kann den Gegner durch keine Umgehung aus
seinem Besitz entfernen; er muss angegriffen werden, weil von
Zürich aus Jeder mit einer gefährlichen Offensive bedroht wird,
der diesen Punkt vorbeigehen wollte. Der Angreifende hat nur
zwei Richtungen zum Rückzug, entweder nach Vorarlberg oder
über den Rhein zwischen Stein und Eglisau; denn weiter abwärts ist ein Uebergang wegen des hohen Gebirges ohne längere Vorbereitung nicht möglich. Dem Vertheidiger hingegen
stehen alle Strassen zu Gebote, welche westlich von Zürich
ausgehen. Wollte nun der erstere eine Umgehung auf dem
linken Ufer der Seen durch die kleinen Cantone, oder an der
unteren Limmat, oder gar über die Aar versuchen, so könnte
sich der letztere ungehindert auf seine Communicationen werfen,
ohne die eigenen preiszugeben. Die Möglichkeit, das Débouché
von Zürich dergestalt zu beherrschen und den Gegner in der
Front so festzuhalten, dass das Manöver der Umgehung mit
Sicherheit für die Rückzugslinien vor sich gehen könne, setzt
ein solches Uebermass von Kräften voraus, dass dieser Fall
hier in keine Betrachtung kommt. Mit den strategischen Vortheilen vereinigen sich bei Zürich taktische, welche den Werth
dieses Punktes nicht minder erhöhen. Auf dem rechten Ufer
der Limmat befindet sich vor der Stadt eine feste Position;

Zürich selbst umfasst die beiden Ufer des Flusses bei seinem
Austritte aus dem See und enthält mehrere Brücken über denselben. Ein Wall nebst Graben und einige Aussenwerke umgeben
die Stadt, welche daher sturmfrei, jedoch wegen der ringsum
sie beherrschenden Anhöhen keines längeren Widerstandes
fähig ist. Eine schmale Reihe von Hügeln begleitet das linke
Ufer des Sees bis an den bedeckten Weg und scheidet den
See von der Sihl, welche Zürich westlich umgeht und sich unfern davon durch eine Ebene — das Sihlfeld genannt — in die
Limmat ergiesst. Auf dem rechten Ufer reichen die Füsse der
Anhöhen bis in die Stadt. Das Terrain steigt schnell und jäh
zu dem bedeutenden Rücken empor, der sich zwischen dem
Züricher- und dem Greifen-See, dann zwischen der Limmat und
der Glatt bis an den Rhein erstreckt. Die Glatt nähert sich in
der Gegend von Schwamendingen der Limmat und verengt
das Gebirge gegenüber von Zürich, wo es die schmälste Basis
hat und folglich am steilsten ist. Die ganze Oberfläche des
Rückens ist äusserst durchschnitten und unwegsam. Auf beiden
Seiten stürzen zahlreiche Wildbäche durch tiefe Schluchten in
die Hauptthäler; dichte Wälder bedecken die höchsten felsigen
Kuppen. Auf der westlichen Seite senkt sich das Terrain in
mehreren Abstufungen gegen die Limmat, aber alle sind steil
und die untersten mit Weinreben bepflanzt. Am oberen Theile
der Stadt, bei Hottingen und Hirslanden, bildet das Gebirge
sanftere Abfälle, mit Landhäusern und Gärten geschmückt;
desto rauher ist es auf der östlichen Seite. Dort fällt der Rücken
wild und steil zu dem breiten sumpfigen Grund herab, den die
Glatt im trägen Lauf durchschlängelt, und der nur wenig
Uebergänge bei Schwerzenbach [1]), Dübendorf, Wallisellen, Glattbrugg und Rümlang zählt. Der Hauptzweig des Gebirges folgt
dem Laufe der Limmat und wird zugänglicher, nach Mass als
sich das Terrain durch die Entfernung der Glatt erweitert.
Die ganze Gegend zwischen beiden Flüssen ist mit waldigen
Höhen bedeckt und von morastigen Thälern durchschnitten. [2])
Vorzüglich verdient ein grosser Sumpf bemerkt zu werden, der
am Fusse des Hauptrückens zwischen Regensdorf und Otel-

---

[1]) Rechts an der Glatt.

[2]) Durch Canalisirung ist es seitdem anders geworden.   D. H.

lingen liegt. Die Glatt hingegen hat abwärts mehrere Uebergänge, weil keine Moräste ihren Zutritt erschweren.

Die Franzosen hatten auf dem hier beschriebenen Gebirge
eine Stellung verschanzt, um sich des strategischen Punktes
Zürich zu versichern. Der rechte Flügel bildete eine Flanke
und lehnte bei Riedsbach (Riesbach) an dem See; die letzten
günstigen Anhöhen vor dem Ort, über welche die Seestrasse
von Rapperswyl nach Zürich führt, und der Buchberg waren
mit Batterien [1]) versehen. Von da lief die Position hinter einer
steilen Schlucht bei Hirslanden vorbei, wo ebenfalls eine hoch-
liegende Batterie die Vereinigung der beiden Strassen von
Grüningen und Fällanden und ihren Uebergang über die Schlucht
bestrich. Die Batterie selbst war rechts und in der Front durch
steile Absätze von Weingärten, links durch einen Wildbach-
graben geschützt. Nahe an derselben brach sich die Front,
und ein breiter, 1500 Schritt langer Verhau durchschnitt den
dichten Wald bis zu dem Attysperger-(Adlisberger-) Hof. Von
diesem bis zu dem Zürichberger-Hof sperrten doppelte Verhaue
alle Zugänge durch die Wälder und besonders die Schlucht von
Stepbach (Stettbach), durch welche der gangbarste Fussweg führt.
Links neben dem letztgenannten Hof erhebt sich der Zürichberg, dessen höchste Kuppe der Geisberg genannt wird. Sein
Kamm dehnt sich auf eine halbe Stunde Weges bis Schwamendingen auf der Strasse von Winterthur nach Zürich aus. Gegen
diese Strasse, sowie gegen den sumpfigen Grund der Glatt
sind die Abfälle des Berges steil, felsig und dicht mit Holz
bewachsen. Auf der Krone des Berges lagen zwei Flügel-
Redouten mit einer Brustwehr verbunden, in der Mitte eine
Flèche; vor diesen Werken ein starker Verhau, der an einigen
Orten 800 Schritt in der Breite hatte. Die Strasse bei Schwamen-
dingen war abgegraben und mit einer anderen Flèche gedeckt.
Der Zürichberg hängt über einen zurückgebogenen sanften
Sattel mit dem Wippkinger- oder Höngger-Berg zusammen.
Letzterer ist zwar nicht so hoch, hat aber mit jenem gleichen
Charakter und Form. Beide bilden gleichsam zwei Bastionen,
zwischen welchen die Courtine in der Länge von beiläufig

---

[1]) 5 Kanonen.   D. H.

2300 Schritten von zehn grösstentheils geschlossenen Redouten
und Flèchen vertheidigt wurde, die das ganze vorliegende
Terrain und besonders die drei Hauptstrassen von Bassersdorf
über Schwamendingen, von Kloten über Glattbrugg und von
Regensberg über Affoltern bestrichen. Zunächst an der letteren
liegt der Wippkinger-Berg, dessen Kamm aus einer kaum zu
ersteigenden Felsenwand besteht. Er war gegen die Strasse
durch zwei mit einer Brustwehr verbundene Redouten und,
sowie der Zürichberg, mit einem ringsherum bis an das Schiess-
haus angelegten Verhau befestigt. Endlich deckten noch drei
Flèchen die letzten Abhänge und die steilen Weinberge bei
Höngg. Als sich die Oesterreicher Zürich näherten, waren alle
diese Werke, mit Ausnahme jener auf dem äussersten linken
Flügel, vollendet und mit Kanonen aus dem Zeughause der
Stadt besetzt; denn Masséna hatte bereits den grössten Theil
seines Geschützes mit allem Tross und Fuhrwerk über die
Limmat in Sicherheit gebracht.

Die Stellung gehörte in jeder Rücksicht zu den festeren
und trotzte wegen ihrer beschwerlichen Zugänge und der vielen
Hindernisse in dem umliegenden Terrain nicht allein jedem
raschen Angriff; sondern sie bot alle Hilfsmittel dar, selbst
die Fortschritte einer siegenden Armee durch mehrere Tage
aufzuhalten. Die durchschnittene waldige Gegend benahm dem
Angreifenden die Uebersicht der jenseitigen Anstalten und
hinderte seine Entwicklung. Er musste defilirend über Moräste
setzen, die dann in seinem Rücken blieben. Sein Geschütz in
der Tiefe vermochte nichts gegen die befestigten Höhen, und
so blieb nichts als die Ersteigung derselben unter dem wirk-
samsten Feuer des Feindes übrig. Dagegen bedurften die Franzosen weniger Truppen zur Behauptung dieser durch Natur
und Kunst geschützten Posten, und sie konnten sich starke
Reserven vorbehalten, um ihrer Vertheidigung durch Ausfälle
und Zurückwerfung der Andringenden noch mehr Nachdruck
zu geben.

Die Vortheile einer solchen Stellung überwogen weit ihre
unverkennbaren Fehler. So wie jede Flanke in einer Schlachtordnung, so würde auch jene, welche der rechte Flügel bildete,
ein wesentliches Gebrechen gewesen sein, wenn nicht das

14*

Terrain gerade den schwächsten Theil, wo sie sich in einem
Winkel brach, vorzüglich begünstigt hätte. Ueberdies befanden
sich hinter dieser Flanke noch mehrere parallele Schutzwehren
von tiefen Schluchten und Wildbächen, die den Feind lang
genug aufhalten konnten, um den Vertheidiger gegen alle nachtheiligen Folgen zu sichern, welche von der Ueberwältigung
einer Flanke unzertrennlich sind.

Nicht zu entschuldigen aber ist der Missgriff in den Anstalten des französischen Feldherrn, dass sich in seinem Rücken
keine anderen Brücken über die Limmat befanden, als jene
von Zürich hinter dem rechten Flügel seiner Stellung. Gelang
'es dem Gegner, auf einem Punkte durchzubrechen und sich
zugleich der Stadt zu nähern, so musste der defilirende Rückzug der Franzosen aus der ganzen Gebirgslinie äusserst gefährdet werden. Mit der durch vier Monate fortgesetzten Anstrengung hätte man auch die Natur besiegen und auf den
steilen Abfällen an der Limmat, vorzüglich bei Wippkingen,
Schanzen zur Beschützung einiger Brücken erbauen können.
Sie würden, obgleich eingesehen, doch dem augenblicklichen
Andrang widerstanden und den Marsch der defilirenden Colonnen gedeckt haben, wenn auch ihre Besatzung dabei verloren ging. Zwar hätte diese Arbeit vielleicht die gänzliche
Vollendung der übrigen Werke zurückgesetzt; aber die Sorge
für die Sicherheit des Rückzuges darf keinem Nebenzweck aufgeopfert werden, umsoweniger, wenn es sich blos darum handelt,
einen ohnehin beschwerlichen Angriff noch ungünstiger zu
machen.

Nebst der inneren Festigkeit der verschanzten Stellung
vor Zürich war auch die vorliegende Gegend für die Franzosen
sehr vortheilhaft. Durch die Sümpfe der Glatt auf bestimmte
Uebergänge beschränkt, mussten die Oesterreicher schon von
fern ihre Bewegungen auf jene Punkte richten, die sie überwältigen wollten, ohne ihre Angriffe maskiren oder während
der Vorrückung durch eine Flankenbewegung von der angenommenen Richtung abgehen zu können. Zu der Hauptoperation standen fünf Linien in ihrer Wahl:

1. Längs dem Züricher-See, mit dem rechten Flügel an den
Greifen-See und an die Glatt gestützt. Diese war die vortheil-

hafteste und leichteste. Allein die Strassen von Bassersdorf und Kloten nach dem Rhein wurden preisgegeben, höchstens nur schwach besetzt, und im Unglücksfalle hätte der Rückzug nach Vorarlberg erfolgen müssen.

2. In der Front des Zürichberges von der Glattseite. Dieser Angriff deckte zwar vollkommen den Rückzug, aber das Debouchiren über die Sümpfe und die Ersteigung des stärktsen Punktes in der Stellung unterlag den meisten Schwierigkeiten.

3. Ueber Kloten und Rümlang gegen den Wippkinger-Berg. Da fand man die nämlichen Terrainhindernisse auf einem längeren Wege zum Hauptobject.

4. Zwischen der Glatt und dem Regensdorfer Sumpf.

5. Längs der Limmat, auf dem äussersten linken Flügel der Franzosen. Bei den beiden letzteren musste auf die Rückzugslinie zu den bestehenden Brücken über den Rhein Verzicht geleistet und jene über die Gebirge des Kaiserstuhles angenommen werden, wo der Weg schlecht ist und die Schlagung neuer Brücken längere Zeit erfordert hätte. Ausserdem würde die vorläufige Räumung der Gegend zwischen der Limmat, der Aar und dem Rhein, welche die Division Thareau noch besetzt hielt, unvermeidlich haben vorangehen müssen, und der gegen Zürich zurückgedrängte Feind hätte von seinem linken Flügel bis zu der Stadt mehrere vortheilhafte Aufstellungen gefunden.

In Erwägung dieser verschiedenen Umstände wählte der Erzherzog zwar den sichersten Weg, aber auf welchem die meisten Hindernisse zu bekämpfen waren. Ihre Besiegung schien ihm leichter, als späterhin die Verbesserung einer verfehlten Vorsichtsmassregel; und er hielt den damit verbundenen Verlust für das Ganze weniger schädlich, als die Folgen eines unsicheren Spieles.

Der Hauptangriff sollte von dem linken Flügel und dem Centrum auf den Zürichberg gerichtet sein, indessen der rechte Flügel zur Deckung der Flanke und des Rückzuges versagt blieb, und Jellačić, der sich schon bis an den See ausgedehnt hatte, längs demselben vordringen würde. Bevor jedoch dieser Angriff unternommen werden konnte, mussten die Franzosen

ganz in ihre Position zurückgedrängt werden, in welcher bis
jetzt nur der rechte Flügel unter dem General Soult aufgestellt war. Der Rest der Armee befand sich noch vor dem
Zürichberg an der Glatt und hatte mit Ausnahme der Brücke
von Dübendorf alle übrigen abwärts des Flusses in Besitz.
Ihre Vorposten standen bei Fällanden, hinter Dübendorf, dann
bei Wallisellen und längs dem rechten Ufer der Glatt.

Jellačić hatte früher den Auftrag erhalten, aus der Gegend
von Utznach und Rapperswyl gegen Zürich vorzurücken. Er
glaubte sich buchstäblich an denselben halten zu müssen und
setzte seinen Marsch zwischen dem Züricher- und dem Greifen-
See fort, obwohl diese Bewegung jetzt, da er sich der ganzen
französischen Armee näherte, zu nichts führte, so lange sie
blos von ihm einseitig geschah. Am 2. Juni drang er in drei
Colonnen auf Zollikon und Wytikon vor, und zwar auf der
Seestrasse, auf jener am Greifen-See über Ebmatingen und jenseits des Greifen-Sees über Schwerzenbach und Fällanden. Die
französischen Vortruppen wurden in ihre Hauptstellung bei
Riesbach und Hirslanden zurückgeworfen, verliessen Fällanden,
schwächten sich hinter Dübendorf und bei Wallisellen, und
zogen von Kloten abwärts der Glatt alle ihre Posten auf das
linke Ufer zurück. Die österreichischen leichten Truppen folgten
ihnen auf dem Fusse; alle Zugänge zu der Glatt wurden auf
dem rechten Ufer stark besetzt und die Brücke bei Glattfelden
— die einzige, welche die Franzosen an der unteren Glatt un-
verdorben gelassen hatten, — genommen und behauptet. Der
Erzherzog rückte an diesem Tage mit dem Centrum der Armee
auf die Höhen hinter Kloten. Masséna hatte sich am Fusse des
Zürich- und Wippkinger-Berges zur Vertheidigung der Glatt enger
zusammengezogen; Thareau stand bis zu ihrem Ausfluss vertheilt. Oudinot commandirte den linken Flügel, Soult den
rechten, und hinter der Mitte befand sich eine Reserve von
Grenadiers.

Der Erzherzog befahl dem General Jellačić, sich
auf die Behauptung seiner gewonnenen Stellung zwischen
Wytikon und dem Züricher-See insolange zu beschränken, bis
die Armee zum Angriff mitwirken konnte. Allein dieser General
hatte sich schon zu weit vorgewagt und bedrohte die Commu-

nicationen der Franzosen mit Zürich zu sehr, um nicht ihre
ganze Aufmerksamkeit auf sich zu ziehen. Masséna griff ihn
am 3. Juni bei Tagesanbruch mit drei Halbbrigaden der Division Soult und in eigener Person mit jenem Ungestüm an,
der seine Gegenwart bewies. Die Oesterreicher widerstanden
tapfer, ergriffen sogar links am See die Offensive, warfen den
Feind nach Zürich, verfolgten ihn bis an die Thore und besetzten die Vorstadt. Die auf den Höhen von Wytikon aufgestellten Truppen wollten diesem Beispiele folgen, gewannen
einige Vortheile, vermochten aber nicht den Feind aus den
Wäldern und Weinbergen von Hirslanden zu vertreiben.
Masséna schickte Verstärkungen dahin, liess die Oesterreicher
mehrmals angreifen und zwang sie bei einbrechender Nacht
zum Rückzug. Jellačić konnte sich nunmehr in der Tiefe nicht
behaupten und zog sich aus der Vorstadt von Zürich in seine
vorige Stellung bei Zollikon.

Der Divisionsgeneral Chérin, Chef des französischen
Generalstabes, erhielt an diesem Tage eine tödtliche Wunde
und verschied bald darauf.[1] Am 4. Juni rückte die ganze
österreichische Linie zum allgemeinen Angriff, der in 5 Colonnen vor sich gehen sollte, nach folgender Eintheilung vor:

[1] Am 14. Juni. Chérin (Louis-Nicolas-Henri), geb. 1769, war bereits
1795 Generalstabs-Chef der West-Armee unter Hoche. D. H.

Schlachtordnung der österreichischen Armee zum Angriff der verschanzten Stellung vor Zürich am 4. Juni 1799.

Commandirender General: Erzherzog Carl.

Armee-Abtheilungen	Feldmarsch.-Lieutenants	Brigadiers	Truppen	Bataillons	Escadrons
Linker Flügel: Feldmarschall-Lieutenant Hotze	Jos. Lothringen	Jellačić	Stein	3	—
			Kerpen	1	—
			Gemmingen	1	—
			Modena-Dragoner	—	1
			Waldeck-Dragoner	—	2
		Bey	Gemmingen	2	—
			Kaiser	2	—
			Waldeck	—	2
			Uhlanen	—	1
		O'Reilly	1. Peterwardeiner	1	—
			Kaunitz	3	—
			Coburg-Dragoner	—	2
			Grenz-Husaren	—	2
	Petrasch	Oberst Plunket	3. Peterwardeiner	1	—
			4. »	½	—
			60. Regiment	2	—
		Kempf	Bender	3	—
			Brechainville-Grenadiers	½	—
		Oberst Grünne	Kronprinz Ferdinand-Dragoner	—	6
			Coburg-Dragoner	—	4
			Waldeck-Dragoner	—	2
			Fürtrag	20	22

Armee-Abtheilungen	Feldmarsch.-Lieutenants	Brigadiers	Truppen	Bataillons	Escadrons
			Uebertrag . . .	20	22
Centrum: Feldzeugmeister Wallis	Reuss	Rosenberg	Strozzi	1	—
			Wenckheim	3	—
			Grenz-Husaren	—	8
		Lindenau	Erzherzog Carl	3	—
			Oliv. Wallis	3	—
	Anhalt-Köthen	Sebottendorf Hiller	Grenadiers	6	—
			Erzherzog Ferdinand	2	—
		Hessen-Homburg	Zeschwitz-Cuirassiers	—	4
			Latour-Dragoner	—	6
			Kinsky-Dragoner	—	6
	Riesch	Hohenlohe	Nassau-Cuirassiers	—	6
			Mack-Cuirassiers	—	6
Rechter Flügel: Feldmarschall-Lieutenant Nauendorf		Kienmayer	Tiroler Jäger	2/3	—
			Grenz-Scharfschützen	2/3	—
			Rubinitz	1/3	—
			Deutsch-Banater	1	—
			Mészaros-Husaren	—	8
			Uhlanen	—	1
		Simbschen	Calenberg	2?/3	—
			Manfredini	3	—
			Erzherzog Ferdinand	1	—
Baillet		Mylius	Lacy	3	—
			Carl Schröder	3	—
			Summa . .	53⅓	67

General Jellaćić ging mit der ersten Colonne des linken
Flügels (5 Bataillons, 3 Escadrons) auf der Seestrasse rasch
vor, warf den Feind aus seinen Verschanzungen nach Zürich
hinein und besetzte die Vorstädte. Die Franzosen zogen Reserven an sich und trieben die Oesterreicher zurück, welche
neuerdings und zum dritten Male an die Mauern von Zürich
kamen, aber sich nicht behaupten konnten. Jellaćić nahm daher
Posten auf den Höhen von Riesbach, wo ihn die Franzosen bis
in die Nacht mehrmals ohne Erfolg angriffen.

Die zweite Colonne unter dem General Bey (4 Bataillons, 3 Escadrons) rückte gleichzeitig von Wytikon auf
Hirslanden, bemeisterte sich dieses Ortes und der nahe gelegenen Verschanzungen und versuchte ihren Vortheil auf der
Abdachung der Höhen zu verfolgen, welche gegen Hottingen
und Fluntern herabfallen; allein die jenseitigen Abfälle und
Schluchten waren stark besetzt. Gegen Mittag drang der Feind
auch hier vor, und die Oesterreicher zogen sich in gleicher
Höhe mit der ersten Colonne zurück.

Ebensowenig Erfolg hatte die dritte Colonne unter dem
Prinzen von Lothringen (4 Bataillons, 4 Escadrons), welche
von Dübendorf über Fällanden und Pfaffhausen in Verbindung
mit der zweiten herankam. Sie war zum Angriff des Zürichberges bestimmt und hatte den genannten Weg eingeschlagen,
weil die Fusssteige, welche von Dübendorf in gerader Richtung
auf das Gebirge führen, als ungangbar erkannt wurden.

Die Colonne drang zwar theils durch die Wälder, theils
über Göhrins (Gehren) und Gockhausen auf den Attysperger-
(Adlisberger-) und Topel-Hof; allein der fernere Angriff auf die
Flanke der feindlichen Stellung scheiterte an dem Verhau sowie an dem mörderischen Feuer der französischen Infanterie
und ihres Geschützes, dem die Oesterreicher nur zwei mit Mühe
heraufgeschleppte Kanonen entgegenstellen konnten. Um 2 Uhr
Nachmittags zog sich Prinz Lothringen aus dem Bereich des
feindlichen Feuers zurück.

Die vierte Colonne unter Anführung des Feldmarschall-
Lieutenants Hotze (7 Bataillons, 12 Escadrons) sollte auf der
Brücke zwischen Wallisellen und Schwamendingen über die

Glatt gehen, aber der Feind hatte sie in Brand gesteckt und hinderte ihre Herstellung durch das heftige Feuer einer bei Schwamendingen aufgeführten Batterie. Die Colonne musste daher nach Hinterlassung zweier Bataillons an der Brücke links abmarschiren und hinter der dritten bei Dübendorf übersetzen. Hotze rückte auf Stettbach vor, nahm es nach einer hartnäckigen Gegenwehr, liess den grössten Theil seiner Cavallerie an der Strasse von Dübendorf nach Schwamendingen zurück und setzte seinen Angriff gegen Schwamendingen fort.

Als die beiden bei der Brücke von Wallisellen aufgestellten Bataillons die Fortschritte der Colonne am Fusse des Berges ersahen, stürzten sie sich in das Wasser und drangen in Schwamendingen ein. Die Franzosen widerstanden einer solchen Entschlossenheit nicht und zogen sich hinter ihren Verhau auf den Zürichberg zurück, gegen welchen jedoch alle Versuche, von Schwamingen durchzubrechen, wegen des dichten Waldes und des jähen Bergfalles fruchtlos blieben.

Die fünfte Colonne (10 Bataillons, 20 Escadrons) bestand aus einem Theil des Centrums unter dem Fürsten Reuss. Diese nahm ihre Richtung über Glattbrugg auf Seebach, bemeisterte sich dieses Ortes, der vorliegenden Waldung, dann des Dorfes Oerlikon, setzte sich links mit der vierten Colonne bei Schwamendingen in Verbindung und nahm eine bogenförmige Stellung mit dem rechten Flügel an Rümlang. Der übrige Theil des Centrums (8 Bataillons, 16 Escadrons) wurde als Reserve auf den vom Fürsten Reuss verlassenen Platz bei Opfikon vorgezogen. Der ganze rechte Flügel (15½ Bataillons, 9 Escadrons) blieb zur Besetzung von Glattfelden und der unteren Glatt zurück. General Oudinot, welcher am Fusse des Wippkinger-Berges stand, zog seine Truppen bei Affoltern zusammen und griff gegen Mittag mit 3 Halbbrigaden und 2 Cavallerie-Regimentern die Höhe von Seebach an, wo sich die österreichische Stellung gegen Rümlang zurückbog. Dort konnte ihn ein glücklicher Erfolg früher zu dem Uebergang bei Glattbrugg führen, als Alles, was vom Feinde bei Oerlikon stand: wo dieser, auf allen Seiten mit Morästen umgeben, keine Freiheit in den Bewegungen hatte. So gut der Punkt des Angriffes gewählt war, so missglückte dieser doch durch die standhafte Vertheidigung der Oesterreicher, welche noch mit 2 Bataillons von ihrem rechten Flügel verstärkt wurden.

Es war 2 Uhr Nachmittags, und der Angriff machte keine Fortschritte weder bei Schwamendingen noch beim Attysperger- (Adlisberger-) Hof. Bei Wallisellen hatte der Erzherzog indessen zwei Laufbrücken über die Glatt schlagen lassen. Nun zog er 5 Bataillons von der Reserve herbei und beorderte den Feldzeugmeister Wallis zum Sturm des Zürichberges. Ein Bataillon blieb bei den Brücken; mit den übrigen setzte sich Wallis sogleich längs der steilen Schlucht, welche von Schwamendingen über die Ziegelhütte zu dem Zürichberger-Hof führt, in Marsch und liess durch eine Kette von Plänklern die feindlichen Truppen hinter ihren Verhau zurücktreiben. Anfangs konnte die Bewegung nur reihenweise geschehen, bis[1]) eine kleine Wiese erreicht wurde, auf welcher sich die zwei ersten Compagnien formirten und in den Verhau eindrangen. Unter ihrem Schutz marschirte der Rest der Colonne ebenfalls nur in der Breite von 2 Compagnien auf, weil das Terrain keine grössere Front einzunehmen erlaubte. Das Feuer des Feindes zwang die Oesterreicher bald den Verhau zu verlassen; jedoch, von den Nachfolgenden unterstützt, erneuerten sie den Angriff, drangen durch und erstiegen sogar die nächste Batterie. Hier erwarteten sie aber die französischen Reserven, und sie wurden von allen Seiten mit einem solchen Hagel von Kugeln und Kartätschen empfangen, dass sie mit anbrechender Dämmerung zurückweichen mussten. Ihr Verlust war beträchtlich; Feldzeugmeister Wallis und General Hiller empfingen schwere Wunden. Die Oesterreicher liessen den Rand des Waldes gegen den Zürichberger-Hof besetzt, hielten Posten längs dem feindlichen Verhau, und ihr Gros schloss sich vorwärts der Ziegelhütte ober Schwamendingen an die Truppen der vierten Colonne an.

Gleichzeitig mit diesem Angriffe hatte auch die dritte Colonne einen neuen Versuch zur Erstürmung des Zürichberges von dem Adlisberger-Hof unternommen, aber ebenfalls ohne Erfolg. Sie beschränkte sich demnach, auf jener Seite einige Abtheilungen zur Besetzung des genannten Hofes und der

---

[1]) Hinter dem Zürichberger-Hof.   D. H.

nächsten Waldungen zurückzulassen, und der Rest postirte sich auf den Höhen von Wytikon. Von den Oesterreichern wurde noch an diesem Tage der Feldmarschall-Lieutenant Hotze verwundet, von den Franzosen der Divisionsgeneral Oudinot und der Brigadegeneral Humbert.

Längs der unteren Glatt waren blos unbedeutende Scharmützel vorgefallen. Die Franzosen hatten Anfangs das Ufer der Glatt und die Brücke von Hochfelden verlassen, und die österreichischen leichten Truppen folgten ihnen auf dem linken Ufer nach; zogen sich aber wieder über die Glatt zurück, als ihre Gegner, von dem geringen Erfolg der Angriffe bei Zürich unterrichtet, neuerdings vorgingen.

Am 5. Juni blieben beide Armeen unverändert in den Stellungen, die sie am vorigen Abend inne hatten. Masséna wollte sich überzeugen, ob sein kräftiger Widerstand die Oesterreicher von der Fortsetzung ihrer beschwerlichen Operation abgeschreckt habe. Der Erzherzog beschäftigte sich, aus den errungenen Standpunkten eine Stellung auszuspähen, die man in der Entfernung weder sehen noch beurtheilen konnte; und auf diese Erkenntniss beschloss er, einen neuen Angriffsplan zu gründen. Der Feind musste, es koste was es wolle, aus dem Besitz von Zürich vertrieben werden, ohne welchen es für die Oesterreicher keine Aufstellung gab, die zugleich die Gegend von Stockach, Vorarlberg und ihre Verbindung mit Italien deckte. Jede andere würde um den im Mittelpunkte concentrirten Feind einen umfassenden Halbkreis gebildet haben, welcher sich nach Mass seiner Entfernung vom Gegner immer mehr ausdehnte und bei den täglich ankommenden französischen Verstärkungen früh oder spät gesprengt werden musste. Die Nothwendigkeit der Operation unterlag daher keinem Zweifel, die Epoche ihrer Ausführung litt keinen Aufschub, und die Grenadiers hatten sich selbst zur Wiederholung des Sturmes erboten.

Der Erzherzog bestimmte die Nacht vom 5. auf den 6., um durch einen mit Kraft verbundenen Ueberfall jene Absicht zu erreichen, die er am 4. mit offener Gewalt nicht durchsetzen konnte. Von der unteren Glatt wurden die Truppen herauf und zum Theil über das Wasser gezogen, um die

Höhen von Wallisellen, Opfikon, Kloten und Rümlang, dann
die Brücken über den Fluss zur Sicherheit des Rückzuges zu
decken. Vier Bataillons von den jenseits des Rheins befindlichen Truppen ersetzten diesen Abgang zwischen Glattfelden
und Ober-Glatt. Zwei Bataillons, 2 Batterien und 16 Escadrons
nahmen ihre Stellung hinter dem Rideau zwischen Schwamendingen und Oerlikon als unmittelbare Reserve für 2 Colonnen,
die, jede von 8 Bataillons, zum Angriff beordert waren.

Die erste versammelte sich auf der Strasse vorwärts
Schwamendingen, sollte so weit vorrücken, als es unbemerkt
geschehen konnte, und die zunächst liegenden Verschanzungen
des Zürichberges ersteigen. Die zweite kam in dem Wäldchen
zwischen Oerlikon und Seebach zusammen und hatte die Bestimmung, auf der Strasse von Kloten vorzudringen, zuerst
die Werke rechts von derselben, und dann den Wippkinger-Berg
selbst anzugreifen.

Zwei Uhr Morgens war die Stunde zum Aufbruch. Der
Erzherzog verbot die Gewehre zu laden, empfahl die grösste
Stille, Schnelligkeit, Ordnung und schärfte den Colonnen-
Commandanten ein, wenigstens 2 Bataillons immer geschlossen
zu erhalten. Obwohl der Entwurf zu dieser Unternehmung im
Widerspruche mit den gewöhnlichen Regeln der Kriegskunst
steht, welche den Angriff auf eingehende Winkel, als auf die
stärksten Punkte jeder Stellung, missbilligen; so verdient er
doch nicht unbedingten Tadel. Es lag einige Aussicht des Erfolges in der Kühnheit des Beginnens selbst, in der Möglichkeit, sich den Verschanzungen des Zürichberges unentdeckt zu
nähern, endlich in der Wahrscheinlichkeit, dass der schwächere
Feind gerade die festesten Punkte seiner Stellung, gegen welche
noch nicht einmal ein Scheinangriff geschehen war, vernachlässigt und seine Kräfte vorzüglich zur Unterstützung der ge-
fährdeten rechten Flanke verwendet haben würde. Misslang
der Sturm, so trat das nämliche Verhältniss ein, was auch
ohne ihn zu wagen bestand. Denn die geringere Truppenzahl
der Franzosen, die Beschwerlichkeit des Terrains, die beständige
Sorge für ihre Rückzugslinie, die Unmöglichkeit vorzugehen,
ohne diese Besorgnisse zu vermehren, setzten sie ausser Stand,
sich in eine Verfolgung einzulassen, die grosse Resultate ver-

sprach. Unzugängliche Stellungen, von der Natur und Kunst
in hohem Grade verwahrt, sind zwar für den Schwächeren in
der strengsten Defensive erwünscht; wenn aber nur augenblickliche Verhältnisse zur Vertheidigung zwingen; wenn geringe
Vortheile die Möglichkeit herbeiführen können, wieder zur
Offensive überzugehen: dann muss man voraussetzen, dass der
Feldherr, der sich in einer solchen Lage befindet, die Gelegenheit nicht versäumen werde, auf seinen Gegner schädlich zu
wirken. Die Oesterreicher hatten Ursache, dieses von dem entschlossenen Charakter Masséna's zu erwarten. Bei der aner-
kannten Nothwendigkeit also, den Feind aus seiner drohenden
Stellung zu entfernen, würde das Misslingen eines zweiten
Versuches den Erzherzog gezwungen haben, einen dritten zu
wagen — sei es mit seinem linken Flügel, indem er diesen
verstärkte und sich des Rückzuges über die Glatt durch an-
gelegte Verschanzungen versicherte, oder mit Versagung des
linken und Vorschiebung des rechten Flügels gegen den Wippkinger-Berg. Auf jeden Fall aber wurde der Erfolg seiner Operation immer problematischer, je mehr sie mit Zeitverlust verbunden war, weil sich Masséna mit jedem Tag verstärken konnte.

Die Haltung der Oesterreicher während des ganzen 5.,
wo sie, durch das Terrain eingeengt, mit ansehnlichen Défiléen
im Rücken am Fusse der französischen Positionen stehen
blieben, war offensiv, und deutete bestimmt auf ihrere fernere
Absicht. Sie hatten die Mehrzahl, folglich die Möglichkeit, ihren
Zweck durch Aufopferung von Menschen oder durch langsamere
Fortschritte in wiederholten Postengefechten zu erreichen. Bei
der französischen hingegen waren nicht allein die erwarteten
Verstärkungen noch nicht eingetroffen, die ihrem Feldherrn
das Gleichgewicht und die Ueberlegenheit der Offensive geben
konnten; sondern Masséna durfte nicht einmal hoffen, bis zu
ihrem Eintreffen sich vor Zürich zu behaupten. Er beschloss
daher, eine Stellung zu verlassen, die mehr als Basis zu einer
künftigen Offensive nützlich war, und sich vorderhand in
eine vortheilhaftere defensive Verfassung zu setzen.

Die Beschwerlichkeit und die Gefahr des Rückzuges im
Angesicht des Gegners beschleunigten seinen Entschluss, und
in der Nacht vom 5. auf den 6. wurde das rechte Ufer der

Limmat mit Ausnahme der Stadt Zürich geräumt. Die Truppen, welche an der unteren Glatt standen, zogen theils über Regensdorf nach Kloster Fahr,[1] theils über Buchs und Würenlos nach Kloster Wettingen,[2] wo sich Brücken über die Limmat befanden. Die entferntesten Abtheilungen gingen durch das Sürbthal nach Baden und auf der fliegenden Brücke bei Stilli über die Aar. Einzelne Posten blieben auf dem rechten Ufer der Limmat, setzten aber dann hinüber und warfen die Brücke hinter sich ab, als die österreichischen Patrouillen am 7. Morgens herankamen. Aus der Hauptstellung, in welcher 28 Stück Geschütze und 18 Munitionskarren zurückblieben, defilirte Masséna durch Zürich. Am folgenden Morgen nahten sich die Oesterreicher der Stadt. Die Besatzung forderte Zeit zu ihrer Räumung, drohte die in derselben befindlichen Brücken zu zerstören und vom jenseitigen Ufer die Stadt zu beschiessen, wenn man Gewalt brauchen wollte.

Nach einer kurzen Unterhandlung verliessen die Franzosen Zürich am 6. Juni um 12 Uhr Mittags.

Masséna's weiterer Rückzug geschah in 3 Colonnen. Zwei Halbbrigaden und 1 Cavallerie-Regiment gingen auf der Strasse von Zug, die zweite Colonne über Albisrieden und den Steig, die dritte auf der Strasse von Baden bis Dietikon, von wo sie sich nach Urdorf wandte.

Alle drei Colonnen erstiegen den Gebirgsrücken, welcher aus dem Canton Schwyz zuerst an der Sihl, dann längs der Limmat bis Baden fortläuft, und oberhalb unter dem Namen Albis, bei Zürich hingegen unter jenem vom Uetli bekannt ist. Sein Fall bildet auf der Ostseite fast durchgehends eine gerade Wand, welche nur an sehr wenig Orten zu ersteigen ist. Auf diesem nahm Masséna eine in der Front fast unangreifbare Stellung und vermehrte ihre Stärke durch Verschanzungen und Verhaue. Die Truppen bezogen auf dem Berge selbst einige kleine Lager und cantonirten zum Theil hinter demselben. Eine sanfte Höhe, an deren Fuss Albisrieden liegt, wurde mit 12 Kanonen besetzt. Die Vorposten standen vor dem Ort, dann über Altstädten längs der Limmat und Aar bis an den

---

[1] Benedictiner-Abtei, 1841 aufgehoben.
[2] Ehemals Cisterzienser-Abtei. D. H.

Rhein. Die Oesterreicher warfen 5 Bataillons nach Zürich, wo sich noch 149 Kanonen von verschiedenem Kaliber vorfanden. Eine Avantgarde von 3 Bataillons, 14 Escadrons rückte über die Sihl und postirte sich jenseits der Stadt. Das rechte Ufer der Limmat und der Aar wurde mit Posten besetzt. Die Armee lagerte auf den Höhen zwischen der Limmat und der Glatt. Der Erzherzog nahm sein Hauptquartier in Kloten, Masséna in Bremgarten.

Am 8. Juni recognoscirten die Oesterreicher die feindliche Stellung, vertrieben die französischen Posten aus Albisrieden, Altstädten (Altstetten), Schlieren und drangen bis Uetikon auf dem Uetli.

Masséna hatte seine Truppen zu sehr vertheilt, um schnellen Widerstand zu leisten, wenn die Unternehmung mehr als eine Recognoscirung gewesen wäre. Erst gegen Abend brachte er so viele Truppen zusammen, dass ihre Gegner die eroberten Ortschaften räumen und in ihre vorige Stellung zurückkehren mussten, worauf er auch die seinige wieder bezog. Altstädten blieb unbesetzt und wurde von den gegenseitigen Patrouillen durchstreift. Am 15. Juni griff Masséna mit 4 Halbbrigaden und etwas Cavallerie die feindliche Vorpostenlinie an, liess Altstädten und den Galgenberg besetzen und wandte seine grösste Stärke gegen Wiedikon. Der Angriff war heftig, aber ohne Erfolg. Die Franzosen mussten ihn aufgeben und verliessen auf ihrem Rückzug sowohl Altstädten als den Galgenberg.

Nach der Schlacht von Zürich war Masséna aus einer bedrohenden in eine defensive Haltung übergegangen, welche für seine Lage, so lange ihn die erwarteten Verstärkungen nicht in Stand setzten, die Offensive wieder zu ergreifen, am angemessensten schien.

Die Stellung der französischen Armee krönten die Höhen hinter der Aar und der Limmat; das verschanzte Lager vor Basel und die Berge der Waldstädte stützten ihren linken Flügel; die steile Wand des Albis und Uetli gaben der Mitte eine seltene Festigkeit: aber der rechte Flügel war zu weit vorgeschoben und ausgedehnt.

Zwischen den Seen hatten die schwächeren Oesterreicher noch keine Fortschritte gemacht. Am Fusse des Gotthard vervielfältigte sich die rastlose Thätigkeit von Le Courbe auf allen

Punkten und erhielt dadurch ein entscheidendes Uebergewicht über seinen zahlreicheren Gegner. In dem Walliser-Land schlug Xaintrailles den bei Leuk versammelten Volksaufstand, welchen die auf dem Gotthard zaudernden Oesterreicher nicht unterstützten, zerstreute die Insurgenten und drang bis Morel und Lax.

Le Courbe hatte sich am 29. Mai den Feind vom Halse geschafft, der sich bei Schwyz ihm näherte, und kam nun wieder nach Altorf, wo er, mit Loison vereinigt, die Oesterreicher unter dem Obersten St. Julien in dem Thale der Reuss angriff. Diese behaupteten sich durch zwei Tage, wurden aber am 1. Juni Abends bis an die Teufelsbrücke zurückgeworfen, und verloren drei Bataillons, die in französische Gefangenschaft fielen — ein Erfolg, mit welchem meistens energische Manöver im Gebirge gekrönt werden, wenn sie der Feind stehenden Fusses erwartet.

Zur nämlichen Zeit zwang auch Xaintrailles die in das obere Wallis vorgerückten österreichischen Abtheilungen das Thal der Rhône zu verlassen und über den Nufenen-Pass bis Ronch (Ronco) am Ursprung des Ticino zu weichen. Es schien kein Zweifel mehr, dass Le Courbe und Xaintrailles am Gotthard zusammenstossen und sich desselben bemeistern würden; obwohl ihre Gegner von Graubünden sowohl, als von der Colonne, mit welcher Bellegarde nach Italien marschirt war, Verstärkungen erhielten. Xaintrailles war bereits in Oberwald am Ursprunge der Rhône angelangt, als die Vortruppen des Obersten Rohan, welchen Hadik früher vom Gotthard nach Domo d'Ossola detachirt hatte, sich auf dem Simplon zeigten. Durch diese Bewegung wurde Xaintrailles am 4. zum Rückzug nach Brieg bewogen, den auch Le Courbe von seiner Seite bald darauf antrat, nachdem ihn Masséna von den Ereignissen bei Zürich unterrichtet und seinen Willen zu erkennen gegeben hatte, die Hauptarmee mit ihrem rechten Flügel in eine nähere und gedrängtere Verbindung zu bringen.

Xaintrailles blieb als ein detachirtes Corps in Wallis, zur Besetzung der Eingänge über den Bernhard, den Simplon und Gotthard. Le Courbe verliess am 8. Altorf und Schwyz. Von Altorf schifften die Franzosen nach Luzern über, schickten starke Detachements nach Stanz und Beckenried am Vierwald-

stätter-See und hinterliessen Beobachtungsposten auf dem Engel-
berg [1]) und bei Seedorf gegenüber von Altorf. Jener Theil der
Division Le Courbe's, der bei Schwyz und im Mutten-(Muotta-)
Thal stand, zog sich nach Arth am Zuger-See und hielt seine
Vorposten auf der sogenannten Platte, eine Stunde von Schwyz.
Alle Brücken, welche dem Gegner zur Verfolgung dienen
konnten, wurden abgebrochen.

Auch der Erzherzog hatte seine Aufmerksamkeit auf jene
Gegend gerichtet und noch am 6., am Tage der Besetzung von
Zürich, den General Jellačić mit 9 Bataillons und etwas Cavallerie zum Marsch in die kleinen Cantone beordert. Der
Oberst Gavasini, welcher noch bei Mollis und Utznach stand,
dann einige Verstärkungen aus Graubünden wurden an ihn
angewiesen, so dass sein ganzes Corps 13¹/₂ Bataillons, 6 Escadrons, ungefähr 12.000 Mann betrug. Mit diesem sollte er
sich nach Umständen von Utznach auf Glarus, Schwyz oder
Einsiedeln wenden. Da aber mittlerweile die Nachrichten von
den Unfällen des Obersten St. Julien im Reussthal einliefen,
glaubte Jellačić die Gegend von Graubünden nicht ausser Acht
lassen zu dürfen und theilte sein Corps in 3 Colonnen. Mit
der ersten (6 Bataillons, 5 Escadrons) ging er selbst über die
hergestellte Brücke von Grünau (Grynau) und verfolgte die
Strasse am linken Ufer des Züricher-Sees; die zweite (3 Bataillons)
liess er über Näfels durch das Klön- und Muttenthal gegen
Schwyz marschiren; die dritte (4¹/₂ Bataillons, 1 Escadron)
über Sargans, Chur, Disentis in das Thal der Reuss. Mit der
letzteren verband er die Absicht, dem Obersten St. Julien zu
Hilfe zu kommen und die Räumung von Altorf zu erzwingen,
im äussersten Falle aber Graubünden zu decken.

Indessen hatte sich Chabran aus seiner Stellung zwischen
Richterschwyl und Lachen auf dem linken Ufer des Züricher-Sees
gleichzeitig mit den Bewegungen der Armee zurückgezogen.
Jellačić erreichte am 12. den Aetzelberg (Etzel), gegenüber von Rapperschwyl, auf welchem er Posten fasste und seine Vortruppen
nach Richterschwyl, Wollerau, Schindellegi und Einsiedeln vorschob. Die zweite Colonne gewann Schwyz. Die Linie des

---

[1]) Bei Engelberg.

D. H.
15*

Generals Chabran lehnte mit dem rechten Flügel an dem
Lowerzer-See und lief über Steinen, Sattel, Rothenthurm und
den Hohen Rhonen an die Sihl. Hauptposten standen auf der
Bennauer-Höhe [1]) oder dem sogenannten Katzenstrick und an
der abgetragenen Brücke, gegenüber von Schindellegi.

Am 14. verliess Chabran diese Aufstellung und zog sich
auf Morgarten, endlich am 17. Juni in die Linie von Zug,
Arth und Gersau; seine Vorposten hielten Baar, Menzingen,
Unter-Egeri, Steinenberg und Lowerz besetzt. Le Courbe war
in Luzern. Jellačić blieb mit seinem Gros auf dem Aetzelberg
und liess seine Avantgarde nach Ober-Egeri und auf die Alt-
matt vorrücken; starke Patrouillen durchstreiften die Strecke
zwischen der Sihl und dem Züricher-See bis zu den österreichischen Posten vor Zürich.

Die dritte Colonne fand das Reussthal vom Feinde geräumt. Da während dieser Zeit Hadik und die ihm unterstehende
Brigade St. Julien von dem Feldmarschall Souwarow ein-
berufen wurden, so besetzten die Truppen der dritten Colonne
mit Zuziehung von 3 Bataillons aus Graubünden, welche schon
früher zur Unterstützung des Obersten St. Julien herbeigeeilt
waren, das ganze Reussthal von Altorf bis zum Furka-Pass,
wo sie mit der von der italienischen Armee zur Vertheidigung
des Gotthard allein zurückgelassenen Brigade des Obersten
Strauch in Verbindung standen. Dies war das Ende der österreichischen Fortschritte in der Schweiz.

—

[1]) 4 Kilometer NW. von Einsiedeln.   D. H.

Geschichte des Feldzuges von 1799.

Zweiter Theil.

Erster Abschnitt.

Waffenruhe an der Limmat und am Rhein.

Keine Operation ist mit Gründlichkeit entworfen und mit Zuversicht ausführbar, wenn sie nebst der Unverletzlichkeit ihrer Basis nicht auch die Sicherheit der Communicationen mit derselben verbürgt. Diese Sicherheit besteht in der Unmöglichkeit, dass der Feind sich früher auf die Verbindungslinien der vor- oder seitwärts operirenden Armee setze, als es diese zu hindern vermag. Man erlangt sie entweder durch schützende Aufstellungen in der Nähe seiner eigenen Communicationen, oder durch solche, welche jene des Gegners bedrohen, oder durch Entkräftung der feindlichen Unternehmungen nach vorhergegangenen Waffenthaten.

Die Oesterreicher waren nach der Schlacht von Zürich weder so überlegen an Zahl, noch hatten sie so entschiedene strategische Vortheile errungen, dass sie sich schmeicheln konnten, die Unternehmungskraft des Feindes gelähmt zu haben. Sie bedrohten weder seine Basis noch seine Rückzugslinie; denn erstere war befestigt, und letztere deckten die Franzosen durch parallele Aufstellungen in einer von der Natur zur Vertheidigung günstigen Gegend, die gegen Umgehungen schützt und rasche Anfälle hindert. Die Oesterreicher mussten also ihre Operationen auf ihre eigene Aufstellung gründen und durch eben dieselbe ihre Communicationen zu verwahren suchen. Obwohl die deutsche Armee in der Schweiz stand, war ihre Basis doch ausschliesslich in Deutschland; denn die Gebirgsmassen zwischen Bayern und Italien mit den einzigen zwei Débouchéen über den Arlberg und durch das Engadein konnten nicht als solche angenommen werden. Ursprünglich zwischen

Salzburg und Eger beschränkt, verlor diese Linie in ihrer
parallelen Vorrückung gegen den Rhein an ihrer relativen
Breite, je mehr sie sich der ausgedehnten französischen Basis
zwischen dem Jura und Holland näherte.

Um seine Operationen mit Nachdruck und Ueberlegenheit
in der Schweiz zu führen, hatte der Erzherzog nur 22.000 Mann
mit Einschluss von mehr als 10.000 Pferden im Schwarzwald
zurückgelassen und diese sollten seine Basis durch eine Frontal-
Aufstellung gegen die feindlichen Brückenköpfe am Rhein
decken. Allein die Franzosen standen schon in gleicher Stärke
davor, vermehrten sich täglich und erwarteten noch einen bedeutenden Zuwachs, dessen Ankunft nicht mehr entfernt war.
Der Erzherzog musste demnach entweder die Besetzung des
Schwarzwaldes durch ansehnliche Detachirungen aus der Schweiz
verstärken, wodurch seine weiteren Fortschritte gehemmt wurden;
oder eine Stellung wählen, in welcher er sich gegen die Unternehmungen sowohl von jener Seite, als von der ihm gegenüberstehenden feindlichen Armee sicherstellte. Aus der Schweiz
waren seine Communicationen mit der Basis in Deutschland
nicht zahlreich; denn sie beschränkten sich blos auf die Débouchéen über den Rhein zwischen dem Gebirge des Schwarzwaldes und dem Bodensee, und auf jenes von Bregenz. Zu dem
letzteren führte nur eine einzige Strasse; es war also schon
in dieser Beziehung nachtheilig, noch mehr aber, weil man bei
der ausschliesslichen Annahme desselben auf die Deckung und
Benützung einer grossen und fruchtbaren Strecke Landes Verzicht leistete.

Von Basel und Breisach sind vier Märsche nach Schaffhausen, zwei von Baden und Zürich dahin. Näher am Rhein
als in der Richtung über Baden und Zürich lässt sich von
Schaffhausen westlich keine offensive Operation in die Schweiz
leiten, weil das hohe Gebirge die Vorrückung einer Armee in
jener Gegend nicht gestattet.

Wollten die Franzosen von Breisach und Basel sich auf
die Verbindungslinie ihrer Gegner bei Schaffhausen setzen, so
konnten sie leicht einen Marsch gewinnen, bevor diese, von
ihrer Absicht unterrichtet, zur Gegenbewegung schritten; folglich durften die Oesterreicher höchstens nur einen Marsch über

Baden und Zürich vorgehen, sobald sie nicht von der Rhein-
seite beruhigt waren, und sobald sie durch ihre Stellung in der
Schweiz auch zugleich die Zugänge aus dem Schwarzwald
sperren mussten. Diese Berechnung beweist hinlänglich die
Unmöglichkeit einer zu grossen Resultaten führenden Operation
unter den damaligen Verhältnissen; sie schliesst jedoch den
Vortheil kleiner Unternehmungen nicht aus, die der Betrieb-
samkeit eines geschickten Feldherrn an der Spitze einer zahlreicheren, in der Offensive begriffenen Armee angemessener
sind, als der plötzliche Stillstand in einer strengen Defensive.
Solche untergeordnete Operationen führen öfters zu unerwarteten
und meist glücklichen Ereignissen. Schnelligkeit ist ihr eigen-
thümlicher Charakter, weil die Epoche gewöhnlich kurz und
unbestimmt ist, in welcher sie ohne Gefahr ausgeführt werden
können. Daher bezwecken sie auch nur solche Gegenstände,
die mit überraschender Thätigkeit ohne grosse Wagnisse zu
erreichen sind, als: die Vernichtung der feindlichen Hilfsquellen
durch Streifzüge, die Entkräftung und Auflösung der feindlichen Heere durch unausgesetzte Verfolgung nach einem entschiedenen Siege, die Benützung der günstigen Stimmung eines
Landes durch partielle Unterstützung der Volksaufstände, endlich alle Arten von Diversionen, die einwirkend genug sind, um
die Operationen des Gegners zu stören und ihn von vortheilhaften Aufstellungen abzuziehen.

Aber auch diese Unternehmungen sind nicht unbedingt
in jeder Lage ausführbar und erfordern begünstigende Umstände.
Man muss die Mittel dazu auf eine gewisse Zeit zu seiner
Sicherheit entbehren können; man muss die Gewissheit haben,
dass die Operation eher vollendet sein werde, als der Gegner
die Theilung oder Schwächung der Kräfte in Folge solcher
Diversionen benützen kann; man muss während ihrer Dauer
ausser aller Besorgniss über die Behauptung seines gewählten
oder errungenen Standpunktes sein; oder man muss eine solche
Ueberlegenheit haben, dass man detachiren könne, ohne dem
Feind zum Nachtheil der Hauptstellung Blössen zu geben. Dergleichen Operationen sind also nur dann anwendbar, wenn der
Gegner ungleich schwächer oder unvermögend ist, in der bemessenen Frist zu schaden.

Keine dieser Bedingnisse fand bei den Oesterreichern statt.
Ihre Mehrzahl war nicht so übermässig, und nach der
Schlacht von Zürich umsoweniger bedeutend, als die französische
Armee zwar zurückgedrückt, aber nicht geschlagen wurde. Die
natürliche Beschaffenheit des Landes machte selbst bei geringem
Widerstande jede rasche Vorrückung unmöglich; Masséna's
Stellung auf dem Uetli war stärker als jene vor Zürich; die
Schweiz — denn weiter konnten die Oesterreicher wohl damals nicht vordringen wollen — lieferte dem Feind keine so
grossen Hilfsquellen, dass deren Verlust ein empfindliches
Uebergewicht in der Wagschale der gegenseitigen Hilfsmittel
hervorgebracht hätte; in Frankreich herrschte noch immer die
nämliche Stimmung, die sich schon im vorigen Kriege erprobte:
Missvergnügen über die Regierung, aber noch grössere Ab-
scheu und Furcht vor jedem fremden Joch — folglich keine Hoffnung, dass die innere Gährung je zum Vortheil fremder Völker
ausbrechen werde.

Da nun der Erzherzog nach Masséna's Rückzug von
Zürich weder eine dauerhafte noch zu momentanen Resultaten
führende Operation unternehmen konnte, so blieb ihm keine
Wahl mehr übrig. Er musste sich in eine möglichst vortheilhafte defensive Verfassung setzen.

Der so natürliche Wunsch, erkämpfte Vortheile zu benützen und sich seiner Ueberlegenheit zu ferneren Fortschritten
zu bedienen, hat so manchen Feldherrn zu Missgriffen verleitet und bewog auch den Erzherzog, auf eine neue Offensive
zu denken. Hierzu boten sich ihm mehrere Wege dar: auf dem
rechten Flügel durch einen Uebergang über die Aar und eine
Bewegung längs dieses Flusses in Masséna's linke Flanke und
Rücken. Diese Operation wäre die vollwichtigste gewesen: denn
sie wirkte gleich auf die Hauptcommunicationen des Feindes
mit dem Elsass, die er den Oesterreichern nicht mehr ab-
gewinnen konnte, weil ihn die zwei hinter seiner Stellung
liegenden Défiléen der Reuss und der Aar in der Schnelligkeit
seiner Bewegung hinderten. Aber dazu brauchte der Erzherzog
eine sehr überlegene Truppenzahl, um den Marsch an die Aar
durch die Festhaltung Zürichs und über der Aar durch die
Maskirung von Basel zu versichern, welches dann in seiner

rechten Flanke blieb, und wo sich nebst einer Division, die den
Rhein vom Einfluss der Aar abwärts besetzte, noch eine zweite
im verschanzten Lager befand. Weniger entscheidend wäre ein
Uebergang über die Limmat unfern Baden gewesen, der überdies des ungünstigen Ufers wegen viele Schwierigkeiten darbot.
Der steile Albis machte eine Operation von Zürich aus fast
unmöglich; und wenn auch der Gang des Vorpostengefechtes
am 8. Juni bewies, dass die Franzosen an jenem Tage nicht
hinlänglich bereit standen, um dort einen Angriff abzuschlagen;
so war doch keine Wahrscheinlichkeit vorhanden, sie ein
zweitesmal auf einer ähnlichen Nachlässigkeit zu betreten.
Endlich konnte noch ein Manöver auf dem linken Ufer des
Züricher-Sees, verbunden mit einer Vorrückung der ganzen Linie,
im hohen Gebirge unternommen werden, um den Gegner zur
Aufgebung oder Schwächung seiner Central-Position zu vermögen und sich dadurch den Weg über dieselbe zu bahnen.
Hier zeigte sich jedoch ebensowenig Hoffnung zu einem grossen
Erfolg. Von dem Gotthard bis an die Sihl erlaubt das Terrain
nur die Verwendung schwacher Abtheilungen, welche, wenn
sie sich auch des ganzen Gebirges bemeistert haben, aufhören
kräftig zu wirken, sobald sie aus demselben debouchiren. Jene
Truppen, die an der Sihl vorgingen, mussten sich der Hauptstellung des Feindes auf dem Rücken des Albis nähern; dort
blieb es den Franzosen unbenommen, sie mit Uebermacht anzufallen und zu vernichten, bevor es die durch den See getrennte österreichische Hauptarmee erfuhr und ihnen zu Hilfe
eilte, oder, wenn auch die Franzosen sich zu diesem Ende
augenblicklich auf dem Uetli schwächten, diesen Moment benützen konnte. Dennoch hatte sich der Erzherzog für die
letztere Operation entschieden, als er den General Jellacić mit
12.000 Mann zu einer Vorrückung in den Gebirgscantonen
bestimmte. Zugleich setzte er sich mit Hadik und Souwarow
über die Mitwirkung jener 10.000 in das Einvernehmen, welche
Bellegarde auf dem Gotthard zurückgelassen hatte. Aber auch
diese waren nach Italien gefolgt, und es standen nur noch 8
sehr schwache Bataillons, 1 Escadron unter dem Obersten
Strauch am Grimsel, im Ober-Wallis und bei Airolo vertheilt.

Der Wiener Hof, welcher Souwarow's glänzende Fortschritte in Italien zu unterstützen wünschte, hatte die Ablösung
der zu der italienischen Armee gehörigen Abtheilungen in der
südlichen Schweiz von anderen aus der nördlichen angeordnet.
Souwarow, ohne die Befolgung dieses Befehles von der Armee
des Erzherzogs abzuwarten, zog diese Truppen grösstentheils
an sich. Letzterer machte Vorstellungen über die Gefahr, sich
auf dem Schlüssel des Kriegstheaters durch eine Rückung nach
Süden noch mehr zu schwächen, und die Ablösung unterblieb.
Dadurch wurde der russische Feldherr gezwungen, eine gleiche
Anzahl Truppen, welche vereint das Wallis vom Feinde gereinigt und behauptet hätten, in einem halben Kreis ohne
wechselseitige Verbindung oder Unterstützung zur Besetzung
des Gotthard, des Simplon und zur Beobachtung des Bernhard zu verwenden, weil er seine Flanke vor Diversionen
schützen musste.

Von seiner Seite gab der Erzherzog den Plan zu einer
ferneren Offensive auf, liess die Truppen des General Jellačić in
der Linie vom Aetzelberg (Etzel), Schwyz, Altorf bis zum Grimsel
halten und verstärkte sie noch mit 3 Bataillons, weil sie, von
jeder Unterstützung weit entfernt, einem zahlreicheren Feinde
gegenüberstanden.

Die österreichische Armee hatte nun folgende Aufstellung:
Oberst Strauch mit 8 Bataillons, 1 Escadron besetzte Airolo,
den Nufenen-Pass aus dem Thal des Ticino in jenes der Rhône,
das obere Wallis bis Morel und den Grimsel; er selbst mit
einer kleinen Reserve war bei Münster im Walliser-Land.

General Bey mit 7 Bataillons, 1 Escadron stand im Reussthale von der Teufelsbrücke bis Altorf, mit der Haupttruppe
im letzteren Ort.

Jellačić mit 12 Bataillons, 5 Escadrons hielt Posten in
Schwyz, Bibereck (Biberegg), Ober-Egeri, Schindellegi, auf der
Bennauer-Höhe und in Richterschwyl; das Gros auf dem Aetzel-
berg.

Hotze mit 8 Bataillons, 26 Escadrons auf Vorposten vor
Zürich und als Besatzung in der Stadt, deren Wälle hergestellt
und mit Geschütz aus dem dortigen Zeughaus versehen wurden.
Auf dem See befanden sich einige bewaffnete Fahrzeuge.

Zwölf Bataillons, 19 Escadrons bildeten den Cordon an der Limmat und Aar und besetzten die mit Batterien geschützten Uebergangspunkte über diese Flüsse. Vierundzwanzig Bataillons, 23 Escadrons lagerten oder cantonirten von Regensdorf bis Tettingen (Döttingen) in der Nähe der vorzüglichsten Uebergänge so, dass der grösste Theil auf jedem Punkt der ganzen Linie in einem Marsch vereinigt werden konnte.

Zur Versicherung der Flanke gegen Basel beobachteten 2$\frac{1}{2}$ Bataillons, 8 Escadrons die Strecke von Waldshut abwärts und hatten zu ihrer Unterstützung 4 Bataillons bei Stühlingen.

In den Gebirgscantonen verstärkten die bewaffneten Landeseinwohner die österreichischen Posten, jedoch nur in geringer Zahl. So wie es immer in ähnlichen Gelegenheiten zu geschehen pflegt, fand man bei ihnen weder den Eifer noch die grosse Ergebenheit, welche ihre ausgewanderten Landsleute von ihnen erwarteten und in ihrem Namen versprochen hatten. Nur in Graubünden und im Wallis waren kräftige Aufstände ausgebrochen; aber sie unterlagen dem Feinde so wie jene in den kleinen Cantonen, noch ehe sie Beistand erhielten.

Durch Werbungen wurden drei schwache Regimenter Schweizer gebildet und von den Engländern in Sold genommen. Diese fochten gemeinschaftlich mit den Deutschen.

In der hier beschriebenen Aufstellung hatten die Oesterreicher ihre Hauptstärke an der Limmat zusammengezogen und bewahrten mit Hilfe des im Schwarzwalde detachirten Corps den Schlüssel des Kriegstheaters an der Donau, indem sie die ganze Linie von den Quellen der Rhône bis zum Neckar beherrschten.

Jellačić stand am Fusse der höheren Gebirge und deckte die Haupteingänge in die südlichen Thäler der Schweiz. Eine leichte Kette von Posten schützte die Verbindung mit Italien von der Sihl bis Airolo gegen einzelne Streifereien; und vor einer ernstlichen Operation sicherte sie die drohende Stellung bei Zürich, aus der es nur einer Bewegung bedurfte, sei es vorwärts gegen die Reuss, oder in der Flanke über Schwyz und Altorf im Thale der Linth oder in jenem des Rheins, um die Versuche der Franzosen zwischen dem Albis und dem Gotthard zu vereiteln. Mehr brauchte der Erzherzog nicht.

Einer langen Flankenlinie, welche weit über die Communicationen mit der Basis hinausreicht, eine vollkommene Sicherheit auch gegen zeitliche Unternehmungen geben zu wollen,
ist unmöglich; und das Streben darnach führt zu einer Auflösung
in Posten, die gar keinem Endzweck entspricht.

Der einzige Nachtheil in der österreichischen Aufstellung
war, dass der Züricher-See ihre Linie unterbrach, und dass ihre
kürzeste Verbindung auf dem linken Ufer des Sees von dem
Feinde beherrscht wurde, der sich zwischen Baden und Zug
ungehindert bewegen und vereinigen konnte. Bei einem flüch-
tigen Blick auf die Karte scheint es daher, dass es vortheilhafter gewesen wäre, wenn der Erzherzog seine defensive
Stellung an das rechte Ufer der Reuss von Zug oder Luzern
bis zu ihrem Einfluss in die Aar vorgeschoben hätte. Allein
wenn man auch darüber hinausgeht, dass Masséna zuerst vom
Uetli depostirt werden musste, so treten dann noch andere
wichtige Betrachtungen ein, welche den Vorzug dieser Linie
vermindern. Der zugängliche Theil derselben wird erweitert,
der linke Flügel bei Zug oder Luzern muss verstärkt werden,
weil er Gefahr läuft, um das südliche Ende des Züricher-Sees
zurückziehen zu müssen; hierdurch entgeht eine bedeutende
Anzahl Truppen zur Vertheidigung des wesentlichen Punktes
bei Zürich; der steile Fall des Albis und das Défilé der Limmat
bleiben im Rücken, und auf dem rechten Flügel befindet sich
hinter der Reuss keine Stellung, welche die am meisten bedrohte Gegend zwischen Zürich und Baden schützt und einem
feindlichen Angriff grosse Hindernisse in den Weg legt. Es ist
ein bekannter Vortheil in strategischer und taktischer Rücksicht, wenn der Punkt, auf welchem die meisten Kräfte concentrirt werden müssen, dergestalt vorgeschoben ist, dass der
Feind auf die schwächer besetzten nichts unternehmen kann,
so lange er diesen nicht überwältigt hat. Diesen Vorzug hatte
die Stellung des Erzherzogs an der Limmat; er würde ihn an
der Reuss verloren haben.

Bei Büsingen, unweit Schaffhausen, wurde zur Deckung
der Rheinbrücke ein geräumiger Brückenkopf erbaut. Man hätte
sich dieser wichtigen Communication durch ein ähnliches Werk
auf dem rechten Ufer vollständig versichern und hierzu alle

Mittel anwenden sollen, welche die Feld- sowohl als die permanente Befestigungskunst in so grosser Zahl darbietet. Der
Erzherzog konnte viel ruhiger in der Schweiz verweilen und
selbst bei einem günstigen Wechsel der Umstände sorgenfreier
fortschreiten, wenn er mehr Versicherung für seine Débouchéen
nach Schwaben erhielt.

Ausser dem Brückenkopfe von Büsingen verschanzten die
Oesterreicher weder einen Posten noch eine Stellung. Sie haben
in den letzteren Zeiten dieses Mittel, die Kraft des Widerstandes
zu vermehren, viel zu sehr vernachlässigt; und zwar wegen der
Leichtigkeit, mit welcher in allen Kriegen meistens schlecht
vertheidigte Verschanzungen weggenommen wurden, und wegen
des Vorurtheiles vieler Ingenieure, die das Brauchbare verwerfen,
wenn sie nicht alle Hilfsmittel der Kunst dabei entwickeln
können — ein Fall, der im Kriege unter die äusserst seltenen
gehört. Die Wirkung der Verschanzungen ist moralisch und
physisch: sie brechen die Kühnheit des Gegners, sie decken
die Besatzung vor dem feindlichen Feuer; sie fesseln ungeübte
Officiere an die wichtigsten Punkte und lassen ihnen keine
Wahl in der Verwendung der Truppen und des Geschützes.
Aber so wie jedes Werkzeug verlieren sie ihren Werth bei
einer fehlerhaften Anwendung, wenn sie nämlich unzweckmässig angelegt, schlecht gebaut und nicht tapfer vertheidigt
werden. Der letztere Fall ereignet sich häufig und rührt daher,
dass man gewöhnlich die Infanterie ihre Waffen blos in der
Ferne gebrauchen lehrt, dass man ihr nur Zutrauen auf das
Feuer und keines auf das Bajonett einflösst und sie zu dem
eigentlichen Kampf im Handgemenge nicht vorbereitet. Hat
daher das Feuer aus der Schanze die Angreifenden nicht abgewiesen, so verliert die Besatzung den Muth, weil sie von der
nach ihrer Meinung einzigen Vertheidigungsart keine Wirkung
sieht. Das Werk fällt in dem Augenblick, da die Ersteigung des
Walles über den Graben den Angreifenden in Unordnung bringt
und ihm den freien Gebrauch seines Gewehres benimmt, dagegen
aber alle Vortheile in der Hand des Vertheidigers sind. Ein
tapferer Anführer, der, wenn der Feind an den Graben kommt,
seine Truppen auf die Brustwehr springen lässt und ihn mit
dem Bajonett empfängt, wird kein gut angelegtes Werk durch

einen Sturm verlieren. Man sollte jeden Officier mit Strafe und
Schande belegen, der keine solche Vertheidigung leistet.

Im Gegensatz zu den Oesterreichern verstärkten die Franzosen jede ihrer Stellungen und Posten mit den Hilfsmitteln
der Kunst. Es wurden Verschanzungen hinter der Reuss und
vor dem Brückenkopf von Hüningen angelegt.

Nach der Schlacht von Zürich, und nachdem Masséna
seinen rechten Flügel näher an sich gezogen hatte, war die
französische Armee folgendermassen vertheilt:

Die Division Xaintrailles (11 Bataillons, 4 Escadrons),
über welche nachher General Tureau den Oberbefehl führte,
lag im Wallis längs der Rhône von Brieg bis St. Moritz
(St. Maurice) und hielt den Bernhard und den Simplon besetzt.

Die erste Division — Le Courbe in Luzern (12 Bataillons,
1 Escadron) — cantonirte in Sarnen, Stanz, Beckenried; ihr
rechter Flügel im Hasli-Thal am Einfluss der Aar in den Brienzer-
See, ihr linker bei Goldau und Arth am Zuger-See. Auf dem
Luzerner- (Vierwaldstätter-) See befand sich ein grosses, mit
Geschütz versehenes Schiff, mehrere kleine wurden erbaut und
ausgerüstet.

Die zweite Division — Chabran in Zug (9 Bataillons,
3 Escadrons) — dehnte sich über Unter-Egeri, Menzingen, Capell
(Kappel) bis auf den Gebirgsrücken des Albis aus.

Die dritte Division — Soult in Birmensdorf (7 Bataillons,
7 Escadrons) — besetzte den Uetli zwischen Wettschwyl und
Uetikon, den Fuss desselben bei Albisrieden.

Die vierte Division — Lorges in Urdorf (11 Bataillons,
7 Escadrons) — lagerte längs der Limmat bei Altstädten (Altstetten)
Dietikon, Spreitenbach und Killwangen.

Die fünfte Division — Thareau in Brugg (7 Bataillons,
8 Escadrons), — stand gegenüber von Wettingen, bei Baden.
Gabisdorf (Gebensdorf) und an der Aar. Die dritte, vierte und
fünfte, nebst der Reserve-Division Humbert bei Mellingen
(4 Bataillons, 4 Escadrons), konnten den grössten Theil ihrer
Truppen in einem Marsche vereinigen.

Die sechste Division — Ney in Frick (5 Bataillons, 11 Escadrons), — beobachtete den Rhein vom Einfluss der Aar bis
Rheinfelden.

Die siebente und stärkste Division — Souham (12 Bataillons, 15 Escadrons) — besetzte das verschanzte Lager vor
Basel und hielt Posten vorwärts desselben bei Augst, dann auf
dem rechten Rheinufer bei Lörrach und Haltingen. Ueber die
sechste und siebente führte General Ferino den Oberbefehl.

In dem Innern der Schweiz lagen noch überdies 3 Halbbrigaden, 4 Cavallerie-Regimenter und einige Bataillons Landes-
truppen in verschiedenen Besatzungen.

So wie die österreichische, verdient auch diese Aufstellung
der französischen Armee den Beifall des Kenners. Vier Divisionen vertheidigten die Gegend an der unteren Limmat, welche
die Oesterreicher am meisten mit einem Angriff bedrohten; und
obwohl die Aar nur leicht besetzt war, so befand sich doch
die Reserve bei Mellingen und ein Theil der sechsten Division
zur schnellen Unterstützung bereit. Die Bestimmungen einer
ganzen, und zwar der stärksten Division zur Besetzung des
verschanzten Lagers bei Basel verursachte jedoch einen zu
grossen Truppenaufwand auf einem unter den damaligen Umständen wenig bedeutenden Punkt. Wenn man bedenkt, dass
die Oesterreicher sich Basel nicht anders nähern konnten, als
längs dem rechten Rheinufer, und dass dieser von dem Gebirge eingeengte Weg nicht zu benützen ist, so lange der
Gegner das andere Ufer besetzt hält; so zeigt sich die Furcht
vor einer solchen Unternehmung ganz unbegründet. Ebenso
wenig konnten die Franzosen die Absicht haben, aus diesem
Punkt zu einer offensiven Operation zu schreiten, da ihr wesentliches Object auf den Linien von Breisach und Kehl viel sicherer
und schneller zu erreichen war. Die Sprengung eines Bogens
der steinernen Brücke von Basel, eine wohlangebrachte Batterie
hinter derselben und die Aufstellung eines Postens hätten diesem
Punkte volle Sicherheit gegen die Streifereien des Feindes gegeben; und mehr bedurfte es nicht. Masséna gewann dagegen
eine ganze Division, die bei Bruck (Brugg) oder Stilli hinter der
Aar zur Unterstützung des linken Flügels zweckmässiger verwendet worden wäre.

Auf dem äussersten rechten Flügel wurde zwar die Division
im Wallis von den Oesterreichern bedroht, die am Fusse des Bernhard standen; doch durften die Franzosen eine Gegend nicht un-

besetzt lassen, wo der Geist des Aufruhrs gährte und sich in
dem ganzen Gebirge zu verbreiten suchte. Wenn aber auch
die Strasse über den Bernhard unmittelbar auf ihre Rückzugslinie führte; so erforderte die Ersteigung des Berges, die Forcirung des verschanzten Klosters auf demselben und der beschwerliche Zug durch das Simbracher-Thal (Val d'Entremont)
so viel Voranstalten und Zeit, dass sie sich schmeicheln konnten,
aus der Gegend von Brieg Martinach (Martigny) in Eilmärschen
früher zu erreichen als die Oesterreicher aus Italien.

Souwarow hatte zwar zur Begünstigung der Operationen
in der Schweiz den Angriff des Bernhard über Aosta befohlen;
allein man fand so viele Hindernisse bei dieser Unternehmung,
dass sie nicht zu Stande kam.

Beide Armeen blieben vom halben Juni bis zur Hälfte
des August ruhig und ohne besondere Veränderungen in ihren
Positionen. Dieses Beispiel ist eines der seltenen in der neueren
Kriegsgeschichte. Man wird bei so naher Berührung wenig dergleichen Stillstände finden, seitdem die Operationen nach einem
so grossen Massstab der Entwicklung und mit so zahlreichen
Streitmitteln geführt werden. Es ehrt beide Feldherren; denn es
beweist, dass ihr Entschluss, sich auf der Defensive zu halten,
ebenso zweckmässig und den Umständen angemessen war als
die Art, mit welcher er vollzogen wurde.

In der That ist auf der ganzen Oberfläche der Schweiz
keine gedrängtere, kürzere und vortheilhaftere Aufstellungslinie
als jene, die von dem Hochgebirge durch den Lauf der Reuss,
der Sihl, der Limmat und der Aar bezeichnet wird. Hier konnten
beide Theile ruhig erwarten, dass sie durch andere Verhältnisse in den Stand gesetzt würden, den Faden der Operationen,
den jeder gleichsam in den Händen hielt, wieder anzuknüpfen:
und zwar Masséna durch die anrückenden Verstärkungen aus
dem Innern, der Erzherzog durch die Ankunft der Russen.

Sogar die Ruhe der Vorposten wurde blos durch zwei
unbedeutende Gefechte am 3. und 29. Juli in dem höheren
Gebirge unterbrochen. Le Courbe schien seine Truppen beschäftigen und sich von der Stellung der feindlichen Posten
sowie von dem Nutzen überzeugen zu wollen, den ihm die

Verwendung seiner Flottille auf dem Luzerner- (Vierwaldstätter-) See geben könne.

Im Anfang Juli betrug die Stärke der Oesterreicher von Richterschwyl am Züricher- bis Brunnen am Vierwaldstätter-See 11 Bataillons, 2 Escadrons (7600 Mann, 350 Pferde), wovon bei Schwyz 1½ Bataillons, 900 bewaffnete Landleute, ein Detachement Cavallerie und vier Kanonen aufgestellt waren, deren Verbindung mit der Reserve auf dem Aetzelberg (Etzel) 1 Bataillon bei Sattel unterhielt. Am 3. Juli griffen die Franzosen die ganze Linie in mehreren Colonnen an: und zwar von Menzingen über den Rossberg, von Unter-Egeri über den Jostberg auf Sattel, von Steinenberg gegen Steinen, von Arth und Goldau über Lowerz auf Seewen, endlich von Gersau auf Brunnen, wo die Flottille den Angriff unterstützte. Die ersten Posten mussten überall weichen, jedoch stellten die österreichischen Reserven das Gefecht wieder her. Bei Schwyz entschied die Entschlossenheit des Majors Etwös,[1] der seine ganze Truppe zusammennahm, die Franzosen, welche in Unordnung von Seewen hervorbrachen, über den Haufen warf, dann auf jene fiel, die, durch ausgeschiffte Truppen verstärkt, aus Brunnen debouchirten, und sie ebenfalls vertrieb. Das Resultat des Tages war, dass die gegenseitigen Vorposten ihre erste Stellung wieder bezogen und die Oesterreicher in Brunnen zwei Gebirgskanonen einbüssten.

Ebenso unbedeutende Folgen hatte das Gefecht vom 29. Juli in dem Canton Uri. Der österreichische General Bey stand mit 7 schwachen Bataillons, 1 Escadron (4500 Mann, 175 Pferde) im Reussthale von der Teufelsbrücke bis Altorf, und hielt durch Patrouillenkähne auf dem Vierwaldstätter-See die Verbindung mit dem Posten in Schwyz.

Von den Franzosen lag 1 Bataillon im Hasli-Thal und 4 bei Stanz: ihre Vortruppen besetzten die Linie von Engelberg, Ober-Rickenbach bis Beckenried, und hatten Posten am westlichen Ufer des Vierwaldstätter-Sees zwischen Seelisberg und Seedorf. Seit dem 10. Juli beunruhigte die französische Flottille, welche bei Bauen stationirte, fortwährend die Oester-

---

[1] Eötvös.

reicher bei Flüelen und störte ihre Communication nach Schwyz.
Bey entschloss sich daher, das westliche Ufer des Sees vom
Feinde zu reinigen und rückte mit 2¼ Bataillons über Seedorf
vor. Ohne viel Mühe gewann er das Issi-(Isen-)thal und drang
in Bauen ein. Die Franzosen warfen sich auf Seelisberg. Bey
wollte sich auch dieses Punktes und mit ihm der kürzesten
Verbindung über den See mit Brunnen bemeistern; da er jedoch mehrere Abtheilungen auf den Gebirgssteigen zurücklassen
musste, welche aus den Rickenbacher, Emmatter und Becken-
rieder Thälern in seine Flanke und Rücken führten, so blieben
ihm nur 2 Compagnien zum Angriff auf Seelisberg. Dennoch
bemächtigte er sich des Ortes und liess von der Verfolgung
nicht ab, bis endlich die Franzosen Verstärkungen erhielten
und nun die Oesterreicher von allen Seiten angriffen. Die zu
weit vorgewagten Compagnien wurden theils gefangen, theils
versprengt; ein gleiches Schicksal widerfuhr zwei anderen, die
sich in Bauen verspätet hatten; und mit einbrechender Nacht
zogen die übrigen in ihre vorige Stellung zurück, nachdem ihr
General in die Hände des Feindes gefallen war.

Auch an den Ufern des Rheins ereignete sich in den
Sommermonaten nichts von Wichtigkeit. Die Oesterreicher
deckten durch die Besetzung des Schwarzwaldes die rechte
Flanke und die Zufuhren ihrer Armee in der Schweiz. Die
Franzosen behaupteten mehrere Posten auf dem rechten Ufer
des Rheins, um unter ihrem Schutze die in der Arbeit begriffenen Brückenköpfe zu vollenden und die Aufmerksamkeit
des Gegners von dem Hauptobject seiner Operation abzuziehen.
Der grösste Theil der Division Le Grand stand in einer verschanzten Stellung bei Offenburg, mit vorgeschobenem Posten
in Oberkirch und im Thale der Kinzig; der andere Theil bei
Alt-Breisach. Kehl wurde hergestellt, die ehemaligen Werke
von Alt-Breisach ausgebessert und Wasser aus dem Rhein in
den Graben geleitet. In der Gegend von Mannheim befestigte
Collaud Neckarau und Seckenheim. Später detachirte er nach
Mainz, wo sich durch den steten Wechsel zu mancher Zeit
nur 1400 Mann mit Einschluss von Cassel (Kastel) befanden.
Ebenso unbedeutend war die Besatzung von Ehrenbreitstein.
Indessen trafen nach und nach aus dem Innern von Frank-

reich, aus den Niederlanden, aus Holland und von den Küsten zahlreiche Verstärkungen in Mainz und Strassburg ein. Wenn sie auch nur einige Tage sich in diesen Plätzen aufhielten und dann ihren Marsch in die Schweiz oder nach Italien fortsetzten; so wurde ihre Gegenwart doch meistens zu Ausfällen und vorübergehenden Unternehmungen benützt. Daher war die Stärke der französischen Truppen zwischen Basel und Mainz selten bekannt.

Auf österreichischer Seite hatten sich seit dem Monat April wenig Veränderungen ergeben. Acht Bataillons, 22 Escadrons hielten noch immer Neustadt, Furtwangen, Tryberg, Hornberg und Freudenstadt besetzt und ihre Vorposten standen zwischen Freiburg, Waldkirch und Gengenbach. 2650 Mann lagen in Philippsburg, und 10 Escadrons, welche die ganze Gegend von der Rench bis über den Main durchstreiften, unterhielten die Verbindung mit dieser Festung.

Bei Villingen und hinter dem Gebirge cantonirten 6 Bataillons, 36 Escadrons schwerer Cavallerie. Villingen, wo sich eine verschanzte Stellung befand, war zum Vereinigungspunkt aller vorwärtigen Abtheilungen bestimmt, die sich mit einem überlegenen Feind in kein ernstliches Gefecht einlassen sollten. Zur Verstärkung der Oesterreicher dienten die bewaffneten Gebirgsbewohner des rechten Rheinufers von den Waldstädten bis an den Main, welche gemeinschaftlich mit den leichten Truppen ihr Eigenthum gegen die Streifzüge der Franzosen vertheidigten. Die Besatzung von Philippsburg unterstützte die Landleute der umliegenden Gegend, und die Regierung des Kurfürsten von Mainz liess 2 Bataillons, 1 Escadron in der nämlichen Absicht längs dem Main vorrücken. Beide Theile neckten sich fortwährend von den Ufern der Nidda bis an die Grenzen der Schweiz. Täglich ereigneten sich Gefechte, in welchen die gewandtere Cavallerie der Oesterreicher zwar meistens ihren Vorzug bewies, deren endliches Resultat aber doch immer nur die Behauptung der innehabenden Posten war.

Mit Ende Mai decretirte das französische Directorium, dass dem Wunsche der pfälzischen Regierung gemäss die Festungswerke von Mannheim geschleift werden sollten. Die Franzosen hatten an Cassel (Kastel), Kehl, Breisach und Hü-

ningen Brückenköpfe genug über den Rhein. Am 26. und
27. Juni wurden zwei Bastionen gesprengt und, nachdem das
Geschütz aus der Festung nach Mainz abgeführt worden, blieben
vor der Hand nur 3 Bataillons in Mannheim und Neckarau.
Später wurde die Brücke über den Neckar abgebrochen, und
am 19. Juli erfolgte die Sprengung der Neckarschanze, die ihr
zum Brückenkopf diente.

Am Oberrhein vertrieben die Oesterreicher gegen Ende
Juni die französischen Posten aus Oberkirch, Appenweier,
Ortenberg und Altenheim am Rhein. Die Franzosen erwarteten
den Angriff auf das verschanzte Lager von Offenburg nicht
und zogen sich in die nächsten Dörfer um Kehl zurück.

Le Grand erhielt eine Verstärkung von 5000 Mann aus
den Niederlanden und nahm Appenweier und Renchen am 4.,
Offenburg am 6. Juli wieder; verliess es aber am 8. und beschränkte sich auf die nächsten Umgebungen von Marlen.
Wildstaedt (Willstett), Appenweier und Bischofsheim. In den
folgenden Tagen detachirten die Franzosen abermals Truppen
auf das linke Ufer, und am 17. blieben in Kehl, Sundheim und
Neumühl nur noch 2 Halbbrigaden und 2 Cavallerie-Regimenter
zurück; alle übrigen zogen gegen Speier, um sich mit jenen
zu vereinigen, die zwischen Speier und Worms zu einer Unternehmung jenseits des Rheins versammelt wurden.

Indessen sich die Armeen von dem Main bis an die
Rhône beobachteten und durch den Vortheil ihrer Stellungen
einander das Gleichgewicht hielten, hatte die Staatsumwälzung
vom 30. Prairial (18. Juni) der französischen Regierung eine
neue Schwungkraft gegeben. Jede Volksrevolution ist das
Product aufgeregter Leidenschaften, unter welchen
die Herrschsucht die hinreissendste und gewaltthä-
tigste ist. Sie erzeugt Verbrechen, weil nur diese ihre Un-
ersättlichkeit befriedigen können, und unmoralische Menschen
ergreifen frech das politische Ruder. Hat sie die Natur mit den
nöthigen Eigenschaften ausgerüstet, und sind sie stark genug,
die Parteiwuth ihrer Mitbürger zu bezähmen und durch Furcht
zu regieren, so behaupten sie sich so lange, als begünstigende
Umstände sie furchtbar erhalten. Legen sie den eisernen Scepter
aus den Händen, so zerbrechen die unterdrückten Leiden-

schaften ihre Fesseln. Jeder dünkt sich dann besser, Jeder will sich rächen für den erlittenen Zwang, Jeder will Einfluss nehmen auf die oberste Gewalt.

In diesem Falle befanden sich die Mitglieder des Directoriums. Es waren ränkevolle, aber keine starken Männer; unfähig zur Leitung des gemeinen Wesens, und in stolzer Sorglosigkeit über die Gefahren des Vaterlandes fröhnten sie nur ihrem Eigennutz, übten Gehässigkeiten und bereicherten sich und ihre Anhänger aus den Hilfsquellen des Staates. Bei den härtesten Auflagen war der öffentliche Schatz ohne Geld, die Armeen ohne Rüstung, ohne Sold, ohne Kleidung. Die niederträchtigsten Agenten der Regierung plünderten wehrlose Völker und spotteten des allgemeinen Unglückes durch jede Art von Druck und durch schreiende Ungerechtigkeiten.

Nach Mass als die Erfolge des Krieges den gebrachten Opfern weniger entsprachen, vermehrte sich der Unwille der Nation, und laute Klagen ertönten aus allen Theilen des Reiches. Endlich erhob sich der gesetzgebende Körper und zwang die Mitglieder des Directoriums, ihre Stellen niederzulegen, welche durch andere ersetzt wurden.

Die Sünden der Vorfahren schweben immer am lebhaftesten vor den Augen ihrer unmittelbaren Nachfolger; daher ergreifen sie auch gewöhnlich den entgegengesetzten Weg, so lange Selbstvertrauen und inneres Kraftgefühl ihnen den Umfang der Schwierigkeiten bergen, die sie zu überwinden haben. Die neuen Directoren traten ihr Amt mit energischen Massregeln zur Vermehrung der Armee und zur Füllung des öffentlichen Schatzes an. Die Heeresmacht der französischen Republik, welche in der damaligen Epoche nur auf 200.000 Mann berechnet war, sollte bis auf 500.000 erhoben werden, wozu sich alle männlichen Einwohner Frankreichs von 20—25 Jahren, ohne Rücksicht auf Stand, Gewerbe und Familienverhältnisse, stellen mussten. Der vermöglicheren Bürgerclasse wurde ein gezwungenes Anlehen von 100 Millionen Franken auferlegt.

Sobald diese Beschlüsse in Erfüllung gebracht wären, wollte man auf dem ganzen Kriegsschauplatze die Offensive ergreifen und entwarf hierzu folgende Eintheilung der Streitkräfte:

1. Formirung einer Armee am Rhein von 60.000 Mann zwischen Düsseldorf und Hüningen unter Moreau's Befehlen.

2. Verstärkung jener in der Schweiz, die seit ihrer Vereinigung mit der Donau-Armee den Namen der letzteren beibehielt, bis auf 90.000 Mann, und Bestätigung des Generals Masséna als Anführer derselben.

3. Aufstellung des Generals Championnet bei Grenoble mit 50.000 Mann, unter der Benennung Alpen-Armee, zur Vertheidigung Savoyens und der Dauphiné, später aber um die Flügel der Armeen in der Schweiz und Italien zu verbinden und zu verstärken.

4. Ernennung des Generals Joubert zum Befehlshaber der italienischen Armee, die auf 70.000 Mann gebracht werden sollte.

Das hohe Gebirge, welches zwischen Savoyen und der Riviera liegt, und der Umstand, dass die französische Armee in Italien sich nach Süden gezogen hatte, machten es nothwendig, jener der Alpen eine selbstständige Verfassung zu geben und sie einer eigenen Leitung anzuvertrauen, bis beide sich in den Ebenen des Po vereinigen konnten. Am Rhein bestand ein solches Verhältniss nicht. Keine Kette unwegsamer Gebirge trennte die Rhein-Armee von jener in der Schweiz. Beide waren in der engsten Verbindung; beide hatten den strategischen Punkt zwischen dem Bodensee und den Quellen der Donau als den einzigen Schlüssel des Kriegstheaters zum gemeinschaftlichen Operationsobject: und dennoch wurden die Kräfte, denen diese entscheidende Unternehmung oblag, in zwei unabhängige Armeen getheilt, als man noch unmöglich voraussehen konnte, ob der grössere Druck aus der Schweiz, oder aus Elsass erfolgen sollte, und es nicht ausser aller Wahrscheinlichkeit lag, dass der Feind in seiner Centralstellung Mittel finden würde, eine combinirte Operation auf beiden entfernten Linien zu vereiteln. Ein solcher Missgriff in dem sonst so gross entworfenen Plan war hinreichend, ihn ganz verunglücken zu machen.

Die neue Regierung befahl zwar kräftige Massregeln zur Ausführung ihrer Beschlüsse, aber die Zerrüttung im Innern und der Mangel an Vorräthen hatten einen solchen Grad erreicht, dass die angestrengtesten Mittel vor Ende des Sommers, und vielleicht gar erst bis zum künftigen Feldzuge keinen Erfolg erwarten liessen. Und welche Vorkehrungen stellten die Verbündeten in dieser langen Frist jenen ausserordentlichen Anstalten entgegen? Oesterreich liess es bei der gewöhnlichen Ergänzung seiner im Felde stehenden Regimenter und bei dem vertragsmässigen Marsch der russischen Hilfsvölker ohne Vorbedacht auf ihre künftige Vollzahl bewenden. Im Innern der Monarchie wurden keine neuen Truppen gebildet, keine Punkte weder an der vaterländischen Grenze, noch in dem besetzten Theile von Deutschland befestigt. Dieses fruchtbare Land erleichterte zwar die Verpflegung der Armee, aber vermehrte ihre Streitkräfte nicht.

Ebenso wenig leistete Italien, wo blos einzelne Aufstände des Landvolkes, welches seiner eigenen Willkür überlassen blieb, und einige Bataillons aus den Ueberbleibseln der piemontesischen Truppen zum Vortheil der Verbündeten beitraten; obwohl Souwarow durch wiederholte Siege und durch den Fall mehrerer Festungen sich des grössten, volkreichsten, vermöglicheren und bestgesinnten Theiles dieses schönen Erdstriches bemeistert hatte.

Zweiter Abschnitt.

Uebersicht der Operationen in Italien.

Nach der Schlacht an der Adda oder, wie die Oesterreicher sie nannten, bei Cassano, am 26. April, hatte sich Moreau in 3 Colonnen zurückgezogen. Das Schicksal der Division Serrurier war ihm noch unbekannt. Er hoffte, dass dieser General sich längs den Seen mit ihm vereinigen werde, und besetzte daher mit der Division Victor, Lapoype und Grenier der ersten Colonne, so gut er konnte, das rechte Ufer des Ticino von Vigevano bis zum Lago-Maggiore. Um jedoch die Verbindung mit der Riviera zu erhalten und der aus Neapel heranrückenden Armee des General Macdonald die Hand zu bieten, liess er die zweite Colonne, welche aus der schwachen Division La Boissière bestand, von Pavia über Voghera nach Novi mar-

schiren, und die dritte Colonne, nämlich die Division Monrichard, zog sich von Piacenza und Parma ins Modenesische.

Souwarow rückte am 29. April in Mailand ein. Als bald
darauf seine Vortruppen sich dem Ticino näherten und Moreau
die Niederlage der Division Serrurier erfuhr, beschloss der
französische Feldherr das rechte Ufer des Po zu gewinnen.
Demzufolge befahl er dem General Victor mit seiner Division
und Lapoype bei Casale und Crescentino über den Po zu
setzen und sich zwischen Alessandria und Valenza aufzustellen.

Moreau selbst nahm mit der Division Grenier wegen
Mangels an hinlänglichen Brückengeräthschaften seinen Weg
über Vercelli und Turin, entledigte sich dort von allem entbehrlichen Gepäcke, dotirte die Citadelle und eilte über Asti
nach Alessandria. Durch diese vortheilhafte Stellung näherte
er sich dem Küstenlande und der Verbindung mit Macdonald.

Am 1. Mai brachen die Verbündeten 44.000 Mann stark
von Mailand auf. Souwarow fühlte die Nothwendigkeit, die
Débouchéen aus dem südlichen Italien zu gewinnen und wandte
sich nach Pavia. Hier theilte er die Armee in 2 Colonnen,
deren eine über den Ticino nach Lomello, die andere bei Piacenza über den Po, dann über Voghera nach Ponte Curona
gegen Tortona ging. Der Po trennte sowohl den Marsch der
Colonnen als die Aufstellungspunkte, welche sie am 9. erreichten. Von Piacenza war eine Division nach Parma abgerückt, um die Strassen aus Toscana und dem Modenesischen
über die Apenninen zu beobachten. Während dieser Bewegungen setzte der österreichische General Vukassovich mit
einem Corps leichter Truppen bei Buffalora über den Ticino,
besetzte Novara, Vercelli, Mortara, nahm Verrua, Ivrea, das
Schloss Bard und Arona und beschoss am 10. Casale; seine
Parteien streiften bis Settimo Torinese, zwei Meilen von Turin.
Moreau war kaum bei Alessandria eingetroffen, als er den
Marsch des Feindes gegen Tortona vernahm. Besorgt für
Genua, schickte er sogleich den General Perignon mit den
Divisionen Lapoype und La Boissière dahin ab und trug ihm
die Besetzung der Bocchetta und des Ligurischen Gebirges von
Savona bis Pontremoli in Verbindung mit dem General Mon-

richard auf. Am 9. Mai Abends nahm Souwarow mit Hilfe
der Einwohner die Stadt Tortona und rückte zur Berennung
ihrer Citadelle von Ponte Curona bis Torre di Garofolo über
die Scrivia vor. Auch von hier zogen Streifparteien auf Novi,
Serravalle, Gavi bis in das Thal der Bormida. Peschiera hatte
sich am 7., vier Tage nach Eröffnung der Tranchéen ergeben,
und Pizzighettone capitulirte am 11. Mai; nachdem es einen
Tag beschossen wurde und der Commandant wegen der grossen
Pulvervorräthe, die sich in der Festung befanden, ihre gänzliche Zerstörung befürchtete. Das Belagerungscorps von Peschiera
wurde zur Verstärkung der Cernirungstruppen von Mantua verwendet.

Selten befand sich ein Feldherr in einer so kritischen
Lage, als Moreau nach seinem Rückzug von der Adda und in
der Stellung bei Alessandria. Die Berechnung aller seiner Manöver musste auf die möglichste Begünstigung von Macdonald's
Anmarsch und auf die Vereinigung beider Armeen gerichtet
sein. Dieser Zweck war nur insolange zu erreichen, als
wenigstens die Riviera behauptet und Moreau nicht bis an die
französische Grenze zurückgedrückt wurde. Wie konnte man
aber von einer durch mehrere nachtheilige Gefechte und durch
die Zurücklassung ansehnlicher Besatzungen bis auf 22.000
Mann geschmolzenen Armee erwarten, dass sie dem Andrang
so überlegener und täglich zunehmender Kräfte widerstehen
würde? Und doch waren die Verbündeten nicht die einzigen
Feinde, die sie zu bekämpfen hatte.

Die Bewohner der Riviera di Ponente und der angrenzenden piemontesischen Gebirge griffen zu den Waffen. Am
Fuss der Berge, über welche die Eingänge nach Frankreich
ziehen, stockte ein zahlreicher Tross von Wagen und
Menschen, die alle in Italien erbeuteten Gegenstände zu
retten suchten; und auch dieser sollte gedeckt werden. Unter
solchen Bedrängnissen bewies Moreau jene kalte Ueberlegung
und Fassung, durch welche er sich in dem Feldzug von 1796
ausgezeichnet hatte, und die er nach dem grösseren Masse der
Gefahr jetzt in höherem Grade erprobte. Er nahm vortheilhafte
Stellungen; seine Märsche waren klug und wohlberechnet, und
die Fehler des Gegners blieben nicht unbenützt. Souwarow be-

sass militärische Eigenschaften, aber ohne Ausbildung. Er hatte in höheren Stufen meistens gegen die Türken
gefochten, wo die Entschlossenheit des Feldherrn und der
Muth, den er seinen Truppen durch Begeisterung einzuflössen
wusste, zum Siege genug sind — gegen einen Feind, dessen
Zahl und Stellung nie berücksichtigt wird, weil er selten einem
kühnen Angriffe widersteht, und in einem Lande, wo schnelle
Bewegungen unmöglich sind, weil man alle Bedürfnisse nach-
führen muss. Mit dieser Gattung rühmlich erworbener Kriegs-
erfahrung trat er auf einem fremdartigen Boden in den Kampf
mit einem noch unversuchten Gegner. Seine Lage war eine
der günstigsten, die je einem Feldherrn zutheil wurde; die
Ueberlegenheit an Zahl, die bessere Organisation seiner Truppen,
der Beistand des ganzen Landes gaben ihm entschiedenes
Uebergewicht. Er hätte es zu raschen Fortschritten benützen,
den Feind zu wiederholten Gefechten zwingen und ihn durch
eine unausgesetzte Verfolgung aufreiben sollen. Die sieben
Märsche von der Adda bis an den Fuss der Cottischen Alpen
wären bald hinterlegt worden, und Moreau musste mit den
wenigen Trümmern seiner Armee über die Grenzen Frankreichs
flüchten, ehe Macdonald den Po erreichen konnte und einem
noch ungünstigeren Schicksal entgegenging. Statt dieser dem
Feind und Land angemessenen Kriegsart verfolgte Souwarow
nie den entscheidenden Zweck, weil er keinen bestimmten Plan
hatte. Sein Instinct lehrte ihn den Feind dort aufsuchen und
angreifen, wo er stand, ohne Berechnung der Zeit, der Kräfte
und der Bewegung, — ein Verfahren, welches nur materielle,
aber keine geistige Entschlossenheit verräth und blos den Schein
schneller, kraftvoller Handlungen um sich wirft. So wird selbst
bei der grössten Ueberlegenheit jeder Feldherr manövriren, der
mit den Grundsätzen der Strategie und ihrer Anwendung unbekannt ist. Dem Strategen verschafft die erste Uebersicht des
Kriegsschauplatzes die Kenntniss der Operationsobjecte, zu
deren Besitz er gelangen — und der Operationslinien, die ihn
dahin führen müssen. Ist nach den gegenseitigen Verhältnissen
der Angriff oder die Vertheidigung beschlossen, dann wird er
im ersten Falle unaufhaltsam auf der vortheilhaftesten Linie
seinem Objecte zueilen — unbekümmert um das feindliche

Benehmen auf anderen, minder wichtigen Punkten; in der Defensive wird er sich bei seinen Bewegungen immerfort an den Schlüssel der Gegend halten und sich durch nichts davon entfernen lassen. Jede Aufstellung, jede Operation nach einer anderen Richtung betrachtet er als blossen Zeitverlust, in der Ueberzeugung, dass nur der entscheidende Punkt den Werth und die Folgen der Unternehmung bestimmen, dass folglich der Angegriffene Alles zu seiner Behauptung opfern, der Angreifende ausschliesslich nach seinem Besitz streben müsse.[1]) Wer nach diesen Grundsätzen handelt, der beherrscht die Umstände; wer sie vernachlässigt oder nicht kennt, wird von ihnen beherrscht. Dann leitet kein früher entworfener Plan, kein reifer Entschluss die Schritte des Feldherrn; sondern er erwartet von den Ereignissen, die er nicht zu lenken vermag, dass sie seine Handlungen bestimmen. Sind diese Ereignisse in Dunkel gehüllt, so schwankt der Unentschlossene und verliert das Kostbarste im Kriege — die Zeit. Wird er irregeführt oder verändern sich die Umstände, so entgeht ihm das vorgesteckte Ziel; er muss neue Erkundigungen einziehen, neue Anstalten treffen und bei jedem Wechsel der Verhältnisse nach neuen Zwecken streben. Dem überlegenen Sieger gebührte es, die Bewegungen des Feindes zu beherrschen; Souwarow richtete sich nach jenen der Franzosen. Es war an ihm, die Punkte aufzufassen, welche seine Aufmerksamkeit verdienten; und er bedurfte keiner solchen Vertheilung der Kräfte als Moreau, der eine grosse Strecke decken und viele befestigte Plätze besetzen musste. Aber der russische Feldherr berannte und belagerte alle, selbst jene, die wegen ihrer Lage und der Schwäche ihrer Besatzungen keinen Einfluss auf die Operationen nehmen konnten, und dehnte sich mehr aus als seine Gegner.

Souwarow stand bei Torre di Garofolo und Lomello, gegenüber der vortheilhaften Stellung des Feindes zwischen Alessandria und Valenza. Da Moreau durch die Unternehmungen der leichten Truppen in seiner Flanke und seinem Rücken sich nicht

---

[1]) Man vergleiche damit den 6. und 7. Abschnitt des I. Hauptstückes der »Grundsätze der Strategie«. Bd. I, pag. 251 ff. dieser Sammlung.

D. H.

bewegen liess, von der Stelle zu weichen, beorderte Souwarow
die bei Lomello stehenden Russen zum Uebergang über den
Po bei Valenza und zum Angriff des feindlichen linken Flügels.
Ohne weitere Vorbereitungen und ohne irgend eine Scheinbe-
wegung des bei Torre di Garofolo stehenden Corps setzten sie
in der Nacht vom 11. auf den 12. Mai unter Begünstigung
einer mit dichtem Holz bewachsenen Insel zwischen Borgo
Franco und Mugarone über den Fluss und wurden mit dem
Verlust ihres Geschützes, ihres mitgenommenen Gepäckes und
2500 Mann an Todten, Verwundeten und Gefangenen zurückgeworfen. Nach diesem misslungenen Angriff zog Souwarow
die russischen Truppen auf das rechte Ufer des Po nach Sale
und verlegte sein Hauptquartier nach Castel nuovo di Scrivia.

Die Unthätigkeit der Verbündeten in einem Zeitpunkte,
wo ihnen Alles daran gelegen sein musste, die Vereinigung
Moreau's mit Macdonald zu vereiteln, liess auf beträchtliche
Detachirungen schliessen und erweckte bei dem französischen
Feldherrn den Entschluss, sich durch eine starke Recognoscirung
von der Stärke seines Gegners zu überzeugen.

So gleichgiltig er bei den Streifzügen des Generals Vukassovich blieb, so brachten ihn doch die Bewegungen desselben gegen Casale und die Beschiessung dieses Ortes, dann
die Ruhe in seiner Front auf die Vermuthung, dass Souwarow
einen ernstlichen Uebergang auf jener Seite beabsichtige und
zu diesem Ende den grössten Theil seiner Truppen über den
Po gesetzt haben könne. War diese Vermuthung gegründet,
so wollte er die Recognoscirung in einen nachdrücklicheren
Angriff auf das zurückgebliebene Corps verwandeln und sich
den Weg über Novi und die Bocchetta nach Genua öffnen —
den einzigen, der für Geschütz und Fuhrwerk zu allen Zeiten
brauchbar ist: denn der zweite durch das Thal der Bormida,
über Acqui und Cairo nach Savona konnte nur von der Infanterie benützt werden. Fand er aber die Hauptmacht des
Feindes zwischen Novi und Tortona vereint, so blieb ihm nichts
übrig, als den Tanaro aufwärts zu verfolgen und den Eingang
in die Riviera durch das Thal dieses Flusses zu suchen.

Moreau musste sich Toscana nähern, weil der Zeitpunkt
nicht fern war, in welchem Macdonald dort eintreffen sollte:

und er musste sich des Küstenlandes von Genua versichern,
weil auf diesem Wege seine Verbindung mit ihm den wenigsten
Hindernissen unterlag. Aber noch andere Ursachen beförderten
seinen Entschluss. Der Aufstand in der Riviera hatte sich auf
der ganzen westlichen Küste verbreitet. Oneglia, Mondovi, selbst
die Bergfestung Ceva waren von den Insurgenten besetzt; der
Commandant von Coni (Cuneo), der gegen sie auszog, wurde
geschlagen und getödtet; der grosse Convoi von allen in
Italien gesammelten Kostbarkeiten, Kunstwerken und des der
Armee entbehrlichen Gepäckes, den Moreau von Turin über
den Col di Tenda nach Frankreich abgeschickt hatte, fand
die Strasse von einem eingestürzten Felsen gesperrt und lief
Gefahr, eine Beute des bewaffneten Landvolkes zu werden.

Alle diese Umstände erforderten schnelle Massregeln,
und Moreau musste entweder dahin detachiren oder mit der
Armee seine Richtung nach jener Gegend nehmen.

Von so verschiedenen, gleich wichtigen Ansichten geleitet,
liess er in der Nacht vom 15. auf den 16. Mai unweit Alessandria eine Schiffbrücke über die Bormida schlagen und den
General Victor mit 7000 Mann übersetzen. Moreau selbst blieb
zur Unterstützung des Angriffes oder zur Deckung des Rückzuges bereit. Victor drang über Marengo bis San Giuliano vor;
hier aber fand er so überlegene Kräfte und einen so festen
Widerstand, dass er, von der Gegenwart der feindlichen Armee
überzeugt, um 4 Uhr Nachmittags sich wieder über die Bormida zog. Da Moreau sich den vorderen Weg nicht bahnen
konnte, so schritt er ohne Zeitverlust zur Ausführung seines
für diesen Fall vorgedachten Entwurfes und schickte in der
folgenden Nacht die Division Victor ohne Cavallerie und ohne
Geschütz über Acqui, Cairo und Savona in die Riviera ab. Mit
dem ganzen Rest, der aus der Division Grenier, der Cavallerie
und Artillerie bestand, trat er am 18. Mai, nachdem er zuvor
eine Besatzung in die Citadelle von Alessandria geworfen hatte,
in möglichster Eile den Marsch nach Turin an, so zwar, dass
seine Avantgarde Moncaglieri in 24 Stunden erreichte. Die
Infanterie besetzte sodann die Linie von Chieri, Carmagnola,
Racconigi und Savigliano; die Cavallerie rückte in die Ebene
zwischen Rivoli und Colegno.

Souwarow durchdrang Moreau's Absichten und Entwürfe
nicht. Zufrieden, in dem Gefecht vom 16. ihn zum Rückzug
über die Bormida gezwungen zu haben, richtete er nun seine
Operation auf Turin. Er war von Mailand nach Tortona marschirt, um die Vereinigung seines Gegners mit der neapolitanischen Armee durch eine intermediäre Stellung zu hindern.
Statt ihn dort anzugreifen und durch eine entscheidende Schlacht
dieses Vorhaben auf immer zu vereiteln, wandte er sich auf
die entgegengesetzte Seite und hoffte, durch die glänzende Einnahme von Turin die Stimmung der im Aufstande begriffenen
Piemontesen mächtig zu erhöhen, in den ansehnlichen Zeug-
häusern der Stadt Gewehre zur Bewaffnung des Landvolkes,
Geschütz zur Belagerung der berannten Festungen zu finden,
die piemontesischen Truppen ganz auf seine Seite zu ziehen
und sich aller Hilfsquellen des Landes zu bemächtigen.

Diese Hoffnung täuschte ihn nicht; aber die nämliche
Aussicht erwartete ihn schon bei seinem Einzug in Mailand.
Am 17. Mai ging ein Theil der Verbündeten bei Cambio, am
19. das Gros über Casteggio bei Mezzana Corti über den Po
und vereinigte sich mit der ersten Abtheilung am 21. Mai im
Lager bei Candia an der Sesia, wo die Armee am 22. Ruhe-
tag hielt. Auf diesem Marsch erfuhr Souwarow, dass die Franzosen die Stellung von Alessandria verlassen hatten; er schickte
demnach ein Corps über den Po, um Valenza zu besetzen und
die Citadelle von Alessandria zu berennen. Da er zugleich die
Eroberung der Bergfestung Ceva von den Insurgenten vernahm, liess er solche durch eine Abtheilung des Blockadecorps
von Tortona besetzen, welche, von den Landeseinwohnern geführt, um einige Stunden früher dort anlangte, als die Franzosen sich derselben wieder bemeistern wollten. Vukassovich
nahm Besitz von Casale. Am 23. Mai marschirte die Armee
nach Trino, am 24. an die Dora Baltea, und erst am 27. Mai
nach Settimo Torinese und an die Stura.

Während die Verbündeten sich langsam Turin näherten,
ging der französische grosse Convoi unter dem Schutze der
von Moreau angenommenen Stellung über Saluzzo, Pignerol
(Pinerolo) auf Susa und von da über den Mont-Cenis. Die Auf-
rührer am Elero wurden geschlagen und zerstreut, Mondovi

genommen und behauptet, die Strasse in die Riviera geöffnet.
Nur die österreichische Besatzung in Ceva widerstand einem
mehrmal wiederholten Angriff, und die Franzosen waren genöthigt, zur Umgehung dieses Platzes einen neuen Weg von
Lesegno durch die Val Corsaglia auf Garessio anzulegen. Mit
unglaublichen Anstrengungen wurde dieser Weg binnen vier
Tagen vollendet, und nun zog Moreau über Coni, Mondovi
und auf dem neugebahnten Weg über Garessio in die Riviera.
Der General Grouchy deckte den Marsch, indem er die Gebirgspässe von Spinarda, Settepani, San Giacomo, Malere, Altare,
Monte Regino, Ciampani, Campo Freddo bis zur Bocchetta besetzte und einen starken Posten bei Gavi hielt; die Arrièregarde blieb bei Garessio. Moreau hatte 15.000 Mann, 200
Munitionswagen, erwartete noch Verstärkungen aus Frankreich
und ging der Vereinigung mit Macdonald entgegen.

Souwarow nahm die Stadt Turin am 27. Mai ohne
grossen Widerstand und liess die Citadelle berennen; seine
Avantgarde rückte auf Orbassano und Moncalieri vor. Als er
Moreau's Abmarsch in die Riviera erfuhr, vereinzelte er seine
Streitkräfte nach allen Seiten. Asti, Alba, Cherasco, Carmagnola wurden besetzt; eine Abtheilung nahm Susa und schickte
Detachements nach Col d'Assiette, La Brunette und Sesanne;
eine andere ging nach Pignerol (Pinerolo) und bemächtigte sich
der festen Orte Perosa und Fenestrelles; ein Theil der Avantgarde rückte auf Savigliano und streifte gegen Coni; Vukassovich mit dem anderen Theile nahm seine Richtung über Fossano; Carru auf Mondovi, Ceva und Saliceto. Das Blockadecorps von Alessandria und Tortona bekam den Befehl, eiligst
nach Montenotte zu detachiren und dem in der Riviera marschirenden Feind den Weg abzuschneiden oder wenigstens
seinen Durchzug zu erschweren. Dieses Detachement fand
aber alle Gebirgspässe auf dem Rücken der Apenninen besetzt
und konnte weiter nichts thun, als eine Postenkette vom linken
Flügel des Generals Vukassovich bei Saliceto über Dego, Monte
Acuto, Ovada, Casaleggio und Novi ziehen. Souwarow selbst
blieb bei Turin in der Absicht, mit der dort vorgefundenen
schweren Artillerie die Citadelle zu belagern. Hundert Stück
Feldgeschütz, 61 Gebirgskanonen und ein grosser Vorrath an

Pulver und Munition wurden auf dem Po nach Valenza geführt, um diesen wichtigen Platz im Falle eines Unglückes als
ein verschanztes Lager behaupten zu können.

Am 24. Mai hatte sich eine österreichische Partei in
Venedig eingeschifft und Ravenna überfallen. Am nämlichen
Tage fiel auch die Citadelle von Ferrara und jene von Mailand, nachdem die Belagerung dieser letzteren durch einige
Zeit war unterbrochen worden. Es hatte nämlich die Vorrückung des Generals Le Courbe über den Monte Cenere und
die Verdrängung des Prinzen Rohan bis hinter Taverne im
Agnothal die Oesterreicher bewogen, von Mailand an die Grenze
der Schweiz zu detachiren. Am 18. zog sich Le Courbe auf
Bellinzona, und die vorpoussirten Truppen kehrten wieder zu
der Belagerung des Schlosses von Mailand zurück.

Der russische Feldherr umfasste gleichzeitig so viele
Gegenstände, dass er nur durch zahlreiche Verstärkungen sein
angenommenes System behaupten und durchsetzen konnte.
Die Besorgniss des Wiener Hofes für Tirol war verschwunden:
dagegen hatte sich die ganze Aufmerksamkeit desselben auf
Italien gewendet, wo er die gemachten Eroberungen zu erhalten und durch neue zu vermehren wünschte. Bellegarde
erhielt daher den Befehl, mit der Tiroler Armee nach Italien
abzurücken. Er erreichte am 28. Mai Como und setzte von
dort seinen Marsch über Mailand zur Verstärkung des Berennungscorps von Alessandria und Tortona fort. Nach der Ankunft eines so beträchtlichen Zuwachses betrug die Armee der
Verbündeten in Italien 98.000 Streitbare. Davon standen 40.000
bei Turin zwischen dem oberen Po und dem Tanaro, 20.000
unter Bellegarde umschlossen die Citadellen von Alessandria
und Tortona, beobachteten die Ausgänge der Apenninen und
hatten 8500 mit dem Feldmarschall-Lieutenant Ott bei Reggio
detachirt, welcher die Pässe von Bobbio, Bardi, Compiano besetzte, Pontremoli nahm und einen vergeblichen Angriff auf
Fivizzano versuchte. Feldzeugmeister Kray wurde mit 32.000
Mann zur Belagerung von Mantua bestimmt. Da jedoch erst
20.000 vor diesem Platze versammelt waren, musste sich Kray
einstweilen auf seine Cernirung beschränken. Als Avantgarde
der Belagerungs-Armee befand sich General Klenau mit 6000

Mann zwischen Bologna und dem Panaro und blockirte Forte Franco (Castel-Franco), ehemals Forte-Urbano. Ein russisch-türkisches Geschwader lag vor Ancona.

Französischerseits stand Moreau mit 4 Divisionen, die sich durch einige Verstärkungen zur See aus Frankreich bis auf 26.000 Mann ergänzt hatten, in der Riviera; Monrichard hinter den Apenninen an der Grenze von Toscana; und 4000 Mann, welche Macdonald in Livorno einschiffen liess, landeten bei Sestri (Sestri-di-Levante). Macdonald war am 14. Mai mit 17.000 Mann von Rom aufgebrochen, zog die in Toscana befindlichen Truppen des General Gauthier an sich und lagerte Anfangs Juni bei Pistoja. Seine Avantgarde unter dem General Dombrowski hatte sich indessen auf Lucca gewendet, ging über Sarzana in das Thal der Magra, forcirte Pontremoli und stand mit Victor in Verbindung, der im Tarothal vordrang und Compiano blockirte. Der österreichische General Ott zog sich hierauf von Reggio nach Parma und liess ein starkes Detachement auf Fornovo vorrücken, um den Ausgang der Val di Taro zu sperren. Nach Moreau's Plan sollte Macdonald mit dem Gros der Armee eine ähnliche Richtung wie Dombrowski nehmen, seinen Marsch durch vorpoussirte Detachements längs dem Fusse der Gebirge decken und, ohne sich in ein entscheidendes Treffen einzulassen, die Trebbia zwischen Bobbio und Piacenza gewinnen. Moreau wollte indessen den Feind an der Bormida festhalten, dann zur bestimmten Zeit über das Gebirge von Tortona gegen Bobbio marschiren, welchen Ort er zum Stützpunkt seines rechten und des linken Macdonald'schen Flügels ersah und einstweilen von dem General Lapoype besetzen liess. Wäre einmal die Vereinigung erfolgt, so konnten beide Armeen sich gegenseitig unterstützen, und Moreau würde in Souwarow's Flanke gestanden sein, wenn letzterer Macdonald mit einem Angriffe bedrohte. Zur Ausführung dieses Planes überliess er ihm die Division Victor zu seiner Verwendung.

Wenn dieser Entwurf auch den Nachtheil hatte, auf dem Zusammentreffen verwickelter Combinationen zu beruhen, so darf man jedoch zur Entschuldigung des französischen Feldherrn die entfernten Standpunkte nicht unbemerkt lassen, aus welchen die Operationen ausgehen mussten: die grosse Ver-

17*

einzelung der feindlichen Aufstellungen, die keine bedeutenden
Hindernisse erwarten liessen, und die natürliche Beschaffenheit
der Apenninen, die man quer durchschneiden musste, um sich
an ihrem Fusse zu verbinden und die Freiheit zum Manövriren
zu gewinnen.

Macdonald brach am 7. Juni von Pistoja auf und wich
von Moreau's tiefdurchdachtem Plane ab, indem er seine Rich-
tung mit dem Centrum über San Marcello zwischen der Secchia
und dem Panaro gerade auf Modena nahm und die Division
Monrichard auf Bologna detachirte. Klenau zog sich auf
San Giorgio und San Giovanni[1]) und hob die Berennung von
Forte Franco auf. Kray stellte die Belagerungsanstalten von
Mantua ein, schaffte den Artilleriepark nach Villafranca, schickte
Verstärkungen über den Po und liess den General Hohen-
zollern, der nach der Einnahme der Citadelle von Mailand im
Marsch zu ihm begriffen war, eiligst über Casal-Maggiore und
Parma nach Modena abrücken.

Als Souwarow die Nachricht erhielt, dass Macdonald in
Pistoja angekommen, Pontremoli verloren und die Divisionen
Victor und Dombrowski in das Tarothal gedrungen seien, fasste
er den zweckmässigen Entschluss, die Vereinigung der beiden
französischen Armeen mit der äussersten Anstrengung zu hinter-
treiben. Er liess ein Corps unter dem Feldmarschall-Lieutenant
Keim (Kaim) zur Belagerung der Citadelle von Turin zurück und
setzte sich am 8. Juni mit 24 Bataillons, 18 Escadrons über
Asti und Felizzano nach Alessandria in Marsch. Die ausge-
tretenen Wildbäche legten der Armee grosse Hindernisse in
den Weg, und sie traf erst am 12. Juni an ihrer Bestimmung ein.

Sobald Macdonald aus den Apenninen debouchirte, stiess
seine Avantgarde auf die Vorposten von Hohenzollern, trieb
sie zurück und nahm mit den 3 Divisionen Rusca, Vatrin und
Olivier eine Stellung auf den Höhen zwischen Sassuolo und
Spilimberto. Victor und Dombrowski bildeten seinen linken
Flügel, brachten die Detachements des General Ott zum
Weichen und zogen sich rechts gegen Reggio; Ott dagegen

---

[1]) San Giovanni-in-Persiceto.   D. H.

nach Borgo St. Donino auf der Strasse nach Piacenza. Nach
einem hitzigen Gefechte am 11., in welchem sich die Oesterreicher behaupteten, glaubte Hohenzollern mit weit geringeren
Kräften ein zweites annehmen zu müssen, um die Unternehmungen
des Feindes — sei es über den Po oder in der Richtung von
Piacenza — wenigstens zu verzögern. Am 12. wurde er von
allen Seiten angegriffen und nach einem tapferen Widerstand
bis zum Po zurückgeworfen, über den er bei Ostiglia setzte.
Am nämlichen Tage griff auch Monrichard die Brigade Klenau
bei San Giovanni an, welche sich gleichzeitig mit Hohenzollern
auf Finale und Ferrara zog.

Macdonald hatte einen Theil seiner Absichten erreicht
und jene Corps, die ihn in Flanke und Rücken beunruhigen
konnten, aus dem Wege geräumt. Nun marschirte er am
14. Juni mit vereinten Kräften nach Reggio, am 15. nach
Parma, am 16. nach Piacenza. Ott warf eine Besatzung in
die Citadelle dieser Stadt und ging fechtend über die Trebbia
in die Stellung von Castel San Giovanni; seine Vorposten
blieben am Tidone.

Souwarow besorgte, dass die neapolitanische Armee von
Pistoja aus der Richtung ihres linken Flügels gefolgt sei, und
dass sie in Verbindung mit Moreau bei Tortona herausbrechen
werde. Erst in Alessandria erfuhr er mit Gewissheit, dass Macdonald noch von Moreau getrennt und auf der Strasse von
Bologna und Modena im Anmarsch sei. Er befahl sogleich eine
Brücke über die Bormida zu schlagen. Da aber die Pontons
in dem ganz durchnässten Boden mit Pferden nicht fortge-
bracht werden konnten, so mussten die Bestandtheile von
Menschen herbeigetragen werden, und die Brücke kam erst
am 15. zu Stande. Valenza wurde zur Sicherheit des Rückzuges
in Vertheidigung gesetzt, bei Bassignano und Mezzana-Corti
Brückenköpfe erbaut. Bellegarde blieb mit 8000 Mann zur
Deckung der Berennung von Alessandria und Tortona; Vukassovich und die detachirten Truppen im Gebirge wurden an
ihn angewiesen; und Souwarow brach am 15. Juni Abends
mit 32 Bataillons, 18 Escadrons und 4 Regimentern Kosaken
nach Tortona auf, am 16. nach Casteggio, am 17. nach
Castel San Giovanni. Die Tête der Armee kam soeben am

Tidone an, als die Franzosen die österreichischen Posten zum
Weichen brachten und über den Fluss debouchirten. Die Verbündeten gingen sogleich zum Angriff über und warfen den
Feind gegen Abend zurück. Macdonald nahm in der Nacht
eine Stellung à cheval auf der Hauptstrasse zwischen Casaliggio
und Santimento.

Souwarow vermuthete die grösste Stärke des Feindes auf
dessen linkem Flügel, detachirte ein paar tausend Mann aufwärts des Tidone gegen Bobbio und griff am 18. Juni in
3 Colonnen an; die stärkste gegen Casaliggio, die zweite auf
Gragnano, die dritte auf der Strasse nach Piacenza. Die Truppen
waren nach dem Gefecht vom vorigen Tage sehr getrennt,
durch die Eilmärsche ermüdet, kamen zum Theil in der Nacht
an, wurden weitschichtig aufgestellt und erst um 10 Uhr Vormittags so gut als möglich in Bewegung gesetzt. Beide Armeen
waren ungefähr von gleicher Stärke, und jede betrug zwischen
32.000 und 34.000 Mann. Der ganze Tag verging mit Gefechten
in dem äusserst durchschnittenen Terrain auf dem linken Ufer
der Trebbia. Dieser Waldstrom, dessen Sandbett eine italienische
Meile breit ist und in der damaligen Jahreszeit fast ganz ohne
Wasser war, trennte die Streitenden am Ende des Tages. In
der Nacht entstand noch ein heftiges Handgemenge in der
Mitte des Strombettes. Beide Theile fochten mit blanken Waffen
und mit solcher Erbitterung, dass die gegenseitigen Befehlshaber
erst nach 11 Uhr dem zwecklosen Gemetzel Einhalt thun
konnten.

Am folgenden Tage, den 19. Juni, begann die Schlacht
mit neuer Hartnäckigkeit und währte wieder auf dem nämlichen Kampfplatz fort. Wiederholte einzelne Angriffe der verschiedenen Truppengattungen, welche die beiden Linien bildeten,
ohne eigentlichen Zusammenhang und ohne taktischen Zweck,
kosteten viel Blut und brachten mit einbrechender Nacht abermals kein Resultat hervor, als die grösste Verwirrung und Auflösung beider Armeen.

Macdonald hoffte, dass die Division Lapoype von Bobbio
aus dem Feind in Flanke und Rücken fallen und dadurch den
Sieg entscheiden würde. Diese Division war auch am 19. über
Travo im Anzug, wurde aber von dem Detachement, welches

Souwarow aufwärts des Tidone geschickt hatte, selbst in ihrem Rücken beunruhigt. Da Lapoype wähnte, das Schlachtfeld nicht mehr zu rechter Zeit erreichen zu können, und wieder umkehrte, fand er Bobbio von den Russen besetzt. Fruchtlos versuchte er ihnen den Besitz dieses Ortes zu entreissen; andere Parteien näherten sich auf dem Wege von Travo, und nun warf sich Lapoype über die Trebbia und zerstreute sich im Gebirge.

In der Nacht vom 19. auf den 20. Juni zog sich Macdonald auf der Strasse von Parma zurück; die Hauptcolonne ging über Modena nach Pistoja, eine kleinere durch das Taro- und Magrathal nach Lucca, wo sie am 28. Juni ankamen. Souwarow verfolgte ihn am 20. in 3 Colonnen bis Pontenura. Am 21. Juni rückte die Armee in das Lager bei Fiorenzuola, die Avantgarde besetzte St. Donino und am 22. Castel Guelfo am Taro. In den beiden Tagen der Schlacht und bei dieser Nachrückung fielen den Verbündeten an Gefangenen und Verwundeten 4 Generale, 506 Officiere und 12.778 Mann in die Hände.

Der russische Feldherr überliess nun die weitere Verfolgung den Generalen Ott, Hohenzollern und Klenau, welche letztere wieder auf Parma und Bologna vordrangen und dem Feind noch beträchtlichen Schaden zufügten, in der Folge aber zur Deckung der Belagerung von Mantua auf dem rechten Ufer des Po zu bleiben bestimmt wurden. Souwarow selbst eilte an die Bormida zurück, wo neue Ereignisse seine Gegenwart erforderten. Moreau war, seinem Plane getreu, während Macdonald's Vorrückung nicht unthätig geblieben und hatte am 16. Juni 14.000 Mann bei Voltaggio und Gavi vereinigt. Seine Absicht war, dem Feldmarschall-Lieutenant Bellegarde hinter der Scrivia einen Marsch abzugewinnen und über Tortona und Voghera an die Trebbia zu eilen. Zu diesem Ende vertrieb er am 18. die Oesterreicher aus Serravalle und rückte auf beiden Ufern der Scrivia in zwei Colonnen vor. Die stärkste zur Rechten von 9500 Mann führte er selbst auf Tortona; mit der kleineren von 4500 sollte General Grouchy seinen Marsch auf dem linken Ufer cotoyiren, die feindlichen Posten längs dieser Strasse zurückwerfen und sich dann hinter der Scrivia mit 3 Bataillons vereinigen, welche Moreau zur Deckung

seines Rückens zwischen Castel nuovo und Tortona zurücklassen, mit den übrigen aber den Marsch auf Voghera fortsetzen wollte.

In der Nacht vom 18. hoben die Oesterreicher die Blockade
von Tortona auf und zogen sich gegen Alessandria; Bellegarde
nahm mit ungefähr 6000 Mann eine Stellung bei Spinetta unweit
Marengo.

Moreau erreichte am 19. die Höhen jenseits Tortona gegen
Voghera; Grouchy drang unter kleinen Gefechten bei Novi und
Pozzolo vor. Durch diese leichten Vortheile verleitet, griff
er am 20. Früh San Giuliano an; hier kam ihm Bellegarde entgegen und warf ihn an die Scrivia zurück. Moreau
musste nun mit einem Theil seiner Colonne umkehren, erneuerte das Gefecht und brachte Bellegarde zum Weichen,
der mit einfallender Nacht sich wieder hinter die Bormida
setzte. Der Rest von Moreau's Colonne blieb an diesem Tage
bei Ponte Curona und Castel Nuovo stehen. Bald darauf wurden
die Ereignisse an der Trebbia, Macdonald's Rückzug und Souwarow's Anmarsch bekannt. Seine Armee stand am 23. wieder
bei Piacenza und rückte am 24. über Stradella herbei. Moreau
verliess Castel Nuovo und Ponte Curona und zog sich über
Gavi in die Bocchetta zurück. Die Verbündeten marschirten
am 25. an die Scrivia, lagerten am 27. Juni an der Orba
und besetzten Novi und Ovada. Tortona wurde von Neuem
eingeschlossen, und die Belagerung der Citadelle von Alessandria
begann. Jene von Turin hatte sich am 20. Juni ergeben.

Souwarow's rascher Entschluss zu dem Marsche vom
oberen Po an die Trebbia entschied für den Augenblick über
das Schicksal von Oberitalien. Wenn man ihm den Vorwurf
machen kann, dass der Befehlshaber von 90.000 Mann nur
mit 32.000 auf diesem wichtigen Punkt erschien, so war dieser
Fehler eine Folge der früheren Anlage seiner Operationen. Er
konnte keine ansehnlicheren Kräfte vereinigen, ohne Zeit zu
verlieren: und dann kam er zu spät, Macdonald's Zusammentreffen mit Moreau zu hindern. Selbst die Art der Schlacht,
welche aus einem blossen Handgemenge auf der ganzen Linie
ohne Disposition und ohne Manöver bestand, lässt sich dadurch entschuldigen, dass das äusserst durchschnittene Terrain

wenig Freiheit zu Bewegungen gewährte, und dass Souwarow der vollen Linie des Feindes eine ähnliche entgegensetzen wollte. Ueberdiess wäre es gefährlich gewesen, mit den sehr braven, aber weniger gewandten russischen Truppen, welche an diesem Tage den grössten Theil des Heeres bildeten, im Angesichte des Feindes ein Manöver zu wagen.

Macdonald's Richtung von Pistoja nach Modena und Bologna war ein Missgriff; ein zweiter, dass er gegen Piacenza vorrückte, statt nach Moreau's Plan, und wie es Souwarow selbst vermuthete, den Fuss der Gebirge zu halten. Er würde diesen Fehler noch verbessert und Moreau's Mitwirkung erleichtert haben, wenn er durch eine rückgängige Bewegung in die Apenninen den entgegenkommenden Feind zur Verfolgung verleitet hätte. Nach der Schlacht vom 19. blieb ihm keine Wahl mehr übrig. Nicht sowohl der Ausgang derselben, als seine ganze Lage zwangen ihn zum Rückzug. Er musste ihn antreten, sobald er nicht durchdrang und der Gegner ihn aufhielt. Souwarow konnte sich verstärken, das Treffen mehrmals erneuern und endlich ihn aufreiben; Macdonald hatte diese Aussicht auf gleiche Vortheile nicht.

In dem Bette der Trebbia war nun zum dritten Mal das Loos von Oberitalien gefallen. Auf dem nämlichen Schlachtfelde hatte Hannibal im Jahre 218 vor Christi Geburt die Römer, Liechtenstein 1746 Maria Theresiens Feinde, und Souwarow 1799 die Franzosen besiegt. So wahr ist es, dass von der Bildung des Terrains der Gang der Operationen abhängt, weil die Lage der Gebirge und der Lauf der Flüsse unabänderlich jene Linien und Punkte bestimmen, auf welchen die Armeen gegen einander stossen müssen. Daher wurden unter ganz verschiedenen Verhältnissen und mit anderen Waffen auf den nämlichen Feldern mehrere entscheidende Schlachten geliefert, deren einige zum Beispiele angeführt zu werden verdienen, als:

4 Schlachten bei Cassano, 1509 — 1658 — 1705 — 1799.
4 bei Verona, 249 — 312 — 489 — 1799.
3 bei Caldiero, 1796 — 1805 — 1813.
3 bei Turin, 312 — 1640 -- 1706, nebst sechs Belagerungen.
2 bei Novi, 1745 — 1799.

3 bei Rheinfelden, zwei 1638 — 1678.

3 bei Höchstädt, 1703 — 1704 — 1800.

4 bei und in der Gegend von Nördlingen, 1634 — 1645 — 1796 — 1800.

2 bei Neerwinden, 1693 — 1793.

6 bei Fleurus, 1622 — 1690 — drei 1794 — 1815, nebst neun Belagerungen der zunächst liegenden Festung Charleroi.

2 zwischen Tournay und Fontenoy 1745 — 1794.

4 bei Soissons, 486 — 912 — 1414 — 1814.

2 bei Vittoria, 1367 — 1813.

2 bei Saragossa, 1118 — 1710, nebst drei Belagerungen.

3 bei Adrianopel, 323 — 377 — 378.

3 bei Smolensk, 1609 — 1708 — 1812.

2 bei Pultusk, 1703 — 1806.

2 bei Mohács, 1526 — 1683.

3 bei Prag, 1420 — 1620 — 1757, nebst sieben Belagerungen.

5 bei Leipzig und Lützen, 1631 — 1632 — 1642 — zwei 1813.

3 nächst und auf dem Marchfelde bei Wien, 1278 — zwei 1809.

So führt uns die Geschichte zur Kenntniss der von der Natur bezeichneten Kampfplätze und lehrt uns nach den Vorbildern der Vergangenheit die Grundzüge künftiger Ereignisse bestimmen.

Dritter Abschnitt.

Fortsetzung der Operationen in Italien.

Moreau besetzte nach seinem Rückzuge in die Bocchetta alle Gorgen der Apenninen von den Quellen des Tanaro bis zu dem Ausflusse der Magra. Unter dem Schutze dieser Postenkette brach Macdonald mit ungefähr 13.000 Mann am 8. Juli aus Toscana auf und erwirkte endlich am 15. Juli seine Vereinigung mit ihm auf der Küstenstrasse über Sarzana und Sestri. Da dieser Weg nur von Pisa bis Spezia fahrbar ist, so musste das schwere Geschütz und vieles Feldgeräthe theils zurückgelassen, theils zerstört, das Unentbehrlichste aber auf Tragthieren und kleinen Fahrzeugen längs der Küste nachgeführt werden. Zwei Divisionen blieben im südlichen Italien, vorzüglich in Ancona, in der Engelsburg, in Capua und Gaëta zurück,

zur Vertheidigung der wichtigsten Punkte gegen die Volksaufstände, welche, durch ein fliegendes Corps der Oesterreicher begünstigt, sich nach und nach über das ganze Land verbreiteten.

Während der langen Zeit vom 25. Juni bis zur vollbrachten
Vereinigung am 15. Juli war Moreau's Lage äusserst bedrängt,
seine Aufstellung sehr ausgedehnt und ohne Kraft. Die Schlacht
an der Trebbia hatte beide Armeen aus aller gemeinschaftlichen
Wirkung gesetzt. Den Verbündeten stand die kürzere Linie
und die Freiheit in den Bewegungen zu Gebot; sie konnten in
das Gebirge dringen, den Feind theilweise schlagen und sich
der Riviera dergestalt bemeistern, dass die Vereinigung ihrer
Gegner auch im Küstenland unmöglich wurde.

Souwarow benützte diesen Vortheil nicht; der Wiener Hof
wollte die Sicherheit der bisherigen Eroberungen auf den
Besitz der Festungen gründen und drang auf die Belagerung
von Mantua, ausschliesslich von allen [1]) offensiven Operationen.
Beides liess sich jedoch miteinander verbinden; denn die fort-
gesetzte Offensive gegen Moreau würde die Franzosen verhindert haben, eine Armee zum Entsatz der Festungen zu
sammeln, und hätte ihren Fall mit dem geringsten Zeitverlust
am verlässlichsten herbeigeführt. — Ueberdies lag Mantua
allein in der Nähe einer für die Oesterreicher wichtigen Communication, und die Umgebungen des Platzes begünstigten seine
Einschliessung so sehr, dass ohne grossen Truppenaufwand die
Besatzung unschädlich gemacht und ungestraft zurückgelassen
werden konnte.

Souwarow hielt sich pünktlich an die erhaltenen Wei-
sungen und vertheilte seine Kräfte auf folgende Art: Die
Hauptarmee (28.000 Mann) stand bei Spinetta am Einfluss der
Orba in die Bormida; ihre Vortruppen zogen eine Kette von
Acqui über Ovada, Novi gegen Bobbio.

Ein Corps bei Turin (8000 Mann) hielt Susa, Pinerolo,
Savigliano, Fossano, Cherasco besetzt.

Ein anderes bei Aosta (12.000 Mann) deckte die Zugänge
aus dem Thal der Rhône über den Bernhard, hatte Detachements auf dem Simplon und eine Brigade in Ober-Wallis.

---

[1]) Mit Ausschluss aller.   D. H.

Ein drittes bei Piacenza (10.000 Mann) beobachtete die Apenninen in der Gegend von Bobbio, Borgo Taro und Pontremoli.

Ein viertes (8000 Mann) drang von Bologna nach Toscana und schickte Parteien nach Rimini, Florenz, Lucca, Pisa und Livorno.

Unter dem Schutze solcher Aufstellungen begann die Belagerung von Mantua mit 29.000 und jene von Alessandria mit 11.000 Mann. Tortona ward mit 3500 berannt.

In den verschiedenen Besatzungen lagen noch 26 Bataillons, 2 Escadrons. Forte (Castel-) Franco am Panaro hatte capitulirt. Die russisch-türkische Flotte beschoss Ancona und nahm Sinigaglia; ein Theil der englischen landete bei Livorno. Die kleine Festung S. Leo im Herzogthume Urbino unterwarf sich einer Patrouille österreichischer Husaren. Die gesammten Streitkräfte der Verbündeten zählten mit Einschluss des vom Gotthard zurückgekommenen Corps und der zuletzt angelangten Abtheilungen russischer Hilfstruppen gegen 100.000 Mann Infanterie und 12.000 Pferde im freien Felde.

Die Citadelle von Alessandria fiel am 22. Juli; Mantua ergab sich am 27. Juli nach einer schlechten Vertheidigung von 21 Tagen. Die französischen Festungen, welche den Oesterreichern in diesem Feldzuge in die Hände fielen, waren überreichlich mit Vertheidigungsmitteln versehen, und dennoch leistete keine einen verhältnissmässigen Widerstand. Es zeigte sich auch hier, wie wenig Anschen die Regierung und wie wenig Kraft die Gesetze hatten. Der Parteigeist lässt das Verbrechen, welches nicht gerade gegen ihn gerichtet ist, straflos und wüthet nur blind gegen seine Feinde.

Die Gesetzgebung über die Vertheidigung fester Plätze ist bei allen Armeen mangelhaft, weil sie das Verfahren in einzelnen Fällen zu allgemeinen Regeln erhebt und dabei den Grundsatz der möglich kräftigsten und längsten Gegenwehr aus den Augen verliert. Hier soll der Commandant genug gethan haben, wenn er einen Sturm von der Bresche abschlug, dort, wenn er den Mangel an Lebensmitteln bis zu einer gewissen Periode ertrug: und doch ist es denkbar und durch die That erwiesen, dass in beiden Fällen die Vertheidigungsmittel nicht

immer erschöpft waren und Plätze auch nachher noch behauptet
und gerettet wurden. Dagegen kann wieder eine Festung aus
anderen Gründen früher unhaltbar und die Rettung der Garnison für andere Zwecke nothwendig werden. Mangel an hinlänglicher Dotirung, Fehler in dem Vertheidigungssystem und
der Anlage der Werke, Erschöpfung der Besatzung durch
Krankheiten, böse Gesinnungen der Einwohner u. dgl. sind
oft unüberwindliche Hindernisse, um den vom Gesetze vorgeschriebenen Termin zu erreichen. Wenn alle Mittel erschöpft
und nicht mehr zu ersetzen sind, dann lässt sich die Uebergabe rechtfertigen; aber auch nur dann. Wer früher dazu
schreitet, ist strafbar, wie gross der Abgang an einzelnen Bedürfnissen und der Andrang des Feindes sein mag. Wer aber
auch da, wo die Menschen gewöhnlich keine Rettung mehr
sehen und im Allgemeinen auch solche nicht zu fordern
pflegen, noch in dem höheren Schwunge seines Geistes und
seines beharrlichen Muthes Mittel findet, sich zu halten, der
macht sich der höchsten Auszeichnung und Belohnung der
Tapferkeit würdig. Männern, die im Kunstfache Meister sind
und im Kriege sich vielfach versucht haben, kommt es allein
zu, den ganzen Verlauf einer Vertheidigung zu würdigen und
hiernach über die Möglichkeit ihrer Verlängerung zu urtheilen.
Diese ist der einzige Massstab der Straffälligkeit und des Ver-
dienstes. Für einzelne Obliegenheiten gibt es besondere Vor-
schriften, deren Versäumniss dem Commandanten zwar zur
Last fällt; aber nie kann blos darnach entschieden werden, ob
die Festung zu früh gefallen sei.

Als sich die Franzosen Italiens bemächtigten, und auch
in dem darauf gefolgten Frieden behielten sie alle Festungen
bei, die sich im Lande vorfanden, und setzten sie in Vertheidigungsstand, ohne Rücksicht auf ihre Lage und auf ihren
Einfluss bei künftigen Kriegsereignissen; daher erfüllten auch
mehrere keineswegs ihre Bestimmung und hatten vielmehr den
Nachtheil, die Armee durch zahlreiche Besatzungen zu schwächen.
Festungen sind, sowie Aufstellungen, blos auf strategischen Punkten von entscheidendem Nutzen, weil beide
die nämliche Absicht haben: Behauptung eines Gegenstandes —
Deckung eines anderen. Die ersteren vereinigen jedoch mehrere

Vortheile in sich, weil ihr Besitz nicht von dem Schicksale eines
Tages abhängt. Sie dienen zur Aufbewahrung der Kriegsvorräthe, zur Sicherheit einer Operationsbasis, zur Aufnahme einer
Truppenzahl, welche, unbesorgt für die Selbstständigkeit des
Postens, jeden Punkt des ihn umgebenden Feindes bedroht und
diesen in die Nothwendigkeit setzt, so überlegene Kräfte auf
die Einschliessung des Waffenplatzes zu verwenden, dass schon
dadurch ein nicht vorhandenes Gleichgewicht zwischen zwei
im Felde stehenden Armeen hergestellt werden kann. Dieser
Vortheil tritt in noch höherem Masse ein, wenn die Lage der
Festung ihren Besitz dem Gegner unentbehrlich macht, und
wenn sie des Ueberflusses ihrer Vorräthe wegen einer längeren
Berennung Trotz bietet, wodurch der Feind gezwungen wird,
sich zur förmlichen Belagerung zu entschliessen.

Jeder Staat sollte in Friedenszeiten sorgfältig
bedacht sein, auf den entscheidenden strategischen
Punkten Waffenplätze zur Bewahrung seines Daseins
und seiner Unabhängigkeit zu unterhalten. Ihr Umfang,
ihre Bauart, ihre Festigkeit müssen sie über die Veränderung
der Systeme erheben, und selbst durch neue Erfindungen in
der Kriegsart und in der Belagerungskunst soll ihr folgen-
reicher Einfluss nicht geschmälert werden. So sehr man Kunst
und Kosten verband, Frankreichs Grenzen mit Festungen zu
decken, so fehlt es doch den meisten an Casematten zur sicheren
Verwahrung ihrer Bedürfnisse; denn sie wurden zu einer Zeit
erbaut, wo der Gebrauch des Wurfgeschützes noch wenig bedeutend war. Dieser Mangel macht es dem Feinde möglich,
jene von eingeengtem Raume, welche keinen Zufluchtsort gegen
die Verheerung des in unseren Zeiten so vermehrten Geschützes
darbieten, durch die Gewalt des Feuers zu bezwingen oder
wenigstens ihre Uebergabe zu beschleunigen. Befestigungen
hingegen, welche blos die Offensive befördern, oder die Vertheidigung eines Zuganges, eines Abschnittes von dem grossen
Kriegstheater beabsichtigen, können füglich bei der Annäherung
des Krieges oder während desselben erst aufgeführt werden.
Dazu sind die alten Wälle und Mauern der meisten Städte um
so angemessener, als man, mit Ersparung der beträchtlichen
Erhaltungskosten in Friedenszeiten, ihren Umfang und die

Gestalt ihrer Werke mehr dem Bedürfnisse des Augenblickes anzupassen vermag. Die Franzosen durften umso weniger Bedenken tragen, die entbehrlichen Festungen eingehen zu lassen, als sie der angreifende Theil waren, kein unerwarteter Ueberfall ihnen bevorstand, die Beschaffenheit der durchaus von Stein erbauten Gebäude jede Vertheidigung in Italien erleichtert und die Kenntniss dieses classischen Bodens den Werth und die Vorzüge eines jeden Punktes längst entwickelt und bestätigt hatte.

Nach dem Fall von Alessandria beschloss Souwarow in die Riviera einzudringen. Während er sich mit den nöthigen Vorbereitungen zu dieser Unternehmung beschäftigte, bezog er eine Stellung bei Rivalta an der Scrivia, liess am 5. August die Laufgräben vor der Citadelle von Tortona eröffnen und bemeisterte sich am 7. August nach einer kurzen Beschiessung des Bergschlosses Serravalle. Am 12. August traf bei der Armee der grösste Theil des Belagerungscorps von Mantua ein. Elf Bataillons waren davon nach Toscana und in das südliche Italien abgegangen.

Die Franzosen benützten die Unthätigkeit der Verbündeten zur Vermehrung ihrer Streitkräfte. Fünfundzwanzigtausend Mann sammelten sich hinter den Alpen und bildeten eine neue Armee, mit welcher General Championnet am 20. August über Coni (Cuneo) vordringen sollte. Die Truppen in der Riviera wurden bis auf 45.000 Mann gebracht, und General Joubert, den das Directorium zum Oberbefehlshaber ernannt hatte, traf am 5. August in Moreau's Hauptquartier zu Cornigliano bei Genua mit den bestimmtesten Befehlen ein, die Offensive ohne Verzug zu ergreifen. Er fasste sogleich den Entschluss, einen Versuch zur Rettung von Tortona zu wagen, und brach in drei Colonnen längs dem Lemme, der Orba und der Bormida über Voltaggio, Ovada und Dego aus den Apenninen hervor. Am 12. debouchirten sie bei Carosic, Mornese und Acqui, am 13. August zogen sie sich bei Novi zusammen und umschlossen Serravalle, das hinter ihrem rechten Flügel blieb.

Souwarow sah diesen Bewegungen ruhig zu, liess den Feind ungehindert durch das Gebirge ziehen, sich vereinigen und eine feste Stellung nehmen; seine Vortruppen wichen überall zurück. Bis zum 13. war der Feldmarschall entschlossen, die Schlacht in der Ebene anzunehmen, plötzlich aber ging er von seinem Vorhaben ab und befahl den Angriff, jedoch nur mit 45.000 Mann; 18.000 blieben unthätig bei Spinetta, Tortona und Vighizzolo (Viguzzolo).

Joubert stand mit seinem rechten Flügel auf den steilen Abfällen des Monte Rotondo rechts von Novi, welches stark besetzt war; der linke stützte sich bei Pasturana an den Wildbach Lemme. Von den Verbündeten commandirte Kray den rechten Flügel vorwärts Fresonara; die Russen bildeten das Centrum bei Pozzolo; und der linke Flügel, unter dem österreichischen General Melas, lehnte bei Rivalta an der Scrivia.

Die Schlacht entspann sich am 15. August mit Tagesanbruch ohne Uebereinstimmung weder in der Zeit, noch in den Bewegungen. Kray griff zuerst die Höhen von Pasturana an, und nachdem er zweimal zurückgeschlagen wurde und der Feind, unbeschäftigt auf den anderen Punkten, volle Zeit ihn zu erdrücken hatte, liess Souwarow um 9 Uhr die Russen zum Sturm von Novi und von den auf steilen Absätzen nächst der Stadt sich erhebenden Weinbergen anrücken. Mit aller Tapferkeit konnten sie diese feste Stellung nicht bezwingen, und der Sturm wurde nach vielem vergossenen Blute jedesmal abgeschlagen. Der linke Flügel kochte indessen ruhig in seinem Lager ab. Endlich erhielt Melas den Befehl, an der Schlacht theilzunehmen. Er umging den feindlichen rechten Flügel im Thale der Scrivia über Cassano, entsetzte Serravalle, drang gegen die Strasse von Gavi, warf sich in die Flanke und in den Rücken des Feindes und entschied den Sieg.

Joubert war geblieben, als er den Angriff auf seinem linken Flügel zurückschlug. Moreau, welcher das Commando übernahm, versuchte ohne Erfolg die Umgehung seiner Flanke unschädlich zu machen und wurde mit grossem Verluste zum Rückzug über Tassarolo und Pasturana gezwungen.

Beide Theile hatten beträchtlich gelitten: ein österreichischer, vier französische Generale fielen in gegenseitige Gefangenschaft.

Am Tage nach der Schlacht standen die Vorposten der Verbündeten bei Novi, jene der Franzosen bei Gavi, Rocca, Ponzone und Spigno.

Moreau gab die Hoffnung auf, sich in der Riviera behaupten zu können, und schrieb dem Senat von Genua, er sei ausser Stand, die Stadt noch ferner zu schützen. Als er aber bald die Ueberzeugung erhielt, dass die Verbündeten selbst den Vortheilen des Sieges Grenzen setzten; nahm er sein voriges Vertheidigungssystem wieder an. Er besetzte neuerdings alle Gorgen der Apenninen und ergriff sogar gegen den General Klenau die Offensive, welcher die Riviera di Levante durchzogen, Spezia mit den umliegenden festen Schlössern und Sestri genommen und am 15. August über Rapallo vorgedrungen war, indessen die Engländer zur See Recco beschossen. Klenau zog sich hinter die Forts von Spezia zurück.

Souwarow verweilte einige Tage bei Novi und versäumte zum dritten Male die Gelegenheit, die feindliche Armee durch eine kräftige Verfolgung aufzureiben, den Krieg an die Grenzen Frankreichs zu versetzen und durch die Eroberung von Genua und der Küste eine kürzere und vortheilhaftere Aufstellungslinie zu gewinnen. Politische Verhältnisse hielten seine Fortschritte auf, indem er die Nachricht von einer Uebereinkunft zwischen den Höfen von Wien, Petersburg und London erhielt, vermöge welcher die russischen Truppen Italien räumen und fernerhin selbstständig in der Schweiz operiren sollten, wo schon ein Corps derselben unter Anführung des Generals Korsakow unmittelbar aus Russland angekommen war. Dennoch beschloss der russische Feldherr, den Marsch an seine neue Bestimmung nicht vor der Uebergabe der Citadelle von Tortona anzutreten. Indessen errang Masséna's rechter Flügel in der Schweiz bedeutende Vortheile. Schon vor der Schlacht an der Trebbia hatte Souwarow den Feldmarschall-Lieutenant Hadik von dem Gotthard abgerufen und ihn im Aoster-Thal[1]) zur Sperrung der Ausgänge aus dem Wallis verwendet; Tureau und Le Courbe bemächtigten sich hierauf des Simplon und des Gotthard und zwangen die Oesterreicher am 21. August zum Rückzug nach Domo d'Ossola und Bellinzona.

---

[1]) Thal der Dora Baltea.　　　　　　　　　　　　　　D. II.

Souwarow detachirte ein Corps nach Novara zur Deckung Italiens von dieser Seite. Ein Theil seiner Truppen blieb vor Tortona. Er selbst marschirte mit dem Gros der Armee nach Asti, weil Championnet über den Mont Cenis heranrückte, am 30. August Susa nahm, auf Perosa vordrang und die ganze österreichische Postenkette von der französischen Grenze her beschäftigte, indessen Moreau seine Truppen bei Savona sammelte und die Bocchetta nebst allen Débouchéen aus den Apenninen besetzt hielt.

Von der Entfernung der grossen verbündeten Armee unterrichtet, wagten die Franzosen am 7. September noch einen Versuch zum Entsatz von Tortona und brachen über Gavi, Ovada und Ponzone bis Novi heraus. Obwohl diese Unternehmung mehr eine Recognoscirung verrieth und nicht mit jenem Nachdruck geschah, der grosse Folgen erwarten liess, vermochte sie doch Souwarow zur Rückkehr zu bringen, der am 9. September in Eilmärschen wieder nach Rivalta [1]) kam.

Am 10. September verliessen die Franzosen Novi und zogen sich auf allen Punkten zurück.

Endlich fiel Tortona am 11. September, und am nämlichen Tage setzten sich alle russischen Truppen (bei 18.000 Mann Infanterie und 4000 Kosaken) nach der Schweiz in Marsch. Am 20. und 21. September trafen sie über Valenza, Mortara, Varese und Taverne in Bellinzona ein.

Souwarow hatte einen glänzenden — Moreau einen künstlichen Feldzug gemacht; jenem wurde die allgemeine Bewunderung — diesem die Vergessenheit zutheil; weil man die Thaten der Heerführer selten nach ihrem Werthe, aber stets nach ihrem Erfolge würdigt. Der russische Feldherr eroberte mit weit überlegenen Kräften mehrere Festungen und eine grosse Strecke Landes; der französische verhinderte den Untergang seines kleinen Haufens durch Klugheit und hemmte die raschen Fortschritte des Gegners durch Festigkeit und wohlberechnete Manöver.

---

[1]) Rivalta-Scrivia.   D. H.

Zum Glücke für Beide war die Rolle eines Jeden seinem Charakter angemessen; ohne überlegene Mittel hätte Souwarow nichts geleistet, ebensowenig Moreau, wenn die Lösung seiner Aufgabe von Kühnheit und Schnelligkeit abhing. In Italien fand ersterer die Bahn durch den Sieg bei Magnano gebrochen, und ein Uebermass an Kräften erleichterte seine Unternehmungen. In der Schweiz trat das umgekehrte Verhältniss ein: er selbst musste sich den Weg über den Gotthard öffnen, und die Mehrzahl war von seiner Seite gewichen, seitdem der grösste Theil der österreichischen Truppen die Limmat verlassen und sich nach seiner neuen Bestimmung an den Mittelrhein gewendet hatte.

Vierter Abschnitt.

Unternehmungen der Franzosen zwischen dem Ticino und dem Züricher-See.

Die Franzosen hatten bis zur Hälfte des Monates Juli bereits ansehnliche Verstärkungen von jenen Truppen erhalten, die kurz nach den ersten unglücklichen Ereignissen des Feldzuges in Bewegung gesetzt wurden. Mehr durften ihre Feldherren vorderhand umso weniger erwarten, als die von der Regierung angeordneten Errichtungen theils erst gebildet, theils aus entfernteren Gegenden herbeigezogen werden mussten.

In Italien waren die ankommenden Verstärkungen von keiner grossen Wirkung, weil sie in der dort geschwächten Armee keinen festen Anhaltspunkt fanden und durch ihre eigene Selbstständigkeit kein Uebergewicht geben konnten. An der Limmat hingegen und am Rhein stiessen sie zu einer nicht überwältigten Macht, mit welcher sie sich unter dem Schutze haltbarer Stellungen, Flüsse und Festungen sicher und ungestört vereinigten.

Gegen Ende Juli standen 47 Bataillons, 20 Cavallerie-Regimenter am Rhein von Hüningen bis Mainz. Sie betrugen über 40.000 Mann, ausschliesslich von 9 Bataillons, welche in den Festungen auf beiden Ufern des Flusses lagen; und den·

18*

noch leisteten sie nichts Erhebliches, obwohl die Oesterreicher
nur 14 Bataillons, 68 Escadrons (22.000 Mann) entgegenstellten.
Ueberdies hatten letztere ihre Besatzungen von Philippsburg,
Würzburg, Ulm und Ingolstadt schon auf 7800 Mann, 490
Pferde herabgesetzt und konnten aus denselben keine Verstärkung mehr an sich ziehen. Die Franzosen dehnten sich
längs dem Rheine aus und hegten eine zu grosse Meinung von
der Stärke ihrer Gegner und von der Bewaffnung des Landvolkes im Schwarzwald; daher glaubten sie die volle Zusammensetzung einer selbstständigen Armee und die Ankunft des neu-
ernannten Feldherrn abwarten zu müssen. Sie verloren dadurch
eine kostbare Zeit, in welcher sie durch die Verwendung ihrer
schon vorhandenen Kräfte auf einem Punkte dem General Masséna
die erspriesslichsten Dienste geleistet hätten.

In der Schweiz zählte jede der gegenseitigen Armeen
etwas über 75.000 Mann, wodurch das Gleichgewicht ziemlich
hergestellt war. Ihre Feldherren ertrugen mit Ungeduld eine
durch die Umstände erzwungene Unthätigkeit; Beide richteten
ihren Blick auf die Ankunft der Russen, welche in der zweiten
Hälfte des Monates August erfolgen und den Oesterreichern
eine Ueberlegenheit von 30.000 Streitern zuführen sollte. Nach
dieser Vereinigung konnte der Erzherzog kühn die Offensive
ergreifen, weil ihn eine solche Mehrzahl in den Stand setzte,
sowohl seine Hauptoperationslinie an der Donau zu schützen
als auch durch die Verfolgung des Feindes aus einem nicht
mehr zweifelhaften Sieg den möglichsten Vortheil zu ziehen.
Masséna hingegen hatte bis zu diesem, für Oesterreich vielversprechenden Zeitpunkte keine verhältnissmässige Verstärkung
zu hoffen; ihm musste daran gelegen sein, seinem Gegner
zuvorzukommen und den weniger gefährlichen Augenblick zu
benützen, so lange noch das Gleichgewicht zwischen den gegenseitigen Kräften bestand. Eine Operation von Kehl oder Breisach
durch den Schwarzwald war die leichteste. Zwar stand der
österreichischen Armee von der Limmat zu den Quellen der
Donau — wo es in diesem Falle zu einer entscheidenden
Schlacht kommen musste — die kürzere Linie zu Gebote; aber
ein schneller Entschluss, eine ebenso kräftige Ausführung, die
Initiative der Bewegung, die grössere Leichtigkeit, Truppen

vom rechten Flügel unbemerkt aus dem hohen Gebirge an sich zu ziehen, die beträchtliche Zahl jener, die sich schon am Rhein befanden, endlich die Hoffnung, durch eine scheinbare Schwächung oder rückgängige Bewegung von der Limmat den Gegner zu einem unklugen Schritt vorwärts zu verleiten und ihn dadurch von der Donau zu entfernen, sprachen sehr für die Wahrscheinlichkeit des Erfolges. Eine solche Operation lag jedoch seit der Trennung der französischen Armeen am Rhein und in der Schweiz nicht mehr in Masséna's Wirkungskreis. Ein Angriff an der unteren Aar und Limmat, zwischen Coblenz und Zürich, grenzte wegen der Beschwerlichkeit der stark besetzten Uebergänge über beide Flüsse beinahe an die Unmöglichkeit. Masséna beschloss daher, in dem höchsten Gebirge zwischen der italienischen Grenze und dem Züricher-See vorzudringen. Der Erfolg der ersten Schritte war hier unfehlbar, sowohl wegen des entschiedenen Vortheiles der Offensive in solchen Gegenden, als weil sie mit grosser Ueberlegenheit geführt werden konnte; denn es war den Franzosen leichter, unter dem Schutze des Albis und der Sihl ihren rechten Flügel schnell und bedeutend zu verstärken, als den Oesterreichern ihren linken, welchen der Züricher-See von der Armee trennte. Jedoch liess sich von dieser Operation, so lange der Feind drohend bei Zürich stand, kein weiteres Resultat denken als die Wiedergewinnung einer ebenso nachtheiligen, durch Seen und durch die höchsten Gebirge unterbrochenen Bogenlinie, wie jene war, die Masséna mit so richtiger Beurtheilung nach der Schlacht von Zürich verliess. Hätte er weiter vorrücken wollen, um die linke Flanke des Erzherzogs durch Umgehung des Züricher-Sees zu bedrohen, oder in Graubünden, in Tirol, wohl gar in Italien einzudringen, so musste er seine Kräfte dazu vermehren. Dann würde aber der Gegner von Zürich vorgegangen sein, die geschwächte Armee, welche einen unzusammenhängenden Kreis um ihn bildete, geschlagen und den Rückzug der im Süden vorgerückten Colonnen sehr gefährdet haben.

Masséna opferte alle diese strategischen Rücksichten dem taktischen Vortheile auf, die Oesterreicher aus ihrer Linie von der Rhône bis zum Aetzelberg (Etzel) zu vertreiben.

Viel richtiger rechnete der Erzherzog. Obwohl die Bewegungen des Feindes den vorgefassten Plan deutlich zu erkennen gaben, blieb er doch fest in seiner Stellung, entschlossen, die Ankunft der Russen abzuwarten und dann mit einem Schlage auf dem entscheidenden Punkte alle bis dahin vorgerückten Unternehmungen des Gegners und seine ferneren Entwürfe zu vernichten. Allein dem österreichischen Feldherrn stand eine andere Bestimmung bevor. Noch ehe Masséna's Operationen begannen, und vor der Ankunft der Russen, erhielt er von seinem Hofe einen Befehl, ganz jenem ähnlich, durch welchen Souwarow verpflichtet wurde, Italien zu verlassen.

Englands Lage und Verhältnisse setzten es von jeher in die Nothwendigkeit, seine Grösse ausschliesslich in dem Handel und folglich in der ihn schützenden Seemacht zu suchen. Dieser Grundsatz leitete stets die Politik des Cabinets von St. James. Es bestrebte sich daher immer, den Angelegenheiten des Continents die günstigste Wendung zur Erhaltung und Vermehrung seiner Oberherrschaft auf dem Meere zu geben und jedes Ereigniss abzulenken, das den Einfluss anderer Mächte auf die Seefahrt erweitern konnte. Russland hat in seinem weiten Reiche und in seinen Producten so viele Elemente zur Bildung einer bedeutenden Seemacht, dass es vielleicht England nicht gleichgiltig war, durch Souwarow's Festsetzung in einem Hafen der italienischen Küste diese Stoffe verbreiten und in eine neue Gegend übertragen zu sehen. Die Subsidien, welche England an Oesterreich und Russland zur Erhaltung ihrer Truppen zahlte, gaben ihm das Recht, sich in die Leitung der Kriegsoperationen zu mengen; es benützte diesen Vorzug, wie es scheint, um einen gefährlichen Freund von dem Gegenstand zu entfernen, um den es buhlte.

Oesterreich setzte von seiner Seite einen zu grossen Werth auf die in Italien gemachten Eroberungen, um ihren Besitz nicht ungetheilt geniessen zu wollen, und betrachtete die Gegenwart fremder Truppen, den Starrsinn ihres obersten Feldherrn als ein Hinderniss in der Erreichung seiner Wünsche.

Dem Stolze der Russen war die Trennung ihrer Streitkräfte von jenen der Oesterreicher nicht unwillkommen. Warum sollten sie noch fernerhin neben ihren zahlreichen Alliirten eine untergeordnete Rolle spielen und nicht allein Lorbeeren pflücken, deren Erringung ihnen unfehlbar schien? Warum nicht selbstständig dort wirken, wo sie, durch falsche Ansichten getäuscht, den sogenannten Schlüssel des Kriegstheaters in ihren Händen wähnten, einen leichten Eingang in Frankreichs unbefestigte Grenze zu finden hofften und sich des Ruhmes erfreuen konnten, durch eigene Kraft den Frieden erzwungen und vielleicht gar die alten Verhältnisse wieder hergestellt zu haben? Diese verschiedenen Gefühle wurden durch Englands kältere Politik aufgeregt und hatten eine Uebereinkunft zwischen den drei Höfen zur Folge, vermöge welcher alle russischen Hilfsvölker in Italien sowohl als jene, welche im Marsch nach dem Rhein begriffen waren, ausschliesslich in der Schweiz operiren und mit allen Truppen verstärkt werden sollten, die England aus den Bewohnern dieses Landes zu errichten gedachte. Die Entfernung der Russen von dem Meere genügte jedoch Englands Absichten nicht; dieser Staat wollte zugleich einen thätigeren Vortheil aus der Ergebenheit seiner Besoldeten ziehen. Es wurde beschlossen, dass der Erzherzog die Schweiz räumen, ein Corps zur Sicherheit des südlichen Deutschlands aufstellen, mit dem grössten Theil seiner Truppen den Rhein abwärts ziehen und dort die Offensive zur Begünstigung einer Operation ergreifen sollte, zu welcher eine combinirte englisch-russische Armee gegen Holland bestimmt war. Alle Verhältnisse auf dem ganzen Kriegsschauplatze wurden durch diese Uebereinkunft geändert, und es ging ein neuer Zustand hervor, der näher beleuchtet zu werden verdient.

Italien wird von der Schweiz flankirt, die Schweiz von Deutschland. Die letztere Flankirung ist allein entscheidend, weil sie auf der für beide Theile einzig vortheilhaften Basis beruht. Von dem Mittelländischen Meere bis an die Vogesen bildet die hohe, unbefestigte, mit wenigen Gebirgswegen durchschnittene französische Grenze keine günstige Basis. Jene des Rheins hingegen, von Hüningen bis Holland, durch eine doppelte Reihe von Festungen gesichert, hat so viel Stärke in sich selbst, dass sie keines Schutzes von Aussen bedarf; und eine von ihr ausgehende Armee hat keine andere Sorge, als welche die Erhaltung ihrer Communicationen erfordert. Die

Franzosen konnten also aus dem Elsass und aus der Schweiz
mit Zuversicht gegen den Bodensee und die obere Donau
manövriren; dagegen war jede Bewegung aus der Schweiz nach
Tirol oder Italien gewagt, so lange der Gegner von Constanz
bis Basel die Verbindung mit den Vogesen, oder durch einen
Marsch aus Italien gegen Norden ihre rückwärtigen Communicationen bedrohte.

Noch weit nachtheiliger war die Basis der Verbündeten
auf ihrem linken Flügel vom Adriatischen Meer bis Salzburg,
weil sie von dem höchsten Gebirge durchschnitten ist. Nur die
Linie von Salzburg nach Eger konnte zur Grundlage grösserer
Operationen dienen. Da sie aber von Befestigungen ganz entblösst war, so musste ihre Sicherheit durch Aufstellungen oder
Bewegungen mit der Armee erwirkt werden, und diese Sorge
hemmte und beschränkte alle offensiven Entwürfe des Feldherrn. Er durfte nämlich von der geraden und zugänglichsten
Operationslinie gegen die französische Basis am Rhein nicht
abweichen, ohne die volle Beruhigung zu haben, dass der
Gegner unvermögend sei, auf dieser nämlichen Linie gegen
ihn nachtheilig zu wirken und ihn für die Verwegenheit zu
bestrafen, die nächsten Communicationen zu seiner eigenen
Basis entblösst zu haben.

Zwischen dem Rhein und den Quellen der Donau lag
also der Schlüssel des damaligen Kriegsschauplatzes, dessen
Besitz die Bewegungen und Postirungen der Oesterreicher von
dem Rhein bis zur Riviera sicherte, und ohne welchen keine
der gegenseitigen Armeen angriffsweise vorgehen konnte.

Durch eine intermediäre Stellung im Gleichgewicht mit
Masséna hatte der Erzherzog bisher die feindlichen Unternehmungen von dem Rhein sowohl als von der Limmat aus
gegen diesen entscheidenden Punkt verhindert; aber durfte
man sich wohl schmeicheln, dass 50.000 Russen das nämliche
leisten würden, was 70.000 Oesterreicher vermochten? Wenn
auch von den letzteren 20.000 auf dem rechten Rheinufer
unweit Schaffhausen zurückblieben, um die Zahl der Streiter
in dem nämlichen Mass zu erhalten; so verlor doch das Ganze
aus Mangel an Einheit und, durch den Fluss getrennt, seine

Kraft; dem Feinde hingegen wurde das Mittel geboten, theilweise zu siegen. Zwar zählte man auf die Verstärkung der Russen durch neu geworbene Truppen in der Schweiz; allein man vergass, dass Neulinge kein Ersatz für gebildete Soldaten sind, und dass man weder auf ihre Zahl noch auf die Zeit ihrer Errichtung mit Gewissheit rechnen konnte.

Ebenso unzweckmässig als die ausschliessliche Verwendung der Russen in der Schweiz, erscheint die Bestimmung der Oesterreicher zu einer Operation am Niederrhein. Der Erzherzog musste sich dadurch so weit von dem Schlüssel des Kriegstheaters entfernen, dass dieser und mit ihm alle errungenen Vortheile in Deutschland, in der Schweiz und in Italien preisgegeben wurden, sobald die Russen eine bei ihrer Schwäche nicht unwahrscheinliche Niederlage erlitten. Und was konnten die Oesterreicher am Niederrhein wirken? Was konnten sie beitragen zu dem Erfolg der englischen Unternehmung gegen Holland? Auf was immer für einen Punkt von Philippsburg abwärts die Oesterreicher ihre Operationen richten wollten, würden sie durch den grossen Abgang der Truppen, die sie zur Deckung ihrer verlängerten Operationslinien zurücklassen mussten, so geschwächt angekommen sein, dass sie sich höchstens auf Streifereien zwischen den festen Punkten Landau, Mainz und Düsseldorf einlassen konnten; und diese wären fürwahr zu unbedeutend und zu entfernt von Holland gewesen, um auch nur als Diversionen betrachtet zu werden.

Eine solche Vereinzelung der Streitkräfte sollte gerade zu einer Zeit geschehen, in welcher Frankreich die Vermehrung seiner Donau-Armee auf 90.000 und jener am Rhein auf 60.000 Mann beschlossen hatte; als folglich 150.000 wahrscheinlich zu einem neuen Zuge nach Oberschwaben bestimmt wurden, weil nur dieser zu weiteren Operationen führen konnte; und in einem Augenblicke, da Korsakow's nahe Ankunft in der Schweiz den Verbündeten ein solches Uebergewicht verschaffte, dass es ihnen weder an Mitteln, noch an Wahrscheinlichkeit gebrach, den Feind vor der Verwirklichung seiner decretirten Verstärkungen zu schlagen und den nachtheiligen Folgen seiner Entwürfe vorzubeugen.

Dieses in der damaligen Epoche noch mögliche Zuvorkommen und die Benützung des hierzu günstigen Momentes
hätte der Hauptgegenstand aller Anstrengungen der Verbündeten sein sollen. In Italien war es kaum glaublich, dass ihre
grosse Mehrzahl den Fall von Coni und Genua — der einzigen
noch übrigen Anhaltspunkte der Franzosen — nicht schnell
entscheiden würde. Dann gewannen sie eine gerade Aufstellungslinie von dem Bernhard bis an das Mittelländische Meer, welche
wegen der grossen Manövrirfähigkeit in diesem engen Raum
gegen die getrennten Colonnen des über das hohe Gebirge
anrückenden Feindes leicht zu vertheidigen und zu behaupten
war. Selbst Souwarow's Abzug mit seinen 20.000 Russen setzte
die Streitkraft der Oesterreicher nicht in dem Masse herab,
dass sie auf diese Unternehmungen Verzicht leisten mussten.
In der Schweiz hingegen hätte die Vereinigung aller russischen
Truppen mit der Armee des Erzherzogs eine solche Uebermacht
gebildet, dass sich die Verbündeten den schönsten Hoffnungen
überlassen durften. Im schlimmsten Falle konnte Masséna's
Waffenglück sie nur auf die Behauptung ihrer entscheidenden
defensiven Stellung zurückführen. Bei einer für sie günstigen
Wendung durchzogen sie die Schweiz und näherten sich Frankreichs Grenze. Bei der gänzlichen Zertrümmerung der französischen Streitkräfte bahnten sie sich den Weg auf Hüningen
und Strassburg. Mit Strassburg wäre der Punkt gefallen, von
welchem die Franzosen die eigentliche Basis ihrer Gegner am
meisten und auf der kürzesten Linie bedrohten, und zu dessen
Beobachtung eine beträchtliche Truppenzahl, ungewiss über die
Zeit ihres Ausharrens, stets aufgestellt bleiben musste. Die Eroberung dieses Platzes war auf dem ganzen Kriegsschauplatze
die einzige, welche die Verhältnisse zum Vortheile der Verbündeten wesentlich veränderte; und diese Aussicht allein berechtigte schon, die Offensive zu ergreifen, sobald die Sicherheit der Basis die defensive Haltung nicht mehr gebot.

Fehlerhaft werden immer die Pläne von Männern ausfallen, die, ohne Kenntniss des Krieges, den Umfang und den
Werth der Operationen nicht zu würdigen wissen und ihren
Gang nach politischen Ansichten bestimmen; ebenso jene Vorschläge, die, entfernt vom Kriegsschauplatze entworfen, den

Umständen nicht mehr entsprechen, wenn sie zur Ausführung gelangen.

Dem Erzherzog wurde von dem Wiener Hof die Geheimhaltung der ihm ertheilten Befehle und ihre schnellste Befolgung ohne weitere Einwendungen zur unbedingten Pflicht gemacht.

Ein Feldherr, der unzweckmässige Weisungen über Operationen erhält, deren Ausführung unabhängig von jeder fremden Theilnahme und ausschliesslich von einem grossen zusammenhängenden Entwurf ihm allein obliegt, ist nicht nur berechtigt, sondern verbunden, den Zweck nach seiner besseren Einsicht und Ueberzeugung zu verfolgen. Sind aber solche Anordnungen durch politische, ihm unbekannte Beweggründe veranlasst, beruht ihre Ausführung auf mehreren unabhängigen Generalen und Armeen; dann wird ihm blinder Gehorsam zum Gesetz, weil es weniger schädlich ist, dass das ganze Triebwerk nach einem fehlerhaften Plan fortgeht, als dass jede einzelne Feder sich mit einer eigenen, abgesonderten Schnellkraft bewegt. Das Opfer Desjenigen, der in einer solchen Lage seine bessere Ueberzeugung mit dem Gefühl aufgibt, auch seinen Ruhm aufs Spiel zu setzen, ist eines der grössten unter den vielen, welche der Feldherr dem öffentlichen Wohl zu bringen verbunden ist.

Schon mit Ende Juli traf Masséna die ersten Einleitungen zu seiner vorhabenden Unternehmung und zog einige Truppen aus der Gegend von Basel und Lauffenburg an sich.

Die Standverzeichnisse beider Armeen liefern folgende Uebersicht ihrer gegenseitigen Stellungen und ihrer Stärke an wirklichen Streitbaren in den ersten Tagen des Monates August:

Französische Armee.

	Bat.	Cav.-Reg.	Mann	Pferde
Von Hüningen bis zum Ausfluss der Aar .	15	7	10.991	3.208
Vom Ausfluss der Aar bis auf den Uetli .	29	7	23.792	3.239
Von dem Albis bis zum Luzerner-See . .	15	1	11.761	564
Vom Luzerner-See bis in das Hasli-Thal .	9	—	7.732	—
Im Wallis von Brieg bis St. Moritz[1]) . .	17	1	10.886	554
Im Innern der Schweiz	4	4	2.088	1.126
	89	20	67.250	8.691

Zusammen 75 941 Streiter.

Oesterreichische Armee.

	Bat.	Escadr.	Mann	Pferde
Zwischen der Wies und der Wutach . .	6	8	4.269	1.329
Vom Ausfluss der Aar bis an den Züricher-See	44	68	37.053	10.453
Zwischen dem Züricher- und dem Luzerner-See	12	5	8.722	837
Vom Luzerner-See bis zum Gotthard .	6	1	4.184	175
Am Gotthard, Grimsel und in Ober-Wallis	8	1	5.744	150
In Graubünden	2	2	1.188	355
Schweizer Truppen bei verschiedenen Corps	—	—	3.453	—
	78	85	64.613	13.299

Zusammen 77.912 Streiter.

[1]) St. Maurice im Rhônethale.   D. H.

Gleich Jedem, der in Zweifel steht, ob sein Unternehmen das erwünschte Resultat hervorbringen werde, verschob es Masséna so lange, bis Korsakow's Annäherung keinen Verzug mehr gestattete, wenn er seinem Eintreffen noch zuvorkommen wollte. Le Courbe, der im Gebirgskriege schon so glänzende Proben seiner Fähigkeit abgelegt hatte, erhielt die Oberleitung der ganzen Ausführung, wozu nebst seiner Division auch jene von Chabran und Tureau bestimmt wurden.

Die Strecke, welche diese Operation umfassen sollte, war zu ausgedehnt und mit zu viel örtlichen Hindernissen verflochten, um ihren Besitz mit einer Colonne durch ein einziges Manöver zu erwirken. Ueberdies verbreitet sich in dem hohen Gebirge, wo man nur in den Thälern und auf langen Umwegen sein Ziel erreichen kann, und wo die Beschwerlichkeit der Verpflegung schnelle und grosse Züge unmöglich macht, der Einfluss eines jeden Manövers nicht so weit, als in offenen Gegenden. Dieser Umstand allein ist schon ein unwiderleglicher Beweis des Satzes, dass der Besitz der Ebene in strategischer Beziehung jenen des Gebirges entscheidet, in welchem man jeden Schritt durch eine eigene Unternehmung erkaufen muss, und wo die häufigen Abwechslungen in der Beschaffenheit des Terrains ebenso verschiedene und besondere Einleitungen erfordern.

Der Luzerner- oder Vierwaldstätter-See, der auf der Morgenseite den Fuss hoher Felsen bespült und die Verbindung zu Land zwischen Brunnen und Altorf unterbricht[1]), trennte den Schauplatz der bestimmten Operationen in zwei ganz unähnliche Theile. Dadurch wurden die Oesterreicher gezwungen, zwei selbstständige Corps nördlich und südlich des Sees aufzustellen, und Le Courbe musste zwei abgesonderte Operationen, jede nach anderen Grundsätzen, unternehmen.

Zwischen der Sihl und dem Züricher-See, wo das Gebirge niedriger ist und Stellungen sowohl als Bewegungen mit grösseren Massen erlaubt, hatten die Oesterreicher den Aetzel-

---

[1]) Gegenwärtig ist diese Verbindung durch die Axenstrasse hergestellt.   D. H.

berg (Etzel) nebst den Zugängen von Richterschwyl bis vorwärts
Schindellegi mit $8^2/_3$ Bataillons, 5 Escadrons besetzt. Diese
erforderten, sowie jede Stellung in durchschnittenen Gegenden,
einen zusammenhängenden Angriff entweder durch Erstürmung
der Front oder durch Umgehung eines Flügels, wozu der linke
allein die Möglichkeit gewährte. Von der Sihl bis an den Luzerner-See konnten die Oesterreicher nur einzelne, durch das
hohe Gebirge getrennte Posten aufstellen, welche die Strasse
deckten, die von Schindellegi durch enge Thäler über den
Gebirgsrücken nach Schwyz führt und blos auf ihren beiden
Flügeln zwei Fusswege zum Rückzuge in das Sihl- und in das
Mutten- (Muotta-) Thal hat. Ein Bataillon deckte diese Verbindung auf dem Jostberg unweit Sattel, $2^1/_3$ Bataillons hielten
Schwyz und Brunnen besetzt. Ein Anfall solcher einzelner
Posten mit Ueberlegenheit und Ungestüm verbürgte die Spren-
gung der ganzen Linie.

Le Courbe bestimmte die Division Chabran zu dem Angriffe des Aetzel- und Jostberges, dann den General Boisvin zu
der Einnahme von Schwyz und Brunnen und zu der Verdrängung
des Feindes in das Mutten-Thal. Er selbst wollte sich mit einer
Reserve von 5 Grenadier-Compagnien auf seiner Flottille einschiffen, welche aus 2 Flössen, jedes mit 4 Kanonen, einem
vierzehnrudrigen Schiff mit 1 Kanone und 1 Haubitze, einem
Schiff mit 1 Zwölfpfünder, zwei andere mit 200 Köpfen Be-
mannung und einigen kleinen Fahrzeugen bestand. Sein Plan
war zuerst, bei Brunnen zur Unterstützung des General Boisvin zu landen, dann sich wieder einzuschiffen und durch eine
zweite Landung bei Flüelen an dem Einflusse der Reuss den
Angriff auf das Thal dieses Flusses zu erleichtern.

Grössere Schwierigkeiten standen der Unternehmung auf
dem Theile der feindlichen Linie bevor, welcher sich südlich
von dem Luzerner-See bis an die italienische Grenze erstreckte.
Hier wird die Gestalt des Terrains von den Abfällen des Gotthard in scharfen Formen bezeichnet. Dieser hohe Gebirgsstock
enthält die Ursprünge der meisten Thäler und Flüsse. Auf
seinem eigentlichen Gipfel verengt sich der Rücken so sehr,
dass mehrere Quellen des Ticino und der Reuss sich beinahe
berühren und dann in entgegengesetzter Richtung fliessen.

Westlich des Gotthard trennt sich der Hauptrücken in zwei
Aeste: einer derselben scheidet den Ticino von dem Laufe der
Rhône, der andere unter dem Namen Furka, zieht zwischen der
vordersten Quelle der Reuss und jener der Rhône, wendet sich
um die letztere, bildet die oberste Kuppe des Grimsels und
theilt als solcher den Ursprung der Rhône von jenem der Aar.
Beide Aeste begleiten dann die Rhône und formen die nördliche und südliche Einfassung des Walliser-Landes. Diese
Gebirgszüge bestehen aus Felsenwänden und Gletschern, die
nur auf Fusswegen zu ersteigen sind, welche aus den Thälern
bis zu dem Urprung der Flüsse und dann auf gefährlichen
Steigen bis auf den höchsten Rücken führen.

In dem Thal der Rhône allein zieht eine Heerstrasse von
Genf und Lausanne bis Brieg, die sich dort in einen Fusssteig
verwandelt und aufwärts der Rhône bei Geschenen in zwei
andere zerfällt, deren einer über den Nufenen-Berg das Thal des
Ticino und den südlichen Abfall des Gotthard bei Airolo erreicht, der andere auf dem Grimsel sich mit dem Steig vereinigt, der von Meiringen an der Aar heraufkommt, sich dann
über den Furka in das Thal von Urseren[1] windet und bei Hospital (Hospenthal) in die Strasse fällt, welche südlich über den
Gotthard und Airolo nach Italien führt, nördlich aber die
Reuss über die Teufelsbrücke unter mehrmaligem Wechsel
der Ufer bis Altorf verfolgt.

Das Thal der Reuss ist von steilen Felsenwänden eng
eingeschlossen und öffnet sich nur bei Erstfeld gegen den Vierwaldstätter-See. Von beiden Seiten hat es keine anderen Zugänge als auf Fusswegen, wo sich Seitenthäler mit demselben
vereinigen: und zwar auf dem linken Ufer bei Wasen die Communication mit dem Hasli-Thal über den Steinenberg durch
das Meienthal — bei Erstfeld jene von Engelberg über den
Surenen-Pass — bei Seedorf aus dem Isen-Thal: auf dem
rechten Ufer bei Urseren (Andermatt) das Débouché aus
dem Thal des Vorderrheins — bei Amsteg aus dem Maderaner-
Thal — bei Schaddorf und Altorf aus dem Schächen- und
Linth-Thal.

In dergleichen hohen Gebirgsgegenden findet man nur
in den Thälern die Möglichkeit, sich zu bewegen; daher können

[1] Oder Urner-Thal.   D. H

Stellungen im Gebirge keine andere Absicht als die Vertheidigung desselben haben. Man wählt sie auf dem Hauptrücken und auf den Vereinigungspunkten mehrerer Thäler, wenn man nämlich Mittel findet, die Truppen auf solchen unwirthbaren Höhen leben zu machen; ausserdem aber in den Thälern selbst, entweder nach ihrer Breite oder nach ihrer Länge, sowie es die Umstände erfordern. Die erste Art nach der Breite hat den Nachtheil, dass die Flügel an beherrschende Berge gelehnt sind und dass die Bäche, welche jedes Thal durchströmen, die Front trennen. Ein überlegener Angriff auf die Flügelposten im Gebirge oder das Durchbrechen im Thal — je nachdem eines der beiden Ufer zugänglicher ist — entscheidet den Sieg um so vollkommener, als dadurch der nicht angegriffene Theil meistens in Flanke und Rücken genommen wird.

Eine Aufstellung im Thal seiner Länge nach gewährt mehr Festigkeit. Die Bäche bleiben vor der Front und die Flügel stützen sich auf der einen Seite an den höheren Gebirgsrücken, auf der anderen an eine stark besetzte Ebene, oder an Wildbäche und Seen, in welche sich die Wässer aus den Thälern ergiessen. Ihr Angriff ist sehr beschwerlich; denn die Punkte, auf welchen man aus dem jenseitigen Gebirge debouchiren, über den Bach setzen und an die Stellung gelangen kann, sind von der Natur im Voraus bezeichnet, eng beschränkt, folglich leicht zu vertheidigen, und der Gegner im Thal hat mehr Freiheit in seinen Bewegungen als Jener, der durch das Gebirge anrückt. Wegen dieser Schwierigkeiten in der Front ist die Umgehung das gewöhnlichste und sicherste Mittel, sich solcher Stellungen zu bemeistern. Bei günstigen Umständen geschieht sie im Thale selbst auf einem oder dem anderen Flügel; bei grösseren Hindernissen über den Rücken, aus welchem das Thal entsteht. Der Vertheidiger kann, besonders wenn er längere Zeit in einer solchen Gegend zubringt, keine bedeutende Stärke auf isolirten Posten haben, wo die Truppen nur auf kurze Zeit zu ernähren und mit Streitmitteln zu versehen sind; ebenso wenig erlaubt ihm die Beschaffenheit des Terrains, den verborgenen Bewegungen des Feindes schnell entgegen zu detachiren. Dieser ist also bei einem Angriff auf dem Rücken des Gebirges seiner Ueberlegenheit gewiss und hat die Wahrscheinlichkeit für sich, den Punkt zu gewinnen, von dem er das Thal beherrschen und sich in dasselbe hinabsenken kann. Da überdies die Ursprünge aller Thäler, welche aus dem nämlichen Rücken entstehen, sehr wenig von einander entfernt sind, so hat Jener, der den obersten Kamm gewinnt, den Vortheil, viel schneller von einem in das andere überzugehen, als der Gegner, der sich schon in einem abgesonderten Thale befindet; daher vermag oft die Ersteigung eines einzigen Punktes die Vertheidigung mehrerer Thäler auf einmal zu vereiteln. Männer, die den Krieg blos in ihrem Cabinet und auf der Karte studiren, sind dadurch auf den Wahn gerathen, dass man immerfort, selbst in dem höchsten Gebirge, auf dem Hauptrücken stehen und manövriren müsse. Sie vergessen aber, dass Lebensmittel und Munition über Gebirgssteige nur sparsam zugeführt und in die Länge gar nicht nachgeschafft werden können. So schwach die Oesterreicher in den Umgebungen des Gotthard waren, so litten sie doch öfters den bittersten Mangel; zumal da Bellegarde die meisten Tragthiere nach Italien mitgenommen hatte, und im Lande so wenig Mittel zur Beziehung der entfernten Vorräthe aus Vorarlberg und Graubünden vorhanden waren, dass die Bauern das Brot aus Chur durch das vordere Rheinthal über den Crispalt und über Urseren auf sechs Tagreisen weit herbeitragen mussten.

Der österreichische linke Flügel hatte diese Gegend folgendermassen besetzt:

In Ober-Wallis lag die Brigade Strauch mit dem Gros zwischen Münster und Aernen; 2 Bataillons standen auf Vorposten gegen Natters und Brieg bei Ried und Rosswald, von wo sie die Verbindung mit dem Obersten Rohan unterhielten, der mit $2\frac{1}{2}$ Bataillons den Simplon vertheidigte; 2 andere Bataillons waren auf dem Grimsel detachirt. Von Urseren an bildete die Reuss die Vertheidigungslinie bis Altorf unter dem Oberbefehl des Generals Simbschen. 3 Bataillons, 1 Escadron lagen in Urseren, Amsteg, Erstfeld und an den Eingängen des Maderaner- und Schächen-Thals; 2 Bataillons standen auf Postirung in Wasen, im Meienthal und auf den nächsten Bergen am linken Ufer der Reuss, ohne deren Besitz die Linie nicht

behauptet werden konnte; 1 Bataillon hielt Attinghausen, Seedorf, Flüelen und einige unbedeutende Verschanzungen am
Ufer des Sees besetzt. Die Brücke von Attinghausen war abgebrochen, jene von Seedorf, Erstfeld, Wasen und die sogenannte Teufelsbrücke erhalten.

Wenn die Aufstellung des Generals Simbschen wegen
der Beschaffenheit des Terrains auf diese Art genommen werden
musste, so entdeckt man hingegen in jener des äussersten
linken Flügels das grösste Gebrechen einer defensiven Haltung,
nämlich Leichtigkeit für den Feind zum Angriff in der Front,
und hinter sich die grösste Beschwerlichkeit für den Rückzug
und für die Communicationen. Die Oesterreicher waren
gegen Brieg im Rhônethal gerade bis zu dem Punkt vorgerückt, bis zu welchem der Feind Geschütze, Cavallerie
und alles Kriegsmaterial zu ihrem Schaden herbeibringen
konnte; sie aber hatten steile Fusswege im Rücken, die ihnen
hierzu alle Möglichkeit benahmen und auch den Transport
der Lebensmittel aus Bellinzona ungemein erschwerten. Ausserdem führte über den Grimsel ein Steig in ihre Flanke und
Rücken, der für die Sicherheit dieser unvortheilhaften Stellung äusserst gefährlich war.

Da die verschiedenen Gebirgssteige, in welche alle Wege
aus der ganzen Gegend enden, sich sowie die Thäler auf
dem sie insgesammt beherrschenden Gotthard vereinigen, so war
hier der Fall, dass sich das Corps des Obersten Strauch auf
dem Hauptrücken aufstellen und durch dessen Behauptung
alle Zugänge nach Italien und Graubünden decken sollte. Das
wesentliche Hinderniss in der Beziehung solcher Punkte —
der Mangel an Zufuhren — trat hier nicht ein, indem aus der
ganzen Gegend der einzige zu dieser Absicht brauchbare Weg
von Bellinzona über Airolo auf den Gotthard führt. Die Franzosen konnten nur aus den Thälern der Aar und der Rhône,
zwischen den Gletschern des Furka- und des Nufenen-Berges,
herankommen, und es handelte sich blos, diese zwei beschwerlichen Steige zu besetzen. Der grösste Theil der Truppen wäre
dann bei Airolo und Hospital (Hospenthal) in Bereitschaft geblieben,
dem angreifenden Feind entgegen zu gehen und sich in dem
Besitz dieses Landes auf die einzige Art zu erhalten, wie eine

Gebirgsgegend zu behaupten ist. Auch zu der Vertheidigung des Reussthales musste eine solche Reserve auf dem entscheidenden Punkt sehr vortheilhaft wirken.

Le Courbe hatte seinen Angriff richtiger berechnet. Während General Tureau die Oesterreicher aus dem Wallis vertreiben und aufwärts der Rhône gegen den Gotthard vordringen würde, sollte General Gudin mit 5 Bataillons aus dem Aarthale den Grimsel forciren. Eine zweite Colonne von 2 Bataillons und 3 Grenadier-Compagnien unter Anführung des Generals Loison erhielt die Richtung über den Steinenberg durch das Meienthal auf Wasen. Eine dritte von Engelberg über den Surenen-Pass auf Erstfeld und Attinghausen. Eine vierte über den Rothstock und aus dem Isen-Thal über Seedorf nach Altorf.

Diese Colonnen, wovon die zwei letzteren nur schwach waren, sollten sich des Reussthales in seiner ganzen Länge bemeistern und ihre wechselseitige Verbindung herstellen, indessen Le Courbe durch seine zweite Landung am Einfluss der Reuss von dort aus die Flanke des Feindes gewinnen würde.

In dieser zweckmässigen Disposition wurde der Hauptangriff gegen den Gotthard, als den entscheidenden Punkt zur Umgehung des Thales, über das Gebirge gerichtet. Die Auflösung der Truppen in mehrere isolirte Colonnen — eine so gefährliche Massregel in der Ebene — konnte hier zu keinem Fehler gerechnet werden; denn erstens erlaubte die Beschaffenheit der Thäler nicht, eine stärkere Truppenzahl in eine oder zwei grössere Colonnen zu bilden; zweitens war es nöthig, den Gegner überall auf seiner Linie zu beschäftigen und die überlegene Kraft ganz in das Gefecht zu bringen; drittens ist eine solche Eintheilung nur dort gefahrbringend, wo der Feind mit gesammter Macht sich auf eine Colonne nach der anderen werfen und sie einzeln aufreiben kann. Allein dieses war hier der Fall nicht, weil die Oesterreicher, auf einer langen Linie vertheilt, durch das Gebirge gehindert wurden, früh genug die Anstalten der Franzosen zu entdecken und schnell dagegen zu manövriren. Ueberhaupt begünstigt der Vortheil, dem Gegner die Uebersicht aller Bewegungen zu entziehen, die Offensive in den höheren Gegenden und vermehrt ihr ohnehin so grosses Uebergewicht über die Defensive.

Die Ausführung des Entwurfes entsprach ganz den Absichten des französischen Feldherrn und wurde mit jener Entschlossenheit durchgesetzt, die die Mutter der Schnelligkeit ist, und ohne welche sich besonders im hohen Gebirge kein glücklicher Erfolg erwarten lässt. Le Courbe hatte schon früher die österreichischen Posten durch seine Flottille immerwährend beunruhigen lassen. Am 13. August begann die Vorrückung im Wallis, und am 14. auf allen übrigen Punkten von der Rhône bis zum Züricher-See.

Tureau mit 4 Halbbrigaden und 1 leichten Bataillon griff den Posten von Rosswald an, warf die Oesterreicher in das Binnen-Thal zurück, trennte dadurch ihre Verbindung mit dem Simplon, bemächtigte sich dieses Berges und war nun in seiner Flanke gesichert, da Prinz Rohan bis Domo d'Ossola wich. In zu grossem Vertrauen auf die Festigkeit des Postens vom Grimsel liess der Oberst Strauch seine Reserve an die Binne vorrücken, worauf sich die Franzosen, welche die Saffnetscher-Alpe (Saffnismatt) schon erreicht hatten, wieder nach Rosswald[1]) zogen. Am 14. drang Tureau an der Rhône gegen Aernen vor, konnte sich aber vorwärts Mörel nicht behaupten. Die Oesterreicher machten Anstalt, ihn bei der Nacht auch aus Rosswald zu verdrängen. Indessen hatte Gudin am nämlichen Tage über steile, mit Eis bedeckte Fusswege den Grimsel erstiegen und die 2 Bataillons, welche den Berg besetzt hielten nach hartnäckigen Gefechten zum Weichen gebracht. Bei diesen Umständen kam es von dem Angriffe auf Rosswald ab. Strauch zog die dazu bestimmten Truppen hinter die Binne zurück und eilte mit einem Theile seiner Reserve nach Obergestelen, um die geschlagenen Bataillons dort aufzunehmen und ihren Uebergang über die Rhône nach Imloch (Im Loch[2]) zu erleichtern. Gudin kam vom Grimsel herab, nahm eine Stellung am Fusse des Furka und bedrohte Münster. Auf beiden Flanken zurückgeworfen, blieb dem Obersten Strauch nichts übrig, als den Rückmarsch anzutreten. Er selbst ging mit den Truppen,

[1]) 5 Kilometer OSO. von Brieg.
[2]) 1·5 Kilometer S. von Obergestelen.   D. H.

welche bei Imloch standen, am 15. über den Nufenen-Steig nach Faido, am 16. nach Osogna, am 17. nach Bellinzona. Jene, welche Front gegen Tureau machten, warfen sich in das Binnen-Thal, zogen am 16. auf Steigen, die nur Jägern und Hirten bekannt sind, über den Arbola (Albrun-Pass) in die Val Formazza, am 18. über Bosco in die Val Maggia, langten am 19. bei Locarno an und vereinigten sich mit den ersteren am 21. in Bellinzona. Von nun an deckte Tureau das ganze Manöver der Franzosen auf der Seite von Italien; indessen Gudin am 15. sich durch das Thal von Urseren an der Reuss abwärts zog, um die Vereinigung mit der Colonne des Generals Loison zu erwirken, welche am 14. mit vieler Mühe bis vor Wasen angekommen war. Dort sperrte eine aus den älteren Zeiten noch vorhandene sechseckige Schanze den Weg zwischen einer Felsenwand und der steilen Schlucht des Meienbaches. Die Oesterreicher hatten dieses Werk hergestellt und mit 1 Bataillon nebst 2 Gebirgskanonen besetzt. Loison versuchte sie noch an diesem Tage durch ein lebhaftes Musketenfeuer von den auf beiden Seiten liegenden Felsen daraus zu vertreiben, aber die Besatzung behauptete die Posten mit rühmlicher Standhaftigkeit. Glücklicher waren die ersten Fortschritte der beiden Colonnen, welche über den Surenen-Berg und durch das Isen-Thal am 14. auf dem linken Ufer der Reuss eintrafen. Doch konnten sie sich des Thales nicht vollkommen bemeistern, weil die Oesterreicher die Brücken über den Fluss abgeworfen hatten und das rechte Ufer mit einem mörderischen Feuer vertheidigten.

Le Courbe entschied das Gefecht durch Umgehung des Thales; aber auch er fand grosse Schwierigkeiten, obwohl der Feind seiner Landung bei Flüelen nur eine Kanone entgegensetzte.

Erst gegen Abend erzwang das überlegene Geschütz der Flottille die Ausschiffung einiger Truppen bei Flüelen und Seedorf. Da zu gleicher Zeit ein Detachement hinter der Tellskapelle bei Sissingen (Sisikon) ans Land gegangen war, welches über den Axenberg in Flanke und Rücken von Altorf erschien, so warfen sich die Oesterreicher theils in das Schächen-Thal, theils zogen sie sich aufwärts der Reuss nach Amsteg. Le Courbe folgte ihnen bis Erstfeld. Am 14. mit Ende des

Tages stand Simbschen zwischen Amsteg, Wasen und Urseren, die Franzosen in Erstfeld, im Meienthal und auf dem[1]) Furka.

Am 15. August erfolgte ein neuer Angriff auf allen Punkten. Le Courbe drang bei Amsteg durch, und die dort aufgestellten feindlichen Abtheilungen fanden keinen anderen Ausweg, als durch das Maderaner-Thal über das Gebirge nach Tavetsch im vorderen Rheinthal; denn der Weg aufwärts der Reuss war nicht mehr frei. Loison hatte die Schanze von Wasen nach wiederholten Stürmen erobert, indem er durch die Ausbreitung der Schützen auf den beherrschenden Bergen der Besatzung so viel Schaden zufügte, dass sie einem fünften Angriffe nicht widerstand und mit 3 Compagnien, die ihr zu Hilfe kamen, Urseren zu gewinnen eilte. Die Teufelsbrücke — ein hoher, gemauerter Bogen, 50 Schuh lang, der zwei Felsenwände verbindet, welche die Reuss in einer schwindelnden Tiefe durchschneidet[2]) — hielt die Verfolgung auf, und die Oesterreicher sammelten sich dort zur neuen Vertheidigung. Aber auch dieser Posten musste mit einbrechender Nacht verlassen werden, da Gudin über Realp und Hospital (Hospenthal) in dem Thal von Urseren vordrang und die Gegenwehr vereitelte, die Simbschen mit 2 Bataillons auf dieser Seite zu leisten versuchte.

In der Nacht vom 15. August zog sich der österreichische General über den Berg von Urseren (Andermatt) zurück, liess den Bogen der Teufelsbrücke durchbrechen und nahm eine Stellung mit 3 Bataillons hinter dem Oberalp-See auf der Höhe des Crispalts.

Am 16. mit Tagesanbruch belegten die Franzosen die Teufelsbrücke mit Brettern; um 7 Uhr setzte Le Courbe schon darüber und vereinigte sich mit Gudin, der soeben aus Urseren auf dem rechten Ufer der Reuss debouchirte.

Simbschen's Stellung war dem erkämpften Besitz des Reussthales noch immer gefährlich; Le Courbe musste sein Werk vollenden und griff ihn ohne Zeitverlust mit den Grenadiers und mit 1 Bataillon in der Front an, indessen eine

---

[1]) Gegenwärtig: d i e Furka, die Gemmi, die Grimsel.

[2]) Gemeint ist die alte, 1888 eingestürzte Brücke, neben der bereits 1830, beim Baue der Gotthardstrasse, die noch bestehende neue Teufelsbrücke erbaut wurde.   D. H.

andere Abtheilung über den Gotthard gegen Airolo detachirt wurde. Die Oesterreicher hielten fest bis 5 Uhr Abends.
Endlich schickte der französische General 2 Colonnen über
den Badus-Berg in ihre[1] Flanke und erstürmte die Front.
Simbschen musste sich auf einem schmalen gefahrvollen Fusssteig unter beständiger Begleitung des Feindes bis Chiamunt
und San Giacomo, wo die Nacht dem Feuer ein Ende machte,
in das vordere Rheinthal zurückziehen. Bei Tavetsch sammelte
er seine Truppen und setzte den Marsch über Disentis fort;
am 17. kam er nach Sonwix (Somvix), am 19. nach Ilanz, am
20. nach Chur. Ilanz, Laax, Flims, Tamins blieben besetzt.
Simbschen's Ansicht, sich bis Chur zurückzuziehen, war richtig;
eine vorwärtige isolirte Stellung in dem Thale des Rheins entsprach keinem Zweck. Bei Chur stand er wieder in Verbindung
mit der Armee und deckte eine der Hauptcommunicationen in
die Schweiz. Er konnte versichert sein, dass der Feind durch
keinen der unbesetzten Eingänge nach Italien weder gegen
Tirol noch in seiner Flanke vordringen würde, so lang der
Erzherzog in dem Besitze des Débouchés von Zürich und der
Strasse nach Glarus war. Seine Truppen brauchten Erholung
und hatten, wie es bei jeder Sprengung im Gebirge unvermeidlich ist, viel verloren, 3 Stück Geschütze eingebüsst und
nicht wenig an Mangel gelitten.

Ein ähnlicher Erfolg krönte die Unternehmungen des
französischen Feldherrn auf allen übrigen Punkten. General
Boisvin[2], zu dem sich Masséna selbst verfügt hatte, griff
gleichzeitig mit der allgemeinen Vorrückung den Posten von
Schwyz in 2 Colonnen an. Die eine nahm ihre Richtung von
Gersau längs dem See gegen Brunnen und die Muottabrücke,
wurde aber zurückgeschlagen, bis Le Courbe mit der Flottille
erschien und einige Abtheilungen ans Land setzte, worauf die
angegriffenen Posten mit dem grössten Theile ihrer Besatzung
und 3 Kanonen den Franzosen in die Hände fielen. Die zweite
Colonne, welche sich über Seewen auf Schwyz wandte, fand
bis Mittag hartnäckigen Widerstand. Als aber 1 Bataillon die feindliche Flanke über die ersten Abfälle des Mitenberges (Mythen) zu

[1] linke.
[2] Molitor.   D. H.

umgehen drohte, zogen sich die Oesterreicher von allen Seiten
mit Zurücklassung von 2 Kanonen in das Mutten-(Muotta-)Thal
bis hinter Mutten (Muottathal) zurück. Am 15. griffen die Franzosen diese neue Stellung an und sprengten den Feind bis
zum Klönthaler-See, von wo er dann seinen Marsch bis Glarus
und Nettstall fortsetzte.

　　General Chabran unternahm seinen Angriff am 14. August
mit 4 Halbbrigaden und 6 Escadrons in 3 Colonnen, deren
zwei die linke Flanke des General Jellačić über Morgarten und
Rothenthurm zu umgehen suchten, und die dritte gegen Schindellegi anrückte. Ein österreichisches Bataillon auf dem Jostberg wurde bald zum Weichen gebracht und zog sich anfäng-
lich auf die Bennauer-Höhe oder den sogenannten Katzenstrick,
dann nach Einsiedeln und endlich gegen Aetzel (Etzel), indessen
die Franzosen über St. Johann in das Wäggithal gegen Galgenen
detachirten. Jellačić widerstand noch immer in der Front und
hatte dem Feind bei Wollerau, Hütten und Schindellegi, jedoch
nicht ohne Verwendung aller seiner Streitkräfte, Grenzen gesetzt. Nun aber in Flanke und Rücken bedroht, verliess er bei
der Nacht seine vordere Stellung und ging in eine zweite auf
der Verlängerung des Aetzelberges zurück.

　　Rapperschwyl war mit 1 Bataillon geschützt, und der
Seesteig damals nur für einzelne Fussgeher gangbar.

　　Am 15. setzte Chabran das Manöver des vorigen Tages
fort, verstärkte seine Parteien im Wäggithal und ordnete zu
Mittag einen allgemeinen Angriff auf den Aetzelberg an.

　　Das Gefecht dauerte bis Abends mit abwechselndem Glück;
dann erstürmten die Franzosen die letzte Stellung der Oesterreicher, eroberten 3 Kanonen und warfen sie in Unordnung
bei Grünau (Grynau) über die Linth.

　　Jellačić liess die Brücke abwerfen und bezog das rechte
Ufer von dem Züricher-See bis Schänis, und aufwärts Schänis
bis Urnen und Näfels das linke, wodurch er in Verbindung
mit den von Schwyz vertriebenen Truppen den Besitz der
Strasse von Glarus und der kürzesten Communication mit
Simbschen erhielt. Die Franzosen blieben mit ihrer Hauptmacht auf der Linie von Richterschwyl, Einsiedeln, Schwyz,
der Reuss und dem Gotthard und begnügten sich, ihre Vor-

truppen in dem vorderen Rheinthale bei Sonwix (Somvix), im Mutten- (Muotta-) Thale gegen den Klönthaler-See und an der Linth bei Reichenburg und Bilten aufzustellen.

Jede weitere Unternehmung wäre für den Augenblick gefährlich gewesen und erforderte in diesen unwirthbaren Gegenden neue Anstalten zur Verpflegung und Dotirung der Truppen.

An dem nämlichen Tage, als die grosse Operation zwischen der Sihl und der Rhône begann, griffen die französischen Generale Soult und Lorges die österreichischen Vorposten vor Zürich an. Masséna's Absicht war, seinen Gegner an der Limmat zu beschäftigen und seine Aufmerksamkeit auf diesen Punkt zu fesseln. Vom Nebel begünstigt, drangen die Franzosen am 14. August Früh um 4 Uhr in das Lager der österreichischen Husaren auf dem Sihlfeld, welche dadurch in Unordnung gebracht wurden, sich jedoch bald wieder sammelten und die feindliche Cavallerie zurückwarfen. Hartnäckiger war das Gefecht bei Wittikon (Wiedikon), Wollishofen und Leimbach, wo sich die österreichische Infanterie nur mit Mühe behauptete, bis die Reserven herankamen und das Gleichgewicht wieder herstellten, nachdem die Franzosen die Sihlbrücke bei Leimbach bereits genommen hatten. Gegen Abend liess Masséna seine Truppen in ihre vorige Stellung einrücken; nur seine leichten Posten blieben etwas näher an der Stadt und hielten den Galgenberg vor Altstädten (Altstetten) besetzt.

Fünfter Abschnitt.

Die Oesterreicher versuchen den Uebergang über die Aar. Sie werden von den Russen in der nördlichen Schweiz abgelöst.

Masséna hatte seinen linken Flügel zum Ersatz jener Truppen aus dem Centrum geschwächt, mit welchen er die weit ausgedehnten Operationen seines rechten unterstützte. An der unteren Aar, und zwar von Baden an der Limmat bis Bernau am Rhein, blieben kaum 2000 Mann; 1500 im Lager bei Lauffenburg; die Reserve bei Mellingen war abmarschirt, und in Lenzburg lagen nur 600.

Der Erzherzog entschloss sich, diese grosse Blösse zu
benützen und die Offensive durch einen Uebergang über die Aar
zu ergreifen. Die Ursachen waren nicht mehr (vorhanden), welche
eine solche Unternehmung gleich nach der Schlacht von Zürich
gefährlich machten. Weder aus dem Frickthale noch von
Basel konnten den Oesterreichern beträchtliche Kräfte entgegenwirken; die hergestellten Wälle von Zürich gaben diesem Punkte
mehr Sicherheit als zuvor; der Feind schien seine ganze
Thätigkeit auf die Gebirgscantone gerichtet zu haben; von dem
russischen Hilfscorps trafen 20.000 Mann in der Gegend von
Schaffhausen ein, und die Möglichkeit war vorhanden, nicht
allein mit Ueberlegenheit vorzugehen, sondern auch nöthigenfalls den Schwarzwald zu behaupten. Schon der Uebergang
über die Aar führte die Oesterreicher auf Masséna's Communicationen, und durch ihre weitere Vorrückung an dem linken
Ufer dieses Flusses gewannen sie seine Flanke und Rücken,
ohne dass er ihnen über die Défiléen der Reuss und der Aar
zuvorkommen konnte.

Jeder Entschluss war für ihn in dieser Lage gefährlich.
Ging er dem Feinde gleich nach dessen Uebergang über die
Aar entgegen, so brachte er nicht so viele Truppen zusammen,
als er benöthigte, um seinen Gegner über den Fluss zurückzuwerfen, und er musste besorgen, theilweise geschlagen zu
werden. Ebenso wenig reichten seine damals vereinigten Kräfte
hin, eine Zeit gewinnende Stellung zwischen Bruck (Brugg) und
Aarau zu nehmen, weil dann Zürich in seiner Flanke blieb.
Zog er sich schnell zurück, so wurde die Trennung seines
rechten Flügels unvermeidlich; denn der Rückzug konnte keine
andere Richtung nehmen, als über Bern zwischen dem Neuen-
burger- und Genfer-See nach dem Jura, weil ihn der Feind
längs der Aar bis an den Bieler-See immerfort flankirte. Zauderte Masséna und suchte er Zeit zu gewinnen, um seinen
rechten Flügel an sich zu ziehen, so würden sich die Oesterreicher in seiner Flanke dergestalt ausgedehnt haben, dass er
Gefahr lief, gegen das hohe Gebirge und gegen den Genfer-
See gedrückt zu werden.

Dennoch wäre von allen Entschlüssen der letztere der
beste gewesen, obwohl er die Möglichkeit nicht ausschloss,

dass die Oesterreicher ihren Gegner noch vor der Vereinigung aller seiner Streitkräfte angriffen. Wer verbürgte denn die Sicherheit des ferneren Rückzuges nach dem Jura, da die Strasse in der Verlängerung der gegen die Aar gewendeten Front lief, und wie beschwerlich musste nicht der Marsch über dieses hohe Gebirge in jeder Hinsicht sein.

Dem österreichischen Feldherrn öffnete der wahrscheinliche Erfolg seiner vorhabenden Unternehmung eine glänzende Aussicht; dem Glücklichen würde man verziehen haben, dass er die erhaltenen Weisungen nicht pünktlich befolgte. Man hätte ihn vielleicht nicht aufgehalten, vielleicht nicht abgewendet von dem schon halb erreichten Ziel. Wenn er auch späterhin die Schweiz räumen und diesen Schauplatz ausschliesslich den Russen überlassen sollte, so musste man ihm Dank wissen, dass er den Feind vorher aus dem Felde schlug und die Rolle der Bundesgenossen erleichterte.

Schnell beschloss der Erzherzog den Uebergang über die Aar und nun schritt er zu der Wahl des zuträglichsten Punktes, zur Bestimmung des Tages, zur Versammlung einer vollwirkenden Masse von Streitkräften und zur Vorbereitung der nöthigen Anstalten.

An der unteren Aar und abwärts vom Einfluss der Reuss und Limmat, wo jede Bewegung des Feindes aus der oberen Gegend nach dem Orte des Ueberganges erschwert wird, bot der Punkt zwischen dem Dorfe Gross-Dettingen auf dem rechten und Klein-Dettingen [1]) auf dem linken Ufer des Flusses die meisten Vortheile dar. Die Aar bildet dort einen nach Osten ausgehenden Bogen, und dieser ist mit günstigen Anhöhen gekrönt, welche die jenseitige Fläche von Klein-Dettingen ringsum beherrschen. Im Mittelpunkte des Bogens lag das kleine unbedeutende Dorf, ganz zur Errichtung eines Brückenkopfes angemessen und nur von 2 Compagnien Franzosen besetzt.

Die Krümmung der Aar mässigt zwar hier den reissenden Lauf des Stromes, aber ihr Bett ist felsig und ohne Anker-

---

[1]) Auch Döttingen.   D. H.

grund, welchen Umstand die Oesterreicher zu wenig berück-
sichtigten.

Die Nacht vom 16. zum 17. August wurde zum Uebergang bestimmt, als die letzte Epoche zur Versammlung hinlänglicher Kräfte. Der russische General Korsakow hatte versprochen, in der nämlichen Nacht mit 20.000 Mann Infanterie
und 1600 Kosaken bei Ober-Endingen einzutreffen und sich
dort mit 32 Bataillons, 42 Escadrons (23.000 Mann, 6000 Pferde)
zu vereinigen, welche der Erzherzog von der Postirung an der
Limmat und der Aar zusammenzog. Gleichzeitig erhielt Hotze
den Befehl mit 7 Bataillons, 20 Escadrons (4600 Mann, 2800
Pferde) bei Zürich zu bleiben, die Stadt auf das Aeusserste zu
vertheidigen und, im Falle sich der Feind zurückziehen sollte,
demselben auf dem Fusse zu folgen. 5 Bataillons, 6 Escadrons
(4000 Mann, 1000 Pferde) blieben an der Limmat zwischen
Höngg und Kloster Wettingen. Am Einfluss der Limmat in
die Aar wurden Batterien aufgeführt, um während des Ueberganges die Strasse von Bruck (Brugg) abwärts der Aar zu beschiessen. Von den Truppen jenseits des Rheins liess der Erzherzog 4 Cavallerie-Regimenter von Villingen nach Stühlingen
marschiren. Die leichten Truppen sollten den Feind am 17.
bei Alt-Breisach, bei Schliengen, dann über Zell und Wehr
vorwärts gegen Basel, sowie längs dem ganzen Rhein beschäftigen und seine Aufmerksamkeit von den Ufern der Aar
abziehen; wozu man übrigens eine Kanonade bei Waldshut
eröffnen wollte und auch bei Coblenz Geschütz bereit hielt,
um ein kleines französisches Lager zu beunruhigen, welches
sich am Einfluss der Aar in den Rhein befand.

Die Marschdispositionen der Truppen waren bis zu ihrem
Versammlungsplatz so vorsichtig getroffen, dass alle Abtheilungen unter Begünstigung des durchschnittenen Terrains am
16. August mit einbrechender Nacht zwischen Gross-Dettingen,
Tägerfelden und Ober-Endingen eintrafen und, ohne vom Feinde
entdeckt zu werden, sich nach Mass ihrer Bestimmung in Colonnen formirten.

Es sollten zwei Brücken über die Aar geschlagen werden,
eine ober-, die andere unterhalb des Dorfes Gross-Dettingen.
Ueber die erstere wollte der Erzherzog eine Avantgarde von

5 Bataillons, 6 Escadrons schicken, um den Hauptgebirgsrücken am linken Ufer der Aar über Mandach, München- (Möhn-)thal und Effingen zu gewinnen, die Strasse von Bruck (Brugg) nach Rheinfelden zu beherrschen und den Marsch einer nachfolgenden Colonne von 6 Bataillons Oesterreichern und dem ganzen russischen Corps zu decken, welche ihre Richtung über Böttstein, Villingen und Stilli nach Bruck nehmen und sich der Brücken bei Bruck und Aarau, sowie jener über die Reuss bei Gabisdorf (Gebensdorf) bemeistern sollte. Gleichzeitig mit der ersten Colonne wurde eine zweite von 12 Bataillons, 12 Escadrons zum Uebergang auf der unteren Brücke und zur Cotoyirung der Hauptoperation längs dem Rheine über Leuggern, Bernau, Rheinsulz und Lauffenburg bestimmt. Endlich blieb noch eine Abtheilung von 9 Bataillons, 24 Escadrons in Reserve, welche zuerst den Uebergang decken, dann aber, nach Zurücklassung eines Bataillons bei den Brücken, der ersten Colonne auf der Strasse nach Bruck folgen sollte, wodurch sich über 38.000 Mann auf der entscheidenden Linie in Bewegung gesetzt hätten.

Bis dahin entsprachen alle Voranstalten ihrem Zweck, und die Wachsamkeit der Vorposten hinderte, dass dem Feinde auch nur die entfernteste Nachricht von den Absichten der Oesterreicher zukam; aber an den letzten Vorbereitungen zum Uebergange scheiterte die ganze Unternehmung. Jene, welche den Brückenschlag besorgen sollten, hatten sich nicht die genaue Kenntniss von der Beschaffenheit des Flusses eigen gemacht und nur seine Breite beurtheilt; daher waren auch nur so viele Schiffe vorhanden, als die Schlagung zweier Brücken erforderte, ohne Bedacht auf unvorhergesehene Fälle.

Oberhalb des zum Uebergang bestimmten Platzes fand sich kein vortheilhaftes Terrain zur Einsenkung der Schiffe in das Wasser und zur Zusammenstellung der Brückenglieder; keine Au, kein seichter Grund begünstigte ihr Abstossen vom Ufer und ihre Richtung nach dem jenseitigen Landungspunkt. Bei Dettingen (Döttingen) selbst erschwerten die steilen Höhen das Hinunterbringen der Schiffe. Da man sich nur auf die gemessene Zahl derselben beschränkt hatte, so konnten auch keine zur Ueberschiffung einiger Truppen verwendet

werden, weil das reissende Wasser sie so weit abwärts von
den Uebergangspunkten zu führen drohte, dass der Brückenschlag dadurch umsomehr verzögert worden wäre, als das
Heraufziehen gegen den Strom viel Zeit und Anstrengung erforderte. Der Erzherzog, welcher, in der Absicht sein Geheim-
niss zu bewahren, die Gegend nicht selbst recognoscirt hatte
und erst in der Nacht vom 16. auf den 17. August dort eintraf, baute so fest auf die beherrschende Lage des rechten
Ufers über das linke, dass er die schnelle Räumung dieses
letzteren durch die Wirkung seines Geschützes gar nicht be-
zweifelte; und so wurde der Brückenschlag ohne vorläufige
Uebersetzung von Truppen und ohne festen Punkt auf dem
jenseitigen Ufer unternommen.

Nachdem die Oesterreicher mit vieler Mühe die Schiffe
hinter das Dorf Gross-Dettingen (Döttingen) gebracht und auf den
rückwärtigen Anhöhen Batterien aufgeführt hatten, begann die
Arbeit um 2 Uhr in der Nacht. Die französische Besatzung in
Klein-Dettingen entdeckte nicht so bald, dass etwas im Werke
sei, als sie ein heftiges Kleingewehrfeuer auf den Punkt richtete,
wo sie das Geräusch vernahm. Ein österreichisches Bataillon
in Gross-Dettingen beantwortete dieses Feuer mit vollen Lagen;
das Geschütz fing an zu spielen und Klein-Dettingen gerieth
in Brand. Doch verliessen es die Franzosen nicht und beschossen fortwährend den Feind, den ein dichter Nebel mit
Anbruch des Tages vor ihren Augen verbarg. Ungeachtet dieses
günstigen Umstandes ging der Brückenschlag schlecht von
Statten. Die Anker hielten nicht in dem felsigen Grund, alle
anderen Hilfsmittel fehlten; man hatte sich mit keinen Seilen
zur Befestigung der Schiffe vorgesehen; mehrere wurden leck,
andere rissen los, kurz es zeigte sich eine schändliche Nachlässigkeit und Verkehrtheit aller Anstalten in diesem Fache
des Kriegswesens. Nur mit grosser Anstrengung brachte man
es dahin, dass um 9 Uhr Morgens (17. August) bei der oberen
Brücke 13, bei der unteren noch weniger Schiffe aneinander
gereiht waren. Um diese Zeit fiel der Nebel, und das Feuer
der Franzosen wirkte so treffend auf die österreichischen Pon-
toniers, dass alle, welche an den Brücken arbeiteten, nach und
nach getödtet oder verwundet wurden.

Indessen weckte der anhaltende Kanonendonner die umliegenden französischen Truppen zwischen Bruck (Brugg) und
Säckingen; alle eilten gegen den Punkt herbei, wo sich das
Feuer hören liess, und die Generale Ney und Heudelet sammelten so viele Kräfte, dass sie das Gehölz und die Anhöhen,
welche die Ebene von Klein-Dettingen umgeben, sowie die
Gegend von Böttstein besetzten. Die Oesterreicher hatten
ihren Zweck verfehlt. Eine unnütze Kanonade von beiden
Seiten endigte damit, dass ihnen vermöge einer Uebereinkunft
gestattet wurde, ungestört ihre Schiffe aus dem Wasser zu
ziehen.

Jeder Uebergang über ein Défilé ist mit Schwierigkeiten
verknüpft, die nach dem Masse des zu hinterlegenden Raumes
und der dabei eintretenden Verzögerung zunehmen. Am grössten
sind sie bei Flüssen, [1] weil man sich die Möglichkeit des
Ueberganges erst durch den Brückenschlag bahnen muss; wo-
gegen auf dem trockenen Lande, wenn die vorläufige Wirkung
des Geschützes den Widerstand des Feindes erschüttert hat,
der Andrang einer Colonne zur Oeffnung des Durchzuges hin-
reicht.

Der Brückenschlag ist eine Arbeit, bei welcher die damit
Beauftragten nicht so wie eine Colonne sich selbst zu schützen
oder die Kraft des Gegners zu lähmen vermögen. Diese Aufgabe muss von Anderen gelöst werden: und zwar dadurch,
dass man den Feind weit genug von dem Punkte des Ueberganges entfernt, damit er ausser Stande sei, die Schiffe und die
Arbeiter zu beschädigen. Das Kanonen- und Musketenfeuer
erfüllt diesen Zweck nur in dem seltensten Fall, wenn das
Défilé so eingeschlossen und das jenseitige Terrain so flach
und offen ist, dass die feindliche Infanterie gar keinen Gegenstand findet, sich nur zum Theil vor den Kugeln zu decken.
Die Schlagung einer Brücke darf daher nie unternommen

---

[1] Man vergleiche damit den § 5 des II. Abschnittes der »Grundsätze der höheren Kriegskunst« und den Abschnitt »Von Défiléen« der
»Beiträge zum Unterrichte im Felde etc.«, pag. 28 u. pag. 154 des I. Bandes
dieser Sammlung.   D. H.

werden, bevor nicht einige Truppen übergesetzt und der Feind
aus den nächsten Umgebungen vertrieben worden.

Das Verhältniss der Menge und Güte der einander gegenüberstehenden Truppen, die Widerstandsfähigkeit des Feindes
und die Zahl der vorhandenen Fahrzeuge bestimmen die Stärke
der überzuschiffenden Abtheilungen. Jedoch wird die Sicherheit in dem Masse grösser, als mehrere zugleich an das jenseitige Ufer gelangen.

Erlaubt es der Zug des Stromes, dass eine solche Landung sehr nahe oder an dem Ort selbst geschieht, der zum
Endpunkt der Brücke bezeichnet ist, so thut man wohl, gleich nach
den ersten Kähnen Brückschiffe oder Brückenglieder folgen zu
lassen. Dadurch gewinnt man den doppelten Vortheil, mehr
Truppen auf einmal ans Land zu setzen, und gleich darauf
auch von der entgegengesetzten Seite den Brückenschlag an-
zufangen, welcher auf diese Art in der Hälfte der sonst erforderlichen Zeit vollendet sein wird. Wärend der Arbeit muss das
Ueberfahren der Truppen ununterbrochen fortgehen, damit die
Sicherheit mit jeder neuen Landung vermehrt und die Schnelligkeit des Ueberganges befördert werde. Ist man im Besitze des
jenseitigen Ufers, so sind auch alle zufälligen Hindernisse
leichter zu heben, weil man sich von beiden Seiten die Hand
bieten kann.

Nach der ersten Ueberschiffung folgt der Brückenschlag,
nach dem Brückenschlag der Colonnenmarsch. Bei der Wahl
des Uebergangspunktes muss jede dieser drei Operationen berücksichtigt werden.

Die Beherrschung der jenseitigen Gegend von den dies-
seitigen Höhen ist zwar vortheilhaft, aber nicht entscheidend:
das Ufer selbst muss zugänglich zur Einschiffung wie zur Landung sein, das Terrain die Entwickelung der Colonne erleichtern;
die Gewalt des Stromes darf die Haltbarkeit der Brücke nicht
ungewiss machen, und die Möglichkeit sowie die Mittel müssen
vorhanden sein, die Brücke entweder in dem Grund des Flussbettes oder an den Ufern zu befestigen.

Die Vereinigung so vieler Bedingnisse verursacht, dass
an den meisten Flüssen die Uebergangspunkte nicht häufig
und wegen ihres bestimmten Charakters leicht zu unterscheiden

sind; umso weniger sollten sie den Vertheidigern des Ufers,
zumal bei einer längeren Postirung an demselben, unbekannt
bleiben.

Eine mit so viel Schwierigkeit und Zeitverlust verbundene
Operation, als der Uebergang eines Flusses ist, wird nur selten
gelingen, wenn der Gegner, von dem Vorhaben und von der
Wahl des Punktes unterrichtet, zweckmässigere Gegenanstalten
trifft. Die erste Sorge des Feldherrn muss daher auf die
Maskirung seiner nicht zu vermeidenden grossen Vorbereitungen
gerichtet sein. Er muss durch Scheinbewegungen anderwärts,
oder durch Benützung einer jenseits gegebenen Blösse die
Unternehmung gleichsam in einen Ueberfall verwandeln. Die
Oesterreicher waren in der glücklichen Lage, dass der Feind
den Punkt von Klein-Dettingen vernachlässigte; und dieser
Umstand, der ihnen so sehr zum Vortheil diente, vermehrt ihre
Schuld. Die Besorgniss, dass der Strom die Schiffe weit abwärts führen würde, hätte sie von der ersten unentbehrlichen
Massregel nicht abhalten sollen, Truppen auf das jenseitige
Ufer zu detachiren; denn, da die ganze Gegend von den Franzosen nur sehr schwach besetzt war, so konnten sie sich leicht
auch von einem entfernteren Punkte aus des Dorfes Klein-Dettingen bemeistern. Noch weniger ist die fehlerhafte Recognoscirung
der Ufer und des Flussbettes, dann der gänzliche Mangel an
allen Hilfsmitteln zu entschuldigen. Wenn auch solche Versäumnisse mehr den Untergebenen als dem Anführer zur Last
fallen, so trifft doch letzteren der gerechte Vorwurf, dass er
die Männer nicht kannte, die sein Zutrauen rechtfertigen sollten.

Wie schwer büsst man nicht oft im Kriege die geringe Bildung der Officiere in Friedenszeiten! Der Feldherr, mit den Ansichten und Anstalten im Grossen beschäftigt, kann
und darf sich nicht mit der Zergliederung untergeordneter Dienst-
verrichtungen befassen; ebenso wenig erlaubt ihm der schnelle
Gang der Ereignisse, seine Untergebenen in der Stunde ihrer
Verwendung zu bilden, oder den Mangel ihrer Kenntnisse auf
irgend eine Art zu ersetzen. Er kann nicht ernten, wo nicht gesäet
worden, und er muss sich mit den Werkzeugen begnügen, die
ihm zu Gebot stehen. Sind diese schlecht, so wird er entweder
aus zu grosser Zuversicht auf ihre Mitwirkung sich in Unter-

nehmungen einlassen, die sein Vermögen übersteigen, und verunglücken; oder er wird, mit ihrer Untauglichkeit bekannt, schüchtern und langsam bei Weitem das nicht erfüllen, was der Staat von ihm fordert.

Die verschiedenen Bestandtheile einer Armee gleichen den einzelnen Gliedern der nämlichen Kette; sie müssen alle gleich gut und stark sein, wenn die Kette ihrer Bestimmung entsprechen soll. In der österreichischen Armee war das Pontoniercorps nicht vorzüglich gebildet. Es wurde in Friedenszeiten fast gar nicht oder nur dort geübt, wo das Terrain und der bekannte Lauf der Flüsse den Brückenschlag besonders begünstigten, wo alle Erfordernisse dergestalt zur Hand lagen, dass die Arbeit mit Musse und Bequemlichkeit vor sich gehen konnte, und wo die Uebungen des Corps mehr unnützen Paraden als kriegerischen Unternehmungen ähnlich sahen. Unerfahren in jenen Kenntnissen, wodurch man den Mangel an gehörigen Mitteln mit anderen Aushilfen ersetzt und auf ausserordentlichen Wegen dorthin gelangt, wo die gewöhnlichen nicht hinreichen, hatten die Pontonier-Officiere sich auch nur mit den nothwendigen Requisiten zu der gemeinsten Art des Brückenbaues versehen; und als die Anker nicht eingriffen, war die Kunst am Ende. Zwei Compagnien Franzosen vereitelten eine Unternehmung von 50.000 Mann. Grosses Lob gebührt diesen Tapferen; sie bewiesen, dass Posten, welche keiner Umgehung ausgesetzt sind und deren Besatzung sich einigermassen gegen das feindliche Feuer decken kann, nur durch persönlichen Andrang und mit blanken Waffen zu erobern sind. Weder der österreichische Kugelregen noch der Brand von Klein-Dettingen erschütterten ihre Entschlossenheit; sie fanden Schutz hinter den Trümmern der Häuser und harrten in den Brandstätten aus.

Der Plan des Erzherzogs war vereitelt. Er liess alle seine Truppen in ihre vorigen Stellungen einrücken, und die Franzosen folgten seinem Beispiele. Nur durch einige Tage hielten sie noch die Aar stärker besetzt und Reserven bei Gabisdorf (Gebensdorf) und Windisch, bis sie vollkommen überzeugt waren, dass ihr Gegner sein Vorhaben aufgegeben habe.

Von dem Wunsche gedrängt, die Schweiz nicht zu verlassen, ohne die verlorene kürzere Linie seines linken Flügels
wieder gewonnen und dadurch Souwarow's Einmarsch erleichtert zu haben, entschloss sich der Erzherzog noch am 17.
Abends 9 Bataillons, 6 Escadrons unter Hotze's Anführung
über Rümlang und Grüningen nach Rapperschwyl zu detachiren. Diese Truppen trafen am 19. August dort ein, und
Hotze ordnete auf den 21. einen allgemeinen Angriff mit
dem ganzen linken Flügel an.   Die erste Colonne sollte über
die Grünauer- (Grynauer-) Brücke gegen die Stellung des Feindes
zwischen dem Züricher-See und der Sihl vorrücken, die zweite
von Glarus durch das Mutten- (Muotta-) Thal auf Schwyz, eine
dritte aus Graubünden durch das vordere Rheinthal auf den
Crispalt.

Der Erfolg dieser Operation war, dass an dem bestimmten
Tage (21. August) Hotze mit der ersten Colonne bis an die
Aa, und seine Vortruppen nach Altendorf am See vordrangen,
von wo sich die Franzosen in ihre vortheilhafte Stellung zwischen Pfäffikon und dem Aetzelberg (Etzel) zurückzogen. Die
zweite Colonne musste bei Schwanden im Linth-Thal bleiben,
um die Flanke der ersten zu decken, welche der Feind aus dem
Schächen-Thal zu umgehen drohte. Die dritte kam am 23.
bis Ilanz und schob ihre Vorposten nach Disentis vor.

Der Wunsch des Erzherzogs, im Widerspruch mit den
Verhaltungsbefehlen des Hofes, deren Befolgung ihm sein
Gefühl als Pflicht auferlegte, brachte ein ungewöhnliches
Schwanken in seinen Entschlüssen hervor. Ueberzeugt, dass
nur ein glückliches Ereigniss sein längeres Verweilen in der
Schweiz entschuldigen würde, glaubte er nichts aufs Spiel
setzen zu dürfen. Masséna war für seinen linken Flügel beruhigt, hatte die Detachirung österreichischer Truppen nach
Rapperschwyl erfahren und neuerdings seinen rechten Flügel
auf Kosten des linken verstärkt. Andererseits wurde der Erzherzog von einer allgemeinen Bewegung der Franzosen am
Rhein, von ihrer Versammlung in der Gegend von Speyer und
von einer dort beginnenden Offensive benachrichtigt. Er wagte
viel, wenn er sich noch mehr von Deutschland entfernte: denn
jeder Vortheil, der dem Feind am Mittel- und Niederrhein zu-

20*

theil wurde, fiel auf seine Rechnung, weil er schon dorthin beordert war. Hotze zauderte und verlangte Verstärkung; denn nach Mass als der Entschluss des obersten Feldherrn nicht ganz bestimmt ist, wankt auch jener der Untergebenen. Der russische General, welcher seit der fehlgeschlagenen Unternehmung an der Aar in Erwartung seiner Cavallerie und der letzten Abtheilungen seines Corps hinter der österreichischen Linie bei Seebach cantonirte, weigerte sich, einige tausend Mann Infanterie zur Unterstützung des linken Flügels abzuschicken, unter dem Vorwande, dass die Organisation seines Corps keine Zerstückelung desselben gestatte.

Aus dem Zusammentreffen aller dieser Umstände entstand eine Stockung, die zum Nachtheile der Verbündeten ausschlagen musste.

Endlich trat Korsakow mit seinem ganzen Corps den Marsch nach Utznach an, wo er über Grüningen am 25. August eintraf. Dadurch aber kam eine Truppenmasse in jener Gegend zusammen, welche zu gross war, um ausschliesslich auf dem linken Ufer der Linth und des Sees verwendet zu werden; der Erzherzog zog also 6 Bataillons wieder an sich und vereinigte Alles, was hinter der Postirung der Limmat stand, in der Nähe vor Zürich, um den Angriff des linken Flügels durch eine Vorrückung gegen den Uetli zu begünstigen.

Der misstrauische Korsakow glaubte, man wolle ihn in eine Falle locken. Er äusserte sich, dass ihm die Befehle des Wiener Hofes an den Erzherzog wohl bekannt seien; die vorhabende Unternehmung könne zu nichts führen, als zum Wiederverlust aller errungenen Vortheile, sobald die österreichische Armee die Schweiz verlassen würde; und ihm bliebe dann nichts übrig, als eine Stellung bei Schaffhausen zu beziehen, umsomehr als er von Souwarow den Befehl erhalten habe, den Fürsten Gortschakow mit 10.000 Mann nach Italien zu detachiren.[1] Er verlangte also als Bedingniss seines Beitrittes,

---

[1] Diesen Befehl hatte der Feldmarschall Souwarow am 11. August aus Novi, folglich zu einer Zeit erlassen, in welcher ihm seine bald darauf erfolgte Bestimmung, selbst in die Schweiz zu marschiren, noch nicht bekannt war.　　　　　　　　　　　　　　　　　Anm. d. V.

dass die abgerufenen 6 Bataillons bei dem Hotze'schen Corps verblieben, und dass der Erzherzog sich verbindlich mache, mit der ganzen österreichischen Armee zu der vorgeschlagenen Operation mitzuwirken.

Die Zeit verging, der Feind verstärkte sich, und die Gefahr für Deutschland nahm zu. Es war nicht vorauszusehen, dass späterhin jene Harmonie eintreten würde, die selbst unter den glücklichsten Vorbedeutungen mit dem Laufe der Zeit gewöhnlich nur abnimmt, und die allein vermögend gewesen wäre, die Masse der vorhandenen Streitkräfte in der Schweiz und in Deutschland zu einem grossen, vielwirkenden Ganzen zu bilden. Der Erzherzog glaubte daher, sich den erhaltenen Befehlen fügen zu müssen und das Uebrige, dessen Bestimmung nicht mehr von ihm abhing, dem Schicksal zu überlassen.

Damit das russische Corps keinem sicheren Unfall preisgegeben werde und Souwarow's Ankunft in einer ehrenvollen Defensive erwarten könne, entschloss sich der österreichische Feldherr, den Feldmarschall-Lieutenant Hotze mit 30 Bataillons, 34 Escadrons (25.000 Mann, mit Inbegriff von 3.000 Schweizern) in der Schweiz zurückzulassen, da ihm nach Abzug dieser Truppen noch Kräfte genug übrig blieben, dem Feinde am Mittelrhein entgegenzugehen, der soeben auf dem rechten Ufer sich Philippsburg näherte. Einverständlich mit Korsakow wurde festgesetzt, dass die Russen am 27. August von Utznach wieder aufbrechen und von den Oesterreichern die Besetzung der Strecke zwischen dem Züricher-See und dem Rhein übernehmen, Hotze dagegen von Meilen am Züricher-See bis an die italienische Grenze den linken Flügel der Armee bilden sollte. Die Linie, welche Hotze in jener Epoche besetzt hielt, deckte die Verbindung mit Italien nicht ganz. Dieser General, den sein feuriges Temperament im Glück und im Unglück stets zu überspannten Ansichten verleitete, hatte in seiner Stellung an der Aa einen überlegenen Angriff der Franzosen besorgt. Nach Korsakow's Aeusserungen versprach er sich von ihm keine Unterstützung und zog sich, während der Erzherzog mit dem russischen General unterhandelte, am 26. August über die Linth, zerstörte die Brücke von Grünau (Grynau) und vertheilte seine Truppen zwischen Rapperschwyl, Schänis und

Schwanden. Bei Nettstall und am Klönthaler-See blieben jedoch einige Posten auf dem linken Ufer zur Versicherung der Hauptstrasse von Glarus und der kürzeren Verbindung mit Graubünden.

Längere Ruhe liegt so wenig in dem Geiste revolutionärer Regierungen und ihrer Armeen, dass die Feldherren oft gegen ihren Willen zu übelberechneten Unternehmungen fortgerissen werden. Aber auch Masséna's Charakter drängte ihn zur rastlosen Thätigkeit. Er hatte den grössten Theil seiner erwarteten Verstärkungen erhalten und entschied sich daher, die Offensive durch einen Uebergang über die Limmat in Verbindung mit einem Angriff seines rechten Flügels in dem höheren Gebirge zu ergreifen. Die Nacht vom 30. August wurde dazu bestimmt — unerwogen, dass sein Gegner sich auf der entscheidenden Linie der Limmat nie stärker befand als eben damals; da die Russen schon eingetroffen und die Oesterreicher noch nicht abmarschirt waren. Ebenso unzweckmässig wählte er den Uebergangspunkt an dem Zusammenfluss der Limmat, der Reuss und der Aar, wo der Strom durch die Vereinigung dieser drei Flüsse so reissend ist, dass man den Schiffen keine sichere Richtung zu geben vermag; wo bei niedrigem Wasser Sandbänke die Ueberfahrt auf das rechte Ufer verhindern, und wo jenseits das Terrain auf einer tiefen, eingeschlossenen Ebene sich über steile Weinberge zu dem Kamm beschwerlicher Höhen erhebt. Der einzige Vortheil, dass alle zum Brückenbau gehörigen Bestandtheile leicht auf der Aar und der Reuss herbeigebracht werden konnten, überwog so bedeutende Nachtheile nicht; zum Glück für Masséna wurden die zur Brücke bestimmten Schiffe während ihrer nächtlichen Fahrt auf der Reuss beschädigt, die Franzosen glaubten ihr Vorhaben entdeckt, und der Versuch unterblieb. Wahrscheinlich würde sein Erfolg schmählich ausgefallen sein; desto entsprechender waren die Fortschritte des rechten Flügels.

Am 29. August beschäftigten die Franzosen den ganzen Cordon der Oesterreicher von Utznach aufwärts und bemeisterten sich des Postens am Klönthaler-See, dann jenes von Näfels und endlich von Glarus selbst. Der tapfere Major Eötvös, der mit 2 Bataillons bei Schwanden stand, warf ein

Detachement durch das Sernf-Thal in den Segness-Pass oder Panix, wandte sich gegen die verlorenen Punkte, eroberte jene im Linth-Thale wieder und stellte sich bei Näfels auf. Ganz zweckmässig sicherte er dadurch seine Rückzugslinie; aber nun war jede andere Verbindung mit Graubünden als rückwärts über Walenstadt und Sargans aufgegeben.

Am 30. August erfolgte ein neuer Angriff der Franzosen, wozu sich der grösste Theil der Division Soult mit jener von Chabran und mit dem linken Flügel von Le Courbe vereinigte. Die Oesterreicher wurden auf allen Punkten durch Scheinbewegungen und Kanonaden festgehalten, indessen die Hauptcolonne von Bilten auf Näfels vordrang. Nach einem hartnäckigen Gefecht errangen die Franzosen Abends den Sieg und warfen ihre Gegner in einer solchen Unordnung zurück, dass sie sich ohne die Ankunft einer auf dem rechten Ufer der Linth herbeigeeilten Reserve sogar der Brücke von Näfels bemächtigt hätten.

In der Nacht verliessen die Franzosen das Linth-Thal von Reichenburg bis Näfels, behielten blos die nächsten Höhen vor dem letzteren Orte besetzt und zogen aufwärts gegen Glarus. Ihre Absicht war, über Ennenda die Gebirgswege im Rücken von Mollis zu gewinnen und dann über Kerenzen und Walenstadt Hotze's Communication mit dem Rheinthal zu unterbrechen. Bei einer Recognoscirung, welche dieser General am folgenden Tage gegen den Klönthaler-See und über Glarus gegen Ennenda vornahm, und die mit gutem Erfolge anfing, aber mit der Niederlage sämmtlicher dazu verwendeten Truppen endigte, überzeugte er sich von dem Vorhaben des Feindes. Er that daher auf jede Vorrückung und Stellung auf dem linken Ufer der Linth Verzicht, liess die Brücke bei Näfels und Nettstall abbrechen und bezog, um sich der Verbindung mit Graubünden zu versichern, mit dem linken Flügel der Armee die Linie von Meilen am Züricher-See auf dem rechten Ufer der Linth über Utznach, Schänis bis Wesen, dann hinter dem Walenstädter- (Walen-) See auf Walenstadt, Sargans, Ragatz, durch das Tamina-Thal auf Vättis und über den Kunkelsberg und Flims bis Ilanz im vorderen Rheinthal. Vor dieser Linie blieben die Pässe von Kerenzen am Walenstädter-See und Weiss-

tannen vorwärts Sargans besetzt. Der Truppenaufwand, welchen
eine so grosse Ausdehnung verursachte, erlaubte nur kleine
Reserven auf einigen Punkten, vorzüglich bei Kaltbrunn hinter
der Linth und zwischen Chur und Reichenau.

Aus Besorgniss vor einem Angriff hatte Hotze die concentrirte Stellung an der Aa gegen eine ausgedehntere ver-
wechselt und war aus einer bedrohenden in eine blos passive
übergegangen. Endlich gab er jeden ferneren Entschluss auf,
als die Franzosen Miene machten, auf einem Fusssteig hinter
Mollis in seine Flanke zu operiren; indessen er im Besitze
der Hauptstrasse in dem Thal war, welches der Feind durchschneiden musste, um über die steilen Berge von Ennenda
nach Kerenzen zu ziehen. Hotze wollte durch Besetzung aller
Pässe und Zugänge Vorarlberg, Graubünden und Tirol schützen
und war folglich überall zu schwach. Eine Stellung mit vereinten Kräften zwischen dem Züricher- und Walenstädter-See
an dem Débouché der Gebirgswege, die aufwärts der Linth
nach Disentis und dem Gotthard führen, hätte dem Feind mehr
Einhalt gethan und, wenn er sich weiter vorwärts wagte, alle
seine Communicationen bedroht. Die Linth ist nicht schwer zu
übersetzen, und Hotze würde sich ihres Ueberganges versichert
haben, wenn er in der Zeit seines Aufenthaltes auf ihrem linken
Ufer wenigstens einen Brückenkopf anlegen liess — eine Massregel, die kein General vernachlässigen sollte, in dessen Rücken
ein bedeutendes Wasser fliesst.

Die zwischen dem Erzherzog und Korsakow verabredete
Truppenvertheilung, welche zur Basis künftiger Operationen
dienen sollte, drängt dem Beobachter mehrere Betrachtungen
auf. Die Russen bildeten mit dem österreichischen Corps unter
Hotze eine Macht von 56.000—57.000 Mann. Die Brigade des
Obersten Strauch war zwar zu weit von dem Gipfel des Gotthard entfernt, um einen schnellen Einfluss auf die Operationen
in der Schweiz zu nehmen; doch musste sie vom Feinde beobachtet werden. Zwischen der Wies und der Wutach nöthigte
noch immer eine österreichische Brigade, die der Erzherzog,
mit 3 Bataillons verstärkt, dem Feldmarschall-Lieutenant Nauendorf anvertraut hatte, die Franzosen zur Besetzung des Rheins
von Basel bis Bernau. Man darf also annehmen, dass Masséna

in der Schweiz höchstens eine Ueberlegenheit von 10.000 Mann
zu seinem Gebote hatte, die jedoch auch nur bis zu Souwarow's
Ankunft dauern konnte. Dadurch erhielten die Franzosen noch
kein wesentliches Uebergewicht, wenn die Verbündeten ihre
geringere Zahl durch Concentrirung der Kräfte ersetzten. Die
Natur hat zu diesem Ende in der gedrängten Linie von Coblenz
bis Sargans die günstigste Gelegenheit geboten. Auf keinem
Flügel zu umgehen, in der Front mit Flüssen und Seen gedeckt,
erlaubte sie den Franzosen nicht zwischen dem Walenstädter-
See und dem Gotthard gegen Souwarow's Einmarsch mit verhältnissmässigen Kräften zu wirken. Wollten sie dies, so blieb
es den Verbündeten frei, nach Umständen von Chur, Glarus
oder Zürich vorzugehen und von der entgegengesetzten Seite
dem russischen Feldherrn Luft zu machen. Denn in dem
hohen Gebirge kann man sich zwischen zwei feindlichen
Heereszügen nicht so schnell herumwenden und von einem
auf den anderen werfen, als in der Ebene. Die Verbündeten
würden in einer nach diesen Ansichten gewählten Stellung
ihrem Endzweck weit sicherer entsprochen haben, als in einem
ausgedehnten Cordon, der doch nicht bis an die italienische
Grenze reichte und auf welchem sie die Verbindung mit Italien
nicht einmal durch einzelne Posten unterhalten konnten. Freilich setzte dieser Plan eine thätige Defensive voraus, wo Alles
auf die Schnelligkeit des Entschlusses und der Ausführung an-
kommt, und wo gesammte Truppen ausschliesslich einem einzigen Feldherrn untergeordnet sein sollten, der ihre Bewegungen
nicht durch Unterhandlungen, sondern durch Befehle leitet.
Man hätte die vorgefasste Meinung von der übertriebenen
Wichtigkeit der Eingänge nach Tirol, Graubünden und Vorarlberg berichtigen und das Vorurtheil ablegen müssen, dass die
Deckung eines Zuganges von seiner unmittelbaren Besetzung
abhänge. Ein anderes Gebrechen dieses unzweckmässigen
Cordons war die fehlerhafte Richtung des Rückzuges von dem-
selben nach Tirol und Vorarlberg. Schon dadurch trennten die
Verbündeten ihre Streitkräfte in der Schweiz von jenen in
Deutschland, legten den Grund zu zwei selbstständigen Armeen
und gaben den grossen Vortheil auf, den sie bisher über die
Franzosen voraus hatten, dass ihre Aufstellungen von dem

Gotthard bis an den Main nur von einem Centralpunkt abhängig waren und nur einen Körper bildeten.

Vielleicht wäre es nützlich gewesen, wenn der Erzherzog
den russischen General bewogen hätte, die Strecke aufwärts
des Züricher-Sees zu übernehmen und dem Feldmarschall-
Lieutenant Hotze die Besetzung der Limmat und der Aar zu
überlassen. Dadurch näherte sich ersterer seiner Vereinigung
mit Souwarow; letzterem blieb der wichtigere Theil der Schweiz
in den Händen, und die österreichische Armee wurde nicht
getrennt. Da man aber den Fehler beging, die Aufstellung bis
in das hohe Gebirge zu verlängern, so erschwerte die damalige
Organisation der russischen Truppen ihre Verwendung in solchen
Gegenden zu sehr. Sie waren mit einem ausserordentlichen
Train belastet; ihre Soldaten kannten keine andere Fechtart,
als mit geschlossenen Reihen im offenen Land, und ihr Anführer wollte seine Kräfte nicht theilen, was er dort nicht vermeiden konnte.

Der unbefangene Richter, welcher zwischen mehreren
Entschlüssen nur einen als den einzig guten erkennt und alle
anderen Verhältnisse bei Seite setzt, wird dem Erzherzog vor-
werfen, dass er Philippsburg einem höheren Interesse vorzog;
dass er seinen Abmarsch aus der Schweiz nicht bis zu Souwarow's wirklicher Ankunft verschob, oder bis die Sicherheit
der österreichischen Communicationen an der Donau keinen
längeren Verzug erlaubte; dass er für seine Person nicht in
der Schweiz blieb, um Korsakow's und Hotze's Ansichten zu
vereinigen und unter seinen Willen zu beugen; dass er nicht
so viel Truppen zurückliess, um die Stärke der Verbündeten
jener des Feindes gleichzusetzen, da zumal die Operationen
der Franzosen am Niederrhein — was man jedoch damals
nicht wissen konnte — von keinem solchen Belang waren,
dass sie einen gegenseitigen Aufwand von mehr als 40.000 Mann
erforderten. Der weniger strenge Beobachter wird in
der Lage des Erzherzogs und in seinen Missgriffen die
Bestätigung finden, wie gefährlich es sei, wenn die entfernten Cabinete während dem Laufe eines Feldzuges
bestimmte Befehle über den Gang der Operationen
ertheilen, statt ihren Feldherren nur im Allgemeinen

den Zweck und die Ansichten bekannt zu machen, nach welchen sie vorgehen sollen. Aber auch er wird sich nicht enthalten können, den Erzherzog zu tadeln, dass er in seinem Entschluss wankte, als er den Feldmarschall-Lieutenant Hotze am 17. August nach Rapperschwyl detachirte, und nicht durch einen entschiedenen Willen und Befehl den österreichischen und russischen General verhielt, schnell, ohne Widerrede und mit der grössten Kraft die Operationen auf dem linken Ufer des Züricher-Sees fortzusetzen, welche vielleicht dem Ganzen eine günstige Wendung gegeben hätten.

Ungestört erfolgte die Ablösung der Oesterreicher von den Russen; denn in diesem Augenblicke war die Masse der vereinigten Truppen zu gross, als dass Masséna, dessen rechter Flügel sich ohnehin zu weit ausgedehnt hatte, etwas gegen sie unternehmen konnte. Der Erzherzog übertrug Nauendorf die Deckung seiner linken Flanke und seines Rückens im Fall die Russen zum Weichen gebracht werden sollten, und trat am letzten August und 1. September mit 30 Bataillons, 42 Escadrons den Marsch in der Richtung von Tuttlingen an.

Sechster Abschnitt.

Entsatz von Philippsburg. Der Erzherzog erobert Mannheim am 18. September.

Nichts konnte für den Erzherzog erwünschter sein, als die Unternehmungen des Feindes auf dem rechten Rheinufer, welche ihm die Gelegenheit darboten, wenigstens zum Theil und mit einer scheinbaren Consequenz die Absichten des Wiener Hofes zu erfüllen.

Die Franzosen hatten sich zur Belagerung von Philippsburg entschieden, eines Punktes, der weder in Rücksicht seiner Lage noch seiner geringen Besatzung Einfluss auf die Operationen nahm, und nur der freien Schiffahrt auf dem Rhein hinderlich war. Allein die Vortheile eines schiffbaren Stromes, der parallel mit der eigenen Aufstellung fliesst, sind von keiner besonderen Wichtigkeit, und als Brückenkopf auf dem rechten Ufer des Rheins betrachtet konnten die Franzosen diesen Platz

entbehren, da sie deren schon mehrere, und zwar auf den vorzüglichsten Débouchéen, besassen.

Vielleicht hofften sie, durch die Eroberung von Philippsburg auf die öffentliche Meinung zu wirken, die von jeher auch
den unbedeutenden Festungen einen übertriebenen Werth bei-
legte; vielleicht auch wähnten sie, dass die Oesterreicher nützliche Unternehmungen aufgeben würden, um einen Verlust zu
verhindern, der den Ruhm ihrer Waffen herabsetzte. Eine
solche Berechnung ist jedoch nicht gegen jeden Feldherrn
richtig; denn der Verständige setzt sich über den Tadel des
grossen Haufens hinaus, sucht nur den Beifall der Kenner und
erwartet ruhig das Endurtheil über den Erfolg seiner Operationen.

Die Verwendung aller französischen Truppen am Mittelrhein zur Bedrohung der österreichischen Communicationen an
der Donau, sei es von Kehl oder Mannheim aus, wäre eine
viel wirksamere Diversion gewesen, als die Belagerung von
Philippsburg. Diese konnte der Erzherzog unbeschadet durch
einige Zeit fort-, vielleicht gar zu Ende gehen lassen; gegen
jene musste er die schnellsten Massregeln ergreifen, denn sie
drang ihm an das Herz. Als die Oesterreicher aus der Schweiz
defilirten, vereinigten sich so viele ihrer Truppen hinter dem
Schwarzwald, dass die Franzosen von Kehl aus nicht mehr
mit Vortheil operiren konnten; aber am Ausflusse des Neckars
blieb ihnen der Weg unbenommen, und sie würden den Gegner
gezwungen haben, seine Linie bis an die Schweizer Grenze fortwährend besetzt zu lassen, indessen die ihrige, durch den Rhein
und durch ihre Festungen gedeckt, grösstentheils entblösst
werden konnte.

Die Bewegungen der französischen Truppen, welche schon
in der Hälfte August von Basel rheinabwärts zogen, deuteten
auf diesen Plan. General Müller hatte das ihm anvertraute
Corps bei Oggersheim vereinigt und rückte am 26. August
mit 6 Halbbrigaden und 11 Cavallerie-Regimentern in drei
Colonnen über Mannheim vor.

Die erste kam bis Heidelberg, besetzte Rohrbach und
Leimen, die zweite zog über Schwetzingen auf Oftersheim und
Sandhausen, die dritte über Brühl, Ketsch nach Hockenheim
und gegen Neulosheim (Neu-Lussheim). Ueberall mussten die

Detachements der österreichischen Cavallerie weichen, welche in der Stärke von 6 Escadrons zwischen Philippsburg, dem Neckar und dem Main herumstreiften. Am 27. August besetzten die Franzosen Langenbrücken an der Bergstrasse, dann Hambrücken nebst der Neudorfer Mühle gegen Graben und berannten Philippsburg, indem sie sich der Orte Oberhausen, Waghäusel und Wiesenthal bemeisterten. Am folgenden Tag drang die erste Colonne über Sinsheim, Fürfeld bis Heilbronn. Die wenigen dort befindlichen Oesterreicher postirten sich bei Lauffen, wo sie 1 Bataillon Kreistruppen und 2 Escadrons Verstärkung erhielten. Später trafen noch 450 Mann Württemberger mit acht Kanonen und 1 Cavallerie-Regiment aus den rückwärtigen Cantonirungen ein. Die Husaren, welche sich aus der Gegend von Heidelberg zurückgezogen hatten, sammelten sich zwischen Pforzheim und Besigheim, und 3 Escadrons Dragoner rückten von Rastadt (Rastatt) gegen Durlach.

Am 29. August setzten die Franzosen ihre Bewegung nach Lauffen, Bretten und Karlsruhe fort, zogen sich aber in der folgenden Nacht wieder bei Graben hinter die Pfinz, schlossen Philippsburg näher ein und verliessen dagegen am 30. Bruchsal, Fürfeld und Heilbronn. Die Waldungen von Wiesenthal und Forst, das Schloss Kisslau, Langenbrück, Eppingen und Steinsfurth blieben besetzt, das Gros ihrer Colonnen stand bei Graben, Wisloch (Wiesloch) und Sinsheim. Die österreichische Cavallerie folgte dem Feinde unter fortwährenden Scharmützeln in der ganzen Ausdehnung seiner Linie. Mainzische Truppen und das bewaffnete Landvolk hielten ein französisches Corps auf, mit welchem General Baraguay d'Hilliers [1] am 28. in 2 Colonnen von Cassel (Kastel) und Oppenheim über Frankfurt bis Seligenstadt vorgedrungen war. Ein Theil desselben wandte sich am 30. und 31. August nach Heidelberg und stiess zu dem General Müller, der andere zog sich auf Höchst zurück. Die neue Stellung der Franzosen verrieth keine andere Absicht, als die Beschiessung von Philippsburg

---

[1] Baraguay-D'Hilliers (Louis), geb. 1734, 1799 Generalstabschef der Rheinarmee, 1804 Generaloberst der Dragoner; gest. auf dem Rückzug aus Russland (December 1812) in Berlin. D. H.

zu decken. In der Festung lagen 2267 Mann Infanterie und
55 Pferde von verschiedenen reichsfürstlichen Truppen unter
den Befehlen des tapferen Rheingrafen von Salm, General-
Lieutenant des fränkischen Kreises. Als die Franzosen am
26. von dem linken Ufer des Rheins, gegenüber von Philippsburg, abgezogen waren, um sich bei Oggersheim zu vereinigen,
hatte der Rheingraf Detachements überschiffen und alle dort
angelegten Batterien zerstören lassen. Diese wurden nun hergestellt, und am 6. September spielten nach vorhergegangener
Aufforderung 10 Böller, 4 Haubitzen und 4 Kanonen gegen
die Festung.

Am 8. bemächtigten sich die Franzosen des Dorfes
Rheinsheim. Ihr Feuer dauerte bis zum 11. ununterbrochen
fort, und schon in den ersten Tagen wurde die ganze Stadt
ein Raub der Flammen. Die Standhaftigkeit der Besatzung
gereicht ihr zur Ehre, denn wegen Mangel an Casematten fand
sie keinen anderen Schutz als in einigen Blockhäusern.

Die Franzosen hatten indessen Verstärkungen aus Luxemburg und dem Elsass erhalten und rückten wieder vor. Da
ihre Truppen nicht hinreichten, die Berennung von Philippsburg durch eine concentrirte feste Stellung zu decken, so benützten sie zweckmässig die Epoche ihrer augenblicklichen
Ueberlegenheit und suchten durch ihre Ausdehnung und durch
die möglichste Entfernung des Feindes mehr Sicherheit für
den Erfolg ihrer Unternehmung zu gewinnen. Die österreichische Cavallerie, die noch immer in der Gegend herum-
schwärmte, wurde am 7. September bis Weingarten, Gondels-
heim, und von Eppingen aus bis Lauffen vertrieben. Am 8. September bemeisterten sich die Franzosen auch dieser Orte und
besetzten Lauffen mit 3.000 Mann. Aber hier hatten ihre Fortschritte ein Ende; denn am 9. erschien bei Hochdorf die Avantgarde eines österreichischen Corps, welches an diesem Tage bei
Schwieberdingen lagerte.

Ueberzeugt, dass der Besitz von Philippsburg von keiner
grossen Wichtigkeit und das französische Berennungscorps
nicht zahlreich sei, beschloss der Erzherzog bei seinem Ab-
marsche aus der Schweiz nur eine verhältnissmässige Truppenzahl zum Entsatz der Festung abzuschicken und zuerst auf

dem wichtigeren Punkt, an den Quellen der Donau, zu verweilen. Aber die wenige Besorgniss, welche die Schwäche des
Feindes am Oberrhein für diese Gegend erweckte, und die übertriebenen Nachrichten von der sich stets mehrenden Stärke
der Franzosen am Mittelrhein bewogen ihn, seinen Entschluss
zu ändern. Vierzehntausend Mann blieben in der Postenkette
zwischen dem Renchthal und Waldshut; 10.000 Mann als
Reserve zwischen Waldshut und Villingen; die übrigen Truppen
setzte der Erzherzog dergestalt in Marsch, dass 30 Bataillons,
76 Escadrons den 12. an der Enz zwischen Pforzheim und
Vaihingen vereinigt sein konnten.

Bei der Nachricht von der Annäherung eines so überlegenen Gegners, dessen streifende Cavallerie sich überall
zeigte, traten die Franzosen den Rückzug an. Am 10. September verliessen sie Weingarten, Bruchsal, Lauffen und
Heilbronn; am 11. Forst, Eppingen, Sinsheim, stellten
die Beschiessung von Philippsburg ein und hoben in der
folgenden Nacht die Berennung der Festung auf. Am
12. September zogen sie sich nach Hockenheim hinter die
Kreich, räumten am nämlichen Abend Wiesloch und hinterliessen nur schwache Posten auf der Bergstrasse. Am 13. September stand das ganze Corps bei Schwetzingen, und trat
am 14. den Rückzug nach Mannheim an. Neckarau und
Seckenheim blieben besetzt. Die österreichischen Vortruppen,
durch den grössten Theil ihrer Cavallerie und durch die bewaffneten Bauern verstärkt, welche vorzüglich im Odenwald
unter Anführung des pfälzischen Obersten Wrede dem Feinde
manchen Abbruch gethan hatten, folgten ihm auf allen Wegen
nach. Am 14. war schon die Verbindung mit den Maingegenden
durch Streifparteien eröffnet, und am 16. September traf so
viel leichte Infanterie in der Ebene von Schwetzingen ein,
dass eine feste Postenkette zwischen dem Rhein und dem
Neckar, nämlich von dem Relaishaus an der Schwetzinger
Strasse bis Seckenheim an jener von Heidelberg, gezogen werden
konnte.

Der Erzherzog hielt es nicht für nöthig, die Vereinigung
aller seiner Truppen an der Enz abzuwarten, weil ihm seine
Ueberlegenheit erlaubte, diese Vorsichtsmassregel zu unter-

lassen. Die Bewegung nach dem Rheinthale wurde daher
ohne Aufenthalt fortgesetzt, von 13. bis 16. bei Obstatt[1])
und Wiesloch débouchirt und bei Leimen und Hockenheim gelagert. 5 Bataillons blieben bei Illingen. Nun beschloss
der österreichische Feldherr den Feind aus Mannheim und
durch Wegnahme dieses Postens vollends über den Rhein zu
werfen. Alle eingehenden Nachrichten liessen den Erfolg einer
Unternehmung erwarten, für welche dieser Augenblick der
günstigste zu sein schien. Einerseits erfuhr man, dass sich
damals nur 1 Halbbrigade nebst 1 Cavallerie-Regiment in
Mannheim, 2 Bataillons, 2 Escadrons in Neckarau befänden,
dass der Rest der französischen Truppen über den Rhein gegangen und theils mit dem General Collaud nach Landau,
theils unter Anführung des Generals La Roche gegen Holland
abgerückt sei. Andererseits arbeitete der Feind unablässig an
Verschanzungen und deutete dadurch auf den Entschluss, die
innehabenden Posten behaupten zu wollen, wenn man ihm
Zeit liess, seine Werke zu vollenden. General Ney stand an
der Spitze des bei Mannheim aufgestellten Corps. Mannheim
liegt am Zusammenfluss des Neckars mit dem Rhein in einer
weiten Fläche, welche nur von den erhöhten Strassendämmen
und an einigen Orten von ausgetrockneten todten Armen des
Neckars und des Rheins unbedeutend durchschnitten wird. Die
Stadt war mit einem Wall und elf Bastionen nebst einem
Wassergraben, dann mit Ravelins, Contregarden und dem bedeckten Weg umgeben. Auf dem rechten Neckarufer befand
sich zum Schutze der Brücke über diesen Fluss, die jedoch
nicht mehr vorhanden war und durch einige Kähne noth-
dürftig ersetzt wurde, ein zwar unbedeutendes, aber von zwei
gemauerten Flèchen auf dem linken Ufer flankirtes Werk, jetzt
noch durch die Verlängerung des Glacis auf dem rechten und
durch drei vorgelegte Schanzen jenseits des Dammes und der
Strasse von Käferthal verstärkt. Nur die Front von 3 Bastionen
zwischen dem sogenannten alten Neckar und dem Rhein war
zugänglich und konnte angegriffen werden. Aus dieser Ursache
hatten die Franzosen die bereits gesprengten Winkel dieser

---

[1]) Ubstatt 7·7 Kilom. NON. von Bruchsal.   D. H.

Bastionen mit Faschinen und Erdbekleidung hergestellt, den bedeckten Weg wieder in Stand gesetzt und die Minen gefüllt. Der Rhein und der Neckar sicherten die übrigen Umgebungen der Festung ungeachtet des schlechten Zustandes ihrer Werke. Um die Angriffsseite noch mehr zu decken, waren am Fusse des Glacis zwei grosse Redouten und vor diesen eine Reihe von Schanzen erbaut, welche sich links an den todten, immer bewässerten alten Neckar und an die befestigten Gärten der Kaiserhütte lehnten. Die Mitte bestand aus einer Redoute auf der Schwetzinger Strasse. Den rechten Flügel bildete der mit mehreren Werken eingeschlossene Holzhof, dessen Umgebungen durch die öfteren Ausgüsse des Rheins sumpfig sind. Die Zugänge zu demselben erschwerten noch 2 Batterien auf dem linken Rheinufer und die Verschanzung des vorliegenden Dorfes Neckarau, welches ein breiter, tiefer, morastiger und in der trockenen Jahreszeit todter Arm des Rheins von dem festen Lande trennt. Hinter dem Dorfe liegen mehrere Auen, die durch einen gangbaren Damm gegen die Einbrüche des Hauptstromes verwahrt sind. Dieser Damm war an einigen Orten durchschnitten und wie die Auen mit Flèchen geschützt.

Auch an der Chaussée von Schwetzingen hatten die Franzosen Redouten angelegt, damit der Feind nicht, von der Erhöhung des Strassendammes gedeckt, sich Neckarau nähern, oder bei dem Ort vorbeiziehen könne. Die Behauptung der Strecke zwischen Neckarau und dem Holzhof musste für die Vertheidiger von der grössten Wichtigkeit sein, weil die Krümmung des Rheins den Angreifenden die Möglichkeit gewährte, von jener Seite die Brücke zu beschiessen, die Mannheim mit dem linken Ufer verband.

Ein Brückenkopf soll vor Allem die hinter ihm liegende Brücke decken; dann soll er geräumig genug sein, um die Formirung und das Hervorbrechen bedeutender Truppenabtheilungen zu begünstigen. Diese zweite Bedingniss erfüllt der Umfang von Mannheim vollkommen. Alle in der Ebene vorgelegten Werke waren unnöthig und hatten nur den Nachtheil, die Vertheidigungslinie über wenig haltbare Punkte zu verlängern, welche noch überdies von den Erhöhungen auf dem rechten Neckarufer in Flanke und Rücken genommen werden

konnten. Die Zerstörung der Kaiserhütte hätte diese ganze
Strecke dem bestreichenden Feuer der Festung ausgesetzt und
sie unangreiflich im freien Felde gemacht. Der grösste Fehler
lag in den Werken des Holzhofes, welche die Beschiessung
der Brücke hindern sollten. Diese waren nach einem schwachen
Profil erbaut, zugänglich in der Flanke und offen im Rücken —
statt dass Werke von solcher Wichtigkeit gegen einen jähen
Anlauf geschlossen und durch eine Linie mit der Festung verbunden sein sollten. Die Batterien auf dem linken Rheinufer
dehnten sich zwecklos bis an die Brücke aus und wirkten nur
zum Theil auf die Front des Holzhofes, wo das Auffahren des
feindlichen Geschützes weder durch Einschnitte in den Damm,
noch durch das Verderben des Ufers erschwert wurde. Alle
diese Arbeiten hätten die Festigkeit von Mannheim ohne
grösseren Aufwand an Zeit und Mühe in höherem Grade vermehrt, als die unnützen Verschanzungen in der Front und
jene von Neckarau. Dieses Dorf liegt zu tief zur Beherrschung
der vorliegenden Gegend, und der Feind durfte kühn vorbeiziehen, um der Besatzung den Rückzug abzuschneiden, den
sie nur längs der Krümmung des Rheins nach dem Holzhof
nehmen konnte.

Die Franzosen fielen hier in einen Fehler, der
nicht selten in der Kriegsgeschichte ist und die Unentschlossenheit oder Schwäche charakterisirt, wodurch man sich grösseren Gefahren aussetzt, um die
kleineren zu vermeiden. Man vergisst nämlich, dass Festungswerke erbaut werden, um durch Vermehrung der Widerstandskräfte den Angriff des Feindes auf einen wesentlichen Punkt,
den man bewahren will, zu vereiteln, und sucht diesen Zweck
dadurch zu erreichen, dass man durch Anhäufung vorgelegter
Verschanzungen, durch ihre stufenweise Vertheidigung und
durch Wiederholung einzelner Gefechte die Annäherung des
Gegners aufhält. Es ist der nämliche Missgriff, den Jene be-
gehen, welche zuerst eine günstige Stellung wählen, um den
Angriff des Feindes zu erwarten, dann aber ihre Truppen zur
Unterstützung der Vorposten auflösen und sich dadurch in
Gefechte auf einem Terrain einlassen, das sie für den ent-
scheidenden Kampf nicht vortheilhaft erkannten.

Im vorliegenden Fall erscheint dieser unzweckmässige Entschluss um so schädlicher, als die Zahl der französischen Truppen zur kräftigen Behauptung ihrer ausgedehnten Verschanzungen nicht hinreichte. Mannheim war weder selbstständig organisirt, noch mit den gehörigen Mitteln versehen, um mehr als einem Coup de main zu widerstehen. Die Eroberung des Holzhofes unterlag keinen ausserordentlichen Schwierigkeiten und führte zur Zerstörung der Brücke. Schon diese Besorgniss allein konnte die Räumung des Platzes erzwingen; und der Vorsatz des Erzherzogs, die ausser dem Glacis liegenden Werke und womöglich die Stadt selbst mit Sturm zu nehmen, war daher nicht zu gewagt: obwohl man unter anderen Verhältnissen den Feldherrn tadeln müsste, blos mit dem Degen in der Faust den Angriff auf eine Festung unternommen zu haben, die nach guten Profilen erbaut und mit einem Wassergraben umgeben war.

Die Oesterreicher rückten am 17. September mit 13 Bataillons, 26 Escadrons (11.000 Mann Infanterie, 3.200 Pferden) nach Schwetzingen, und mit 5 Bataillons, 19 Escadrons (3.200 Mann Infanterie, 2.600 Pferden) nach Edingen, von wo sie in der Nacht wieder aufbrachen, um das Gefecht am 18. mit Anbruch des Tages zu beginnen. Das Corps zur Linken bildete drei Angriffscolonnen, von welchen 5 1/2 Bataillons auf der Strasse von Schwetzingen, 6 Bataillons und die Cavallerie-Colonnen rechts neben derselben marschirten; 1 1/2 Bataillons gingen von der Chaussée links ab und verfolgten den Rheindamm in der Flanke von Neckarau, welches von den erwähnten 5 1/2 Bataillons in der Front gestürmt werden sollte. Das Corps zur Rechten zog in einer Colonne auf der Strasse von Heidelberg. Von dieser wurden 1 Bataillon, 7 Escadrons bei Neckarhausen über den Neckar detachirt mit dem Auftrage, auf der Galgenhöhe vor Mannheim Posten zu fassen und den Feind von jener Seite zu beschäftigen.

Ein dichter Nebel begünstigte die allgemeine Vorrückung der Oesterreicher. Als die Hauptcolonnen des linken Flügels über den Ravin beim Relaishaus hinabkamen, marschirten sie zum Schutze des Angriffes von Neckarau in zwei Treffen auf. Die Cavallerie dehnte sich gegen die Colonne des rechten

Flügels aus, welche um diese Zeit mit der Tête gegenüber von Feudenheim eintraf. Indessen war auch das Reservecorps von 6 Bataillons, 24 Escadrons (5.000 Mann Infanterie, 3.000 Pferde) von Leimen über Kirchheim und Wieblingen im Anmarsch und folgte der von Edingen vorgerückten Abtheilung auf dem Fusse nach. Die Franzosen hatten die Brücken von Neckarau abgebrochen und schlugen alle Angriffe in der Front ab, bis es der kleinen Colonne auf dem Rheindamm gelang, über die Abschnitte desselben vorzudringen, das sogenannte Aufeld zu gewinnen und das Dorf in Flanke und Rücken zu nehmen: worauf sich die Franzosen theils in den Holzhof warfen, theils auf das Glacis der Festung zurückzogen.

Sobald Neckarau erobert war, drangen die Oesterreicher mit einer Colonne durch den Ort und längs dem Rheindamme gegen den Holzhof, mit der anderen auf der Chaussée von Schwetzingen gegen Mannheim vor. Zwei Bataillons, 6 Escadrons blieben bei Neckarau auf unvorgesehene Fälle zurück.

Die Colonne des rechten Flügels, unterstützt von der Infanterie des Corps de réserve, hatte sich bereits der Kaiser-hütte bemächtigt, alle Verschanzungen am Zusammenlauf der Strasse von Heidelberg und Schwetzingen erstürmt und war im Besitze der Gärten bis zum Glacis.

Die Colonne, welche auf der Chaussée von Schwetzingen vorrückte, formirte sich nunmehr in gleicher Höhe mit der Infanterie des Corps de réserve, und die Cavallerie von beiden Flügeln nahm die ganze Breite zwischen der Chaussée von Schwetzingen und dem Neckar ein. 24 Escadrons vom Corps de réserve standen weiter rückwärts in Colonnen zum Auf-marsch bereit.

Vergebens suchten die Franzosen ihre verlorenen Schanzen vor dem Heidelberger Thor wieder zu gewinnen und die zu-gängliche linke Flanke des Holzhofes mit Cavallerie zu decken; weder diese noch der befestigte Holzhof selbst konnten dem Angriff der Oesterreicher mit Infanterie und Cavallerie in Front und Flanke widerstehen. Der grösste Theil der Besatzung wurde gefangen: der Rest flüchtete in die Stadt, wo sich ein solcher panischer Schrecken der auf dem Walle stehenden Truppen bemeisterte, dass sie in Unordnung geriethen und die

Festungswerke zu verlassen anfingen. Der österreichische General Sebottendorf[1]) bemerkte diese Verwirrung aus seiner Stellung vor dem Heidelberger Thor, eilte mit 4 Bataillons (3 Bataillons Erzherzog Ferdinand und 1 Bataillon Deutsch-Banater) gegen dasselbe und drang, von den gutgesinnten Einwohnern begünstigt, fast zugleich mit den fliehenden Franzosen in die Stadt. Mit musterhafter Ordnung und ohne aus ihren Gliedern zu treten, theilten sich die Sieger in 3 Theile zur Besetzung des Schlosses, des Neckarthores und der Rheinbrücke. Allein die Vorsorge für letztere war nicht mehr nöthig. Gleich nach der Einnahme des Holzhofes hatten die Oesterreicher Batterien am Ufer aufgeführt und die Brücke in kurzer Zeit zertrümmert, wobei Alles, was sich auf derselben im Rückzug · befand, zu Grunde ging. Zwei Bataillons in dem Brückenkopfe jenseits des Neckars fanden keine Zeit zur Rettung mehr und mussten das Gewehr strecken. In Mannheim selbst fielen den Oesterreichern 2 Fahnen, 23 Stück Geschütze, mehrere Kriegs-geräthschaften, 2 Generale (van der Maesen und Le Fole) und 1.800 Mann in die Hände.

Die Vertheidigung der Verschanzungen ausserhalb Mannheim war ebenso zwecklos als die Art ihres Angriffes. Ein Detachement von 1½ Bataillons in der Flanke von Neckarau entschied die Räumung der ganzen vorliegenden Gegend bis zum Holzhof; und die Oesterreicher opferten viele Menschen umsonst, da die Colonne ihres linken Flügels gegen den Befehl des Erzherzogs den Ort in der Front angriff, wo er mit einem breiten Wassergraben umgeben war, und wo sie sich auf eine blosse Demonstration hätten beschränken sollen. Den Franzosen half ihr tapferer Widerstand auf dieser Seite nichts, weil sie die Blösse in ihrer Flanke vernachlässigten. Den weiteren Erfolg des Tages verdankten die Oesterreicher ihrer Entschlossenheit und jenem blinden Gehorsam, der keine Ueberlegung der Schwierigkeiten gestattet, wenn ein höherer Wille sie zu besiegen gebietet; indessen die Franzosen, unbekannt mit dem Grundsatz

---

[1]) Sebottendorf von der Rose, Franz Ludwig Freiherr (geb. 1742, gest. 1822), GM. 1796. Das Nähere bei Wurzbach, Biogr. Lex. Bd. 33.

D. H.

einer solchen Subordination, wenig Zutrauen auf die Haltbarkeit ihrer Posten bewiesen.

Eine ebenso glänzende, aber noch seltenere Probe der Manneszucht legten die Oesterreicher bei ihrem Eindringen in Mannheim ab, wo kein Soldat seine Reihen verliess und nicht die geringste Gewaltthätigkeit verübt wurde. Man ist zwar be-rechtigt, von allen Kriegsvölkern ein ähnliches Betragen zu fordern; aber man wird es nur von jenen erhalten, die durch längere Zeit unter den Fahnen vereinigt, den Banden der Disciplin so unterworfen sind, dass ein Wort ihrer Vorgesetzten jede innerliche Regung bezähmt. Wenn aber, wie es die Ver-hältnisse der meisten europäischen Staaten heutzutage erfordern, bei einem ausbrechenden Kriege die Zahl der Neulinge jene der Veteranen übersteigt, dann ist eine solche Hingebung nicht zu erwarten. Der rohe Mensch kann und wird seinen Trieben in dem Augenblicke ihres heftigsten Dranges und wo die Ge-legenheit seine Zügellosigkeit begünstigt, nur dann widerstehen, wenn ihm eine lange Gewohnheit unbedingten Gehorsam zur zweiten Natur gemacht hat. Diesen Vortheil hatten damals die österreichischen Regimenter, die seit dem Frühjahr von 1797 in enge Cantonirungen verlegt, unaufhörlich bearbeitet, ihre Vor-gesetzten kannten und ihnen mit Achtung und Liebe ergeben waren.

Seitdem die Menge des Geschützes und der übertriebene Werth, den man dem Feuergewehr beilegt, die eigentlichen Handgemenge seltener machen, werden Festungen und Schanzen meistens schlecht vertheidigt. Man vergisst, wie man sich vor Nachtheilen schützen und die Vortheile seiner Lage benützen kann. Wenn die Werke gut sind, wenn die Besatzung hinter der Brustwehr sitzend, gegen das feindliche Kanonenfeuer ge-deckt ist, wenn man — wie schon früher gesagt wurde — sie nur in dem Augenblicke aufspringen lässt, als sich der Feind zum Sturm anschickt und seine Batterien schweigen müssen; so hat Der, welcher mit dem vollkommenen Gebrauch seiner Waffen geschlossen steht, eine solche Ueberlegenheit über Jenen, der die Brustwehr erklettert, ohne sein Gewehr ver-wenden zu können, dass man kaum begreift, wie der erstere unterliegen kann.

Doch ist dieser Fall häufiger als jener eines abgeschlagenen Sturmes, aber meistens durch Einwirkung moralischer Ursachen: aus Mangel an Zuversicht, Entschlossenheit und Gehorsam, oft auch darum, weil — wie es selbst im freien Felde nicht selten geschieht — die Truppe vor der Zeit dem feindlichen Feuer ausgesetzt und ihr dadurch eine Thatkraft benommen wird, die für den entscheidenden Augenblick vorbehalten sein sollte.

Indessen die Oesterreicher gegen den Neckar vorrückten, landeten die Engländer und Russen in Holland. Die Cabinete von St. James und Petersburg gründeten diese Unternehmung auf die allgemeine Unzufriedenheit der dortigen Einwohner sowie der angrenzenden Niederländer mit der damaligen Ordnung der Dinge. Hierzu kam noch der Umstand, dass das ganze Land nur von 30.000 Mann theils holländischer Truppen, theils französischer Dépôts [1]) besetzt war, welche nicht hinreichten, die Unruhen im Innern zu bezähmen und zugleich einen feindlichen Angriff abzuwehren.

26.500 Engländer und 17.500 Russen schifften sich in Yarmouth ein. Am 27. August erschien ihre Avantgarde in Begleitung einer englischen Flotte vor dem Texel, landete auf den Dünen der Provinz Holland, vertrieb den Feind aus dem Zype und bemächtigte sich des Dorfes Helder. Ein Aufstand der Matrosen auf der dort liegenden holländischen Flotte hinderte ihren Admiral mit derselben zu manövriren und hatte ihre Uebergabe an die Engländer zur Folge.

Der Angriffspunkt war nun den Franzosen bekannt; ihr Obergeneral Brune setzte daher alle im Lande zerstreuten Truppen nach Alkmaar in Bewegung, indessen die Engländer den Zype verschanzten. Ungünstige Winde verspäteten die Ankunft der verbündeten Armee, mit welcher der Herzog von York erst am 15. und 16. September in dem Helder landen konnte. Gegenseitig machte die Entfernung der Truppen eine frühere Vereinigung der französischen Streitkräfte unmöglich, und der erste Angriff scheiterte, den Brune, ohne sie zu erwarten, am 10. September auf den Zype unternahm.

---

[1]) Truppenabtheilungen zur Ausbildung des Ersatzes etc.   D. H.

Am 19. rückte die englisch-russische Armee vor, in der Absicht, den Gegner durch ein combinirtes Manöver auf beiden Flügeln zu umgehen und in der Mitte durchzubrechen; allein die rechte Colonne wurde geschlagen und die anderen mussten sich, ungeachtet der errungenen Vortheile, zurückziehen.

Am 2. October erfolgte ein besser entworfener Angriff. Die Engländer zwangen den General Brune aus seiner Stellung bei Alkmaar in die gedrängtere von Beverwick (Bewerwyk) zu weichen. Am 6. setzten sie ihre Operationen fort; allein Brune hatte Verstärkungen erhalten, ging ihnen entgegen, schlug sie bei Bergen und warf zwei ihrer Colonnen bei Castricum.

Nun verliessen die Verbündeten nach und nach mehrere der eroberten Posten und näherten sich wieder ihrem Landungsplatz; denn sie gaben die Hoffnung auf, einen Feind zu überwältigen, welcher täglich neue Truppen an sich zog und seine Stellungen durch Schanzen und Ueberschwemmungen deckte. Ueberdies hatte ihnen die Eroberung der Flotte schon einen grossen Vortheil gebracht.

Am 15. wurden Unterhandlungen über die Räumung von Holland eröffnet. Die Engländer begleiteten ihre Vorschläge mit der Drohung, die Dämme zu durchstechen, das Land, in dessen Besitz sie noch waren, zu überschwemmen und die Einfahrt in die Rhede vom Texel zu verschütten, wenn man sie nicht ruhig wollte abziehen lassen. Den Verbündeten lag Alles daran, die Nachtheile einer erzwungenen Einschiffung von sich abzuwenden — den Franzosen hingegen, die Entfernung ihrer Gegner zu beschleunigen. Am 18. erfolgte der Abschluss des Waffenstillstandes, und am 30. October war die Räumung von Holland vollendet.

Es gibt besonders in der neueren Geschichte wenig Beispiele von grossen Operationen nach vorhergegangenen Landungen. Die Vorbereitungen dazu sowie die Einschiffung bleiben dem Gegner selten verborgen; die Fahrt selbst hängt zu sehr von den Elementen ab, um mit Gewissheit bestimmen zu können, in welcher Epoche man den bezeichneten Punkt erreichen wird, und der Hindernisse gibt es zu viel, um bedeutende Kräfte gleichzeitig in Anwendung zu bringen; endlich kann auch die Ausschiffung nur nach und nach bewerkstelligt werden und erfordert einen verhältnissmässigen Aufwand von Zeit und Anstrengung. Hat eine Küste wenig und bestimmte Landungsplätze, so kann man sich derselben nur durch einen Ueberfall, durch die benützte Sorglosigkeit des Feindes, durch Verrätherei oder durch eine grosse Ueberlegenheit an Kräften bemeistern, welche letztere der auf der See Anfahrende selten über Jenen haben wird, der sich zu seinem Empfange vor-bereiten konnte. Ist hingegen die Küste ganz oder an vielen Orten zugänglich, so unterliegt es weniger Anständen, sich eines Punktes zu bemächtigen, wenn man den Gegner auf mehreren anderen beschäftigt; denn er wird überall schwach sein, er mag sich auf allen vertheilen oder eine Centralstellung nehmen und die Ufer mit einer Postenkette besetzen. Auch die Ausschiffung kann in diesem Falle mit Thätigkeit und unter Begünstigung der zuerst an das Land gesetzten Truppen un-gestört vollbracht werden. Aber nun vermehren sich die Ge-fahren in dem Masse, als man nach diesem ersten Schritt zu ferneren Operationen übergehen soll. Die ganze Basis be-schränkt sich auf den einzigen Punkt der Landung; und wenn-gleich Zufuhren auf mehreren Orten von der jenseitigen Küste eingeleitet werden, so bildet doch diese letztere keine Basis, weil sie über den Landungspunkt nur in mittelbarer Verbindung mit den Truppen steht, und weil das Eintreffen der Transporte Zufällen ausgesetzt ist. Der Angreifende befindet sich daher im entschiedenen Nachtheil gegen den Vertheidiger, dessen Defen-sionslinie sich in eine umfassende Basis zu Gegenoperationen verwandelt.

Ueberhaupt vermindert sich die Sicherheit einer jeden Operationsbasis nach dem Grade ihrer Be-schränkung. Auf einen einzigen Punkt reducirt, wird sie negativ; es kann kein Theil von ihr mehr geopfert, sie kann auf keinen anderen Punkt mehr verlegt werden: der Stoss, den sie bekommt, ist ihr letzter.

Um einigermassen dieser Gefahr vorzubeugen, muss un-mittelbar nach der Ausschiffung die Befestigung des Landungs-platzes als des vorerst einzigen Punktes zur Anhäufung der Vorräthe, zur Aufnahme der Verstärkungen, zur Wiederein-schiffung im Unglück erfolgen. Diese Arbeit geschieht unter dem Schutze der vorwärts postirten Truppen, die, so lange sie keinen festen Fuss haben, sich nie so weit von dem Landungs-platz entfernen dürfen, als die Distanz zu allen Punkten des von dem Gegner besetzten Halbkreises beträgt. Ist einmal die Befestigung des ersten Punktes so weit gediehen, dass man ihn augenblicklich seiner eigenen Vertheidigung überlassen kann, dann werden die Operationen auf die Besetzung mehrerer dergleichen Punkte gerichtet, damit man längs der Küste eine Basis gewinne, welche mehrere Communicationen und die bis dahin vermisste Manövrirfähigkeit gewährt. Besondere Zufälle, als vernachlässigte Vertheidigungsanstalten des Feindes, Volks-aufstände, deren Unterstützung entscheidend sein kann u. dgl. m., machen hier wie überall eine Ausnahme von der Regel; auch verdanken die meisten Landungen ähnlichen Ereignissen ihren Erfolg.

Die Vertheidigung eines offenen Küstenlandes beruht auf den nämlichen Grundsätzen wie jene eines Flusses oder einer offenen Gegend: Beobachtung aller Zugänge, Vereinigung der Streitkräfte in dem Mittelpunkte oder in der Nähe der für den Feind günstigsten Operationslinie und Gegenwirkung eines schnellen, entschlossenen Angriffes.[1] — Vortheile hierbei sind: Kenntniss des Terrains, die Leichtigkeit, Verstärkungen an sich zu ziehen, das Loos, bei einem Unfalle auf rückwärtige Stel-lungen zurückweichen zu müssen. Nichts von allem Dem kommt dem Gelandeten zu Statten. Er läuft Gefahr, aufgerieben zu werden, wenn sein Unternehmen misslingt; und diese Ueber-zeugung wirkt so mächtig auf die moralische Kraft der Truppen und ihrer Anführer, dass der Vertheidiger eben nicht einer grossen Ueberlegenheit bedarf, um kühn ihm entgegenzu-gehen.

Die Geschichte liefert häufige Beispiele zur Bestätigung der hier angeführten Grundsätze. Hollands Vertheidigung durch den General Brune beweist das Uebergewicht einer zweck-mässig angeordneten Defensive und den Erfolg wiederholter

---

[1] Man vergleiche damit § 5 des II. Abschn. der »Grundsätze der höheren Kriegskunst etc.« Bd. I dieser Sammlung.   D. H.

Angriffe auf den gelandeten Feind. Als im Jänner des Jahres 1809 der englische General Moore von den Franzosen zurückgeworfen und Spanien zu verlassen gezwungen wurde, wäre seine Armee vernichtet worden, hätten nicht die Festungswerke von Coruña ihre Einschiffung geschützt.

Der kluge und kraftvolle Wellington, der grösste Feldherr in Englands Annalen seit Marlborough, würde im Jahre 1811 in Portugal nicht gewagt haben, einer überlegenen französischen Macht die Spitze zu bieten, wäre nicht seine Basis, folglich sein Rückzug, seine Einschiffung und seine Vorräthe durch die Befestigung der Anhöhen von Torres Vedras und jener von Lissabon gesichert gewesen. Als er sich späterhin von dieser Basis entfernte und in mehreren gelehrten Feldzügen bald durch eine thätige Defensive, bald durch kühne Angriffe nach dem Besitze von Spanien strebte, begünstigte ihn die Lage des Landes. Nach Mass als sich der englische Feldherr vorwärts bewegte, gewann er mehr Leichtigkeit in seinen Operationen, und die errungenen Vortheile waren ihm schwerer zu entreissen; weil sich nicht allein die Basis in seinem Rücken erweiterte, sondern auch an Spaniens nördlicher und südlicher Küste zwei neue Basen sich in seinen beiden Flanken bildeten, welche, mit festen Punkten versehen, ihm mehrere und kürzere Rückzugs- und Zufuhrslinien darboten.

So glänzend die Eroberung von Mannheim war, so wenig fruchtete sie der englischen Landung im Helder. Die Entfernung dieser Punkte war zu gross, und es lagen zu viele Hindernisse zwischen ihnen, dass die eine Operation zum Vortheil der anderen gereichen konnte; auch bedrohten beide den Gegner nicht in dem Masse, dass er gehindert worden wäre, zuerst gegen jene zu wirken, die ihm die meiste Besorgniss einflösste. Aus diesem Grunde hielt die Vorrückung des Erzherzogs an den Neckar die Franzosen nicht ab, alle ihre disponiblen Kräfte an die Meeresküste zu senden; denn sie berechneten wohl, dass sie vom Rhein her keinen schnellen empfindlichen Schlag zu besorgen hatten, und zogen den Rest ihrer vom rechten Rheinufer zurückgekehrten Truppen nach Landau.

Die österreichische leichte Cavallerie in Verbindung mit dem Landvolk und mit einigen Mainzischen und Pfälzischen Abtheilungen besetzte nunmehr die ganze Gegend des Neckars und dehnte sich durch fortwährende Streifzüge bis an die Lahn aus.

Die Zerstörung der Festungswerke von Mannheim, früher von den Franzosen begonnen, wurde jetzt von den Deutschen fortgesetzt. Die Festung war zu weit herabgekommen, um anders als mit vieler Arbeit wieder hergestellt zu werden; und in dem Zustand, in welchem sie sich befand, konnte sie den Franzosen, wenigstens als Brückenkopf, mehr nützen, als den Oesterreichern.

Nicht lange harrte der Erzherzog in seinem Hauptquartier zu Schwetzingen auf die Gelegenheit, durch irgend eine Unternehmung dem Wunsche des Wiener Hofes zu willfahren, den er aber durch eine folgenreiche wesentliche Operation um so weniger zu erfüllen vermochte, als er sich bald gezwungen sah, seine ganze Aufmerksamkeit wieder gegen die Grenzen der Schweiz zu wenden. Masséna hatte die Russen bei Zürich geschlagen, während Souwarow den Gotthard erstieg; und indem die Franzosen den General Korsakow an den Bodensee drängten, näherten sie sich in einer drohenden Verfassung den wichtigsten Communicationen der Oesterreicher.

Siebenter Abschnitt.

Zweite Schlacht bei Zürich am 25. September.

Als Souwarow anfing, ernstliche Anstalten zur Abrückung an seine neue Bestimmung in die Schweiz zu treffen, setzte er sich mit Hotze und Korsakow über ihre gemeinschaftlichen Operationen in das Einvernehmen. Nach mehreren Verhandlangen wurde endlich am 10. September festgesetzt, dass er am 21. von Bellinzona zum Angriff des Gotthard aufbrechen werde. Der Oberst Strauch, welcher den General Tureau auf den Strassen nach Italien beobachtete, sollte diese Bewegung decken, und eine österreichische Brigade von Disentis über den Crispalt nach Amsteg in das Reussthal dringen. Am 24.

hoffte Souwarow im Besitze des Berges zu sein, am 25. den
Marsch nach Altorf, am 26. nach Schwyz und am 27. nach
Luzern fortzusetzen, wohin er eine Abtheilung aus dem Reussthal über Engelberg auf dem westlichen Ufer des Sees abschicken wollte.

Hotze erhielt den Auftrag, mit 5.000 Mann des Korsakow-
schen Corps verstärkt, gleichzeitig von Utznach nach Einsiedeln
vorzugehen und diese Bewegung durch Seitencolonnen unterstützen zu lassen, welche von Flims über Schwanden und von
Sargans über Glarus ihre Richtung durch das Klönthal ebenfalls nach Einsiedeln nehmen sollten. Hotze's weitere Bestimmung ging dahin, die französische Stellung auf dem Albis in
der Flanke anzufallen, indessen Korsakow von Zürich aus ihre
Front bestürmen und sich mit Hotze vereinigen würde. Der
glückliche Erfolg dieser Einleitungen hätte die Verbündeten in
den Besitz von dem ganzen Lauf der Reuss und in die Verfassung gebracht, mit vereinten Kräften an die Aar zu gelangen.
Souwarow zweifelte nicht, dass sich der Angreifende überall
den Weg durch die Gebirge bahnen müsse, und ahnte um so
weniger Gefahr, als es ihm nach der Erreichung des Gebirgs-
stockes noch frei blieb, nach Umständen den Weg in das
Linth-Thal, oder im ungünstigsten Falle nach Graubünden
einzuschlagen.

Seine Ansicht, die Offensive durch eine Vorrückung zwischen dem Luzerner- und dem Züricher-See zu beginnen, war
richtig; und hierzu wählte er die Linie über den Gotthard an
die Reuss, als jene, die ihn am kürzesten und schnellsten zur
Vereinigung seiner Streitkräfte in den entscheidenden Theil
des Kriegsschauplatzes führte. Doch waren mit diesem Manöver
grosse Nachtheile und Schwierigkeiten verbunden. Der Gotthard musste auf schlechten, nur für kleines Geschütz brauchbaren Wegen erstiegen, erobert und übersetzt werden. Dann
folgte ein viertägiger Flankenmarsch durch die grössten Défiléen
der Erde, während welchem die vorderen Débouchéen erst
mit Abtheilungen besetzt werden sollten, die den feindlichen
nicht überlegen waren, die rückwärtigen Eingänge ebenso
precär gedeckt blieben, die Communicationen für die unentbehrlichen Zufuhren durch die eigenen Bewegungen nicht

gesichert wurden, und folglich alle Bedürfnisse von der Colonne
selbst mitgeführt werden mussten. Die eigentliche Strasse zum
Rückzug und zu den reichhaltigeren Magazinen konnte erst
benützt werden, wenn Souwarow seinen langen Zug ganz vollendet hatte.

Was ist von einer Operation zu erwarten, bei welcher
die Disposition wegen der grossen Entfernung des Anführers
und wegen der nöthigen Combinirung so vieler getrennten
Körper auf längere Zeit voraus entworfen und alle Bewegungen
gleichsam aufs Gerathewohl bestimmt werden müssen; indessen
der Feind mit dem grössten Theil seiner Truppen auf den
wichtigsten Punkten bereit steht, augenblicklich zu wirken, zu
entscheiden und das ganze System des Gegners durch eine
veränderte Stellung oder durch neu geschaffene Verhältnisse
unwiederbringlich zu vereiteln, bevor es diesem letzteren möglich wird, eine angemessene Gegenverfügung zu treffen? Wo
tritt ein solcher Fall öfters ein, als wenn man im Voraus einen
Punkt zur Vereinigung der Angriffs-Colonnen bestimmt, den
der Feind inne hat, zu dem man sich sogar den Weg durch
die Ueberwältigung seiner Posten bahnen muss, und wozu man
die erforderliche Zeit nicht mit Gewissheit berechnen kann?

Nur jene Operationen gelingen, bei welchen
gleich anfangs die Massen sich schon auf den entscheidenden Linien befinden, auf denselben verwendet
und zugleich der Rückzug und die Communicationen gedeckt
werden.

Souwarow's Manöver wäre gründlicher gewesen, wenn er
hierzu den Weg durch das Misoxer-(Mesocco-) Thal über den
Bernhardin und jenen über Riva [1]), Chiavenna und den Splügen
nach Chur gewählt hätte. Die vorwärtige Aufstellung der
Oesterreicher schützte seine Bewegung; allenfalls würde die
weitere Vorpoussirung ihrer Posten im vorderen Rheinthal und
Demonstrationen gegen den Gotthard die Ueberschiffung seiner
Kriegsvorräthe von Como nach Riva noch mehr gesichert haben.
Auf dieser, für das Fuhrwerk gebahnteren und durch freund-

---

[1]) Dorf am Comer-See.   D. H

lichere Gegenden ziehenden Strasse konnte ein grösserer Theil
des Geschützes mitgenommen und die Verpflegung ohne Gefahr
zugeführt werden; das Corps selbst entweder ganz oder zum
Theil deckte die Flanke des Zuges, indem es den parallelen
Weg durch das Misoxer- (Mesocco-) Thal einschlug. Wenn auch
der Feind mittlerweile die Débouchéen dieser Défiléen gewonnen hätte, so waren sie doch leichter zu eröffnen, als jene
zwischen den schroffen Felsen des Gotthard und des Reussthales. Im Unglücksfalle befand sich die Armee näher an den
Rückzugs- und Communicationslinien; und endlich durfte man
hoffen, dass die gesammten Abtheilungen in einem brauch-
bareren Zustand an dem Vereinigungspunkte eintreffen würden,
als in der Folge eines verwickelten Manövers und nach der
Eroberung mehrerer schwer anzugreifender Posten. Es gibt
keine schlechtere Richtung zum Zusammentreffen zweier Colonnen, als in einem spitzigen oder rechten Winkel. Zwei
Linien, welche einen stumpfen bilden, lassen sich leichter in
eine andere Lage versetzen, und der Feind kommt nicht beiden
zugleich in Flanke und Rücken, wenn er den Winkel sprengt,
in dem sie sich vereinigen sollen. Noch stand dem russischen
Feldherrn ein dritter Weg in die Schweiz über den Grossen
Bernhard offen. Allein der Nachtheil einer ungleich grösseren
Trennung der verbündeten Streitkräfte gegen Masséna's im
Mittelpunkte vereinigte Macht ist zu einleuchtend und über-
wiegt zu sehr den Vortheil einer Diversion in dem Rücken
des Gegners, als dass dieser Gedanke eine weitere Erörterung
verdiente. In Souwarow's Manöver, nach was immer für einer
Marschrichtung, lag jedoch ein unvermeidliches Gebrechen,
worüber aber ihn um so weniger ein Vorwurf trifft, als die
Abwendung desselben nicht von ihm abhing; denn es kam von
dem fehlerhaften Plan her, aus Italien durch das höchste
Gebirge, statt von Deutschland aus durch die offenere Gegend
in die Schweiz eindringen zu wollen. Der Impuls, die Leitung
der ganzen Operation, sollte von dem äussersten linken Flügel,
also von jener Seite herkommen, die von dem eigentlichen
Angriffspunkte am entferntesten war; und sie konnte erst nach
Hinterlegung dieses ganzen Weges beginnen, indessen Masséna
vor dieser Epoche den Vortheil der vereinigten Mehrzahl be-

sass; denn seine Armee hatte sich bis auf 77.000 Mann verstärkt und war folgendermassen vertheilt:

Die erste Division Tureau (8.000 Mann) im oberen Wallis
und auf dem Simplon.

Die zweite Division Le Courbe (16.000 Mann) auf dem
Gotthard, im Thale der Reuss und mit dem linken Flügel bei
Glarus im Linth-Thal.

Die dritte Division Soult, vormals Chabran (10.000 Mann),
mit dem rechten bei Glarus, die Mitte auf dem linken Ufer
der Linth zwischen dem Walenstädter- und Züricher-See, der
linke Flügel bei Attischwyl (Adlischwyl) an der Sihl.

. Die vierte Division Mortier (6.000 Mann) auf dem Uetli
und von Adlischwyl bis Altstädten (Altstetten).

Die fünfte Division Lorges (12.000 Mann) am linken Ufer
der Limmat von Altstädten bis Baden.

Die sechste Division Mesnard (9.000 Mann) von Baden bis
zum Einfluss der Aar in den Rhein.

Die siebente oder Reserve-Division Klein (10.000 Mann)
im Frickthal.

Die achte Division Chabran (6.000 Mann) bei Basel.

Dagegen zählte Korsakow 33.000, Nauendorf zwischen
Waldshut und Basel 5.400, und Hotze mit Inbegriff der
Schweizer 25.000. Das mit Souwarow im Marsch begriffene
Heer nebst dem Corps des Obersten Strauch betrug 28.000
Mann.

Obgleich Masséna's Plan zu einem allgemeinen Angriff
auf die ganze feindliche Linie am 30. August an der unteren
Limmat misslungen war, fand sich derselbe doch nicht bewogen, sein Vorhaben aufzugeben, wohl aber grössere Vorsicht
mit zweckmässigeren Anstalten zu verbinden. Späterhin traten
mehrere für ihn günstige Umstände ein; die Zahl der Russen
zwischen Zürich und dem Rhein stand jener der von ihnen
abgelösten Oesterreicher nach, und weder ihre Aufstellung noch
ihre Verfassung liess eine standhafte Behauptung dieser Linie
erwarten.

Die Russen waren auf dem Kriegsschauplatze mit dem
Rufe der schönsten militärischen Eigenschaften erschienen,
nämlich einer ausgezeichneten Tapferkeit und einer Mannes-

zucht, deren Werth im höchsten Grade erprobt wird, wenn der Vorgesetzte zweckmässig zu befehlen versteht. Ihre Tapferkeit gründete sich auf physische Kraft, welche blos im Handgemenge — folglich in einer Fechtart entscheidet, die selbst bei grösseren Schlachten selten und nur bei gleicher Manövrirfertigkeit beider Theile eintritt, seitdem man fernwirkende Waffen erfand und Bewegungen ersann, die den Feind hindern, es darauf ankommen zu lassen. Die russischen Truppen, sowohl Infanterie als Cavallerie, waren zu schnellen Manövern nicht geübt. Sie strebten blos nach jener strengen, die Beweglichkeit ausschliessenden Genauigkeit, welche bei der ersten Bildung des Soldaten in kleinen Abtheilungen unentbehrlich ist, nicht aber bei der Verwendung grösserer Körper, wo es sich um taktische Ordnung des Ganzen handelt.

Die damalige schwere Laffetirung des russischen Geschützes war ebenso wenig zu raschen Bewegungen angemessen, und der übermässige Spielraum der Kugeln hinderte die Weite sowie die Richtigkeit der Schüsse.

Auf den Kosaken beruhte die Sicherheit der Armee. Gewohnt durch immerwährendes Herumschwärmen und Necken des Feindes jeden seiner Schritte auszuspähen, leisteten sie wenig Nutzen in einem für die Cavallerie ungünstigen Land; und in defensiven Stellungen hinter Flüssen gingen die Vortheile ihrer Kriegsart verloren.

Alle Bedürfnisse der Armee schleppten die Russen in einem ungeheueren, jede Bewegung erschwerenden Zuge mit sich. Zum Kriege in den unwirthbaren Ebenen der türkischen Grenze organisirt, ahnten sie kaum die Möglichkeit, nach dem neueren Kriegssystem Vieles zu entbehren, das Nöthigste überall aufzufinden und sich nur mit wenigem Gepäck zu behelfen. Seit dem Jahre 1763 hatten sie mit den Türken allein bedeutende Kriege geführt, in welchen Entschlossenheit, persönlicher Muth und das Zusammenhalten der Truppe in dichten Massen ohne besondere Beihilfe der Manövrirkunst gewöhnlich den Sieg entscheidet. Daher bildeten sich ihre meisten Generale und Officiere ausschliesslich nach diesem Grundsatz und blieben fremd in jedem anderen Gebiete der Kunst. Stolz auf ihre letzten Siege über die Türken, von den ausgewanderten Fran-

zosen mit Verachtung gegen die Neufranken und folglich auch
gegen die Oesterreicher beseelt, die den so leicht vermeinten
Krieg nicht zu Ende bringen konnten, überzeugt, dass nur
Souwarow's Ankunft das Waffenglück in Italien entschieden
habe — wurden sie und ihr Feldherr vom Eigendünkel ge-
blendet. Es war nicht jenes edle Selbstgefühl, welches die
Seele erhebt und zu grossen Thaten stimmt, sondern das Kenn-
zeichen moralischer Schwäche und einer zu besorgenden Ab-
spannung im Unglück. Korsakow glaubte sich einer solchen
Ueberlegenheit gewiss, dass der Feind unbedingt sich nach
ihm richten müsse, und dass in der Schweiz nicht mehr Vorsicht nöthig sei, als in den Steppen des Dniesters. Als ob im
Allgemeinen der Unbewegliche die Entschlüsse des Beweglicheren bestimmen könne, und als fordere nicht jeder Feind
und jedes Land eine verschiedene Anwendung von den Grundsätzen der Kriegskunst.

In dieser Verfassung und mit dieser Stimmung über-
nahmen die Russen die Vertheidigung der Limmat. Es war
also nicht zu wundern, dass sie, alle Vorsichtsmassregeln ihrer
Vorgänger als Wirkungen der Furcht verachtend, sich selbst
ihr Verderben bereiteten! —

Von Souwarow's Gesinnungen unterrichtet, welcher in
seinem offensiven Operationsentwurf auf die Mitwirkung der
bei Zürich postirten Armee zählte, legte Korsakow den grössten
Werth auf die Erhaltung dieses wichtigen Débouchés, wozu
er schon im Anfange Septembers die Hälfte seiner Truppen
vor und bei der Stadt in dem Thale der Limmat concentrirte.
Sogar das Hauptquartier und der ganze Train, den er nicht
entbehren zu können glaubte, wurden nach Zürich verlegt.

Die Abtheilung von 5.000 Mann, mit welcher Hotze zum
bevorstehenden Angriffe verstärkt werden sollte, war bereits
vor der zur Offensive bestimmten Epoche an die Linth abgegangen; es blieben also zur Besetzung der Limmat und der
unteren Aar wenig Truppen mehr übrig, obgleich die Behauptung
dieser Strecke von entscheidender Wichtigkeit war, nachdem
man alle Zufuhren sowie den Marsch des Condé'schen Corps
und die Nachrückung von 4.000 in englischen Sold genommenen
Bayern zu Korsakow's Armee über Schaffhausen eingeleitet

hatte. General-Lieutenant Durassow bildete mit 8 Bataillons und 10 Escadrons den rechten Flügel der russischen Stellung und hatte ein Lager bei Kloster Wettingen, ein kleineres bei Würenlos bezogen; 3 Bataillons standen unter dem General Markow bei Kloster Fahr;[1]) Kosaken und Jäger hielten das Ufer und die Inseln der Limmat besetzt; weder ihre Zahl noch ihre Wachsamkeit konnte viel Beruhigung einflössen. Wie sehr sündigte Korsakow's Aufstellung nicht gegen alle Regeln der Kriegskunst!

Es gibt nur zwei Grundlagen zur Bestimmung der Operationen sowohl beim Angriff als bei der Vertheidigung: entweder strategische Ansichten oder das Benehmen des Gegners. Jener, welcher die ersteren befolgt, schreibt dem Feinde Gesetze vor und straft ihn empfindlich, wenn er diesen Gesetzen nicht huldigt; nämlich wenn er sich dem auf der wichtigsten Linie gegen das entscheidende Object Vordringenden nicht widersetzt, oder wenn er ihn nicht auf dem Punkt angreift, von dessen Besitz der Erfolg der Operation abhängt. Der Andere hingegen, der sein Verfahren nach jenem des Gegners abmisst, kann nur langsam und mit Hilfe einer grossen Ueberlegenheit vorgehen und wird in der Defensive meistens zu spät auf dem bedrohten Punkt ankommen, weil sich die Lage der Dinge fast immer verändert, bevor er, von des Feindes Absichten unterrichtet, Gegenmassregeln ergreift. Aber selten finden sich bei einem Manne Einsicht und Entschlossenheit in so hohem Grade vereint, dass ihn Zweifel, wenn auch nur von Aussen erregt, in grossen entscheidenden Augenblicken nicht irre und wankend machen. Gewöhnlich folgen die Menschen alsdann weit weniger ihrem eigenen Entschlusse als äusseren Einwirkungen. Umstände und fremde Urtheile geben ihren Handlungen meistens Anstoss und Richtung; die grosse Mehrzahl will, besonders in wichtigen Dingen, beherrscht und fortgerissen werden.

Korsakow vergass ganz, dass die eigene Sicherheit die erste Grundlage jedes Unternehmens ist. Er concentrirte seine Truppen auf dem linken Flügel, entblösste dadurch seine

---

[1]) Man vergleiche die Anmerkung pag. 224.   D. H.

22*

Communicationen und schützte die Linie nicht, die ihm zu
vertheidigen oblag. Er setzte sich durch längere Zeit den grössten
Gefahren aus, indem er drei Wochen zu früh eine offensive
Haltung annahm und seine günstige Vertheidigungslinie schwächte,
die man nur in dem letzten Augenblicke und erst dann verlassen darf, wenn der Schritt zur unmittelbaren Vorrückung so
nahe ist, dass der Feind ihr nicht mehr zuvorkommen kann.

Auch mit der feindlichen Aufstellung stand jene der
Russen in keinem passenden Verhältniss. Masséna konnte den
grössten Theil seiner Kräfte zu einem Uebergang über die
Limmat verwenden, und Korsakow bereitete sich nur dort zum
Widerstande, wo kein Strom die beiden Armeen trennte: als
ob der Uebergang über einen schwach besetzten Fluss unmöglich sei, und als schützten die Wälle des sturmfreien
Zürich nicht hinlänglich dieses wichtige Débouché. Um Sicherheit für seine Stellung zu erlangen, hätte der russische Feldherr dem Beispiele der Oesterreicher folgen und seine Truppen
vorwärts der Glatt in einem Centralpunkt bereit halten sollen,
dem Feind überall entgegenzugehen, wo er die Limmat über-
schreiten würde. Die Besatzung von Zürich, von dem Gros der
Armee unterstützt, sicherte diesen Posten gegen jeden gewagten
Versuch; und in einer solchen Verfassung konnten sich die
Russen — obgleich schwächer als ihre Vorgänger — leicht
behaupten. Ein Unfall würde nicht verderblich gewesen sein:
denn sie deckten ihre Communicationen und ihre Rückzugslinien, sie mochten sich nach Schaffhausen, St. Gallen oder
Utznach wenden; und die Thore von Zürich, sowie die Nähe
der Truppen an der Linth gewährten ihnen die Möglichkeit,
schnell zum Angriff überzugehen.

Nachdem die Oesterreicher die Limmat verlassen und von
den Quellen der Donau gegen den Neckar aufgebrochen waren,
erschien für die Franzosen der günstigste Augenblick zur Offensive. Sie mussten ihn um so schneller benützen, als Souwarow
sich der Schweiz näherte, seine Ankunft das Gleichgewicht
wieder herzustellen vermochte und wenigstens den Sieg zweifelhaft zu machen drohte. Doch forderten die Vorbereitungen zu
der äusserst beschwerlichen Forcirung der Limmat so viel
Zeit, dass der Uebergang nicht vor dem 25. September statt-

haben konnte, als die Russen von Italien her schon seit zwei
Tagen die Füsse des Gotthard erstiegen hatten. Allein noch
war ihre Entfernung von Zürich zu gross, und noch lagen zu
bedeutende Terrainhindernisse in ihrem Weg, als dass sie auf
die Ereignisse an der Limmat Einfluss nehmen konnten.

Es liegt dem Manne ob, welcher unterrichtend schreiben
will, zuweilen Gegenstände zu zergliedern, die, von Mehreren
als unwichtige Kleinigkeiten angesehen, es nicht mehr sind,
wenn sie zur Nachahmung dienen können; und sobald es sich
darum handelt, Beweise darzustellen, dass Sachkenntniss, mit
Erfindungsgeist und festem Willen gepaart, auch die grössten
Schwierigkeiten zu besiegen vermögen. Entschlossenheit und
Gewandtheit dehnen das Gebiet der Möglichkeit aus. In dieser
Erwägung dürfen die Voranstalten sowie die Ausführung des
französischen Ueberganges über die Limmat nicht übergangen
werden; sie stehen im auffallenden Contrast mit jenen der
Oesterreicher an der Aar und gereichen den Talenten des
Brigadechefs Dedon, welcher als Anführer der Pontonniers von
der Schweizer-Armee das Unternehmen leitete, zur beson-
deren Ehre.

Eine genaue Recognoscirung der Limmat hatte jenen
Punkt als den vortheilhaftesten zum Uebergang erkannt, wo
der Fluss einen gegen die französische Seite eingehenden
Bogen rechts von dem Dorfe Dietikon bildet. Dort konnte das
rechte Ufer mit einem kreuzenden Feuer um so wirksamer
bestrichen werden, als sich auf dem linken vorwärts von Urdorf vortheilhafte Anhöhen zur Aufführung des Geschützes
befinden. Jene, welche das rechte Ufer der Limmat während
ihres ganzen Laufes begleiten, entfernen sich in dieser Gegend
und schliessen gleichsam als eine mit Wald bewachsene Sehne
den Bogen, dessen innerer Raum offen, niedrig und eben ist.
Ein kleines Gehölz deckte den Uebergangspunkt in dem hervorragendsten Theile des Bogens und schützte ihn sowohl als
die Schlagung der Brücke gegen das Feuer der Russen von
der vorliegenden Waldhöhe. Einen besonderen Vortheil gewährte die Krümmung der Limmat, indem sie den reissenden
Lauf des Stromes mässigte; dagegen erschwerte die geringe
Breite des Flusses die Verheimlichung aller Zubereitungen.

Keine Au begünstigte die Einsenkung der Schiffe; kein
abgesonderter Arm, kein zufliessendes Wasser erleichterte ihren
Transport: alle Bestandtheile mussten mit Zeitverlust auf dem
festen Lande herbeigefahren werden, und das damit verbundene
Geräusch machte ihre Entdeckung beinahe unvermeidlich.

Noch ein anderer Umstand verdiente Berücksichtigung:
Dietikon ist nicht weit von Zürich entfernt; Korsakow konnte
von dieser Stadt aus in kurzer Zeit den Uebersetzenden in
Rücken fallen, wenn er nicht selbst festgehalten und der Uebergang so schnell ausgeführt wurde, dass die Franzosen seine
Communicationen früher gewannen, als er jene des Gegners
zu erreichen im Stande war. Dennoch überwogen die Vortheile
des erwählten Punktes alle seine Nachtheile; die letzteren
konnten überwunden werden, die ersteren liessen sich in keine
andere Gegend versetzen: der Uebergang bei Dietikon wurde
beschlossen.

Sechzehn grosse Schiffe von der Brücke über die Reuss
bei Rottenschwyl sollten zu jener über die Limmat dienen;
10 Pontons und 12 kleine Schiffe aus Brugg, dann 15 aus
dem Neuenburger- und Zuger-See zur Ueberschiffung der
Truppen, welche auf dem jenseitigen Ufer Posten fassen und
die Erbauung der Brücke decken würden. Alle diese Schiffe
mussten wegen Mangels an Fuhrwerk mit der Artillerie-
bespannung der Divisionen und in verschiedenen Epochen
zugeführt werden. Damit sie nicht wahrgenommen wurden,
brachten sie die Franzosen in der Nacht von dem Gebirge
herwärts Bremgarten bis nahe hinter Dietikon herab. Dort
entzog ein kleines Lager und mehrere Hecken dem Gegner
ihre Ansicht, und man gewann Zeit, sie unvermerkt auszu-
bessern; denn sie hatten auf dem Transport viel gelitten.

Die letzte aller dieser Anstalten, welche dem Feind am
wenigsten unbekannt bleiben konnte, war die Herbeischaffung
der Brücke von Rottenschwyl. Diese wurde in der Nacht vom
23. zum 24. September abgebrochen und traf am 24. Abends
bei Dietikon ein.

Masséna bestimmte die ganze Division Lorges und die
Hälfte von Mesnard zum Uebergang; die andere Hälfte dieser
letzteren sollte den Feind durch Demonstrationen bei Vogel-

sang[1]) am Einfluss der Limmat in die Aar beschäftigen, wo man seit einigen Tagen mehrere Schiffe zusammengebracht und die auffallendsten Arbeiten veranstaltet hatte.

Zur nämlichen Zeit wurde die Division Mortier beordert, durch einen Angriff auf Wollishofen die Russen bei Zürich festzuhalten, und General Klein, mit der Reserve die Strasse von Altstetten zu decken. Auch zählte Masséna auf die Mitwirkung des Generals Soult, der den Auftrag erhielt, mit seiner Division bei Bilten über die Linth zu gehen und die Oesterreicher ausser Stand zu setzen, dass sie vor der Vollendung seiner Operationen den Russen zu Hilfe kommen konnten.

Diese Massregeln waren, sowie die Eintheilung der Streitkräfte, gut berechnet; überlegene Mittel wurden auf einen Gegenstand gerichtet; alle Nebenanstalten dienten zum nämlichen Zweck.

Das unglückliche Ausdehnungssystem der Armeen in lange Linien und der unrichtige Begriff von der Einwirkung eines Punktes auf den anderen, vereint mit einer falschen Zeitberechnung, hat in den neueren Kriegen oft zu dem Irrwahn verleitet, gleichzeitige Angriffe selbst in den grössten Entfernungen als nützlich zu betrachten. Zu diesem Ende versplitterte man die Truppen, und es entstand eine so weit umfassende Combinirung von Bewegungen, dass ihre Uebersicht und Leitung die Kräfte des gewandtesten Feldherrn überstieg. Solche Nebenangriffe sollen nur als Beihilfen zur Erleichterung des entscheidenden (Angriffes) dienen und nur dort unternommen werden, wo sie den Feind auf einem minder wichtigen Punkte fesseln, damit er die Ueberwältigung des Hauptobjectes nicht hindern könne. Alle weitere Ausdehnung und Detachirungen schwächen ohne Nutzen und hemmen den raschen Gang der Hauptoperation.

Die Nacht vom 24. zum 25. September begünstigte durch ihre Dunkelheit die Vorbereitungen zum Uebergange so, dass sie von den wenig wachsamen russischen Vorposten nicht entdeckt wurden. Die Soldaten zweier Halbbrigaden trugen

---

[1]) NO. von Brugg, links an der Limmat.   D. H.

die Schiffe auf den Schultern bis an den Rand des 7 bis 8 Schuh über dem Wasser erhöhten Ufers herbei und legten sie in drei Abtheilungen neben einander; die kleinen und leichtesten obenan, weil sie zur schnellen Ueberfahrt der ersten Truppen und zum Ueberfall der feindlichen Posten dienen sollten; die schwersten in der Mitte, und weiter abwärts die beweglicheren, welche zum Angriff einer von den Russen in der linken Flanke besetzten Insel bestimmt waren. Hinter den ganz ausgerüsteten Schiffen mussten die Pontonniers mit den Rudern in der Hand sich auf die Erde legen und in der grössten Stille das Zeichen zum Abstossen und Besteigen der Fahrzeuge erwarten. Ebenso unbemerkt wurden Batterien rechts und links zur Bestreichung des Landungsplatzes mit einem kreuzenden Feuer aufgeführt. Bei Dietikon standen Haubitzen, um auf der entgegengesetzten Höhe das im Walde verborgene Lager des Generals Markow zu bewerfen, und eine Batterie von schwerem Geschütz rückte gegenüber von Odwyl (Oetwyl) zur Sperrung der jenseitigen Verbindung mit dem Lager von Würenlos.

Am 25. September gegen 5 Uhr Morgens erfolgte das Zeichen zum Angriff. Schnell wurden die Schiffe in das Wasser geschoben, eben so schnell bemannt; und in wenig Minuten befanden sich 600 Mann auf dem jenseitigen Ufer, obwohl einige Nachen auf dem kiesigen Grund auffuhren und wieder flott gemacht werden mussten.

Die russischen Posten gaben zwar Feuer, aber sie konnten der auf sie eindringenden Mehrzahl und dem mörderischen Feuer von dem linken Ufer nicht widerstehen. Die gelandeten Truppen rückten vor, die Schiffe fuhren zurück und holten Verstärkung, und die Batterien schwiegen, sobald der Raum, den sie bestrichen, vom Feinde geräumt war.

Dedon liess die Pontons im Trabe aus Dietikon herausfahren und fing den Brückenschlag an, obwohl sich die Russen noch im Besitze der herrschenden Höhe befanden. Dieser mit 7 Kanonen besetzte Bergriegel, auf welchem sich ihre Vortruppen bei der Reserve sammelten, wurde bald von den Franzosen, deren Zahl durch das fortwährende Ueberschiffen sich immer vermehrte, angegriffen und nach einer tapferen Gegenwehr erstürmt. Um 6 Uhr hatten sie die Höhe erobert, das

Corps des Generals Markow theils niedergemacht, theils zerstreut, ihn selbst verwundet und gefangen.

Um halb 8 Uhr standen 8.000 Mann auf dem rechten
Ufer, die Brücke war geschlagen und der Weg durch das
vorliegende Gehölz ausgehauen. Nun setzte die Cavallerie nebst
dem Geschütz über, und um 9 Uhr formirten sich alle zum
Uebergang beorderten Truppen in einer vortheilhaften Stellung
auf der Platte bei Kloster Fahr.

Der selbst gegenwärtige Masséna verlor keine Zeit. Seine
Absicht ging dahin, die Vereinigung des russischen rechten
Flügels unter dem General-Lieutenant Durassow mit dem linken
bei Zürich zu verhindern; er liess demnach den General Bontemps mit einer Brigade auf Delliken (Dällikon) und Regensdorf
vorrücken, um die vorzüglichsten Abfälle des Gebirges gegen die
Glatt und die Verbindung zwischen Regensberg und Zürich zu
gewinnen. Zwei Bataillons besetzten die Strasse nach Würenlos
bei Odwyl (Oetwyl), wo sie ein enges Défilé bildet, und deckten
zugleich Bontemps' linke Flanke. Einige Abtheilungen blieben
zum Schutze der Brücke zurück; alle übrigen Truppen folgten
dem General Oudinot, Chef des Generalstabes, der sich mit
der Avantgarde unter dem General Gazan auf der Strasse nach
Zürich gegen Höngg in Marsch setzte.

Korsakow eilte nach Höngg, sobald er von dem Uebergang des Feindes bei Dietikon Nachricht erhielt; aber von
seiner Vorliebe für den Punkt Zürich verblendet und durch
den Angriff der Franzosen auf Wollishofen irregeführt, betrachtete er den Uebergang über die Limmat als eine blosse
Demonstration; traf keine Gegenanstalten und verwendete alle
bei Zürich stehenden Truppen zur Behauptung seiner vorderen
Posten. Diese waren vorzüglich bei Wollishofen stark im Gefecht. Hier leistete Fürst Gortschakow nicht nur tapferen
Widerstand, sondern ging mit Hilfe seiner Ueberlegenheit
selbst zur Offensive über, warf den General Mortier zurück,
erstieg den Uetli und bemeisterte sich einiger französischen
Batterien. Allein durch die Fortschritte des feindlichen Feuers
auf dem rechten Ufer der Limmat und durch die Vorrückung
des Generals Klein, welcher von Schlieren und Altstetten her
auf dem Sihlfeld den russischen rechten Flügel vor Zürich

heftig beschoss, sah sich Korsakow um 1 Uhr Nachmittags
gezwungen, seine Truppen unter lebhafter Verfolgung des
Feindes mit beträchtlichem Verluste von dem Uetli zurückzuziehen.

Der russische Feldherr konnte sich nun nicht mehr über
die Absicht des Feindes täuschen. Oudinot war schon im Besitze von Höngg, von Affoltern, von dem Wipchinger- (Wipp-
kinger-) Berg und trieb die russischen Plänkler vor sich her.
Die Franzosen sammelten die ganze Division Lorges auf dem
eben genannten Berge, machten einige Erdaufwürfe, zogen
Verstärkungen von der Reserve an sich und setzten um 3 Uhr
Nachmittags ihre Bewegung fort.

Korsakow rief die vor Zürich gestandenen Truppen ein;
aber nur einzelne Abtheilungen konnten durch die Stadt defiliren, denn die engen Gassen waren von dem Train ganz
voll gepfropft, und durch die Beschiessung des annähernden
Feindes erreichte die Unordnung den höchsten Grad. Daher
fand auch General Lorges wenig Widerstand; seine Division
erstieg den Geisberg und erreichte gegen Abend das Schlössli,
wo das Terrain gegen die Stadt abfällt. Endlich trafen 4 Bataillons russischer Truppen ein, welche Hotze nach Zürich
geschickt hatte; mit diesen und der Schweizer Legion Bach-
mann warf sich Korsakow auf den Feind und trieb ihn mit
sinkendem Tag von den eroberten Höhen bis gegen den Wip-
chinger- (Wippkinger-) Berg zurück. Dennoch hielten sich die
französischen Vortruppen in Schwamendingen, und die Strasse
nach Winterthur blieb in ihrer Gewalt. Abends liess Masséna
Zürich auffordern, erhielt aber keine Antwort.

In der Nacht kamen den Russen neue Verstärkungen zu,
nämlich ihre letzten zwei zu dem Corps des Feldmarschall-
Lieutenants Hotze detachirten Bataillons [1]) und General Durassow
mit den Truppen des rechten Flügels. Dieser war den ganzen
Tag von dem General Mesnard bei Würenlos und Baden durch

---

[1]) Es waren 6 Bataillons detachirt worden. Man vergleiche damit:
Miliutin, Geschichte des Krieges Russlands mit Frankreich im Jahre 1799.
Bd. 4, pag. 68 ff.   D. H.

Scheinbewegungen und durch Ueberschiffung einzelner Abtheilungen aufgehalten worden und erfuhr erst gegen Abend die Ereignisse des Tages, worauf er 1 Bataillon und einige Kosaken bei Klingnau an der Aar zurückliess und auf Umwegen zu seinem Feldherrn stiess.

Korsakow hatte nun 16 Bataillons versammelt und beschloss, am kommenden Morgen entweder die Franzosen zu schlagen und seine Stellung zu behaupten, oder sich den Weg zum Rückzuge mit Gewalt zu bahnen. Dieser Angriff konnte verschiedene Resultate haben; aber der Entschluss war auf alle Fälle sehr gewagt. Fiel das Treffen unglücklich aus, so liefen die Russen Gefahr, gegen den See gedrückt — vielleicht gar von jeder Strasse zum Rückzuge abgeschnitten zu werden; denn sie hatten alle Nachtheile einer überflügelten Flankenstellung gegen sich. Klüger wäre es gewesen, eine kleine Besatzung in Zürich aufzuopfern, um dem Feind das schnelle Debouchiren aus der Stadt zu verwehren, das Geschütz und Fuhrwerk, welches ohnehin nicht fortzubringen war, preiszugeben, mit den gesammelten Truppen aber noch bei der Nacht abzumarschiren und eine Stellung hinter der Glatt zu gewinnen. Blieb Korsakow bei Zürich, so lag die Bestimmung seines weiteren Benehmens ganz ausser seiner Macht. Die unausbleibliche Unordnung, in welcher sich die Armee am Ende des Kampfes befand, der ohne Plan und theilweise in einem so äusserst durchschnittenen, für sie ungewohnten Terrain begonnen wurde, musste freilich eine solche Bewegung sehr erschweren.

Wie unglücklich ist nicht die Lage des Feldherrn, dessen Truppen durch ein Gefecht aufgelöst werden! Er hat keinen freien Willen mehr, und die Folgen des Tages hängen nicht von ihm, sondern von dem Schicksal oder von dem Gegner ab. Als Sieger kann er den theuer erworbenen Vortheil nicht benützen; denn bis er seine Truppen sammelt und wieder in schlagfertige Ordnung setzt, steht der Besiegte in einer neuen furchtbaren Haltung vor ihm. War das Treffen unentschieden, so wird er es am folgenden Tage unter den ungünstigsten Umständen fortsetzen müssen. Im Unglücksfalle ist ein ehren-

voller Rückzug unmöglich, und es steht ihm die gänzliche Aufreibung bevor. Nur ein bestimmter Plan, Zusammenwirken
der Kräfte und Ordnung in den einzelnen Theilen schützen
vereint vor Niederlagen.

Am 26. September entspann sich das Gefecht mit
grauendem Tage durch den Angriff der Russen auf der ganzen
Linie zwischen dem Züricher- und dem Wipchinger- (Wipp-
kinger-) Berg. Bis Mittag wechselte das Glück. Oudinot sammelte
alle Truppen, welche sich über der Limmat befanden und
suchte in schräger Richtung mit dem rechten Flügel bei Wip-
chingen (Wippkingen), mit dem linken auf der Strasse von Winterthur sich des Zürichberges zu bemeistern und den Feind gegen die
Stadt und den See zu drängen. Da er sich mit den unter
Masséna's Anführung von der Sihl vorrückenden Divisionen
Mortier und Klein bei Zürich vereinigen wollte, so waren seine
meisten Anstrengungen auf die Zugänge der Stadt längs der
Limmat gerichtet, und daher gelang es den Russen, die für sie
so wichtige Strasse nach Winterthur zu befreien und ihren
Train in Bewegung zu setzen. Die Franzosen näherten sich
Zürich von allen Seiten und vermehrten durch ihr Feuer die
Verwirrung in den Gassen und in dem Zuge der Wagen.
Korsakow liess eine Capitulation für die Stadt antragen; aber
sein Parlamentär wurde abgewiesen, weil die Russen am Tage
zuvor jenen der Franzosen misshandelt hatten. Nun fing die
russische Besatzung an, aus Zürich zu defiliren. Mortier bemächtigte sich des Sihlthores unter dem heftigsten Feuer von
den Wällen und drang in die untere Stadt, indessen Oudinot
die nächsten Abfälle des Zürichberges gewann, welche die
obere beherrschen.

Die Schlacht war entschieden, die Stütze des russischen
linken Flügels gesprengt, ihre Stellung in der Flanke aufgerollt
zu werden bedroht. Die Russen hatten bis zur Verzweiflung
gefochten; ebenso tapfer schlugen sie sich noch gegen die
feindlichen Schaaren, die ihren Rückzug hindern wollten. Er
geschah theils über Bülach und Eglisau, theils auf der Strasse
von Winterthur über Schaffhausen hinter den Rhein. Sie verloren gegen 100 Kanonen, den grössten Theil ihres Gepäckes,
eine grosse Zahl an Todten, Verwundeten und Gefangenen,

unter den letzteren drei blessirte Generale (Sacken, Markow, Likoschin [1]).

Der Rückzug war mit jener Unordnung bezeichnet, die gewöhnlich die Folge einer erlittenen Sprengung oder des Durchschlagens in durchschnittenen Gegenden ist. Im offenen Terrain kann man die Truppen in einen Klumpen vereinigen und sich mit demselben in geschlossener Haltung Luft machen. Wo sich aber mehrere Défiléen befinden, die ohne den Besitz nebenliegender Punkte nicht durchzogen werden können, muss man sich in Detachements auflösen, die fast immer dem Andrange des Feindes unterliegen, zerstreut werden und als Opfer für die Sicherheit der Anderen fallen. Man ist dann gezwungen, in langen Colonnen mit weniger Breite zu marschiren, die weder zum Durchbrechen, noch auf irgend einem Punkte zum kräftigen Widerstande angemessen sind.

Die Schlacht bei Zürich hatte einen nachtheiligen Einfluss auf den Geist der russischen Truppen; sie brachte bei ihnen jene Muthlosigkeit hervor, die stets aus dem Misslingen überspannter Erwartungen, aus dem getäuschten Begriff des eigenen Werthes und aus der Verachtung des Feindes entsteht.

Die Franzosen verfolgten sie mit unbedeutenden Abtheilungen; denn auch sie hatten viel gelitten, und ihre Richtung nach Zürich entfernte sie von ihrer Rückzugslinie.

Masséna's Sieg war um so wichtiger, als er die Russen durch längere Zeit ausser Stand setzte, nach dem Verlust ihres Geschützes und ihres Kriegsgeräthes auf dem Kampfplatz aufzutreten; der französische Feldherr hingegen, für den wichtigeren Theil der Schweiz beruhigt, seine Kräfte auf einer anderen Seite verwenden konnte.

Wenn Masséna sich am 26. begnügt hätte, Zürich, dessen Wall und Graben keine Erstürmung vermuthen liessen, von der Sihlseite blos zu beobachten, und mit dem grössten Theil der Divisionen Mortier und Klein über die Limmat zu Oudinot gestossen wäre, so würde er wahrscheinlich den Feind vernichtet oder das Gewehr zu strecken gezwungen haben. Da-

---

[1] GL. Sacken, GM. Markoff und GM. Lykoschin. Miliutin, Bd. 4, pag. 81 ff   D. H.

durch aber, dass alle Anstrengungen der Franzosen sich gegen
Zürich vereinigten, verloren sie ganz den Vortheil, den sie sich
am vorigen Tage von der Besetzung der Strasse nach Winterthur, von der Ueberflügelung des Feindes und von der parallelen Aufstellung mit seiner Rückzugslinie versprechen konnten.
Ein in diese Lage versetzter Gegner kann, wenn auch nicht
durch das Gefecht, schon durch die fortwährende Verfolgung
zu Grunde gerichtet werden; denn er vermag nicht mehr den
verlorenen Vorsprung abzugewinnen und ist gezwungen, in
Eilmärschen unter beständigem Kampfe fortzuziehen, indessen
der Nachsetzende nur gewöhnliche Anstrengung zu leisten
braucht. Für Korsakow wäre dieser Fall um so verderblicher
gewesen, als er dadurch, zwischen den Feind und den See
eingeengt, von der natürlichen Rückzugslinie abgeschnitten,
von seinen Magazinen getrennt und in den unwirthbaren Theil
der Schweiz verdrängt wurde. Masséna hätte dabei die eigenen
Communicationen nicht gefährdet, weil er durch Oudinot's
Fortschritte am 25. schon näher an jenen der Russen war, als
diese an den seinigen. Ueberdies kann Derjenige, der schon
einmal einen solchen Vortheil errungen hat, immer kühner
vorgehen, als der Gegner, welcher zuerst auf seine Sicherheit
bedacht sein muss, bevor er zu Gegenmanövern schreitet, und
über dieser Sorge den günstigsten Zeitpunkt meistens versäumt.

Achter Abschnitt.

Die Oesterreicher werden aus dem Linth-Thal vertrieben.

Der glänzendste Erfolg krönte Masséna's Unternehmung
am 25. September, sowie bei Zürich, auch an der Linth. Es
war eine verdiente Belohnung für die kräftige Ausführung zweckmässiger Dispositionen.

General Soult, der mit seiner Division die Oesterreicher
zwischen dem Walenstädter- und dem Züricher-See angreifen
sollte, hatte die Punkte von Bilten und Grünau (Grynau) zum
Uebergang bestimmt. Der erste war der günstigste in der
ganzen Strecke, jedoch nicht ohne Schwierigkeiten, da die
Linth, obgleich nur 120 Schuh breit, wegen der sumpfigen

Ufer wenig zugänglich und der Strom sehr reissend war; der
zweite konnte auf dem naheliegenden See unterstützt werden,
und er bot den Vortheil der leichten Herstellung von der halb
zerstörten Brücke bei Grünau (Grynau) und einer brauchbaren
Strasse, welche von Tuggen nach Utznach führt.

Aus Mangel mehrerer Hilfsmittel wurden blos 8 Fahrzeuge aus dem Zuger-See zur Ueberschiffung der ersten Truppen und dann zur Errichtung einer fliegenden Brücke für die
nachfolgenden nach Bilten gebracht.

Auf dem Züricher-See bei Lachen befanden sich nebst
3 Kanonier-Schaluppen 12 Schiffe. Von diesen sollten 700 Mann
die sechs grössten besteigen, in die Mündung der Linth einfahren und unweit Utznach auf dem rechten Ufer landen, dann
gegen diesen Ort vorrücken und die Herstellung der Brücke
von Grünau sowie den Marsch einer Colonne über dieselbe
decken. Die sechs kleineren wurden für ein Detachement von
300 Mann bestimmt, welche ebenfalls von Lachen absegeln,
unter dem Schutze von den 3 Kanonenbooten bei Schmerikon
landen, sich dort einiger bewaffneten feindlichen Fahrzeuge
bemächtigen und die Verbindung mit Rapperschwyl unterbrechen sollten.

Oesterreichischerseits standen 10 Bataillons, 14 Escadrons
zur Vertheidigung der Strecke von Wesen bis Schmerikon:
aber so fehlerhaft vertheilt, dass nur 2 Bataillons in dem Centralpunkt bei Kaltbrunn, alle übrigen hingegen in einer Postenkette längs dem Ufer der Linth und in den nächsten Ortschaften aufgelöst waren.

Hier kann man nur die Frage wiederholen, ob es wohl
möglich sei, eine ausgedehnte Linie mit einer Reihe von einzelnen Posten zu vertheidigen; ob man, wenn solche Posten
nicht geschlossen und nicht selbstständig sind, ihre nothwendige
Besatzung im Voraus bestimmen könne; und ob die Bemessung
dieser letzteren nicht von der Zahl der Angreifenden abhänge?
Darf man bei getheilten vereinzelten Kräften von einer auch
noch so starken Kette mehr als eine blosse Beobachtung des
Feindes erwarten, und erfüllt eine schwache Besatzung nicht
die nämliche Absicht? Ist endlich zur Vertheidigung einer ganzen
Linie nicht jene Massregel die entsprechendste, wenn die

grösstmögliche Truppenzahl in einer Centralstellung vereinigt
wird, um aus derselben mit ganzer Kraft auf jedem bedrohten
Punkt entgegenzuwirken ? —

Der Angriff der Franzosen vorwärts Bilten begann am
25. September vor Anbruch des Tages. Das Geräusch, welches
die mit den Schiffen beladenen Wagen auf den Bohlen machten,
die über den Sumpf gelegt werden mussten, um sich dem Ufer
zu nähern, erweckte zuerst die Aufmerksamkeit des Feindes,
der sogleich Feuer gab; aber 200 auserlesene Schwimmer
stürzten sich in den Fluss und vertrieben die österreichischen
Posten ohne bedeutenden Widerstand. Sogleich wurden die
Schiffe in das Wasser gelassen; 6 Compagnien Grenadiers
setzten hinüber und warfen ein feindliches Bataillon aus
Schänis hinaus. Die von Kaltbrunn herbeigeeilte Reserve
entriss zwar den Franzosen Schänis wieder; aber durch un-
unterbrochenes Ueberschiffen erhielten sie bald so viele Verstärkungen, dass sie den Ort nach einem dreimaligen Verlust wieder nehmen und behaupten konnten. Rechts von
Schänis hatte der Brigadechef Godinot die Oesterreicher zur
Räumung des Linthufers bis auf den Berg gegen Wesen
gezwungen. Durch diesen Vortheil in seiner rechten Flanke
gesichert, rückte Soult weiter vor. Bei den Oesterreichern
zeigte sich Mangel an Entschlossenheit und Fassung seit dem
Verlust ihres tapferen Hotze, der auf die erste Nachricht von
der Annäherung der Franzosen herbeieilte und ausserhalb
Schänis auf der Strasse gegen Bilten seinen Tod fand. Bestürzt
über diesen Unfall zogen sie sich nach Dörfli (Dorf) und dann
auf Kaltbrunn, wo sie zwar in der Nacht noch einmal bis
Benken vordrangen, aber mit beträchtlichem Verlust an Geschütz
und Gefangenen zurückgeschlagen wurden.

Auf Soult's linkem Flügel ging die Landung bei Schmerikon
glücklich von Statten, und eine an das Ufer gelegte Schaluppe
sperrte mit ihrem Feuer die Verbindungsstrasse von Rapperschwyl; allein das Einfahren der stärkeren Abtheilung in die
Mündung der Linth war wegen des seichten Wassers und einer
gegenüber spielenden Batterie unmöglich. Der Brigadechef
Lochet, welcher diese Truppe anführte, musste zurückfahren
und landete ebenfalls bei Schmerikon, wo sich das erste De-

tachement einstweilen festgesetzt hatte. Von dort zog Lochet
mit seinen 700 Mann längs dem rechten Ufer bis zu der Brücke
von Grünau (Grynau), bemeisterte sich derselben, liess sie schnell
herstellen und drang zugleich mit den anderen 300 Mann aus
Schmerikon gegen Utznach vor. Ein entschlossener Angriff
zweier russischer Bataillons unter dem General Titow[1]) trieb
beide Abtheilungen zurück. Die kleinere musste bis Schmerikon
weichen, konnte sich auch da nicht halten und rettete sich
auf ihre Schiffe. Lochet replirte sich gegen die Brücke von
Grünau auf die im Anmarsch begriffene Colonne des Generals
Laval, dessen Tête bereits zu defiliren anfing, als die Brücke
brach. Dadurch wurden die jenseits befindlichen Truppen ihrer
eigenen Vertheidigung überlassen. Hier fochten die Franzosen
mit heroischem Muth und jenem echten militärischen Geist,
der einen ruhmvollen Tod der Gefangenschaft vorzieht. Durch
das Feuer von 4 Kanonen und zweier auf dem linken Ufer
aufmarschirten Bataillons unterstützt, schlugen sie alle Anfälle
der Russen ab und brachten sie endlich selbst zum Weichen.
Gleich darauf wurde die Brücke hergestellt und die Colonne
setzte ihre Bewegung fort. Die unvortheilhaften Gefechte dieses
Tages und die Nachricht von dem vollbrachten Uebergang der
Franzosen bei Zürich bewogen den österreichischen Feldmarschall-Lieutenant Petrasch, welcher nach Hotze's Tod das
Commando seines Corps übernahm, sich in der Nacht auf der
Strasse von Lichtensteig zurückzuziehen, indessen General
Titow mit seiner geschwächten Brigade den Weg von Utznach
nach Grüningen einschlug.

Am 26. September drangen die Franzosen neuerdings
auf allen Punkten vor. Titow wurde geworfen, marschirte über
das Gebirge nach Wyl und erreichte am 28. Constanz. Petrasch
ging nach St. Gallen, setzte am 27. bei Rheineck (Rheinegg)
über den Rhein, liess die Brücke hinter sich zerstören und bot
die Vorarlberger Landesschützen zur Vertheidigung ihrer Grenze
auf. Zwei Bataillons hielten noch am 26. zu Mittag auf dem
Berge bei Wesen; aber endlich von allen Seiten angegriffen,
mussten auch diese ihre Stellung und den Ort selbst mit Ver-

[1]) Titoff.

lust von 8 Kanonen räumen und zogen sich theils über das
Gebirge von Ammon gegen den Rhein, theils über die Brücke
von Wesen nach Mollis. Petrasch hatte mehr als die Hälfte
seines Corps eingebüsst: 3.000 Gefangene, 20 Kanonen, die
ganze mit Geschütz versehene Flottille auf dem Züricher-See
waren eine Beute der Sieger geworden. Er musste sich zurückziehen, aber er ging zu weit. Besorgt für die Eingänge des
Vorarlgebirges, wollte Petrasch diese durch eine Stellung hinter
dem Rhein decken und berechnete nicht, dass ihm die Franzosen, wenn ihre Absicht dorthin ging, auf der kürzeren Linie
über Ammon [1]), St. Johann [2]) und Werdenberg zuvorkommen
konnten. Ein solches Manöver des Feindes wäre viel leichter
durch eine Stellung an der Sitter in den Défiléen von St. Gallen
zu verhindern gewesen, wodurch die Verbindung mit Korsakow
hergestellt und die Franzosen in Flanke und Rücken bedroht
wurden, wenn sie dennoch gewagt hätten, bis an den Rhein
vorzudringen. Ueberhaupt sind Flankenstellungen, sobald sie die erforderlichen Bedingnisse erfüllen,
immer wirksamer, den glücklichen Feind aufzuhalten
als Frontalstellungen. Bei den letzteren bleibt das Verhältniss zwischen dem Sieger und dem Besiegten fortwährend das
nämliche; die ersteren hingegen zwingen den Verfolger, seinen
Bewegungen eine andere Richtung zu geben, und man gewinnt Zeit, welches der Zweck der Defensive ist.

Das Verfahren der Oesterreicher hat in diesem Zeitraume
mehrmals bewiesen, dass nicht allein die ursprüngliche Anlage
der Operationen, sondern auch die Ansichten, welche die
Armeen aus den Gesinnungen und aus den Anstalten der Regierungen schöpfen, ihren Einfluss oft unwiederbringlich auf
ganze Feldzüge ausdehnen. Das Vorurtheil von der übertriebenen Wichtigkeit der Gebirgsgrenze von Vorarlberg, Tirol
und Graubünden und von der Nothwendigkeit, diesen vermeinten
Schlüssel des Kriegstheaters durch eine Aufstellung auf seiner
ganzen Linie zu decken, war in den ersten Operationsentwürfen

---

[1]) Dorf NOO. von Wesen, 7 Kilom. von dem Nordufer des Walen-
Sees, am Fusse des Ammon-Berges.

[2]) An der Thur.　　　　　　　　　　　　　　　　D. H.

begründet worden und galt als unwidersprechlicher Grundsatz,
als System der Regierung bei Staatsmännern und Soldaten von
jedem Rang. Daher setzten die österreichischen Generale dieser
Rücksicht alle anderen nach, unternahmen nichts, wodurch die
unverletzbare Linie im Geringsten gefährdet werden konnte,
und eilten schnell in ihre Schluchten zurück, wenn sie diese
Linie nur von Weitem bedroht wähnten.

So vermögen oft Machthaber den Gemüthern und
dem Verstande der Menschen durch Gewalt der Meinung eine Richtung zu geben, deren Wirkung allge-
meiner und unfehlbarer ist, als jene der Gesetze und
der zeitlichen Befehle, die sich nur auf einzelne oder
schon eingetretene Fälle beziehen. Ein herrliches
Mittel, die Untergebenen mit Vermeidung des positiven
Zwanges zu leiten! —

An eben dem Tage, an welchem die Franzosen ihre Vorrückung begannen, setzte sich auch der linke Flügel der Oesterreicher nach Souwarow's Disposition zum allgemeinen Angriff
gegen das Linth-Thal in Bewegung. General Jellačić brach aus
der Gegend von Sargans und Walenstadt zur Eroberung der
Brücke von Nettstall auf. Eine Colonne von 3 Bataillons zog
über Kerenzen und Frohnalpe; er selbst folgte mit 3 Bataillons,
3 Escadrons über Murg, Müllihorn (Mühlehorn) und Mollis;
indessen 2 Compagnien durch das Weisstannen-Thal die Verbindung mit jenen Truppen erhalten sollten, die in den nächsten
Thälern vorgehen würden.

Die Franzosen hatten die Brücke bei Nettstall abgebrochen;
2 ihrer Bataillons standen auf den Höhen von Beglingen, ein
drittes machte Front gegen Wesen. Diese wurden über den
Haufen geworfen und Mollis genommen; aber 3 andere Bataillons mit 4 Kanonen behaupteten die Brücke bei Näfels.
Während man sich am 26. um den Besitz derselben schlug,
kam ein Theil der versprengten Oesterreicher aus Wesen an
und hinter ihnen der verfolgende Feind, der das eroberte Geschütz benützte und die Flanke von Jellačić kräftig beschoss.
Besorgt für seine Rückzugslinie an dem Walenstädter-See und
von den Unfällen bei Bilten und Kaltbrunn unterrichtet, entschloss sich Jellačić zum Rückzug. Eine Colonne ging gerade

von der abgeworfenen Brücke bei Nettstall auf Murg; er selbst durch den Engweg von Kerenzen, wo er die Nachrückenden bis zur einbrechenden Nacht aufhielt, dann ungestört auf Walenstadt, am 28. nach Ragatz marschirte und endlich gar über den Rhein setzte.

Die Franzosen verfolgten Jellačić nicht; denn ihre Aufmerksamkeit war vorzüglich auf jene Colonne gerichtet, die von Graubünden an die obere Linth vordrang, um dem Feldmarschall Souwarow die Strasse nach Glarus zu öffnen. Mit dieser rückte der Feldmarschall-Lieutenant Linken am 23. von Chur und Ems nach Flims, wo er 1 Bataillon [1]) über den Flimsberg und das Martinsloch in das Sernf-Thal detachirte. Am 23. kam das Gros nach Panix. Am 25. führte Linken die mittlere Abtheilung von $2^{1}/_{2}$ Bataillons, 1 Escadron über die Gletscher des Segnes-Passes gegen das Wichlerbad [2]) am Ursprung des Sernf-Thales. Eine dritte Abtheilung von $1^{1}/_{3}$ Bataillons gewann bei der Pantenbrücke die Quellen der Linth. Vor dem Wichlerbad stiess Linken auf ein französisches Bataillon, welches die Brücke vor dem Orte abwarf und sich tapfer vertheidigte; da aber während dieser Zeit die Abtheilung zur Rechten über Elm und Matt, jene zur Linken in dem Linth-Thale bis Schwanden vordrang, so wurde dieses Bataillon nebst einem zweiten, das zu seiner Unterstützung nachrückte, abgeschnitten, und beide mussten das Gewehr strecken.

Am 26. — an dem Tage, da Jellačić sich zurückzog — vereinigte sich Linken's Colonne bei Schwanden, und es entstand ein unbedeutendes Gefecht bei Mitlödi, als der österreichische General die Stellung des Feindes vor Glarus recognoscirte. Am 27. September erneuerten es die Franzosen mit 3 Bataillonen und 2 Kanonen, nachdem sie von der Seite des Walenstädter-Sees nichts mehr zu besorgen hatten. Linken warf sie bis Glarus zurück und nahm seine Stellung vor dem Orte.

Der 28. verging unter gegenseitigem Plänkeln der Vorposten. Am 29. September hingegen erfolgte ein kräftiger

---

[1]) Unter Oberst Stojanovich.
[2]) Bei Elm.　　　　　　　　　　　　　　　　　D. H.

Angriff der Franzosen, vorzüglich gegen den rechten Flügel
der Oesterreicher, den sie auf mehreren Alpensteigen umgingen.

Linken war ohne Nachricht von der Annäherung der
Russen, die er vergeblich durch mehrere Boten und schon am
25. durch eine Streifpartei im Schächen-Thale aufsuchen liess;
erfuhr mittlerweile den Rückzug von Jellačić und fand nun
ebenfalls für gut, unter Begünstigung der Nacht den Kampfplatz zu räumen. Auch ihn verfolgten die Franzosen nicht, die
wieder von einer anderen Seite beschäftigt wurden; denn gerade
an diesem Tage erstieg die Avantgarde von Souwarow, welcher
sich von Altorf in das Muotta-Thal gewendet hatte, den Brakelberg [1]) und drang an dem Klönthaler-See vor. Linken erreichte
ruhig das Gebirge hinter dem Wichlerbad und setzte seinen
Marsch am 30. September in zwei Colonnen über das Martinsloch nach Flims und über Panix nach Ruis fort. Das Gros
zog sich nach Chur, einzelne Posten beobachteten das vordere
Rheinthal von Ilanz bis Disentis; die Pässe von Panix, Flims
und Kunkels, dann die Orte Tamins, Reichenau, Vättis und
Maienfeld blieben besetzt.

Ein isolirter Angriff aus einem Seitenthal gegen
ein Hauptthal führt nie dahin, sich des letzteren
zu bemeistern. Der Feind, dessen Truppen in dem breite-
ren Thale entwickelt sind, der die Leichtigkeit für sich hat,
sie auf jedem Punkte schnell zu vereinigen, dem mehr Wege
zum Rückzug durch eben so viel Débouchéen anderer Seitenthäler zu Gebote stehen, ist im entschiedenen Vortheil gegen
Jenen, der aus einer engen Schlucht herausbrechen muss
und sich nicht weit von derselben entfalten darf, um die
einzige Strasse zum Rückzug nicht zu verlieren. Hauptthäler werden nur dadurch gewonnen, dass man sich entweder von den Höhen ihres Ursprunges herabstürzt und
sich zugleich der Berge bemeistert, die sie auf beiden Seiten
einschliessen, oder dass man an ihrem Ausgange vorrückt
und von dort mit überlegener Macht eindringt. Angriffe
von Nebencolonnen aus Seitenthälern sollen nur zur Begün-

---

[1]) Den Pragel-Pass.   D. H.

stigung und Erleichterung der Hauptbewegung dienen, indem
sie durch Bedrohung der Flanke und des Rückens den Widerstand des Feindes lähmen. Sie sind nur dann wirksam und
für die Angreifenden nicht gefährlich, wenn sie in der Nähe
der entscheidenden Colonne und staffelweise, nach Mass als
diese vorrückt, erfolgen.

In taktischer Beziehung, wo es sich um die Ausführung
eines einzelnen Manövers handelt, ist der Vortheil des dominirenden Terrains so gross, dass die Methode des Angriffes
von den Bergen herab in die Thäler den Vorzug verdient und
zu dem oft übel angewandten Sprichworte Gelegenheit gab:
wer die Quellen hat, dem gehören die Mündungen. In strategischer hingegen, wo man die Gewinnung eines Thales seiner
ganzen Länge nach beabsichtigt, um es zu ferneren Operationen
zu benützen und sich zugleich einer bedeutenden Gebirgsstrecke
zu bemächtigen, entscheidet die Offensive aus der Ebene, bei
welcher man mehr Mittel anwenden kann; indessen jene des
Feindes nach Mass seiner Zurückdrängung beschränkt werden
und seine Beweglichkeit abnimmt. Beide Ansichten lassen sich
jedoch vereinigen, wenn die Operationen aus der Ebene in das
Gebirge eingeleitet werden, und wenn die Ersteigung der ein-
schliessenden Berge das Eindringen in die Thäler begleitet.

Die Vorrückung der Franzosen in dem breiten Débouché
des Linth-Thales zwang die Oesterreicher, das ganze Thal zu
räumen, da sie über die Felsensteige von Flims, Panix und
zur Pantenbrücke nicht mit hinlänglicher Macht einzudringen
vermochten, um den Feind aus einer Gegend zu vertreiben,
in welcher er mit überlegenen Kräften Posten fassen und manövriren konnte. Das ungleiche Einwirken der Angriffe von
Jellačić und Linken — ein Umstand, der auch in offenen Ge-
gegenden fast immer eintritt, wenn die Entfernung der Colonnen
zu frühe Dispositionen erfordert, die bei veränderten Verhältnissen oft gar nicht, oft nicht schnell genug abzuändern sind
— gewährte den Franzosen die Möglichkeit, ohne Gefahr für
ihren Rückzug einer Colonne nach der anderen Widerstand zu
leisten und die nämlichen Truppen gegen jede, endlich auch
gegen die Russen am Klönthaler-See zu verwenden, sobald die
Oesterreicher von der Linth entfernt waren.

Der General Molitor, welcher bei Glarus commandirte, bewies Fassung und jenen richtigen Blick, der das Scheinbare von dem Wesentlichen der Gefahr zu unterscheiden weiss. Er gehörte nicht zu den gewöhnlichen Menschen, die jeden Vorwand ergreifen, aus der Thätigkeit in Unthätigkeit überzugehen, und sich herablassen, die Bestimmung ihrer Handlungen von dem Feinde zu erwarten, statt ihre Entschlüsse aus ihrem eigenen Busen zu schöpfen.

Vielleicht konnte sich Linken länger bei Glarus behaupten und die Ankunft der Russen abwarten, wenn er am 27., 28. und 29., statt sich leidend zu verhalten, die Franzosen täglich angegriffen oder wenigstens hinreichend beschäftigt hätte, um sie von offensiven Unternehmungen abzuhalten: denn die Folgen einer unthätigen Aufstellung im Gebirge sind immer nachtheilig. Was helfen detachirte Generale, wenn sie sich blos nach dem Buchstaben und nicht nach dem Sinn ihrer Bestimmung halten? wenn sie, mit der Erreichung des vorgeschriebenen Punktes zufrieden, nicht Alles aufbieten, um auch die Absicht zu erfüllen, wegen welcher sie diesen Punkt erreichen mussten? Die unbedingt genaue Befolgung des Buchstabens gehört blos dahin, wo der Obere jeden Schritt zu übersehen, folglich selbst zu leiten vermag. Linken's Bestimmung war, zu einer Offensive mitzuwirken; er erfüllte sie nicht durch seine nachtheilige Defensive bei Glarus. Obwohl ihm durch den Rückzug von Jellacic auf jener Seite nichts zu hoffen übrig blieb, obwohl er andererseits von Souwarow keine Nachricht hatte; so war er doch nicht berechtigt, sich so weit von seiner Bestimmung zu entfernen und in die volle Unthätigkeit hinter den Rhein zurückzukehren, ohne von der vermeintlich grossen Entfernung des russischen Feldherrn die vollkommene Ueberzeugung erhalten zu haben.

Als Linken seine Stellung bei Glarus verliess, verfolgten ihn die Franzosen nicht. Er konnte sich wohl nicht schmeicheln, dass die Unterlassung nach einem für sie günstigen Gefecht die Folge jener Kraftäusserung war, die er dem Feind bewiesen hatte; es musste also eine andere Ursache diesen unerwarteten Stillstand gebieten, und bevor sich diese nicht entwickelte, hätte Linken sich nicht freiwillig aus dem Linth-Thale entfernen sollen. Ein detachirter General darf nie, ohne durch Uebermacht dazu gezwungen zu werden, aus der angeordneten Offensive in eine defensive Haltung übergehen und sich ganz einer Operation entziehen, deren mitwirkender Theil er ist, so lange ihm noch ein Zweifel übrig bleiben kann, dass ihre Ausführung gänzlich aufgegeben wurde.

Auch Jellačić beging in dieser Hinsicht einen Fehler, dass er, ohne von dem Feinde verfolgt, noch mit dessen Zuvorkommen in Vorarlberg bedroht zu sein, gleich bis hinter den Rhein ging, als ihn die Besorgniss für seinen Rückzug die Strasse an dem Walenstädter-See wieder zu gewinnen bewog. Es gehört unter die militärischen Vorurtheile, die mit dem Cordonsystem entstanden sind und von der falschen Anwendung abstracter Regeln herrühren, dass alle Posten auf einer noch so langen Linie, sie mögen aus grossen oder kleinen Abtheilungen, in festen oder gewagten Stellungen bestehen, sich umgangen, überflügelt und zum Rückzug genöthigt glauben, wenn der Feind auf einem einzigen Punkt durchdringt, und dass sie in dem Wahne stehen, alle Sicherheit verloren zu haben, bis wieder eine mit der vorigen parallele Linie gebildet ist.

Die Ueberflügelung ist nur so weit gefährlich, als der Feind in die vertheidigungslose Flanke eindringen kann, bevor man im Stand ist, ihm eine widerstandsfähige Front zu bieten. Auf einer grossen Linie, wo beträchtliche Terrainhindernisse, als Seen oder Gebirge, seine Vorrückung erschweren, lassen sich leicht Flankenstellungen beziehen oder Gegenmanöver unternehmen, welche dem Nachtheil einer solchen Ueberflügelung das Gegengewicht halten, zumal wenn man — wie hier der Fall war — von einer in der günstigsten Richtung heranziehenden Colonne Unterstützung zu erwarten hat.

In Korsakow's Zurückdrängung von Zürich fand Petrasch Anlass zum Rückzug; Jellačić in jenem von Petrasch, Linken in dem von Jellačić; und gewiss würden mehrere Corps auf die nämliche Veranlassung zurückgewichen sein, wenn sie in Berührung gewesen wären.

Alle diese Bewegungen geschahen früher, als die erste Einfluss auf die nachfolgenden nehmen konnte, und dehnten sich weiter aus, als es möglich war, dass dieser Einfluss fühlbar wurde.

Es ist zwar nicht zu leugnen, dass in den meisten Fällen die freiwillige Verlassung einer Stellung vorzüglicher ist, als die gezwungene, zumal wenn man Gefahr läuft, in derselben geschlagen zu werden. Es ist aber absichtswidrig, Punkte, die Einfluss auf Operationen nehmen, früher zu verlassen, als der Feind in der Lage ist, solches zu erzwingen, und sie blos dieserwegen zu räumen, weil er durch seine Verhältnisse später in diese Lage kommen kann.

Die Schlacht bei Zürich entschied über die Behauptung der Schweiz. Die Verfassung, in welcher die Verbündeten die Limmat und die Linth verliessen, machte jede weitere Nachrückung der Franzosen weder dringend noch für den Augenblick nöthig. Der Feind war auf dem wichtigsten Punkt zurückgeworfen; die grösste Masse seiner Streitkräfte dort, wo sie am nachdrücklichsten wirken konnte, durch den Verlust der Artillerie und des Kriegsgeräthes auf längere Zeit in Unthätigkeit gesetzt; die übrigen Abtheilungen ohne Stütze, ohne Centralpunkt. Die Linie der Verbündeten hatte sich bedeutend ausgedehnt und bildete einen weit umfassenden Kreis, dessen Theile über die höchsten Gebirge, über Flüsse und Seen in der beschwerlichsten Verbindung standen: indessen die Franzosen im Mittelpunkt und in dem Besitz von den Débouchéen der wichtigeren Thäler sich nach verschiedenen Richtungen bewegen und mit Ueberlegenheit auf die getrennten Abtheilungen des Gegners werfen konnten. Daher blieb auch Souwarow's isolirte Anrückung von dem Gotthard ohne Erfolg. Doch würdigte sie Masséna, als er von der nördlichen Schweiz her beruhigt war, seiner Aufmerksamkeit und beschloss, sich dahin zu wenden. Nach dem Siege von Zürich setzte er die vierte Division, Mortier, nach Schwyz in Marsch, um die zweite, Le Courbe, an der Reuss zu unterstützen. Zur Deckung seines Manövers trug er dem General Oudinot auf, Korsakow's geschlagene Armee mit den Divisionen Mesnard, Lorges und Klein in einer Aufstellung vorwärts Winterthur und Bülach zu beobachten. Die dritte, Soult, blieb im Linth-Thal von Glarus bis Schänis. Le Courbe wurde zum Oberbefehl über die Rhein-

Armee in dem Augenblick abgerufen, als er mit Souwarow um
den Besitz des Gotthard und des Reussthales kämpfte. Seine
Division, der er mit so viel Auszeichnung vorstand, übergab er
dem General Loison, und das Commando über den ganzen
rechten Flügel übernahm Soult, an dessen Stelle General Gazan
zum Commandanten der dritten Division im Linth-Thal ernannt
wurde. Masséna selbst begab sich am 27. September nach
Luzern.

Neunter Abschnitt.

Souwarow's Zug durch die Schweiz.

Zu den merkwürdigen Ereignissen der neueren Kriege
gehört unstreitig der Zug eines Feldherrn, welcher in das vom
Feinde besetzte höchste Gebirge 20 Meilen weit eindrang, weil
er und seine Truppen fest dazu entschlossen waren. Entschlossenheit im Allgemeinen ist die erste unentbehrlichste Eigenschaft
des Soldaten und charakterisirt seinen Stand; sie ersetzt oft
Geistesgaben und Kenntnisse. Der langsamere Gegner wird
überrascht, betroffen, es gebricht ihm an Zeit zur Ueberlegung;
und der kräftige Mann verdankt seine Vortheile dem Vertrauen
und der Begeisterung, die er seinen Gefährten einzuflössen und
mitzutheilen wusste.

Im höheren Sinne ist die wahre Entschlossenheit des
Feldherrn jene, die keinen günstigen Augenblick unbenützt
vorüber lässt, jedem Wechsel der Ereignisse mit Zuversicht
entgegensieht und aus der Ueberzeugung von der eigenen
Fähigkeit entsteht, stets das Zweckmässigste zu wählen und
auszuführen. Dieses edle Selbstvertrauen muss aus der Brust
des Anführers auf seine Untergebenen übergehen: seine Geistes-
stärke muss es wecken, seine Handlungsweise es verbreiten,
nähren, erhalten. Fehler aus Kühnheit müssen leicht geahndet,
Unterlassungssünden aus Zweifel, Zaudern, Wankelmuth streng
bestraft werden. Denn im Kriege ist ein weniger guter Entschluss vorzüglicher als keiner, oder als ein zu spät gefasster
besserer; und nichts ist nachtheiliger als Unthätigkeit, weil die
Folgen des Zeitverlustes unwiederbringlich sind.

Souwarow's Armee bestand am 15. September, als er am Fusse der Gebirge bei Taverne eintraf, aus 18.000 Mann Infanterie, 4.000 Kosaken, und führte 25 auf Maulthiere geladene Gebirgskanonen mit sich. Da die Strasse von Airolo auf den Gotthard nicht frei und für den zahlreichen Tross nicht fahrbar war, so wurde der Zug des Geschützes unter Bedeckung über Como und jener des Gepäckes über Verona eingeleitet, um durch Graubünden und Tirol die offenere Gegend der Schweiz zu gewinnen. Die österreichische Brigade des Obersten Strauch, welche mit den Russen gemeinschaftlich wirken sollte, zählte ungefähr 6.000 Mann und beobachtete theils bei Giornico im Thal des Ticino, theils in der Val Maggia die Zugänge vom Gotthard und aus dem Wallis nach Bellinzona und Locarno.

Von den Franzosen deckte die Division Tureau (14 Bataillons, 1 Escadron) Masséna's rechte Flanke gegen Italien und war — wie es im hohen Gebirge immer der Fall ist, wenn es stehenden Fusses vertheidigt werden soll — vom Bernhard bis zum Gotthard in eine Reihe einzelner Posten aufgelöst, deren keiner bei aller Unwegsamkeit des Terrains Selbstständigkeit genug hatte, einem kräftigen Angriff zu widerstehen. Im Centralpunkte Brieg hielt eine Reserve von 2—3 Bataillons. Der Gotthard als der zugänglichste Theil, der einen hervorspringenden Winkel bildete, war zwar am stärksten besetzt und hatte das Gros der Division Le Courbe (17 Bataillons, 2 Regimenter Cavallerie) hinter sich, die von Altorf bis Hospital (Hospenthal) im Reussthal lag, aber doch nicht ausschliesslich zu seiner Unterstützung dienen konnte, weil zu vermuthen stand, dass der isolirte Angriff des Feindes aus Italien mit einer gleichzeitigen Vorrückung aus Graubünden durch die Thäler des vorderen Rheins und der oberen Linth verbunden sein würde. Souwarow wurde wegen der schlechten Anstalten zur Herbeischaffung der Tragthiere und der Verpflegung 5 Tage bei Taverne aufgehalten. Die Armee musste ihren Proviant über den Gotthard auf 10 Tage mit sich führen, bis sie auf den Nachschub aus den österreichischen Magazinen im Rheinthal rechnen konnte, und es blieb nichts übrig, als den grössten Theil der Kosakenpferde zum Tragen der Naturalien zu ver-

wenden. Die abgesessenen Kosaken erhielten Feuergewehre und
dienten als leichte Infanterie.

Am 19. September setzte sich der russische General-
Lieutenant Rosenberg mit 8 Bataillons, 2 Kosaken-Regimentern
(etwas über 6.000 Mann) nach Bellinzona in Marsch. Nachdem
er sich dort mit Zwieback versehen hatte, brach er am 21.
wieder auf, durchzog über Dongio die Val Blenio, erreichte am
22. St. Maria im Mittelrhein- und am 23. Disentis im vorderen
Rheinthal, wo die Brigade des österreichischen Generals Auffenberg (2.000 Mann) von Ilanz zu ihm stossen sollte. Beider
Bestimmung war, am 24. in das Thal der Reuss einzufallen:
und zwar Auffenberg durch das Maderaner-Thal auf Amsteg,
Rosenberg über Urseren, von wo er den Gotthard in Rücken
nehmen sollte, den Souwarow vom Ticino aus in der Front
angreifen würde.

Souwarow's Hauptquartier kam am 21. September nach
Bellinzona, am 22. nach Giornico; am 23. vereinigte sich die
Armee bei Dazio am Fusse des Gotthard mit der Brigade des
Obersten Strauch. Am 24. September wurden 3 Colonnen
zum Angriff des Gotthard gebildet. Die mittlere und stärkste,
von Souwarow selbst geführt, nahm ihre Richtung über Airolo
und die Kapuziner-Herberge (Hospiz), gerade auf Hospital
(Hospenthal); jene zur rechten von 8 Bataillons unter dem
General Schweikowsky musste auf ungebahnten Wegen seitwärts von Airolo den Gipfel des Gotthard zu ersteigen suchen;
zur Linken deckte Oberst Strauch mit der österreichischen
Colonne den Marsch der übrigen durch eine Bewegung gegen
das Wallis, wohin sich der französische General Gudin mit
den Truppen des äussersten rechten Flügels zurückzog. Airolo
und die rückwärtige Höhe, Al cima del bosco genannt, wurden
bald erstürmt, und 1.000 Mann, welche diese Posten besetzt
hielten, warfen sich in die Défiléen der Val Tremola, wo sie
die Krümmungen des sich hinauf windenden Weges mit der
grössten Hartnäckigkeit vertheidigten. Hier floss viel Blut durch
die ungestüme Tapferkeit der Russen und durch die Unkunde
ihres Anführers im Gebirgskrieg, der kein anderes Mittel kannte,
als mit offener Gewalt durch alle Hindernisse zu brechen. Den
ganzen Tag hindurch waren die theuer erkauften Fortschritte

sehr unbedeutend, bis erst gegen Abend Schweikowsky über die steilsten Felsen und nach Hinterlegung eines grossen, mit vielem Zeitverlust verbundenen Umweges auf dem Gipfel des Gotthard erschien und die Franzosen zum Rückzug nöthigte. Einige Stunden darauf erreichte Souwarow Hospital (Hospenthal) und lagerte auf beiden Ufern der Reuss.

Le Courbe hatte indessen seine Truppen aus dem rückwärtigen Reussthale in Bewegung gesetzt und führte sie selbst den Russen entgegen. Er ahnte den Marsch der Rosenberg-schen Colonne über den zu jener Zeit wegen Schnee und Eis schon schwer zu ersteigenden Crispalt nicht, dessen Zugänge überdies von einer Halbbrigade zwischen Somvix und Disentis im vorderen Rheinthal gedeckt waren, liess seine Reserve in Urseren (Andermatt) und rückte gegen Hospital vor, wo er sich zur Erneuerung des Gefechtes auf den folgenden Tag vorbereitete und zur Versicherung seiner rechten Flanke eine starke Abtheilung nach Realp detachirte.

Rosenberg und Auffenberg hatten Disentis glücklich erreicht, 1.500 Mann der feindlichen Halbbrigade auf den östlichen Abfällen des Crispal theils aufgerieben, theils gefangen, und am 24. ihre Bewegung nach der einem Jeden vorgeschriebenen Bestimmung fortgesetzt. Rosenberg gewann schon um 3 Uhr Nachmittags die Höhen am Oberalp-See ober Urseren, wagte aber nicht, sich in das Thal herabzusenken, weil er von der Annäherung der Hauptcolonne keine Nachricht erhielt. Durch dieses Verweilen und durch Souwarow's späteres Stehenbleiben bei Hospital blieben beide Colonnen getrennt, obwohl sie nur mehr einen Schritt zu ihrer Vereinigung hatten.

Le Courbe, unwissend dass er sich zwischen zwei feindlichen Corps befand, benützte diesen Zeitverlust und setzte sich so nahe als möglich vor Hospital. Um 9 Uhr Abends liess endlich Rosenberg sich in die Ebene von Urseren herab und stiess unerwartet auf die zurückgebliebene Reserve von Le Courbe; diese zog sich über die Teufelsbrücke zurück und sprengte ihren Bogen hinter sich auseinander.

Wäre Rosenberg gleich nach diesem Ereigniss an der Reuss heraufgerückt, um sich mit Souwarow zu verbinden, so kam Le Courbe zwischen zwei Feuer und musste das Gewehr

strecken oder sich durchschlagen. So aber brachte auch er die
Nacht unthätig zwischen Urseren (Andermatt) und der Teufelsbrücke zu.

Le Courbe erfuhr mittlerweile das Gefährliche seiner Lage.
Er konnte sich, mit dem Rosenberg'schen Corps im Rücken,
keinen Vortheil mehr von einem Angriff auf Souwarow versprechen; ebenso wenig durfte er wagen, sich durch die Rosenberg'sche Colonne durchzuschlagen, da Souwarow auf seiner
Ferse war und selbst dieses verzweifelte Mittel durch die Zerstörung der Teufelsbrücke vereitelt wurde. Er liess daher sein
mitgebrachtes Geschütz auf die bei Hospital (Hospenthal)
sorglos gelagerten Russen abfeuern, warf es in die Reuss und
zog sich unter dem Schutze der Nacht über die unwirthbaren Alpen von Geschenen auf dem linken Ufer der Reuss
zurück.

Die Vorrückung des Generals Le Courbe nach Hospital,
während feindliche Colonnen das Reussthal bei Urseren und
Amsteg bedrohten, kann nur durch das Geständniss eines
zweiten Fehlers entschuldigt werden, dass er nämlich diese
Bewegungen gar nicht ahnte, viel weniger kannte; obwohl es
sich kaum bezweifeln liess, dass eine Hauptoperation, wie jene
des Feldmarschalls Souwarow war, nach einem combinirten
Plan entworfen und von der Mitwirkung anderer Colonnen,
besonders durch das vordere Rheinthal, begleitet sein müsse.
Ohne die Voraussetzung, dass Le Courbe von den ernstlichen
Absichten der Verbündeten gar keine Nachrichten hatte und
den ganzen Umfang ihres Manövers nicht muthmasste, würde
es eine übertriebene Kühnheit und Verachtung des Feindes
von seiner Seite verrathen haben, so weit vorne·halten zu
wollen, als Rosenberg sich schon der einzigen Strasse zu seinem
Rückzug näherte. Wenngleich der Erfolg zuweilen derlei Züge
rechtfertigt, so verdienen sie doch nie den Beifall des Kenners.
Eine verzweifelte, mit persönlicher Aufopferung verknüpfte
Beharrlichkeit ehrt Denjenigen, der in ihr allein seine letzte
einzige Rettung findet oder ausschliesslich dadurch Zeit gewinnen kann, seine übrigen Hilfsmittel in Anwendung zu
bringen. Sie beweist aber eine falsche Berechnung bei dem
Andern, dem die Vertheidigung einer grösseren Strecke obliegt,

indem er die Kräfte, welche ihm zur Behauptung des Ganzen anvertraut waren, auf einem einzigen Punkt fruchtlos verschwendet. Man wird vielleicht sagen, Le Courbe konnte nach aller Wahrscheinlichkeit nur Scheinbewegungen und unbedeutende Diversionen in der damaligen Jahreszeit über den Crispalt erwarten, die ihn nicht abhalten durften, mit vereinigten Kräften dem Hauptangriff entgegenzugehen, sicher, dass er im äussersten Falle diese Hindernisse über den Haufen werfen und sich den Weg zum Rückzug öffnen werde. Allein der Erfolg hat das Gegentheil bewiesen. Die Pflicht und das militärische Ehrgefühl fordern zwar jedes gewagte Mittel eher zu ergreifen, als sich einer schimpflichen Gefangenschaft zu unterwerfen; aber das Durchschlagen zwischen steilen Wänden und über Localhindernisse, die allein vermögend sind, die glänzendste Tapferkeit scheitern zu machen, bleibt immer ein äusserstes und dabei sehr zweifelhaftes Unternehmen. Auf alle Fälle ist die damit verbundene Anstrengung so übermässig, dass selbst bei ihrem Gelingen die Truppen zum Theil aufgeopfert und der Rest auf einige Zeit ausser Thätigkeit gesetzt wird. Jeder General, der sich unwillkürlich in die Gefahr begibt, zu einem solchen Mittel seine Zuflucht nehmen zu müssen, hat folglich einen Fehler begangen.

Am 25. September Früh vereinigten sich die Russen bei Urseren (Andermatt); der Gebirgsstock des Gotthard war erstiegen, der hervorspringende Winkel der französischen Stellung, der Vereinigungspunkt der beiden Divisionen ihres rechten Flügels gesprengt, und diesen alle Möglichkeit der Verbindung und der wechselseitigen Unterstützung benommen. Le Courbe konnte Souwarow's Vorrückung nicht mehr verhindern. Seine künftige Aufgabe beschränkte sich blos darauf, alle Schwierigkeiten des Terrains möglichst zu benützen, um die Bewegungen des Feindes zu verzögern, damit der Obergeneral Zeit zu Gegenanstalten gewinne. Masséna traf sie am vollständigsten, indem er am nämlichen Tage den Sieg an der Limmat erfocht.

Souwarow liess die ganze österreichische Brigade, welche seinen Marsch in der Flanke gegen Wallis gedeckt hatte, in den Umgebungen des Gotthard zurück, wies 2 Bataillons der-

selben, die ihm gefolgt waren, wieder an den Oberst Strauch
an und detachirte sie nach Realp gegen den Furka-Berg. Als
er sodann mit allen russischen Truppen in dem Reussthale
vordringen wollte, stiess er auf das sogenannte Urner-Loch, eine
80 Schritt lange finstere Höhle, durch welche man debouchiren
muss, um über einen steilen Abfall an die Teufelsbrücke zu
gelangen. Diese Brücke verbindet mit einem einzigen Bogen
die Felswände des Thales und leitet den Weg auf das linke
Ufer der Reuss. Der Bogen war gesprengt. Die Franzosen
standen auf den jenseitigen Bergen, hinderten mit ihrem Feuer
die Herstellung der Brücke und bestrichen nicht allein das
Débouché, sondern auch den Eingang des Urner-Loches. Be-
herzt rückte das erste russische Bataillon gegen die Höhle vor
und wurde ganz aufgerieben. Die Colonne folgte: von den
feindlichen Kugeln begrüsst, drängte sich Alles in dieses natürliche Gewölbe. Die Hinteren schoben die Vorderen hinaus,
wo sie ohne Vertheidigung theils durch das jenseitige Feuer
fielen, theils über die Felsen hinabstürzten. Nun erst nahm
man die Umgehung zu Hilfe, welche in dem Gebirge ihren
Zweck so selten verfehlt, weil sie der Feind weder zu rechter
Zeit entdeckt, noch in dem Terrain die Möglichkeit findet, sich
dagegen zu schützen. Die Russen versuchten eine Furt oberhalb der Brücke, warfen sich bis an die Brust in den reissenden
Strom, erstiegen die Felsen auf dem jenseitigen Ufer und vertrieben die Franzosen aus ihren Posten. Die Teufelsbrücke
wurde mit Stämmen und Brettern belegt: Souwarow erreichte
Wasen am Abend des nämlichen Tages.

Von Wasen brach die Armee in der Nacht wieder auf.
Der Marsch ging äusserst langsam von Statten. Die Colonne
war wegen der vielen abgebrochenen Brücken und anderer
Hindernisse sehr getrennt, und als die Tête vor Tagesanbruch
eine halbe Stunde vor Amsteg eintraf, machte sie Halt, weil
man hinter dem Dorfe im Thal und auf den Höhen viele
Feuer erblickte, die man für feindliche hielt.

Le Courbe hatte den Russen nur wenig Truppen an der
Teufelsbrücke entgegengestellt; denn das Hervorbrechen des
Generals Auffenberg mit vier österreichischen Bataillons aus
dem Maderaner-Thal in jenes der Reuss bedrohte seinen Rück-

zug zu sehr, um länger in der vorderen Gegend zu verweilen.
Auffenberg war am 24. von Disentis[1]) über den Krüzli- (Kreuzli-)
Pass in das Maderaner-Thal eingerückt, wo ihn die Nacht über-
fiel und seine Truppen nach der Ersteigung des so beschwer-
lichen Wepechaberges (?) einiger Erholung bedurften. Am 25.
Früh traf er den Feind eine halbe Stunde vor Amsteg, warf
ihn zurück und drang in das Dorf. Die Franzosen erhielten
2.000 Mann Verstärkung aus Altorf und erneuerten das Gefecht,
mussten aber zum zweiten Male weichen. Bald darauf erschien
Le Courbe von Wasen her mit seiner ganzen, 5.000—6.000
Mann starken Colonne, die sich vor Souwarow's Armee repliirte.
Da die Höhen von Amsteg und der freie Uebergang über die
Brücke des Kärstelenbaches, welcher sich vor Amsteg in die
Reuss ergiesst, für ihn von der höchsten Wichtigkeit waren,
so setzte er sich selbst an die Spitze seiner Grenadiers und
griff die Oesterreicher mit der äussersten Heftigkeit an.

Auffenberg konnte die Brücke und den Ort gegen so
überlegene Kräfte nicht behaupten und zog sich auf die seitwärts liegenden Höhen am Débouché des Maderaner-Thales.
Hier scheiterten alle Versuche der Franzosen, ihn auch von
dort zu entfernen, und Le Courbe musste sich mit der Eröffnung der Strasse nach Altorf begnügen, wohin er gegen Abend
seinen Rückzug antrat, nachdem er zuvor die Brücke vor Amsteg
hatte abbrennen lassen. Auffenberg erwartete in seiner Stellung
die Ankunft der Russen, und seine Feuer waren es, die Souwarow's
Colonne in der nämlichen Nacht zum Halten brachten.

Am 26. September gegen 7 Uhr Morgens kam die
russische Avantgarde bei Amsteg an und vereinigte sich mit
Auffenberg. Der Marsch wurde fortgesetzt. Einige hundert
Franzosen standen bei Bürglen und schienen den Uebergang
über den Schächenbach, sowie eine andere Abtheilung jenen
über die Reuss bei Attinghausen vertheidigen zu wollen, re-
pliirten sich aber bald auf die Brücke von Seedorf, als ihr
Hauptcorps das linke Ufer des Flusses gewonnen hatte.

Die russische Division des General-Lieutenants Rosenberg
und die Brigade Auffenberg rückten nach Altorf; das Gros der

[1]) Durch das Strimthal.   D. H.

Armee lagerte auf beiden Ufern des Schächenbaches; einige Bataillons, welche noch bei Hospital (Hospenthal) und Wasen zurückgeblieben waren, trafen erst bei der Nacht in diesem Lager ein.

Le Courbe hatte sich ganz auf das Gebirge hinter der Reuss und auf das westliche Ufer des Vierwaldstätter-Sees gezogen. Der Besitz der Schiffe, die ungehinderte Fahrt auf dem See und der Steig durch das Isenthal nach Unterwalden sicherten seinen Rückzug; die Aufstellung seiner Arrièregarde vor der Seedorfer Brücke gab ihm noch ein drohendes Ansehen.

Die Russen kümmerten sich weder um die gänzliche Räumung des rechten Ufers noch um die Brücke bei Seedorf und erlaubten dem Feind, ungestört einen Posten zu behaupten, aus welchem er jede ihrer Bewegungen beunruhigen konnte. Am 27. September setzte sich Souwarow über das beinahe ungangbare Gebirge, welches das Schächen- von dem Mutten- (Muotta-) Thal scheidet und noch nie von einer Truppe betreten wurde, nach Mutten (Muottathal) in Marsch. Das ganze Heer nebst den Tragthieren musste in einer Colonne, zum Theil einzeln, defiliren und erstieg den ungebahnten Rücken mit unglaublicher Anstrengung. Um 5 Uhr Nachmittags trafen einige hundert Kosaken von der Avantgarde bei Mutten ein und überfielen zwei französische Compagnien, welche der Bataillonschef aus Schwyz soeben auf Kundschaft gegen Glarus geschickt hatte; diese wurden theils versprengt, theils gefangen.

Am 28. September vor Tag langte Souwarow mit der Tête der Colonne an, indessen der Rest in den Felsenklüften zerstreut bis am 29. Abends mit immer zunehmenden Schwierigkeiten kämpfte. Die Tragthiere und Kosakenpferde stiessen sich an den Klippen die Hufe ab, konnten mit dem Proviant nicht mehr fort, und viele stürzten in unabsehbare Schlünde.

Le Courbe vermehrte diese Beschwerlichkeiten, indem er die Arrièregarde unter dem General-Lieutenant Rosenberg, sobald er die Bewegung entdeckte, bei Altorf angriff und mit abwechselndem Glück den ganzen Tag zu fechten nöthigte. Daher erreichte auch diese Division erst in der Nacht vom 29. zum 30. Mutten. nachdem Mann und Pferde beträchtlich gelitten hatten.

Auf diesem schauerlichen Heereszug zeigte sich die fehlerhafte Richtung von Souwarow's Operation. Von Altorf nach Schwyz, wo er in der Flanke und im Rücken des Albis debouchiren wollte, führt nur ein schlechter Fussweg über das hohe Gebirge, wenn man die Verbindung über den See nicht in seiner Gewalt hat. Ist wohl ein solcher Jägersteig geeignet, eine Colonne von mehr als 20.000 Mann auf den Angriffspunkt zu bringen, auf welchem man den Feind mit allen Waffengattungen und mit Geschütz in streitbarer Verfassung zu finden vermuthet? Nur kleine Abtheilungen, die ihre Erfordernisse selbst tragen und keinem überlegenen Widerstand ausgesetzt sind, dürfen auf ungebahnten Seitenlinien zur Beleuchtung der Gegend und zur Begünstigung des Angriffes im Thale verwendet werden. Grössere Massen vereinzeln sich bei solchen Zügen, erschöpfen ihre Kräfte umsonst, können weder ihre Bedürfnisse befriedigen, noch das unentbehrliche Kriegsgeräthe mit sich führen, um mit Nachdruck zu wirken.

Unterwegs hörte Souwarow von den Landleuten die Sage, dass Linken am 26. einen Sieg erfochten und bis Glarus vorgerückt sei. Er mass diesem Gerüchte umso mehr Glauben bei, als er nicht zweifelte, dass dieser Sieg im Zusammenhang mit den übrigen glücklich ausgeführten Unternehmungen an der Linth und an der Limmat stehe; und schickte sogleich ein Detachement Kosaken gegen Glarus mit dem Auftrag, den General Molitor aufzufordern, dass er die Waffen niederlegen solle, weil er von allen Seiten eingeschlossen sei. Statt der Antwort trieb Molitor die Kosaken zurück und besetzte den Brakelberg (Pragel-Pass). Der wiederkehrende Officier brachte die erste Nachricht mit, dass Korsakow geschlagen und Hotze geblieben sei. Der graue Feldherr, fast am Ziele der beabsichtigten Vereinigung mit Hotze, empörte sich über die Arglist des Feindes, der zu solchen Täuschungen seine Zuflucht nähme, verwarf als einen schimpflichen Vorschlag den Rath seiner Officiere, sich gegen Glarus zu wenden, um dem noch siegreich vermeintlichen Feldmarschall-Lieutenant Linken die Hand zu bieten, und beschloss, ohne Verzug den Marsch nach Schwyz fortzusetzen. Da jedoch der grösste Theil der Armee noch zurück war und erst mühsam über das Gebirge defilirte,

24*

die Ankommenden aber vor Hunger und Müdigkeit sich in einem der Auflösung ähnlichen Zustand befanden: so forderte die Natur ihre Rechte, und der schon ausgesprochene Wille des Feldmarschalls konnte weder an diesem noch an dem folgenden Tage vollzogen werden.

Indessen verbreitete sich mit jeder Stunde die Nachricht von Korsakow's Niederlage, und die Unfälle an der Limmat und der Linth wurden auch aus Schwyz auf eine nicht mehr zu bezweifelnde Weise bestätigt.

Der betroffene Souwarow hielt Kriegsrath. Unter den vorwaltenden Umständen schien die Vorrückung nach Schwyz um so gefährlicher, als sie die Russen von dem österreichischen linken Flügel immer mehr entfernte, die Armee schon ziemlich geschmolzen, Korsakow's ferneres Schicksal unbekannt war und von keiner Seite Unterstützung zu erwarten stand. Aller Meinungen vereinigten sich dahin, gegen Glarus aufzubrechen, zu dem Corps des Generals Linken zu stossen, gemeinschaftlich mit diesem die Offensive fortzusetzen und im äussersten Falle sich des einzigen noch möglichen Rückzugs zu versichern.

Die unausweichliche Nothwendigkeit dieser Massregel war ein neuer Beweis von der unzweckmässigen Einleitung des ganzen Manövers, welches von keiner sicheren Basis ausging und weder diese noch die Rückzugslinie deckte, deren Gewinnung von dem unsicheren Zusammentreffen isolirter Colonnen oder von dem noch ungewisseren Erfolg mehrerer Gefechte abhing.

Lange kämpfte Souwarow mit dem Entschluss, die Richtung nach Glarus zu wählen, die er für seine Waffen entehrend, dagegen den Marsch nach Schwyz im Rücken des feindlichen Heeres für den angemessensten und rühmlichsten hielt: aber endlich siegte die allgemeine Stimme seiner Officiere, und die Brigade Auffenberg musste am 29. September mit frühestem Morgen aufbrechen, um den Brakelberg (Pragel-Pass) zu besetzen und als Avantgarde den Weg nach Glarus zu öffnen. Es währte nicht lange, so traf sie auf eine französische Abtheilung, die Molitor zur Sicherheit der Strasse nach Schwyz über den Brakelberg vorpoussirt hatte, während er sich mit Linken im Handgemenge befand. Auffenberg warf sie über den

Berg zurück und erreichte den Klönthaler-See, als die Nacht dem Gefechte ein Ende machte.

Souwarow liess am 30. September die Division Rosenberg zur Aufnahme der vom vorigen Marsch noch zahlreich ausgebliebenen Nachzügler bei Mutten (Muottathal) und folgte mit dem Rest seiner ermatteten Truppen über den Brakel (Pragel).

Ruhig hatte Molitor den Feldmarschall-Lieutenant Linken ziehen lassen, dagegen seine Kräfte am östlichen Rande des Klönthaler-Sees zusammengezogen und nach einem heftigen aber fruchtlosen Angriff, welchen er am 30. Früh auf den General Auffenberg unternahm, den zwischen dem See und dem Gebirge sich windenden Steig sehr vortheilhaft besetzt. Abends recognoscirte Molitor die Stellung der Oesterreicher, nachdem die Tête der russischen Colonne bereits bei ihnen angelangt war. Auffenberg zog seine Vorposten zurück, verleitete dadurch die Franzosen, ihm auf dem westlichen Ende des Sees zu folgen, stürzte sich dann von den Höhen mit Ungestüm herab und trieb sie so rasch durch das Défilé längs dem See, dass er mit ihnen zugleich das jenseitige Ufer erreichte und sich dort behauptete. Seitencolonnen erstiegen bei der Nacht das Gebirge und zeigten sich am 1. October im Rücken der Franzosen. Molitor musste weichen; aber von Oesterreichern und Russen in Unordnung angefallen, verlor er die Fassung nicht, stellte sich noch einmal und wies die Kühnsten unter den Nachsetzenden ab. Dann ging er bei Nettstall über die Linth, steckte die Brücke in Brand, vertheidigte sie bis zu ihrem Einsturz und fasste endlich Posten bei Näfels und Mollis. Die Verbündeten wollten sich des letzteren Ortes und mit ihm der Strasse nach Wesen bemächtigen. Mühsam erbauten sie einen Steg über die Linth, setzten 1 Bataillon darüber und verjagten die Franzosen aus Mollis; konnten sich aber dort nicht halten, da der Divisionsgeneral Gazan den Rest seiner Truppen von der unteren Linth zu Molitor's Unterstützung herbeiführte.

In Glarus fand Souwarow Verpflegung und brachte den 2., 3. und 4. October in dieser neuen Stellung zu — unschlüssig, welchen Plan er befolgen sollte. Sein sonst so fester Sinn, wenn es blos darauf ankam, den Widerstand mit gerader

Stirne über den Haufen zu werfen, verliess ihn, und er wankte
in einer Lage, wo nur Entschlossenheit ihn retten und nichts
gefährlicher werden konnte, als in einem Défilé Halt zu machen,
dessen Ausgänge der Feind von allen Seiten besetzt und nur
die Gebirgssteige durch das vordere Rheinthal nach Graubünden
offen gelassen hatte. Die Aufopferung der nachfolgenden Nachzügler und Tragthiere, eine rasche Vorrückung von Glarus an
den Walenstädter-See würde ihm eine gute Strasse zum Rückzug und die nächste Verbindung mit dem Rhein geöffnet
haben. Der Feind konnte indessen von der Rosenberg'schen
Division im Mutten- (Muotta-) Thal so lange aufgehalten werden,
als zur Ausführung dieser Operation nöthig war; und im
schlimmsten Fall blieb noch immer die Linie über Elm durch
das Sernf-Thal zur letzten Aushilfe übrig.

Selbst die Voraussetzung, welche sich als die allein scheinbare Ursache denken lässt, warum Souwarow nicht durchzudringen versuchte — dass nämlich die französische Hauptmacht
nach ihren Siegen in der nördlichen Schweiz sich unfern des
Walenstädter-Sees vereinigt habe — war von keinem Gewicht.
Denn was bleibt einem Mann übrig, dem alle Ausgänge ver-
sperrt sind, als sich den günstigsten mit Gewalt zu bahnen;
besonders wenn der Verlust, der ihm auf diesem Wege bevor-
steht, nicht grösser sein kann, als wenn er im October den
noch einzig freien Zug über Gletscher und unwegsame Gebirge
unternimmt? Auch der Vortheil der offeneren, für die russische
Fechtart günstigeren Gegend abwärts von Glarus verdient eine
Erwägung; und war nicht, wenigstens zum Theil, auf die Mitwirkung der Oesterreicher zu zählen, die bei der Annäherung
der Russen nicht ganz unthätig bleiben durften? — In der
That rückte Jellačić, als er die Ankunft Souwarow's bei Glarus
erfuhr, und in der sicheren Erwartung, dass er über Walenstadt hervorbrechen würde, wieder nach Sargans, liess Walenstadt besetzen und detachirte nach Kerenzen, wo er auf einige
frisch angekommene Truppen der Division Mortier stiess, die
sich gegen die Linth zurückzogen. Als aber Jellačić keine
weiteren Nachrichten von den Verbündeten erhielt, verliess er
die Umgebungen des Walenstädter-Sees und besetzte Flums,
die Terzer Alpe und das Weisstannen-Thal, worauf die Fran-

zosen am 3. October in Müllihorn (Mühlehorn), Terzen und
Murg einrückten. Auch Petrasch, durch die wiederholten Befehle des Erzherzogs, an Souwarow's Operationen theilzunehmen,
aufgefordert, vereinigte seine Truppen am 4. zwischen Fläsch
und Maienfeld und stand zur Unterstützung von Jellačić bereit.
Allein die Unentschlossenheit des russischen Feldherrn lähmte
alle diese Bewegungen und führte zur allgemeinen Unthätigkeit. Die Oesterreicher räumten die Gegend von Sargans, als
sie vernahmen, dass Souwarow von Glarus nicht dahin vordringen wolle. Bei der Erscheinung einiger französischen Abtheilungen, vereint mit einer Bewegung des Feindes durch
das Toggenburgische, zogen sie sich am 6. October Abends
über die untere Zollbrücke hinter den Rhein, liessen jedoch
den Brückenkopf, Ragatz und das Tamina-Thal zur Verbindung
mit dem Kunkels-Pass besetzt.

Der Entschluss, die Operationen des russischen Corps
über Glarus fortzuführen, hätte, so wie jeder kühne Gedanke,
schnell gefasst, ausgeführt und dem Feind die Zeit nicht gestattet werden müssen, sich dagegen zu verwahren. Es ist im
Kriege sehr gefährlich, mitten in einem Unternehmen stehen
zu bleiben, bevor man nach der Verlassung eines strategischen
Punktes einen anderen erreicht hat. Lieber als in dieser nach-
theiligsten aller Verfassungen zu halten, nehme man eine neue
Richtung an und eile zu einem anderen, von dem vorgesetzten
verschiedenen Object. Ueberhaupt ist es in den meisten
Verhältnissen des menschlichen Lebens Täuschung,
wenn man glaubt, stehen bleiben zu können; wer
nicht vorrückt, geht fast immer zurück. Zu den vielen
Elementen der militärischen Zeitberechnung gehört die Ueberzeugung, dass ein Theil nicht augenblicklich von den Absichten
und Bewegungen des anderen unterrichtet sein könne. Diese
Betrachtung vermehrt die Kühnheit und gewährt den Vortheil
der Schnelligkeit im Entschluss und in der Ausführung. Lang-
same Operationen entgehen dem Feinde nicht und scheitern
an den Gegenanstalten, zu welchen man ihm Zeit lässt.

Ungehindert wie ein angeschwollener Strom hatte Souwarow
von dem Gotthard bis Glarus alle Hindernisse über den Haufen
geworfen; nun stockte er und verlor die Kraft vor Masséna's

und seiner Unterfeldherren Thätigkeit. Eine französische Division
war von Zürich nach Schwyz marschirt, um den Russen bei
dem dortigen Débouché zu begegnen. Zweckmässiger wäre es
gewesen, diese Verstärkung an die Linth zu schicken, wo
Mortier mit Gazan vereinigt von Glarus aufwärts operirt und
die Verlegenheit des Feindes vermehrt hätte, je weiter er über
Schwyz vordrang. Auf solche Art würden die Kräfte mehr
zusammengehalten, der Sprengung einzelner Körper mehr
vorgebeugt, der Besitz von dem entscheidenden Theil des
Kriegstheaters im höheren Masse gesichert und die grösste
Fähigkeit, schnell und kräftig zu manövriren, erreicht worden
sein; weil man sich von der Linth ungehindert nach allen
Richtungen zwischen der Aar und dem Gotthard bewegen kann
— ein Vortheil, den man auf der eingeengten Linie zwischen den
Seen der vier Waldstädte und dem hohen Gebirge vermisst.
Es wäre die Benützung jenes Vortheiles gewesen, den die
Herrschaft über die Ausgänge der Thäler gewährt. Man ent-
deckt selten früh genug die Absichten des Feindes, um den
Punkt, auf welchen seine Operationen gerichtet sind, durch
eigenes Dahineilen zu schützen; schneller und vollständiger
wirkt ein Gegenmanöver, wodurch er selbst gefährdet und sein
Vorhaben aufzugeben gezwungen wird.

Masséna hatte sich inzwischen über Luzern zum General
Le Courbe begeben und recognoscirte mit demselben am
29. September das Schächen-Thal, fand aber nichts als die hinter-
lassenen Spuren des russischen Heerzuges und einige Nachzügler, die der Hunger zu Boden warf und zum Fortkommen
unvermögend machte. Er ging noch am nämlichen Tage nach
Schwyz, um das russische Armeecorps im Mutten- (Muotta-)
Thale aufzusuchen.

Am 30. liess er ein starkes Detachement gegen Mutten
(Muottathal) vorrücken, die russischen Posten vorwärts des Ortes
vertreiben und recognoscirte selbst die Stellung und Stärke der
Rosenberg'schen Division. Dieses Detachement wurde nachdrück-
lich zurückgewiesen und bis Schwyz und Brunnen verfolgt.

In der Nacht traf die Division Mortier und eine Halbbrigade von der Division Le Courbe (jetzt Loison) ein. Masséna
detachirte sogleich einige Bataillons der ersteren über Einsiedeln

an die obere Linth zur Verstärkung des Generals Gazan, weil er Souwarow's Marsch in jene Gegend vernommen hatte, und griff am 1. October die Russen im Mutten-(Muotta-)Thal lebhaft an. Sein Entschluss war zu schnell, um durch Seitencolonnen die steilen Berge auf beiden Seiten des Thales erst ersteigen zu lassen; daher wurde blos in der Tiefe gefochten und den Russen der Sieg zutheil, weil es zum Handgemenge kam.

Rosenberg liess 3 Bataillons aufmarschiren, mit welchen er die ganze Breite des Thales einnahm und den Franzosen entgegenging. Fünf Bataillons, 2 Kosaken-Regimenter folgten zur Unterstützung nach. Die Russen drangen in die Mitte der feindlichen Linie ein, brachen durch und schlugen sie bis über Schwyz in die Flucht. Der Verlust bei solchen Gefechten ist immer beträchtlich; eine bedeutende Anzahl Gefangener und 5 Kanonen fielen den Siegern in die Hände.

Masséna gab jedoch seinen Entschluss nicht auf, die Pläne des Feindes durch wiederholte Angriffe zu durchkreuzen; allein das Thal der Mutten bot ihm zu viel Schwierigkeiten. Er liess daher 2 Halbbrigaden zur Beobachtung des Rosenberg'schen Corps stehen und beorderte den Rest der Division Mortier an die Linth, um längs diesem Flusse dem General Gazan zu folgen, der sich zu Molitor's Unterstützung aufwärts von Schänis gezogen hatte.

Souwarow erwartete den Erfolg dieser Dispositionen nicht. Rosenberg stiess am 4. nach Zurücklassung seiner Verwundeten zu ihm, und nun ward der Rückzug über das Gebirge des vorderen Rheinthales beschlossen. Am Abend des nämlichen Tages setzten sich die Kosaken und Tragthiere in Bewegung; die Armee folgte am 5. October um 3 Uhr Früh und nahm ihren Zug durch das Sernf-Thal über Engi, Matt und Elm. Der Nachtrab, welcher den Feind bei Näfels und Mollis beobachten und den Marsch decken sollte, brach mit der Armee zugleich auf und sorgte nicht einmal für die Unterhaltung der Wachfeuer. Daher waren ihm die Franzosen bald auf dem Nacken und beunruhigten den Marsch bis Matt, wo sich die Arrièregarde aufstellte, indessen Souwarow bei Elm in das Lager rückte. Spät Abends versuchten die Franzosen noch einen

Anfall, fanden aber überlegenen Widerstand und zogen sich
auf Glarus zurück.

Die russischen Truppen hatten bisher viel gelitten, alle
Kranken, Verwundeten und Nachzügler zurückgelassen, den
grössten Theil ihres Kriegsgeräthes verloren; aber jetzt nahmen
ihre Leiden in höherem Masse zu und würden sie ganz zu
Grunde gerichtet haben, wenn der Feind seinen Vortheil benützt und die Verfolgung nur mit kleinen Abtheilungen fortgesetzt hätte. Von Elm ging der Zug am 6. October über
die steile Grenze von Graubünden. Ein frisch gefallener, zwei
Fuss tiefer Schnee, der mit jedem Schritte wich, deckte die
schmalen Fusswege, auf welchen die Felsenmassen des Gebirgs-
rückens einzeln und mühsam erklettert werden mussten. Von
der Höhe herab, so weit das Auge reichte, zeigte sich Graubünden und Tirol als eine ungeheure Schneewüste; keine
menschliche Spur, kein Pfad war zu sehen; kein Strauch gewährte die Möglichkeit, Feuer zu machen; keine Felsenspitze
ragte hervor, um dem Wanderer zum Wegweiser oder zur
Stütze zu dienen. Auf dem jenseitigen Abhang war der Schnee
durch die kalten Winde so glatt gefroren, dass nur der Sturz
der vorderen Menschen und Pferde die folgenden warnen
konnte, den gefährlichen Steig mit einem anderen, ebenso unsicheren zu vertauschen. Der ganze Tag ging so vorüber. Mit
Mühe erreichte die Avantgarde und das Hauptquartier das Dorf
Panix. Die ganze Colonne brachte die Nacht auf dem höchsten
Gipfel und auf den beiderseitigen Abfällen des Gebirges unter
freiem, frostigem Himmel zu. Mehr als 200 Menschen und der
grösste Theil der Tragthiere verloren das Leben, die mitgebrachten Gebirgskanonen wurden nach und nach in die
Abgründe gestürzt, und am 8. hatte die Queue der Colonne
Panix noch nicht erreicht. An diesem Tage ging das Hauptquartier nach Ilanz. Am 10. October endlich war die ganze
russische Heeresmacht unter dem Schutz der von den Oesterreichern besetzten Bündner-Pässe im vorderen Rheinthale versammelt. Souwarow hatte eine Richtung genommen, die ihn
ganz ausser Thätigkeit setzte. Um eine neue Operation zu
beginnen, musste er entweder über Chur und Sargans an den
Walenstädter-See, oder über Disentis an den Gotthard mar-

schiren. Das Letztere grenzte wegen des unfehlbaren Zeitverlustes und wegen des Mangels an allen unentbehrlichen Vorbereitungen an die Unmöglichkeit.

Masséna konnte beruhigt sein, dass Tureau[1]) aus dem
Rhône- und Loison aus dem Reussthale den Oberst Strauch
von dem Gotthard vertreiben würden, bevor ihn die Russen
erreichten. Gegen eine Vorrückung an den Walenstädter-See
hatten sich die Franzosen in Verfassung gesetzt; denn sie standen
in der Nähe desselben, indessen Souwarow den längeren Weg
über Chur und Sargans hinterlegen musste. So gross ist das
Uebergewicht der Centralpositionen über die umfassenden, und
des einfachen Manövers über die zusammengesetzten! Wenn
man die äusserst unbedeutende Entfernung betrachtet, in
welcher sich die Colonnen der Verbündeten befanden, als
Jellačić am 26. September in Mollis und Linken in Schwanden
war, als letzterer am 29. vor Glarus, und der russische Vortrab
auf dem Brakel (Pragel) stand; so scheint es, dass ihre Vereinigung unfehlbar erfolgen sollte: und dennoch scheiterte sie
an dem Umstand, dass die zwischen Glarus und Wesen befindlichen schwächeren Franzosen jedem Anführer der feindlichen Colonnen die Kenntniss von der Annäherung und dem
Schicksal des andern entzogen.

In der Theorie und bei der jeden Zufall ausschliessenden
Berechnung der Entfernungen auf der Karte versprechen jene
Manöver, welche das Zusammentreffen mehrerer Colonnen in
der feindlichen Stellung beabsichtigen, nicht nur einen sicheren,
sondern den glänzendsten Erfolg; weil es scheint, dass der
Gegner, von verschiedenen Seiten angegriffen, überflügelt, in
Flanke und Rücken genommen, unfehlbar unterliegen müsse.
Darum greifen die blossen Theoretiker und nach ihnen alle
nicht tief forschenden Menschen — folglich die Mehrzahl —
hastig danach, obwohl die Kriegsgeschichte auf jedem Blatte
ihr Misslingen beweist. In dem Zeitraume von 18 Jahren
wurden 12 Hauptschlachten blos darum verloren, weil ihr Erfolg auf zusammengesetzte Bewegungen und auf den gleichzeitigen Angriff entfernter Colonnen berechnet war.

---

[1]) Gewöhnlich Turreau; geb. 1756, † 1816.   D. H.

So die Schlacht bei Tourcoing . . im Jahre 1794

die erste Schlacht zum Entsatz von

    Mantua . . . . » » 1796

die Schlacht bei Nereshcim . . . » » 1796

jene bei Rivoli . . . . » » 1796

bei Stockach . . . . » » 1799

an der Trebbia . . . . » 1799

bei Genola . . . . . . » » 1799

  » Hohenlinden . . . . » » 1800

  » Austerlitz . . . . » » 1805

  » Pultusk . . . . . » » 1806

  » Talavera . . . . » » 1809

  » Salamanca . . . . » » 1812.

Mehrere kleinere Gefechte nicht zu erwähnen, welche aus der nämlichen Ursache unglücklich ausfielen. Obwohl die Strafe so schnell, so bestimmt und so empfindlich auf diesen Fehler folgte, so wurde er doch so oft und zum Theil von den nämlichen Anführern wiederholt. Aber man sucht sich derlei Unfälle aus Nebenursachen zu erklären; man tröstet sich mit der Aufzählung der entscheidenden Resultate, welche die künstlich durchdachte Disposition gehabt haben würde, wenn ihr die Ausführung entsprochen hätte; und man will nicht begreifen, dass eben diese letztere der Stein des An-stosses ist, den man in der Wirklichkeit nicht wegräumen kann. Je verwickelter ein Entwurf ist, je vielfältiger die Co-lonnen, je entfernter die Punkte, aus welchen sie herbeigeführt werden; je früher müssen die Einleitungen getroffen werden, je mehr häufen sich die Zwischenfälle und je wahrschein-licher ist es, dass die stets wechselnden Verhältnisse des Krieges an dem Tage des Angriffes nicht mehr die nämlichen sind. Der tiefe Kenner, der praktische Soldat, dessen Erfahrung durch Nachdenken gereift ist, wird sich nie von der Ueberzeugung trennen, dass in der Kriegs-wissenschaft wie in allen übrigen das Einfachste immer das Wahre, das Schönste, das Zweckmässigste,

das einzig Anwendbare ist, auf dem kürzesten, sichersten, entscheidensten Wege zum Ziele führt, und —
vom Glücke nicht begünstigt — die wenigsten nachtheiligen Folgen hat.

Zehnter Abschnitt.

Die Verbündeten räumen die Schweiz.　Abzug der Russen.

Masséna's erster Schritt, nachdem sich die Russen von
ihren Operationslinien entfernt hatten, war die Vertreibung der
Oesterreicher von dem Gotthard. Es lag ihm daran, sich des
Vereinigungspunktes zwischen seinem rechten Flügel und seiner
Flanke im Wallis zu versichern; weil er durch die Wieder-
erlangung dieses Postens die Operationen des Feindes sowohl
von Italien her, als von Graubünden so lange aufzuhalten vermochte, bis er die Zeit zu Gegenbewegungen aus dem entfernteren Theile der Schweiz gewann, in welchem immer die
Mehrzahl der Truppen aufgestellt bleiben musste.

Kein hohes Gebirge kann, wegen der Unmöglichkeit die
unentbehrlichsten Bedürfnisse immerfort zuzuführen, durch
längere Zeit stark besetzt bleiben; daher hielt auch der Oberst
Strauch, welchen Souwarow auf dem Gotthard zurückliess, nur
Vorposten bei der Kapuziner Herberge (Hospiz), in Airolo und
in der Val Bedretto; 2 Bataillons lagen zur Unterstützung in
Dazio, und der Rest der Brigade stand bei Bellinzona. Posten
in Tavetsch und Disentis sicherten seine Verbindung über
St. Maria durch das Thal des Mittelrheins mit Ilanz und Chur.
Ohne grosse Schwierigkeiten trieb die zweite Division Loison,
welche aus dem Reussthale vordrang, die Oesterreicher von
der Spitze des Gotthard in das Thal des Ticino, dann von
den Quellen des Vorderrheins nach Ilanz und bemächtigte sich
wieder des Hauptgebirgsstockes, aus welchem alle Thäler entstehen. Während die zwei ersten Divisionen die Linie von dem
Walliser-Land über den Gotthard in das Linth-Thal zu behaupten
hatten, standen Mortier und Gazan bei Sargans dem vornehmsten Débouché der Verbündeten gegenüber und beobachteten das Rheinthal bis an den Bodensee.

Masséna's zweiter Gedanke ging dahin, durch die Vorrückung seines linken Flügels und durch die Verdrängung der
Verbündeten über den Rhein den Bogen zu erweitern, den sie
um ihn gezogen hatten, ihre Verbindung zu erschweren, indem
er sie zur Umgehung des Bodensees nöthigte, und jede ihrer
offensiven Unternehmungen dadurch zu verzögern, dass sie im
Osten und Norden durch den Uebergang über den Rhein eröffnet werden musste. Zu dieser Operation waren die Divisionen
Mesnard, Lorges und Klein bestimmt, welche bisher an dem
Ufer der Thur das Korsakow'sche Corps beobachteten; und ein
Theil der Division Gazan sollte zur Mitwirkung beigezogen
werden.

Nach der Schlacht von Zürich hatte der russische General
die Fassung verloren, und seine Truppen eilten in grösster Verwirrung dem rechten Rheinufer zu. Die Art, wie sich das
Treffen am 26. September für sie endigte, der Verlust ihrer
Artillerie, die Nothwendigkeit, sich durchschlagen zu müssen,
konnte den General Masséna zu der Ueberzeugung berechtigen,
dass diese Armee nach einer solchen Niederlage nicht in der
Verfassung sei, einen kräftigen Widerstand zu leisten, und dass
sie bei der Erscheinung einiger schwachen französischen Abtheilungen in dem Wahne, von dem siegenden Feinde verfolgt
zu werden, zurückweichen würde, um hinter dem Défilé des
Rheins Schutz und Zuflucht zu finden. Warum liess also
Masséna den General Oudinot nur bis an die Thur vorgehen?
— Diese Linie war zwar unter anderen Verhältnissen als die
kürzere jener am Rhein vorzuziehen, nicht aber in den damaligen; da die Durchbrechung eines längeren Cordons weder
von den Russen, noch von den in der Nähe befindlichen
schwachen Oesterreichern befürchtet werden durfte. Der Rhein
würde eine Operation der Verbündeten länger aufgehalten
haben als die Thur, und die Entfernung des linken französischen Flügels von der Mitte wäre durch die Besetzung des
ersten Flusses nicht bedeutend vermehrt worden.

Die Unordnung, welche seit der Schlacht bei Zürich unter
den Russen herrschte, währte bis zu ihrer Ankunft an dem
Rhein, wo sie in zwei Colonnen am 27. September bei Eglisau,
am 28. bei Schaffhausen eintrafen und ohne Verzug ihre Sicher-

heit auf dem rechten Ufer suchten. Die Brücken von Stein
und Eglisau wurden zerstört, jene von Diessenhofen, sowie der
Brückenkopf von Büsingen blieben ohne Vertheidigung. In
Constanz lag General Titow, verliess aber am 29. diesen Posten
bei der Annäherung eines französischen Detachements, verdarb
die Brücke über den Rhein und räumte sogar Petershausen,
wo sich ein Magazin und das Laboratorium für die russische
Artillerie befanden. Die Franzosen fingen eben an, über die
hergestellte Brücke und auf die Insel Reichenau überzusetzen,
als einige Escadrons österreichischer Dragoner unter dem
Obersten Grünne am 30. September noch zu rechter Zeit von
Stockach herbeieilten, sie wieder zurückwarfen und dann in
Constanz selbst einrückten.

Der österreichische General Nauendorf, welcher die Linie
von Schaffhausen gegen Basel besetzt hielt, vereinigte seine
Truppen zur Unterstützung der Russen und zog noch ein paar
tausend Mann Cavallerie an sich, die bereits im Marsch waren,
um dem Erzherzog über die Donau zu folgen.

Korsakow erhielt eine Verstärkung von 3 Bataillons
Pfälzern und postirte sich zwischen Schaffhausen und Ramsen.
Nun erst, und da sich von den Franzosen kaum einige Patrouillen dem Rheine näherten, entschloss er sich, 2 Infanterie-,
2 Cuirassier- und 1 Kosaken-Regiment vorwärts Diessenhofen
zur Deckung der Brücke aufzustellen und 1.800 Mann mit 14
Stück Geschütz in den Brückenkopf von Büsingen zu werfen.
Dieser war gut angelegt und hatte starke Profile. Er bestand
aus einem Kronenwerk in einer Front von 360 Klaftern und
einem vorgelegten Aussenwerk — beide grösstentheils vollendet, bis auf eine Flanke, durch welche sich die rechte
Bastion an den Rhein anschliessen sollte, die aber durch einen
Schleppverhau aus dem naheliegenden Walde umso leichter
ersetzt werden konnte, als das ganze Werk von den Batterien
des rechten Rheinufers sehr vortheilhaft flankirt wurde. Der
vor dem rechten Flügel, jedoch ausser Kanonenschuss liegende
Scharenwald hinderte die freie Aussicht und erleichterte die
Annäherung des Feindes. Diesen Wald besetzten die Russen
nicht und beschäftigten sich weder mit der gänzlichen Vollendung der Werke noch mit der Lichtung des Gehölzes, ob-

wohl Beides von den bei Schaffhausen liegenden Truppen schnell
beendigt worden wäre.

Um diese Zeit traf das Prinz Condé'sche Corps von 2.700
Pferden, welches nach dem Frieden von Campo Formio in
russischen Sold getreten und in Wolhynien eine gastfreund-
liche Aufnahme gefunden hatte, dann aber von dem Kaiser
Paul zur Verstärkung der Hilfstruppen in Deutschland bestimmt
wurde, nebst einem russischen Husaren-Regiment in der Gegend
von Stockach ein und nahm auf Verwendung des Erzherzogs,
der auf das Débouché von Constanz einen vorzüglichen Werth
legte, weil aus diesem der rechte Flügel von der unter Souwarow
herankommenden Armee auf der kürzesten Linie unterstützt
werden konnte, seine Richtung nach Constanz.

Nachdem Masséna aus den kleinen Cantonen gar nichts
und von dem oberen Rhein her wenig mehr zu besorgen hatte,
liess er seine Divisionen nach jenen Richtungen vorrücken,
durch welche er sein Manöver zu vollenden und sich der ganzen
nördlichen Schweiz zu bemächtigen hoffte. Der grösste Theil
der Division Mortier blieb bei Walenstadt und Sargans, ein
geringerer Theil derselben mit der ganzen Division Gazan und
2 Cavallerie-Regimenter unter der Oberleitung des Generals
Soult marschirten gegen Rheineck und Constanz, die Division
Lorges gegen Stein und Diessenhofen, Mesnard gegen den
Brückenkopf von Büsingen und gegenüber Schaffhausen, die
Reserve-Division Klein nach Winterthur und Andelfingen, das
Hauptquartier nach Winterthur.

Am 6. October zeigte sich General Mesnard mit 2 Colonnen von ungefähr 2.000 Mann vor Paradies[1]) und trieb die
russischen Vorposten in den Brückenkopf von Büsingen; zog
sich aber zurück und räumte den Wald und die Höhen von
Paradies, als die Besatzung ausfiel und ihm entschlossen ent-
gegenrückte. Am 7. ging General Korsakow mit 10 Bataillons,
22 Escadrons von Büsingen durch den Brückenkopf und den
Scharenwald vor, ungewiss, was er machen würde; denn in
seiner Seele kämpfte der Wunsch, sich in nichts Ernstliches
einzulassen, mit der Furcht vor dem Vorwurfe einer längeren

---

[1]) 4 Kilom. SOO. von Schaffhausen, links am Rhein.   D. H.

Unthätigkeit und vor der Verantwortung, zu Souwarow's Erleichterung nichts unternommen zu haben. Das Ganze erhielt
daher den Namen einer Recognoscirung. So wie Jeder, der sich
ungern zu etwas entschliesst, das Ende schnell herbeizuführen
sucht, eilte Korsakow mit der Infanterie allein, ohne den Uebergang der Cavallerie abzuwarten, auf den Höhen von Schlatt
und Trüllikon[1]) der Division Mesnard entgegen, welche eben
auch im Begriff war, sowie Lorges, gegen Diessenhofen zum
Angriff vorzurücken. Die russische Infanterie drang mit solchem
Ungestüm in die feindlichen Reihen, dass sie mit grossem Verlust bis Andelfingen zurückgeschlagen wurden. Hier stellte
Masséna an der Spitze seiner Grenadiere von der Reserve das
Gefecht wieder her, entriss den Russen den Sieg und zwang
sie durch den Scharenwald bis in den Brückenkopf zu weichen.
Ruhig verhielten sich die Franzosen in dem Besitz dieses Waldes
bis Abends 7 Uhr; dann aber brachen sie plötzlich zum Sturm
des Brückenkopfes heraus, der jedoch zweimal ebenso standhaft als glücklich abgeschlagen wurde, worauf Masséna sich
wieder auf Trüllikon repliirte und die Russen endlich den
Scharenwald besetzten.

In Verbindung mit Korsakow's Angriff war auch General
Woinow mit 2 Bataillons, 1 Escadron von Diessenhofen im
Anzug. Das Glück begünstigte anfangs seine Fortschritte; er
nahm dem Feind eine Kanone und mehrere Gefangene ab.
Als aber die Hauptcolonne ihre Vortheile aufgeben musste,
konnte sich Woinow gegen das Andringen der Division Lorges
nicht halten. Er kehrte nach Diessenhofen zurück, wo er sich
bis in die Nacht mit vieler Tapferkeit behauptete, dann aber
das linke Ufer des Rheins verliess und die Brücke hinter sich
zerstörte.

Einen ähnlichen Erfolg hatte der Angriff des Generals
Gazan auf Constanz. Nur sehr wenig Infanterie und gegen
3.000 Mann der österreichischen, russischen und Condé'schen
Cavallerie hielten die mit Weinbergen, Wäldern und Schluchten
durchschnittenen Zugänge von Constanz, seine alten Wälle,
die Brücke und die Häuser von Petershausen besetzt; doch

---

[1]) Südlich von Paradies.   D. H.

fanden die Franzosen Widerstand. Aber am folgenden Tage
verliess der linke Flügel der Verbündeten diese ausgedehnte
Stellung so schnell, dass der Feind mit ihm zugleich in die
Stadt drang und der rechte sich durchschlagen musste, um
die Brücke von Petershausen zu gewinnen. In der Verwirrung,
welche ein solches Gefecht immer begleitet, vergass man die
Brücke abzubrechen, und die zahlreiche Cavallerie jagte, sobald sie sich den Weg geöffnet hatte, über Petershausen in das
Freie hinaus. Die ohnehin schwache Infanterie hatte viel verloren und war keiner Gegenwehr mehr fähig. In dieser miss-
lichen Lage retteten die österreichischen Dragoner Petershausen
zum zweiten Male, indem sie absassen, sich in die Häuser vertheilten, in Eile die Brücke verrammelten und den Uebergang
so lang vertheidigten, bis es in der Dämmerung einigen Frei-
willigen gelang, die hölzernen Pfeiler unter der Brücke theils
abzusägen, theils mit Seilen zu umschlingen und unter dem
feindlichen Feuer einzureissen.

Ueber diese Ereignisse ungehalten und besorgt, dass die
Pontonbrücke bei Büsingen auch eine Beute des Feindes
werden könnte, ermächtigte der Erzherzog den General Korsakow, seine Truppen aus dem Brückenkopf zu ziehen, und
befahl, dass die Pontons ausgehoben und nach Stockach in
Sicherheit gebracht werden sollten.

Von nun an befand sich das ganze linke Rheinufer in
der Gewalt der Franzosen. Korsakow übernahm die Vertheidigung der Strecke von Petershausen bis Diessenhofen, und die
Oesterreicher die weitere Besetzung des Rheins, nachdem
bereits vom 1. bis 7. October 27 Bataillons, 46 Escadrons aus
der Gegend von Mannheim in jener von Villingen angekommen
waren, und der Erzherzog seit dem 6. sein Hauptquartier nach
Donaueschingen verlegt hatte. Die Franzosen stellten gleichfalls
ihre Posten längs 'dem Rhein auf, liessen aber den grössten
Theil ihrer Truppen in gut gewählten Centralpunkten hinter
der Thur. Die zweckmässige Verwendung der Reserve gab
ihnen bei Andelfingen den Vortheil über Korsakow's stürmische
Vorrückung: und immer wird sich der Sieg für Jenen
erklären, der in dem zweifelhaften Moment des Waffen-
glücks, wenn beide Theile mit gleich erschöpften

Kräften ringen, oder der Eine schon vor des Andern Uebermacht weicht, die letzte Reserve zu seiner Verfügung hat. Das Uebergewicht, welches die Erscheinung derselben auf dem Schlachtfelde gewährt, spricht ausschliesslich für die tiefe Ordnung: aber nicht in dem Sinn, wie sie die meisten Schriftsteller verstehen — nicht für die Ordnung in einer geschlossenen, dem verheerenden Feuer des Geschützes ausgesetzten und durch ihre Bildung selbst unbeweglichen Colonne, sondern für die Stellung in mehreren aufeinanderfolgenden Treffen. Die Brechung, Vereinzelung und Wiederformirung der Truppen wurde in den neueren Kriegen so sehr erleichtert, dass man selbst in dem beschwerlichsten Terrain hiezu die Möglichkeit findet, und nur wenig Gegenden als ganz unzugänglich betrachtet werden. Daher gewähren Gegenstände, die man sonst als Stützen für die Flügel anerkannte, diesen Vortheil nicht mehr, und man muss ihn durch die Schlachtordnung der Truppen ersetzen, wenn man nämlich mehrere Treffen staffelweise dergestalt verlängert, dass die hintern die vordern debordiren, und der überflügelnde Feind selbst in die Flanke genommen oder zur Umgehung des äussersten Staffels in einem sehr ausgedehnten, mit Gefahr und Zeitverlust verbundenen Bogen genöthigt wird.

Die Verlassung des Brückenkopfs von Büsingen war umso mehr ein übereilter Schritt der Verbündeten, als sie auf eine neue Offensive in der Schweiz noch nicht Verzicht gethan hatten und diese dadurch mächtig erschwert wurde. Wenn aber auch dies der Fall gewesen wäre, so konnte die Behauptung des Brückenkopfs noch sehr nützlich sein, weil es keine festere und dauerhaftere Vertheidigung gibt, als wenn man durch den Besitz offensiver Punkte den Feind stets mit einem Angriff bedroht und wenigstens zum Theil in die Defensive versetzt. Nichts erfüllt diesen Zweck in vollerem Masse als Brückenköpfe, hinter welchen sich Postirungen auf dem jenseitigen Ufer befinden. Jede andere Stellung kann umgangen, Festungen können durch Berennung unschädlich gemacht werden, weil der Kreis ihrer Wirksamkeit und die Zahl ihrer Kräfte bestimmt und beschränkt ist; aber ein wohlerbauter sturmfreier Brückenkopf, der seiner Bestimmung entspricht und

25*

die Brücke vollkommen deckt, unterliegt keinem jener Nachtheile, die den Fall anderer Posten nach sich ziehen; denn er
kann weder an Besatzung noch an Lebensmitteln, noch an
Kriegsvorräthen erschöpft werden. Der Feind, durch den Fluss
von dem Gegner geschieden, erfährt und entdeckt zu spät die
Absichten und Bewegungen desselben, um Gegenanstalten zu
treffen; er muss fortwährend einen Punkt mit der grössten
Vorsicht beobachten, aus welchem unerwartet eine ganze Armee
herausbrechen kann; er verliert die natürliche Schutzwehr seiner
Aufstellungslinie und darf diese nicht bis an den Fluss vor-
schieben, weil sie, durch den Brückenkopf unterbrochen, Gefahr laufen würde, unwiederbringlich gesprengt zu werden.
Wenn ein solcher Posten, vorzüglich durch häufige Ausfälle,
gut vertheidigt und von der Armee unterstützt wird, so ist
seine Wegnahme nur durch den Uebergang über den Fluss,
durch die Vertreibung des Gegners vom jenseitigen Ufer und
durch die Zerstörung der Brücke zu erwirken — eine Unternehmung, die unter die grössten Operationen gehört und so
viele Vorbereitungen erfordert, dass der Vertheidiger indessen
oft Zeit und Mittel gewinnt, ihre Ausführung zu vereiteln. Im
schlimmsten Fall bleibt noch die Möglichkeit vorhanden, den
Brückenkopf eher zu räumen, als ihn der Feind mit offener
Gewalt wegzunehmen vermag; und man hat immer den Vortheil für sich, seine Unternehmungen aufgehalten zu haben.

Gerade in den damaligen Verhältnissen an der Schweizer
Grenze konnte der Brückenkopf von Büsingen eine glänzende
Rolle spielen, weil weder die vorgerückte Jahreszeit noch eine
grosse Mehrzahl an Kräften dem General Masséna erlaubte,
die Räumung desselben durch eine ernstliche Operation zu
erzwingen; dagegen gab dieser Punkt den Verbündeten freie
Hand, die Aufstellung des Feindes zu beunruhigen und durch
Fortsetzung des kleinen Kriegs seine Truppen zu erschöpfen,
ohne die eigenen zu ermüden. Der Brückenkopf wurde verlassen, weil der Erzherzog zwar nicht an der Tapferkeit der
Russen, aber, nach den wiederholten Aeusserungen Korsakow's,
an seinem festen Willen ihn zu behaupten zweifelte. Was
hinderte jedoch den Erzherzog, österreichische Truppen in eine
Verschanzung zu werfen, die nur 2.500 Mann zur Besatzung

brauchte? Und wenn auch Einiges an der Vollendung dieses Werkes fehlte, so war es doch haltbar und konnte sehr bald zur Vollkommenheit gebracht werden.

In der nämlichen Zeit, als die Oesterreicher vom Neckar her über die Quellen der Donau setzten und sich Schaffhausen näherten, kam Souwarow aus dem höheren Gebirge der Schweiz längs dem oberen Rhein herab. Nach Mass als seine Divisionen zwischen dem 8. und 10. October bei Ilanz debouchirten, hatte er seinen Marsch nach Chur fortgesetzt — von Linken gedeckt, der zu diesem Ende über Ilanz vorgerückt war. Die Vortruppen dieses letztern mussten jedoch bald von Disentis weichen, als Loison den Obersten Strauch vom Gotthard vertrieb und sich in das vordere Rheinthal senkte. Linken zog sich nach der russischen Colonne wieder auf Chur und liess den Kunkels-Pass, Tamins, Reichenau und das Domleschger-Thal (am Hinterrhein) bis Thusis besetzt; einzelne Posten beobachteten die vordere Gegend bei Flims und Ruis.

Am 11. October brach Souwarow nach Balzers auf; Linken dehnte sich gegen Maienfeld aus; Auffenberg blieb in Chur. Am 12. October trafen die Russen bei Feldkirch ein.

Wer hätte nicht glauben sollen, dass die Verbündeten, welche aus Norden und Süden heranströmten, die Ufer der Limmat bald wieder betreten würden! Mit überlegenen Kräften umfassten sie die Franzosen in dem nördlichen Theile der Schweiz; aber diese Kräfte bestanden aus zwei verschiedenen Armeen, von selbstständigen Feldherrn geführt. Wenn daher auch Beide im Anfang den nämlichen Zweck beabsichtigten, so wollten sie ihn doch auf verschiedenen Wegen erreichen, konnten sich nicht vereinigen und verloren die Zeit mit Unterhandlungen.

Nach Souwarow's Plan, den er dem Erzherzog am 13. October mittheilte, sollte Graubünden verlassen, die untere Zollbrücke verbrannt, der Luziensteig gesprengt werden; er selbst wollte am 17. mit allen in Vorarlberg stehenden Truppen bei Meiningen und Höchst über den Rhein setzen, sich am 18. bei St. Gallen concentriren und bei Winterthur zu Korsakow stossen, welcher in zwei Colonnen von Constanz über Bischofszell und aus der Gegend von Stein über Pfyn und Frauenfeld vorrücken würde. Bis zur Vereinigung mit dem Korsakow'schen Corps sollten 6.000 Oesterreicher nebst den Landesschützen in der Stellung von Feldkirch zurückbleiben und die linke Flanke während des Ueberganges über den Rhein decken.

Der Erzherzog besorgte, dass die Versammlung an der Thur in der Mitte der feindlichen Linie, die sich von Sargans bogenförmig gegen die untere Aar erstreckte, vereitelt werden könnte. Um daher die Russen durch die frühere und engere Zusammenziehung ihrer Kräfte vor einzelnen Niederlagen zu bewahren, trug er darauf an, den General Korsakow am 15. und 16. October über Stockach zu dem Feldmarschall Souwarow in Marsch zu setzen, und übernahm die Verpflichtung, eine bedeutende österreichische Colonne zwischen Constanz und Schaffhausen in die Schweiz einbrechen zu lassen. Dagegen äusserte Souwarow am 14.,[1]) dass seine Truppen zum Gebirgskriege nicht anwendbar wären, und dass er sich entschlossen habe, den Bodensee zu umgehen, hinter denselben zu Korsakow zu marschiren und dann mit ihm die Operation in die Schweiz zu beginnen. Es blieb jedoch auch hierbei nicht; denn nachdem die Russen am 15. Dornbirn, und am 16. October Lindau erreicht hatten, erklärte ihr Feldherr am 17.,[2]) dass sie, unvermögend zu irgend einem Angriff, erst Erholung in rückwärtigen Cantonirungen bedürften. Alle Vorstellungen des Erzherzogs, ihn zu einem anderen Entschluss zu bewegen, waren fruchtlos. Stolz schlug Souwarow sogar den Antrag einer persönlichen Zusammenkunft aus, und nur nach den beschwerlichsten Unterhandlungen liess er sich endlich herbei, die Rosenberg'sche Division — jedoch nur bis zum 4. November — bei Bregenz stehen zu lassen, die übrigen aber am 30. October zwischen dem Lech und der Iller in Quartiere zu verlegen und seine aus Italien durch Tirol eingeleitete schwere Artillerie und das Gepäck über Kempten an sich zu ziehen.

---

[1]) Das Schreiben mitgetheilt in Miliutin's »Krieg Russlands mit Frankreich im Jahre 1799«, Bd. 4, pag. 148 und 149.

[2]) Ebendaselbst pag. 309. — Zur richtigen Beurtheilung der Haltung des Erzherzogs gegenüber Souwarow vergleiche man Wertheimer, »Erzherzog Carl und die zweite Coalition,« im Archiv für österr. Geschichte LXVII. Bd., zweite Hälfte (1885). D. H.

Es gehört Kraft und Selbstverläugnung zu dem Geständniss begangener Fehler, obwohl es der erste Schritt zu ihrer Verbesserung und für die Folge belohnend ist; daher suchen eingebildete oder unwissende Menschen, denen es an Einsicht sie zu entdecken und an Muth sie zu gestehen fehlt, die Quellen ihrer Unfälle in fremden, ausser ihrem Wirkungskreis liegenden Ursachen. Daher muss meistens Verrätherei die Schuld davon tragen, weil diese am leichtesten auszusprechen und am schwersten zu ergründen ist. Darum ist auch vorzüglich bei Volkskriegen der grosse Haufen roher, für den Verdacht von schlechten Handlungen empfänglicher Menschen nach jedem Unglück zu solchen Beschuldigungen geneigt. Souwarow war durch fortwährende Siege am Schwarzen Meere, an der Weichsel und am Po von seiner und seiner Truppen Unüberwindlichkeit zu sehr überzeugt, um nicht zu diesem Hilfsmittel seine Zuflucht zu nehmen. Nicht die falsche Anlage der Operationen, nicht Korsakow's Missgriffe, sondern die Verrätherei der Oesterreicher mussten die Unfälle der Russen veranlasst haben. Die Stimmung des Feldherrn verbreitete sich auf den grössten Theil der Armee, welche das leichte Mittel hastig ergriff, die vermeintliche Schande von sich zu wälzen und ihren Ruhm unbefleckt zu erhalten. Man schien Jene für Verräther anzusehen, für deren Wohl man sich opferte; und auf diese Art ging die Spannung gegen die Oesterreicher bald in Gehässigkeit über. Selbst der russische Hof wurde aufgebracht und der ohnehin reizbare, argwöhnische, veränderliche Kaiser Paul blieb nicht frei von diesen nachtheiligen Eindrücken. Daher entzog er sich, in dem Wahne, durch Oesterreichs Benehmen zum Misstrauen berechtigt zu sein, einem Krieg, an dem er nur mit einem Hilfscorps theilgenommen hatte. Die Russen verliessen in der ersten Hälfte des Decembers ihre Cantonirungen in Schwaben und traten den endlichen Rückmarsch in ihr Vaterland an.

Das Bündniss zwischen Oesterreich und Russland löste sich auf, wie die meisten Coalitionen, die von einer blossen Berechnung gleichmächtiger Cabinete ausgehen. Die Idee eines gemeinsamen Vortheils und augenblickliches Vertrauen auf gleiche Gesinnungen geben ihnen ihr Dasein. Verschiedenheit der

Meinung über die Mittel und Wege, das vorgesteckte Ziel zu
erreichen, veranlassen Spaltungen. Diese nehmen in dem Masse
zu, als die Ereignisse des Krieges die Hauptgesichtspunkte
verschieben, die Hoffnungen täuschen und die Zwecke verändern; sie werden bedenklicher, je länger unabhängige Heere
gemeinschaftlich operiren müssen. Das natürliche Streben der
Feldherren und der Völker nach Vorrang und grösserem Ruhm
regt im Wechsel des Kriegsglücks alle feindseligen Leidenschaften auf. Stolz und Eifersucht, Dünkel und Eigensinn erheben sich aus dem Kampfe des Ehrgeizes und der Meinung;
sie werden im Verhältnisse seiner Dauer durch Widerspruch
und Reibung gespannter, und es ist ein glücklicher Zufall,
wenn eine solche Verbindung zerfällt, ohne die Waffen gegen
sich selbst zu kehren. Nur dann kann man aus dem Zusammenwirken fremdartiger Körper auf grosse Erfolge zählen, wenn
die Noth, ein Allen zugleich unerträglicher Druck, Herrscher
und Völker zum gemeinschaftlichen Kampfe fortreisst und die
Zeit der Entscheidung desselben nicht über die Dauer des
Feuereifers hinausreicht; oder wenn ein Staat durch seinen
überwiegenden Einfluss das Vorrecht behauptet, die verschiedenen Meinungen der übrigen peremptorisch zu bestimmen und
sie unter seinen Willen zu beugen. Den Coalitionen der ersten
Art unterlagen zuletzt alle Weltbestürmer, durch jene der
zweiten Art wurden in der alten und neuen Zeit die Völker in
Fesseln geschlagen.

Ruhig sah Masséna den weiteren Unternehmungen der
Verbündeten entgegen und stand zwischen dem Walenstädter-
See und der Aar zu ihrem Empfang bereit, indessen sein Rückzug jedenfalls durch die verstärkten Verschanzungen bei Zürich
gedeckt war. Als aber der Marsch der Russen hinter den Bodensee keinen nahen Angriff wahrscheinlich machte, beschloss er,
die Oesterreicher, welche sich in Graubünden geschwächt und
mehrere Truppen nach Vorarlberg gezogen hatten, von dem
Kunkels-Pass und aus dem vorderen Rheinthale ganz zu vertreiben, um sich Ruhe für den Gotthard zu verschaffen und den
Besitz der kürzeren Verbindung von Sargans über Ilanz und
Disentis zu erlangen.

Am 31. October drang ein Theil der Division Mortier von Sargans über Ragatz in das Tamina-Thal und griff den Kunkels-Pass in der Front an, indessen leichte Detachements über Elm und Flims den Berg umgingen und Loison mit 3.000 Mann von Disentis über Ilanz vorrückte. Die Oesterreicher mussten überall weichen, zogen sich bei Reichenau über den Rhein und verbrannten die Brücke. Am 7. November wandten sich die Franzosen über Bonaduz in das Domleschger-Thal, besetzten den Heinzenberg und verjagten die feindlichen Posten aus Rhäzuns, Realta und Praz; diese zogen sich auf Katzis und Thusis zurück. Hier machte die vorgerückte Jahreszeit, die eingetretene rauhe Witterung und der nicht mehr zu ersetzende Mangel an Verpflegung jeder weiteren Unternehmung ein Ende. Dazu gesellten sich noch die Streifzüge, welche die Brigade Strauch theils über Airolo auf den Gotthard, theils durch das Medelser-Thal (am Mittelrhein) auf Disentis, sowie die österreichischen Detachements am Hinterrhein über Splügen in das Savier- und Peters-Thal unternahmen, wodurch die Franzosen im Rücken beunruhigt und ihre durch das vordere Rheinthal vorgeschobenen Abtheilungen wieder zum Rückzug genöthigt wurden, den sie am 9. November anfingen und bis Urseren (Andermatt) fortsetzten.

Der einzige Vortheil, den ihnen die Bekämpfung der Elemente auf diesem winterlichen Zuge brachte, war der Besitz des Kunkels-Passes und des Tamina-Thals, welches sie durch Verhaue und durch Verlegung der Zugänge von der feindlichen Seite sicherten. Aus dem ersten beherrschten sie das Débouché des vorderen Rheinthals und verwiesen die Oesterreicher ganz auf das rechte Ufer des Flusses. Dieses war das letzte kriegerische Ereigniss des Jahres 1799 in der Schweiz. Die Natur gebot Ruhe; Schnee, Eis und Kälte machten bald den Gotthard sowie die von ihm ausgehenden Gebirgsäste für beide Theile unzugänglich.

Einleuchtend hatte sich die Theorie des Gebirgskriegs während eines Feldzuges entwickelt, der sich besonders dadurch auszeichnete, dass die Operationen nicht, wie es gewöhnlich der Fall in solchen Gegenden ist, über vorliegende, mit der Urstellung parallel laufende Gebirgsrücken geleitet wurden, wo

es sich blos um den Uebergang über die Breite des Gebirgs
handelt, um entweder einen zweiten parallelen Rücken zu ersteigen, oder sich in eine jenseits befindliche Ebene herabzulassen; sondern, dass man von Aufstellungslinien ausging, welche
senkrecht den Gebirgszug durchschnitten, und in einer mit dem
Rücken gleichlaufenden Richtung sich derselben nach ihrer
Länge zu bemächtigen strebte. Es bewährten sich dabei folgende Erfahrungssätze:

1. Dass der Besitz der offenen Gegend in strategischer
Beziehung jenen des Gebirges gründet und versichert.

2. Dass der Zug bedeutender Colonnen, folglich der
Operationslinien, nur durch die Hauptthäler stattfinden kann.

3. Dass eine passive Vertheidigung des Gebirgs ihre Absicht ganz verfehlt, und dass man sich nur durch den Angriff
des vordringenden Feindes in demselben behaupten kann.

4. Dass die Offensive, um wirksam zu sein, gleichzeitig
im Thale und auf den Höhen geführt, die entscheidende aber
unter den beiden von der Eigenthümlichkeit des Terrains und
von den jenseitigen Aufstellungen bestimmt werden müsse.

Nach Mass als die Jahreszeit strenger wurde, bezogen die
Armeen ihre Quartiere, in welche sie sich nach und nach ausdehnten. Masséna blieb in seiner alten, für diese Gegend einzig
angemessenen Verfassung; eine Division stand bei Basel und
unterhielt durch eine Postenkette bis zum Einfluss der Aar in
den Rhein die Verbindung mit Frankreich. Vier Divisionen
nebst der Reserve lagen in dem offeneren Theile der Schweiz
zwischen dem Rhein, der Limmat, dem Bodensee und dem
Kunkels-Pass zur Vertheidigung der Zugänge von Coblenz bis
Sargans. Der rechte schwächere und besonders in der damaligen Jahreszeit weniger ausgesetzte Flügel war versagt und
bestand aus einer Division, welche staffelweise die Thäler der
Linth, der Reuss und die Quellen des Vorderrheins sicherte.
Endlich deckte eine Division im Walliser-Land die Flanke gegen
Italien. Späterhin erstreckten sich die Quartiere bis an die
französische Grenze und überschritten sie sogar hie und da.
Einige Abtheilungen wurden zur Verstärkung der italienischen
Armee abgeschickt.

Die Oesterreicher hatten in Graubünden und Vorarlberg eine weniger vortheilhafte, auf das enge Thal des Rheins beschränkte Aufstellungslinie ohne Tiefe. Sie bildete eine lange Reihe von Posten mit Unterstützungen an den vornehmsten Eingängen in das rückwärtige Gebirge; aber die Beschaffenheit der Gegend und die Unmöglichkeit der Verpflegung erlaubten keine andere zu beziehen. Ihre Haltbarkeit gründete sich auf die rauhe Witterung, auf den häufigen Schnee, auf die Ergebenheit der bewaffneten Einwohner von Tirol und Vorarlberg, welche zur Vertheidigung ihrer Gebirge gut verwendet werden konnten. Die Verschanzungen des Luziensteigs waren seit dem 20. October nach dem Abzug der Russen und bei der erfolgten Annäherung der Franzosen über Sargans zerstört, die gemauerten Flanken des Hauptwerks gesprengt und die daran liegenden Verhaue aufgeräumt. In Graubünden standen 9 Bataillons, 3 Escadrons grösstentheils zwischen Chur und Maienfeld; 8 Bataillons, 6 Escadrons in der Stellung von Feldkirch; 3 Bataillons, 2 Escadrons als Mittelposten in Dornbirn; 15 Bataillons, 10 Escadrons bei Bregenz. Unterhalb des Bodensees hielten die Oesterreicher den Rhein stark besetzt. Ihre Hauptarmee lag, von den Vortruppen gedeckt, zwischen Stockach und dem Ursprung des Neckars in Cantonirung — gleich bereit, die Ausgänge des Schwarzwaldes sowohl als die Uebergänge des Rheins von Constanz bis Waldshut zu vertheidigen, oder auf die Communicationen des Feindes zu wirken, wenn er gegen Vorarlberg und in Graubünden vordringen sollte.

Die Operationen wurden früher, als es in den neuern Kriegen gewöhnlich ist, eingestellt. Die Franzosen bedurften der Erholung. Masséna verdient keinen Vorwurf, dass er sich nach Korsakow's Niederlage ausschliesslich mit der Vereitlung von Souwarow's Entwürfen beschäftigte und dann auf die Vertheidigung der Schweiz beschränkte. Eine isolirte Operation in den höheren Regionen von Vorarlberg und Tirol wäre wegen der dabei unvermeidlichen Preisgebung seiner Communicationen zu gefährlich gewesen, und dem entscheidenderen Uebergang über den Rhein abwärts von Constanz gewährte die Ueberlegenheit des dort aufgestellten Gegners keine Wahrscheinlichkeit eines glücklichen Erfolgs. Aber dem Erzherzog blieben

noch Mittel zu Gebot, gleich nach dem Abmarsch seiner Truppen
von Mannheim aufs Neue in die Schweiz zu dringen, Zürich
wieder zu gewinnen und eine vortheilhafte Linie für seine
Quartiere auf beiden Ufern des Rheins zwischen den Seen der
Schweiz und den Quellen des Neckars zu beziehen. Vielleicht
würde er die Russen mit sich fortgerissen und zur Thätigkeit
bewogen haben; denn Jeder reiht sich gern an den Entschlossenen
an und will ihm wenigstens nicht nachstehen, wenn er ihn
nicht übertreffen kann. Jedoch darf dieser Tadel nicht ohne
Erwägung der Umstände ausgesprochen werden, welche ihn
zwar nicht ganz zu heben, aber doch wenigstens zu mildern
vermögen. Politische Rücksichten hatten den Erzherzog aus
der Schweiz entfernt. Ihr Grund war ihm nicht so klar geworden, dass er sich ganz darüber hinwegsetzen konnte;
wenigstens mussten sie Zweifel in ihm erwecken: und wann
hat ein zweifelnder, in Ungewissheit schwebender Feldherr
entschlossen gehandelt? Da die Operation von beiden Enden
des Bodensees in 2 Colonnen geschehen musste, so war für
einige Zeit die Verlassung oder doch die mindere Besetzung
der Zugänge von Vorarlberg und Graubünden unerlässlich, um
jeder der beiden Colonnen Selbstständigkeit genug zu geben,
damit sie vor ihrer Vereinigung nicht theilweise aufgerieben
wurden. Obwohl diese momentane Entblössung keinen wesentlichen militärischen Nachtheil hatte, so entsprach sie doch den
Absichten des Wiener Hofes und der herrschenden Meinung
nicht. Von der anderen Seite erhielt die französische Rhein-
Armee nebst einer besseren Organisation täglich Verstärkung
und mehr Fähigkeit, Deutschland zu bedrohen, dessen Vertheidigung ausschliesslich dem Erzherzog oblag. Wäre die
Rhein-Armee ebenfalls unter Masséna's Oberbefehl gestanden,
so würde, besonders nach dem Abfall der Russen, die Gleichheit
der Mittel zwischen den kriegführenden Mächten hergestellt
gewesen sein. Masséna konnte sie dann entweder an sich ziehen
oder in der Nähe der Schweiz vorrücken lassen und dadurch
eine ernstliche Operation mit seiner Gesammtkraft umsomehr
unternehmen, als der Bodensee die bogenförmige Aufstellung
der Oesterreicher trennte. Aber die Rhein-Armee stand unter
einem unabhängigen Befehlshaber. Sie beschränkte sich daher

auf die wiederholte Berennung von Philippsburg und auf eine Diversion an dem Neckar, welche den Erzherzog zu Detachirungen nöthigte.

Eilfter Abschnitt.

Wiederholte Berennung und Entsatz von Philippsburg.

Masséna's Anstrengungen und selbst seine Siege in der Schweiz wirkten zu wenig auf das Schicksal des Feldzuges im Allgemeinen und hatten nicht jene glänzenden Folgen, die sich die französische Regierung von dem Glück ihrer Waffen in diesem Theile des Kriegsschauplatzes versprach. Sie erkannte endlich die Unzulänglichkeit der bisher verwendeten Mittel und die Nothwendigkeit, in Deutschland mit Kraft zu operiren. Durch das Missgeschick der englischen Unternehmung gegen Holland für ihre Küsten beruhigt, fand sie keinen Anstand mehr zur unbedingten Verwendung aller Truppen gegen Oesterreich; und die Bildung einer selbstständigen Armee am Rhein unter der Anführung von Le Courbe wurde beschlossen. Doch war die Gewalt des Directoriums so sehr erschüttert, dass diese Massregel nicht schnell und vollständig genug ausgeführt werden konnte, um auf den gegenwärtigen Feldzug einen entscheidenden Einfluss zu nehmen; sie diente vielmehr als Vorbereitung zu dem künftigen. In dem Rheinthale, vor den Brückenköpfen von Kehl und Breisach, blieb man bei dem seit Anfang des Feldzugs angenommenen System. Diese festen Posten enthielten selten mehr als die zu ihrer Vertheidigung nothwendigen Besatzungen. Die Verstärkungen, welche bei denselben eintrafen, bestanden blos aus Truppen, die auf ihrem Marsche nach Italien, nach der Schweiz oder nach dem unteren Rhein augenblicklich dort verweilten und verwendet wurden. Es entspannen sich daher zwar häufige Gefechte mit den feindlichen Abtheilungen, welche die Brücke einschlossen; aber immer ohne bedeutenden Erfolg und ohne anderen Vortheil, als die meistens aus Neulingen bestehenden Haufen an den Krieg zu gewöhnen und ihre Raubsucht durch die Plünderung wohlhabender Dörfer zu befriedigen. Nie dehnten sich die Franzosen in dem Rhein-

thale aus, oder verdrängten durch längere Zeit die Oesterreicher
von ihren Posten; nie vermochten sie dem Feinde hinreichende
Besorgnisse zu geben, um ihn zur Verstärkung jener Abtheilungen zu bewegen, denen seit Jourdan's Rückzug die Beobachtung beider Brückenköpfe und der Zugänge zu dem Schwarzwald anvertraut war.

Nachdem Le Courbe Verstärkungen aus Holland erhalten
hatte, wurde die schon zweimal ohne Erfolg versuchte Berennung
von Philippsburg das Ziel seiner Operationen. Die Eroberung
eines Platzes erfordert vor Allem, dass der Feind auf keinem
Punkte seiner Umgebung zum Entsatz anrücken könne. Die
Einschliessung muss vollständig sein, damit es auch kleineren
Abtheilungen nicht gelinge, bis zu der Festung zu dringen und
ihren Fall durch Zubringung von Mundvorräthen und Munition zu
verzögern oder ihr die Mittel zu erleichtern, sich solche durch Ausfälle zu verschaffen. Um diese unerlässliche Bedingniss zur Uebergabe zu erfüllen, wird die Festung mit einem gegen sie ge-
richteten Kreis umgeben, indessen ein zweiter alle Zugänge aus
der umliegenden Gegend bewacht. Damit man aber durch Vereinzelung der Streitkräfte auf dem letzteren nicht die Möglichkeit verliere, den auf was immer für einen Punkt heranrückenden
Entsatz zurückzuschlagen, besetzt man die auswärtige Linie
nur mit einer Postenkette, und hält die Observations-Armee
auf einem Centralpunkt bereit, sich überall hin zu verfügen,
wo der Gegner mit Macht durchzudringen droht.

Liegt die Festung an einem Flusse, so ist diese Vorsicht
um so nöthiger, als die Thäler, in welche die Flüsse fort-
ziehen, meistens in geringer Entfernung und in paralleler Richtung von dem Gebirge begleitet werden. Wollte man die
Armee auf die Abfälle desselben vertheilen, so würde die Verbindung der getrennten Posten nicht allein erschwert, sondern
ihre wechselseitige Unterstützung beinahe unmöglich gemacht,
und das Heil des Ganzen dem Schicksal eines isolirten Punktes
überlassen bleiben. Wenn die Wendung des Krieges, die Beschaffenheit der Gegend oder frühere Ereignisse die Linien
schon im Voraus bezeichnen, auf welchen der Feind heran-
rücken kann; so unterliegt die Befolgung dieser Grundsätze
weniger Schwierigkeiten, am wenigsten bei der Einschliessung

eines Platzes an einem Flusse, weil sich dann die ganze Beobachtung auf jene Seite beschränkt, auf der sich der Feind befindet — folglich höchstens auf die Hälfte des Kreises. Die
Ausdehnung des gegen den Entsatz gebildeten Bogens, sowie
die Entfernung der Observations-Armee von der Festung hängt
von dem vorhabenden Zweck und von dem allgemeinen, nie
zu vernachlässigenden Grundsatz ab, dass jede Unternehmung
auf die Sicherheit des Rückzuges und der Basis gegründet
sein müsse. Beschränkt man sich auf eine blosse Berennung,
folglich auf Hemmung der Zufuhren, so reicht es hin, sich
der Zeit zu versichern, in der man ungestraft zurückgehen
kann, im Fall die Armee, welche die Blockade deckt, geschlagen
würde, oder dem Gefecht ausweichen wollte. Grösser muss
hingegen bei einer förmlichen Belagerung die Ausdehnung der
Posten und länger die Strecke sein, in welcher man dem
heranrückenden Entsatz entgegenwirken will; weil die Zurück-
schaffung der beträchtlichen, schwer aufzubringenden Bela-
gerungs-Erfordernisse mehr Zeit benöthigt, und weil die weitere
Entfernung des Feindes zum Theil ersetzen muss, was man nach
Abschlag der gegen die Festung erforderlichen Truppen an
Kräften gegen ihn verwenden kann. Ohne Eugen's entscheidende Fassung und persönliche Tapferkeit würden die Oesterreicher die Vernachlässigung dieser Grundsätze vor Belgrad
theuer gebüsst haben. Bonaparte eroberte Mantua, weil er seine
Observations-Armee hinter der Etsch bei Verona an dem Standpunkt aufstellte, wo sich die Strasse aus Tirol mit jenen des
venetianischen Gebietes in der Ebene vereinigt, und er sich
stets auf diesen Linien dem anrückenden Entsatz entgegen-
warf.

Die hier auseinandergesetzten Begriffe geben zugleich
einen richtigen Massstab zu der Beurtheilung, ob man sich in
Belagerungen einlassen dürfe oder mit blossen Berennungen
begnügen müsse? Die Sperrung der Zugänge nach Philippsburg wurde den Franzosen dadurch erleichtert, dass die Lage
des Erzherzogs ihn zu gleicher Aufmerksamkeit gegen die
Schweiz und auf die Operationslinie von Kehl durch das Kinzigthal aufforderte, dass folglich die Ankunft eines Entsatzes nur
von der Seite des Neckars zu erwarten war.

Die Armee von Le Courbe bestand noch in der damaligen Epoche aus einer gegen die Infanterie unverhältnissmässig starken Cavallerie, weil die wenige Brauchbarkeit dieser Waffe in Italien, in der Schweiz, in Holland und zur Defensive am Oberrhein sowohl die frühere Verlegung als die schnellere Abschickung mehrerer Regimenter an den Mittelrhein veranlasste. Eine solche Zusammensetzung machte diese Armee weniger zu einer dauerhaften Operation als zu einer Diversion geschickt, deren vorzügliche Wirkung auf der Möglichkeit schneller Bewegungen beruht, durch welche der Feind überrascht, auf verschiedene Vermuthungen gebracht und die kühnsten Züge gewagt werden können, ohne die Sicherheit der dazu verwendeten Truppen in Gefahr zu setzen.

Der Erzherzog hatte bei seinem Rückmarsch von dem Neckar nur 2 Bataillons, 13 Escadrons Oesterreicher und 1 Bataillon, 3 Escadrons Pfälzer in der Gegend von Mannheim mit dem Auftrage zurückgelassen, die Schleifung der Festungswerke zu vollenden. Diese Truppen beobachteten die Ufer des Rheins in Verbindung mit 6 Escadrons, welche nebst 1 Bataillon, 1 Escadron Mainzer und dem dortigen Landsturm unter der Anführung des Mainzischen Kanzlers Albini am Main standen.

Am 5. October brach der französische General Ney aus Cassel (Kastel) hervor, warf die feindlichen Posten vorwärts Frankfurt über den Main, drang in die Stadt, ging aber am 7. October mit Beute beladen wieder zurück.

Am 11. October hatten die Oesterreicher eine Brücke über den Main geschlagen und neuerdings eine Postenkette von Flerzheim bis Wicker gezogen. Allein bald setzte eine französische Abtheilung und nach ihr eine Colonne von 6.000 Mann auf das linke Ufer des Flusses und marschirte längs desselben bis Rüsselsheim, während 1 Halbbrigade und 1 Jäger-Regiment bei Oppenheim über den Rhein gingen und den Weg nach Gross-Gerau einschlugen. Die Oesterreicher zogen ihre Posten auf die Bergstrasse zurück, und der Mainzische Landsturm stellte sich bei Ober-Roden auf, von wo er sich dann zur Deckung seines vaterländischen Herdes nach Aschaffenburg verfügte.

Am 12. und 13. October erhielten die Franzosen 6 Cavallerie-Regimenter Verstärkung und rückten nach Zurücklassung einer Abtheilung zur Beobachtung der Mainzer gegen die Bergstrasse vor, auf welcher sie sich der Oerter Eberstatt und Pfungstatt bemeisterten. Am 14. besetzten sie Heppenheim, am 15. Weinheim. Der Feind zog sich hinter den Neckar. Am 16. brachen sie in 3 Colonnen gegen Heidelberg, Ladenburg und Mannheim auf. Drei Cavallerie-Regimenter gingen bei Neckarhausen über den Neckar und zwangen die Oesterreicher, Heidelberg zu verlassen. Diese Stadt, sowie Mannheim, wurde am 17. October besetzt und die österreichischen Posten bis Wiesloch und Roth, am 18. bis Obstatt vertrieben. Die Haupttruppe der Franzosen lagerte bei Wiesloch, ihre Vorposten standen bei Mingolsheim. In den vier folgenden Tagen musste die Garnison von Philippsburg, obgleich mit 1 Bataillon verstärkt, die nahe gelegenen Dörfer räumen und sich in die Festung werfen; 3000 Mann schlossen die Besatzung ein und die Uebrigen deckten die Unternehmung auf der Linie von Linkenheim, Hochstädten (Hochstetten), Graben und Bruchsal. Die Schwäche der Oesterreicher erlaubte ihnen nicht, während ihres Rückzuges in den drei Richtungen über Sinsheim an den Neckar, über Knittlingen an die Enz und im Rheinthal mehr als einzelne Beobachtungsposten zu hinterlassen, welche dem nachrückenden Feind, der sich noch immer verstärkte, ausdehnte und seinen Gegner von einem Punkt auf den andern drückte, überall weichen mussten. So erreichten die Franzosen am 31. October in mehreren Colonnen Bretten, die Gegend von Gochsheim, jene von Eppingen, dann die Zaber und drangen am folgenden Tag bis Heilbronn. Am 2. November waren sie im Besitz vom linken Ufer der Enz mit Ausnahme der Höhen von Bietigheim. Die Oesterreicher standen in einem weiten Halbkreis von Neckarelz, über Gundelsheim, Offenau, Neustadt am Kocher, Bietigheim, und von da längs der Enz bis zum Einfluss der Nagold. In dem Rheinthale hatten sie Ettlingen, Durlach, Carlsruhe verlassen und blos die Murg stark besetzt.

Was sollte der Erzherzog unter diesen Verhältnissen thun, da er nicht wissen konnte, ob die französische Rhein-Armee

hinlängliche Kräfte sammeln würde, um eine ernstliche Operation zu unternehmen, und da er sich auf dem Schlüssel des
Kriegstheaters zwischen dem Rhein und den Quellen der Donau
nicht schwächen durfte, bevor es nicht entschieden war, ob die
Russen wieder in die Schweiz eindringen oder Massena nach
ihrem Abzug über den Rhein setzen würde?

Jeder Feldherr, der von mehreren Seiten zugleich
mit einem Angriff bedroht wird, soll sich zunächst an
jenem Punkt aufstellen, wo die verschiedenen Angriffslinien des Gegners zusammenkommen, damit er
von dort aus einer Colonne des Feindes nach der
anderen entgegengehen und sie theilweise schlagen
könne. Hierzu ist aber die grösste Schnelligkeit unentbehrlich,
und der Augenblick muss so gewählt werden, dass man das
Gefecht mit der zuerst angegriffenen vollendet und im Unglücksfall die eigene Rückzugslinie wieder gewonnen habe, bevor es
den anderen Colonnen möglich wurde, sich auf derselben zu
vereinigen und festzusetzen. Es versteht sich, dass jene Colonne
das Object des ersten Angriffs werden müsse, welche den Rückzug am nächsten bedroht; ausgenommen der Feind hätte seine
Communicationen dermassen vernachlässigt, dass man solche
durch den Schlag auf eine andere vollkommen gewinnen und
ihn dadurch zu einem nachtheiligen Rückzug zwingen könne.
Der Sieg über eine Colonne führt unmittelbar zur Ueberwältigung der anderen und begünstigt die Freiheit in den Bewegungen. Diese Aufgabe wird am leichtesten gelöst, wenn die
Richtungen der feindlichen Angriffslinien sich in einem Centralpunkt vereinigen; schwerer hingegen, wenn der Weg des Rückzuges auf mehreren unter sich entfernten Punkten bedroht wird,
oder wenn eine der jenseitigen Colonnen denselben erreichen
kann, bevor die Terrainhindernisse gestatten, auch diese durch
einen zuvorkommenden Angriff über den Haufen zu werfen.
In dieser Lage befand sich der Erzherzog. Seine Rückzugslinie lief zwischen dem Bodensee und der Donau, indessen der
französische Angriff von drei Seiten zugleich herkommen konnte:
von dem Neckar, von dem Schwarzwald und von der Gegend
zwischen Schaffhausen und Constanz. Der erste war der wenigst
wichtige, weil sein Resultat von einem langen Umweg abhing;

der zweite bot Schwierigkeiten in dem Durchzug des Gebirges;
aber der dritte führte die Franzosen in einem Eilmarsch nach
Stockach. Der Umstand jedoch, dass sie bei dem letzteren auf
die gesammten österreichischen Streitkräfte stiessen, machte
es wahrscheinlich, dass die Eröffnung und Annäherung der
beiden anderen vorausgehen würden, um den Gegner zu Detachirungen zu verleiten und den Uebergang zwischen Schaffhausen und Constanz, sowie die schnelle Vereinigung aller mit-
wirkenden Truppen zu erleichtern. Auf diese Berechnung musste
sich folglich der Plan des Erzherzogs gründen. Er durfte sich
durch keine Nebenursache von der starken Besetzung der Rhein-
übergänge aus der Schweiz abhalten lassen, damit er durch
ihre längere Vertheidigung so viel Zeit und Beruhigung gewann,
als er zur Begegnung der beiden anderen Angriffe benöthigte.
Kam der Feind aus dem Schwarzwald allein, so war eine
Vorrückung in gleicher Höhe mit dem Ursprung der Donau
hinlänglich, seine verschiedenen Abtheilungen während ihres
Hervorbrechens aus dem Gebirge anzufallen. Verband er aber
mit dieser Offensive eine gleichzeitige von dem Neckar, so
musste getrachtet werden, ihm bei Rothweil (Rottweil), als auf
dem schicklichsten Vereinigungspunkt seiner beiden Marschlinien, welcher von Stockach nur zwei Meilen weiter entfernt
ist als Stein und Schaffhausen, zuvorzukommen. In der
That begnügte sich der Erzherzog auch mit der Absendung
zweier Cavallerie-Regimenter an die Enz. Die offene Gegend
zwischen diesem Fluss und dem Neckar gab dort der Cavallerie
volle Freiheit zu wirken und wenigstens die rechte Flanke der
Armee vor Streifzügen zu schützen. Der Herzog von Württem-
berg wurde bei der seiner Hauptstadt so nahen Gefahr über-
redet, 5 Bataillons, 1 Escadron und 10 Kanonen den Oesterreichern zur Disposition zu überlassen. Da endlich die mit der
Vorrückung von Le Courbe gleichzeitig erfolgten Ausfälle aus
Kehl und Breisach, sowie die Demonstrationen zu einem Rhein-
Uebergang aus der Schweiz nicht bedeutend genug waren, um
gegründete Besorgnisse zu erwecken, so liess der Erzherzog
2 Bataillons, 12 Escadrons aus dem Rheinthal nach Pforzheim
marschiren und solche von Villingen aus in ihrer Postirung
ersetzen.

26*

Der Prinz von Lothringen, welcher die Oesterreicher an der Enz befehligte, hatte den Weisungen des Erzherzogs gemäss noch keinen Versuch zum Entsatz von Philippsburg unternommen: aber ein glückliches Ereigniss beförderte seinen Entschluss. Fürst Hohenlohe stand mit den Württembergern und mehrerer österreichischen Cavallerie auf dem rechten Ufer der Enz hinter Bietigheim, als eine feindliche Colonne sich gegen Illingen zeigte und eine zweite seine Vorposten von den Anhöhen vorwärts Bietigheim zurückwarf. Hohenlohe beschloss, den Franzosen zuvorzukommen, und setzte über die Enz; eine Colonne ging über Besigheim und Löchgau in die linke, die andere gegen Freudenthal in die rechte Flanke des Feindes, welcher in der offenen Gegend unvorsichtig vorgerückt war; endlich folgte eine dritte Colonne als Reserve. Die Franzosen mussten bis hinter Erligheim weichen. Ein entschlossener Angriff der Cavallerie vertrieb sie bis Bönigheim, wo ihre in Quarrés aufgestellte Infanterie neuerdings geworfen wurde. Sie nahmen ihren Rückzug über Frauenzimmern auf den Heuchelberg, nachdem sie fruchtlos sich wieder zu stellen und die Verfolgung aufzuhalten gesucht hatten. Ihr Verlust war bedeutend, die Generale Ney und Lorcet wurden verwundet. Die Oesterreicher fassten Posten an der Zaber vor Bönigheim, mit dem linken Flügel an dem Michelberg. Die Franzosen gingen am 4. November auf Sinsheim zurück. Durch die Sprengung eines Punktes der so ausgedehnten französischen Linie erfolgte die Räumung der übrigen; die Besatzung von Heilbronn, welche bis Gross-Bottwar gestreift hatte, eilte in der Nacht Sinzheim und Waibstadt zu gewinnen. Der pfälzische Oberst Wrede setzte am 4. mit 1 Bataillon, 3 Escadrons bei Neckarelz über den Neckar, erstürmte Obrichheim (Obrigheim), vertrieb den Feind über Aschbach (Asbach), besetzte Aglasterhausen und Helmstadt und verband sich über Bischofsheim [1] und Fürfeld mit Hohenlohe. Auch auf allen anderen Punkten drangen die Oesterreicher vor. In der Nacht auf den 5. verliessen die Franzosen Pforzheim und zogen sich auf Knittlingen, am 6. November über Bretten unter steter Verfolgung der feindlichen

[1] Neckar-Bischofsheim.

D. H.

leichten Truppen, welche zugleich im Rheinthal bis Neudert (Neuthard[1]) und an die Thore von Bruchsal kamen. Die französischen sowohl als die österreichischen bisher zerstreuten Abtheilungen vereinigten sich nun immer mehr, vorzüglich auf der Strasse von Sinsheim und auf jener von Bretten nach Bruchsal. Am 7. November trennte auf der ersteren die Elsenz die gegenseitigen Stellungen, indessen die Franzosen aus Bruchsal bis Langenbrücken vertrieben wurden. Die österreichische Cavallerie erreichte Graben und stellte über Huttenheim die Verbindung mit Philippsburg her. Die Franzosen zogen auf Walddorf und Wiesloch zurück. Ihr linker Flügel blieb auf den Höhen von Baierthal, wo Hohenlohe sie nicht anzugreifen wagte. Die Besetzung von Neckar-Gemünd deckte ihre Flanke. Den rechten Flügel sicherte eine Postirung hinter der Kraich in Roth und Hockenheim.

Oesterreicherseits wurde eine Stellung bei Langenbrücken bezogen. Die Besatzung von Philippsburg stand auf dem linken Ufer der Kraich in Verbindung mit der Postenkette, welche die leichten Truppen über Mingolsheim, Mühlhausen, Eschelbach, Hoffenheim bis gegen Neckar-Gemünd zogen. Hohenlohe lag zur Unterstützung in Sinsheim.

Philippsburg war entsetzt; aber der Prinz von Lothringen konnte sich mit der vereinigten Macht des Feindes nicht weiter messen, denn seine ganze Infanterie bestand aus 1.800 Mann nach Abschlag der Württemberger, deren Verwendung der Herzog trotz der dringendsten Vorstellungen ausser den Grenzen seines eigenen Gebietes verweigerte — so dass sie zwischen Lauffen und Brackenheim stehen blieben und keinen Theil mehr an der Vorrückung nahmen. Dieser Umstand machte die ausgedehnte, einen hervorspringenden Winkel bildende Stellung der französischen Rhein-Armee weniger gewagt.

Le Courbe war schon damals seinem Gegner an Infanterie überlegen; doch erwartete er noch Verstärkungen aus der Gegend von Trier und Luxemburg, um seine Operationen von Neuem zu beginnen. Als er hierauf in kurzer Zeit 8 Halb-

---

[1] 5·6 Kilom. W. von Bruchsal.   D. H.

brigaden und 17 Cavallerie-Regimenter zusammengebracht hatte, theilte er sie in 4 Divisionen und griff am 16. November die Oesterreicher auf allen Punkten an.

Von der ersten Division Collaud rückte eine Colonne gegen Alt- und Neu-Lussheim, wo sich der Feind jedoch standhaft behauptete. Eine andere ging über Reilingen auf Kirrlach, warf die dort stehenden Posten, wandte sich dann gegen Waghäusel und schnitt die bei Lussheim aufgestellten Truppen von Philippsburg ab. Dadurch fielen den Franzosen 4 Kanonen und ein grosser Theil der Besatzung in die Hände, von welcher nur 1.800 Mann zur Vertheidigung der Festung übrig blieben. Diese wurde noch am nämlichen Tag eingeschlossen.

Gleichzeitig mit dem Angriff der ersten Division rückte Le Courbe mit der zweiten und dem Gros seiner Cavallerie über Kirrlach, Hambrücken und Forst, dann auf der Bergstrasse gegen Bruchsal und links nach Gochsheim. General Ney zog mit der dritten von Neckar-Gemünd längs der Elsenz über Mauer und Hoffenheim nach Sinsheim, und über Eschelbrunn (Eschelbronn) nach Waibstadt. Die vierte, Baraguay d'Hillier's, beobachtete den Odenwald, schickte Parteien auf das rechte Ufer des Neckars und marschirte über den Langenzeller-Hof gegen Lobenfeld. Bei der Ueberlegenheit der Franzosen waren die Oesterreicher bald gezwungen, sich auf Vaihingen und auf Gross-Gartach zu repliiren; ihre Vorposten blieben in Wimpfen, Fürfeld, Eppingen, Knittlingen und Pforzheim. Am folgenden Tag, 17. November, besetzten die Franzosen Adelshofen und Bretten, auf der Bergstrasse Ober- und Unter-Grombach und Weingarten, zogen sich aber im Rheinthal bis Graben zurück.

Obwohl diese Linie nicht so ausgedehnt war als jene, welche die Franzosen bei der letzten Berennung von Philippsburg einnahmen, so umfasste sie dennoch einen zu grossen Raum, um viel Haltbarkeit zu versprechen. Le Courbe hatte den Fehler begangen, seine Brücke bei Neckarau zu schlagen. Wäre sie in den Umgebungen von Philippsburg errichtet worden, wozu das Ufer in jener Gegend mehrere schickliche Punkte darbietet, so durfte er sich nicht bis an den Neckar ausdehnen. Eine concentrirte Stellung zwischen Bruchsal und Mingolsheim an der Bergstrasse wäre hinlänglich gewesen, die Zugänge zu

der Festung zu decken; und in dieser Verfassung stand es ihm
frei — sobald die vorgeschobenen Posten die Ankunft des
Feindes gewahrten — entweder der ihn zunächst bedrohenden
Colonne entgegenzugehen und, indem er sie schlug, die andern
zum Weichen zu bringen, oder durch den ungestörten Rückzug über den Rhein dem Gefecht auszuweichen. In der Ausdehnung von Bruchsal bis Lobenfeld war keines von beiden
möglich. Selbst ein schwächerer Gegner konnte den Franzosen
gefährlich werden, wenn er auf einem einzigen Punkte durchbrach.

Der Erzherzog, der jede Unternehmung gegen die Schweiz
aufgegeben hatte und über die Absichten des Feindes von jener
Seite mehr beruhigt war, verstärkte die Truppen an der Enz
mit 6 Bataillons, 6 Escadrons unter Anführung des Feldmarschall-
Lieutenants Sztáray. Sie erreichten am 29. November ihre
Bestimmung, indessen abermals 4 Escadrons aus dem Rheinthale in Pforzheim anlangten, und die Württemberger zur Vertheidigung ihrer Grenze bereit standen. Auf diese Art vereinigte
sich ein Corps von 15 Bataillons, 51 Escadrons.

Die Franzosen hatten den grössten Theil ihrer Kräfte
zwischen Gochsheim und Sinsheim als in dem Centralpunkte
zur Deckung der vornehmsten Zugänge vom Neckar und von
der Enz nach Philippsburg zusammengezogen. Da sie dem-
ungeachtet noch ziemlich vertheilt und ohne Stützen für ihre
Flügel waren, so eignete sich ihre Lage zwar zum Manövriren,
nicht aber den Feind stehenden Fusses zu erwarten. Die
Oesterreicher — von Kehl aus wenig bedroht — schoben
mehrere Cavallerie in dem Rheinthal gegen Durlach und
beunruhigten die Franzosen von einer Seite, während die Bauern
des Odenwaldes, von Parteigängern unterstützt und geleitet,
zwischen dem Neckar und dem Main unausgesetzt den kleinen
Krieg führten.

Mit Anfang Decembers entschloss sich Sztáray zu einer
allgemeinen Bewegung in der Absicht, den französischen linken
Flügel anzugreifen und den eigenen zurückzuhalten. Dieses
Manöver hatte den Vortheil, ihn in eine offene Gegend zu
bringen, in welcher er seine vorzügliche Waffe, die Cavallerie,
besser verwenden konnte; und es war wegen der Ausdehnung

der feindlichen Linie unschädlich. Allein es führte ihn auf Umwege, mit Zeitverlust verbunden, und entfernte ihn von der nächsten Linie nach Philippsburg, sowie von dem kürzesten und vortheilhaftesten Rückzug zwischen der Nagold und dem Neckar zu dem Erzherzog. Durch die dann erforderliche Links-schwenkung lief Sztáray Gefahr, im Unglücksfall über den Neckar und aus der Verbindung mit der Hauptarmee geworfen zu werden; er musste mit dem rechten Flügel einen Bogen beschreiben, der nicht bis an den Neckar reichte und keine Stütze für seine Flanke gewinnen konnte. Eine Vorrückung mit dem linken Flügel und die Versagung des rechten würde zweckmässiger gewesen sein; sie hätte die Oesterreicher schnell auf die Communicationen des Feindes gebracht, und dieser durfte nicht wagen, ihre zurückgehaltene rechte Flanke mit einem weit vorpoussirten Manöver zu bedrohen.

Der 1. December verging mit der Zusammenziehung der Truppen, Versetzung der Vorpostenkette und Alarmirung des Feindes bei Weingarten und Wössingen.

Am 2. December rückte Oberst Wrede mit 1 Bataillon, 1 Escadron von Mosbach über Neckarelz nach Waldwimmers-bach.[1] Eine Colonne von 3 Bataillons, 16 Escadrons verfolgte die Strasse von Fürfeld nach Sinsheim; eine zweite von 5 Ba-taillons, 24 Escadrons nahm ihre Richtung von Eppingen auf Gochsheim; letztere wurde von 1 Bataillon, 6 Escadrons gegen Knittlingen gedeckt; leichte Truppen streiften rechts nach Waibstadt, links nach Bretten. Beide Colonnen drangen glück-lich vor und erzwangen durch Bedrohung des Ueberflügelns die Verlassung des Steinberges zwischen Steinsfurt und Hils-bach, auf welchem 4.000 Mann mit mehrerem Geschütz sich zum hartnäckigsten Widerstand vorbereitet hatten. Die Fran-zosen vertheidigten sich zwar in Sinsheim, Waldangerloch (Waldangelloch), Dürren und Hoffenheim, zogen sich aber endlich gegen Wiesloch zurück.

Ebenso wurden sie von der zweiten Colonne genöthigt, die waldigen Höhen zwischen Menzingen und Odenheim zu

---

[1] Auch Waldwinemersbach, 7·5 Kilom. OSO. von Neckar-Gemünd.
D. H.

verlassen, auf welchen sie so lang verweilten, bis sie, von der
österreichischen Cavallerie umgangen, ihren Rückzug mit be-
deutendem Verlust erkaufen mussten. Doch behaupteten sie
wieder Odenheim so tapfer, dass der Feind erst am Ende des
Tages Oestringen und Zeuthern gewann. In der nämlichen
Nacht räumten die Franzosen Bruchsal, Huttenheim, Wiesenthal, am folgenden Morgen Waghäusel; und Philippsburg war
abermals entsetzt.

Die Truppen, welche die Berennung bildeten, sowohl als
jene, die sie im Rheinthal deckten, traten den Marsch nach
Ketsch und Schwetzingen an, als ihnen die Nachricht von den
ungünstigen Gefechten des vorigen Tages zukam, und die österreichische Cavallerie sich bereits in der Ebene zeigte.

Am 3. December setzten die Oesterreicher ihre Bewegung fort. Die erste Colonne ging auf der Strasse nach
Horrenberg, wo sich die Franzosen auf dem vortheilhaften
Gebirgsrücken vor dem Ort aufgestellt hatten und so lang aus-
halten mussten, bis ihre Truppen am Fusse des Gebirges längs
der Bergstrasse herankamen. Die Brücke über die Elsenz war
abgebrochen und das Wasser sehr hoch. Die Oesterreicher
konnten nur unter dem feindlichen Feuer übersetzen; doch
griffen sie die Höhen an, nahmen sie nach einem hitzigen
Gefecht und nöthigten den Feind über Horrenberg, seine Hauptstellung auf den Höhen von Wiesloch zu gewinnen. Die zurückziehenden Franzosen nahten sich diesem Orte, als die Avantgarde der zweiten österreichischen Colonne, welche weniger
Widerstand fand, von Oestringen und Zeuthern schon dahin
vorgedrungen war. Schnell griffen sie diese letzteren an, vertrieben ihre Vorläufer aus der Stadt und besetzten die am
Angelbach aufgeworfenen Flèchen. Ein dichter Nebel deckte
ihren späteren Rückzug. Sobald ihn Sztáray bemerkte, liess er
die Flèchen angreifen, und 1 Bataillon eilte nach Wiesloch,
ohne auf die französische Cavallerie Rücksicht zu nehmen,
welche in der Ebene neben der Stadt aufmarschirt war. Die
Franzosen hieben auf das Bataillon ein, wurden aber von der
herbeigesprengten österreichischen Cavallerie geworfen. Nun
nahm Sztáray die Stadt und verfolgte den Feind bis über dieselbe. Die erste Colonne kam von den Höhen von Baierthal

herab, debouchirte zwischen Nussloch und Leimen und brachte
ihn in gänzliche Unordnung.

Indessen hatte sich der französische linke Flügel bei
Lobenfeld unter dem Schutze von Verhauen und Verschanzungen gegen den Obersten Wrede behauptet, und erst der
Ausgang des Treffens am 3. zwang ihn in der darauf folgenden
Nacht zum Rückzug nach Neckar-Gemünd. Le Courbe war
mit Recht für diese Truppen besorgt, da die Oesterreicher auf
der Bergstrasse schon Leimen besetzten, im Gebirge auf beiden
Ufern des Neckars anrückten, und sein rechter Flügel in Verwirrung der Brücke von Neckarau zueilte. Er nahm daher
seine Zuflucht zur List und verlangte am 3. Abends von
Sztáray die Einstellung der Feindseligkeiten unter dem Vorwand, dass General Berthier eine Sendung nach Wien zur
Unterhandlung eines allgemeinen Waffenstillstandes erhalten
habe, welcher wahrscheinlich den Frieden zwischen Frankreich
und Oesterreich zur Folge haben werde. Sztáray ging in diese
Falle, weil er von dem nämlichen linken Flügel des Feindes,
den Le Courbe zu retten suchte, in die Flanke genommen zu
werden besorgte, und nahm den Antrag — jedoch mit Vor-
behalt der Bestätigung von dem Erzherzog — an. Le Courbe
bedurfte nichts weiter. Den Franzosen wurde die Linie von
Neckarau bis Ober-Seckenheim, dann die Besetzung der Gärten
und Schanzen auf dem rechten Ufer des Neckars bei Mannheim verwilligt. Durch diese bedungene Waffenruhe gesichert,
zog der französische Feldherr alle seine Truppen von Neckar-
Gemünd an sich; und die Bestimmung einer halbstündigen
Entfernung zwischen den beiderseitigen Posten gewährte ihm
den Vortheil, ruhig das linke Rheinufer zu gewinnen und die
Brücke von Neckarau in Brand stecken zu können, als Sztáray
in Folge der von dem Erzherzog verweigerten Genehmigung
des Waffenstillstandes sich am 8. December zur Erneuerung
des Angriffs in Bewegung setzte.

Im Kriege soll das Streben nach weiterem Vorschreiten
nie unterbrochen werden; jeder Schritt muss den Weg zu
einem neuen bahnen, damit man sobald als möglich die
Menschheit von dieser Geisel befreie. Man darf sich folglich
nicht begnügen, den vorgesetzten augenblicklichen Zweck auf

was immer für eine Art erreicht zu haben; man muss unge-
säumt dem höheren, dem vollkommensten zueilen, um durch
die Zerstörung der feindlichen Mittel das Errungene zu bewahren und sich künftiger Vortheile zu versichern.

Sztáray glaubte durch den Entsatz von Philippsburg
seinem Auftrag entsprochen zu haben und gestand den Franzosen in dem Augenblick Ruhe zu, als sie während ihres
übereilten unordentlichen Rückzuges von seiner an Zahl und
Güte überlegenen Cavallerie in der Ebene von Mannheim aufgerieben werden konnten, als die Oesterreicher näher an der
Rückzugslinie von Le Courbe waren als sein linker Flügel,
und als dieser, wenn man ihn auch noch so stark voraus-
setzte, nichts gegen ihre Communicationen unternehmen durfte,
für welche ihnen die ganze Gegend offen stand.

Die Annahme eines vom Feinde dargebotenen Vorschlages
ist selten zuträglich, weil die Natur des Krieges aus dem
Widerspruch des gegenseitigen Vortheils besteht.

Die Franzosen bezogen nach ihrem Rückzug über den
Rhein Quartiere und dehnten sich zwischen dem Strom und
dem Gebirge bis Strassburg aus. Sztáray's Truppen blieben
von der Murg bis Bruchsal im Mittelpunkt zwischen dem Débouché von Kehl, jenem von Mannheim und dem oberen
Neckar. Die Württemberger zogen nach Stuttgart. Die Pfälzer
besetzten Mannheim. Leichte Cavallerie, die Garnison von
Philippsburg und Abtheilungen des Landsturms beobachteten
den Rhein.

Zwölfter Abschnitt.

Blick auf die letzten Unternehmungen in Italien. Winter-
quartiere.

In Deutschland und in der Schweiz wurde während der
letzten Epoche des Feldzuges nur theilweise gekämpft; nicht
so in Italien, wo die Thätigkeit auf der ganzen Linie der
Armeen bis zur Beziehung der Winterquartiere ununterbrochen
dauerte.

Nach Souwarow's Abmarsch in die Schweiz blieb Melas
mit 68.000 Mann in Italien zurück. Ausser diesen lagen 15.600
in Besatzungen, und 7.000 waren in Bewegung gegen den Arno
und die Tiber.

Die Aufstellung der Armee bildete auf dem rechten Flügel
eine Flanke längs den Abfällen des Gotthard und des Simplon
bis an jene des Bernhard. Die Mitte war vorgeschoben zwischen Turin und Brà, und hielt die Thäler von dem Fuss des
Cenis bis an den Po besetzt.

Der äusserste linke Flügel stand an der Sturla[1]) in der
Riviera di Levante und hing mit der Mitte durch eine Posten-
kette zusammen, welche von Rapallo an der Meeresküste über
Cicagna das Thal der Trebbia unweit ihres Ursprunges durch-
schnitt und auf dem nördlichen Abfall der Apenninen über
Novi und Mondovi lief.

Die französischen Streitkräfte theilten sich in zwei Armeen: jene der Alpen unter dem General Championnet war
noch in der Errichtung begriffen und sammelte sich auf dem
westlichen Abhang der Cottischen Alpen; das Hauptquartier
lag in Embrun an der Durance. Zehn Halbbrigaden von ihr
(gegen 15.000 Mann) brachen bereits in Piemont ein; Posten
im Gebirge und in den vorliegenden Thälern längs der französischen Grenze setzten diese Armee in Verbindung mit jener
von Italien unter Moreau's Anführung, wovon der linke Flügel
sich an Coni (Cuneo) stützte, die Front auf dem Gebirge der
Apenninen in paralleler Richtung mit der österreichischen
Linie lief, und der rechte Flügel die Zugänge nach Genua aus
der Riviera di Levante deckte. Beiden Armeen kamen fortwährend Verstärkungen aus dem Innern von Frankreich zu.
Ihre Aufstellung war umfassend, also nachtheiliger als jene des
Gegners, welcher sich auf dem hervortretenden Theil seiner
Stellung näher an der französischen Rückzugslinie befand, als
sie auf ihren Flügeln, und sich in der offenen Gegend leichter
bewegen und zusammenziehen konnte, als Moreau und Championnet auf der längeren, durch die höchsten Berge und
steilsten Thäler durchschnittenen Linie. In diesem Betracht

---

[1]) Ergiesst sich bei Carasco in die Levagna.   D. H.

und in Erwägung der Mehrzahl stand die Offensive an den Oesterreichern. Genua und Coni konnten das Object ihrer Operationen sein. Die Eroberung des ersteren war vortheilhafter, weil sie die Aufstellungslinie verkürzte, alle Gebrechen einer langen Flanke aufhob, Sicherheit und Stütze für den linken Flügel gewährte. Jene von Coni konnte als Vorbereitung dazu betrachtet werden, da diese Festung die letzten und nächsten Zugänge in die Ebenen von Piemont und zu den nördlichen Abfällen der Apenninen deckt, durch welche die meisten Communicationen bei der Einschliessung von Genua gehen mussten. In der Epoche des halben Septembers durfte man sich schmeicheln, mit einiger Entschlossenheit und einem raschen Gang in den Operationen den Besitz beider Punkte noch vor Ende des Feldzuges zu erringen.

Musterhaft wussten die Franzosen durch rastlose Thätigkeit, wiederholte Angriffe und Scheinbewegungen nicht nur ihre Postirung im Gebirge zu erhalten, sondern auch dem langsamen ängstlichen Gegner so viele Besorgnisse einzuflössen, dass er den grössten Theil der Zeit mit defensiven Anstalten verlor und seine Manöver nach den ihrigen richtete.

Als endlich Championnet in Folge eines unvorsichtigen Angriffs bei Genola geschlagen war, wagte Melas — jedoch zaudernd — Coni (Cuneo) einzuschliessen und zu belagern. List beförderte den Fall der Festung. Nun folgte ein fruchtloser Versuch auf Genua, wozu die Anstalten nicht hinlänglich berechnet wurden, und man bezog die Winterquartiere. Diese gedrängte Uebersicht verdient ihrer Belehrung wegen durch Auseinandersetzung der bedeutenderen Ereignisse näher beleuchtet zu werden.

Schon in den letzten Tagen des Augusts und ersten des Septembers drangen die Franzosen in den Thälern von Aosta, Susa und Perosa ein, vertrieben bis zum 18. September den Feind aus Ivrea, Susa und Pinerolo und rückten gleichzeitig durch die Thäler der Stura[1]), der Grana und Maira in die

---

[1]) Es gibt in Italien drei Flüsse dieses Namens: der erste und kleinste befindet sich im Monferrat und ergiesst sich unweit Casale bei Ponte di Stura in den Po; der zweite entspringt an der savoyischen Grenze und

Ebenen von Fossano, Genola und Savigliano. Melas war am
13. aus der Gegend von Alessandria aufgebrochen, stand am
16. September bei Brà, ging ihnen entgegen, warf sie zurück
und postirte sich bei Savigliano. Von hier detachirte er rechts
und zwang die Franzosen nach mehreren Gefechten Pinerolo,
Susa, endlich das Aoster-Thal wieder zu verlassen und die Berennung von Bard aufzuheben. Auch Tureau, welcher aus dem
Walliser-Land bis Omegna und Gravellona herabgestiegen war,
näherte sich wieder dem Fusse des Simplon.

Moreau wurde nach Paris berufen, und das Directorium
vereinigte beide französische Armeen unter den Befehlen des
Generals Championnet. Dieser zog am 24. September einen
grossen Theil der im Genuesischen gestandenen Truppen durch
eine Bewegung über den Monte Zemolo bei Ceva und Mondovi
vorbei nach Coni (Cuneo), wo schon Verstärkungen eingetroffen
waren, und sicherte dadurch diesen Punkt und seine Verbindung
mit der Riviera, indessen er die Oesterreicher durch fortwährend Angriffe auf ihrer Postenkette in den Apenninen und
vorzüglich in der für sie wichtigen Gegend von Mondovi beschäftigen liess. Für den festen Posten von Mondovi besorgt,
marschirte Melas am 29. auf Trinità und am 30. nach Maglian
di Sopra. Am 12. October rückte er näher gegen Coni, nahm
eine Stellung bei Morozzo, liess von Fossano die feindlichen
Vorposten auf dem linken Ufer der Stura aus Centallo und
Ronchi bis Madonna dell' Olmo vertreiben und bei Montanera
eine Schiffbrücke zur näheren Verbindung mit dem jenseitigen
Ufer schlagen. Auf dem rechten wurde Casteletto (di Stura) besetzt.
Zwischen dem Po und der Stura standen die Vortruppen bei
Saluzzo, Costigliole, Villafalletto und Ronchi, diesseits der Stura
bei Pesio (Chiusa di Pesio), Villanuova und Pianféi gegenüber
Beinette, umgaben dann Mondovi und bogen sich nach dem
Laufe des Tanaro in der Richtung von Carru zurück. Die Zeit
verging mit mehreren, für die Oesterreicher unnützen und leicht
zu vermeidenden Gefechten, besonders bei Beinette, mit Truppen-

---

fällt unterhalb Turin in den Po; der dritte kommt aus den Seealpen, fliesst
bei Coni vorbei und läuft bei Cherasco in den Tanaro. Von diesem letzteren
ist hier die Rede. Anm. d. Verf.

wechsel von einem Ufer der Stura auf das andere, nach Mass
als der Feind diese oder jene Seite mit einem Angriff bedrohte, und mit einem Marsch zum Entsatz von Mondovi,
welches die Franzosen nach Verdrängung der Vorposten in
dem Halbkreis von Villanuova, San Michele und Briaglie einschlossen.

Melas wurde durch eine Unternehmung des Feindes auf
seinem linken Flügel noch unschlüssiger gemacht. Klenau hatte
sich wieder Genua genähert und stand hinter Chiavari und
Carasco an der Sturla; seine Vorposten beobachteten Recco
und dehnten sich gegen Cicagna aus, wo sie mit der Postirungs-
linie der Hauptarmee in Verbindung waren. Der französische
General St. Cyr sammelte seine Division bei Torriglia am Ursprung der Trebbia, durchbrach am 11. October die feindliche
Linie und marschirte auf dem höchsten Gebirge über Borzo-
nasca nach Varese; dadurch gewann er Klenau's Flanke und
zwang ihn bis hinter die Magra zu weichen. Von dieser Seite
beruhigt, wandte sich St. Cyr mit 12.000 Mann gegen Serravalle, berannte diesen Platz, verjagte die Oesterreicher aus
dem Gebirge von Novi, schlug sie am 24. October bei Pozzolo-Formigaro und besetzte Marengo und Bosco. Melas liess
Verstärkungen von Ivrea, wo der tiefe Schnee, die Befreiung
von Bard und der Rückzug der Franzosen aus dem Aoster-
Thal nichts mehr besorgen liessen, an die Bormida abrücken.

Die Franzosen waren jedoch auf allen übrigen Punkten
nicht weniger thätig. Auf dem linken Ufer der Stura warfen
sie die feindliche Vorpostenkette von Centallo und auf dem
rechten von Pianféi und Villanuova abermals zurück. Unterstützungen aus dem Hauptlager von Morozzo bemächtigten
sich zwar dieser letzteren wieder; aber jenseits der Stura drangen die Franzosen über Murasso und Levaldiggi gegen Genola,
bis ein Theil der österreichischen Armee bei Casteletto (di
Stura) und Montanera über den Fluss setzte und sie bis Madonna dell' Olmo und Busca zurückschlug. Championnet wich
noch immer einer Schlacht aus, aber neue Demonstrationen
im Susa-Thal verleiteten seinen Gegner zu wiederholten Detachirungen abwärts des Po. Unterdessen verstärkten sich die
Franzosen bis auf 35.000 Mann bei Coni. und der österreichische

Feldherr, sowohl von der Absicht des feindlichen, ihn anzugreifen, als von dessen entworfenem Plan unterrichtet, beschloss
ihm entgegenzugehen. Die französische Disposition gründete
sich auf das Zusammentreffen einer Colonne, welche von dem
Berg Cenis durch das Perosa-Thal herab kam, mit einer zweiten
auf dem linken und einer dritten auf dem rechten Ufer der
Stura, um beide feindlichen Flügel in Verbindung mit einem
Frontalangriff zu umgehen. St. Cyr sollte sich durch einen
verstellten Rückzug von Bosco nach Acqui wenden und dann
im Rücken der Oesterreicher nach Alba marschiren.

Melas vernichtete die Ausführung des zusammengesetzten
durch einen einfachern Plan. Er befahl dem Feldzeugmeister
Kray, der das Commando der Truppen gegen St. Cyr übernommen hatte, denselben unverweilt anzugreifen und — was
auch das Gefecht für einen Erfolg habe — sich dann selbst
nach Alba zu wenden, wohin einstweilen ein starkes Detachement von der Hauptarmee abging mit dem Auftrag, die Gegend
zwischen dem Tanaro und der Bormida zu durchstreifen und
die Ankunft einer nachfolgenden Colonne zu verkündigen.
Melas verliess Mondovi und marschirte in der Nacht vom 2.
auf den 3. November mit 37 Bataillons, 40 Escadrons
(26.000 Mann Infanterie, 6.000 Pferde) auf das linke Ufer der
Stura, mit dem rechten Flügel nach Marene, mit dem linken
hinter Fossano. Um seine Bewegung zu maskiren, griffen die
Vortruppen am 2. Nachmittags die feindlichen vorwärts Morozzo
an, unterhielten die ganze Nacht starke Wachfeuer bei Magliano
und replirten sich dann auf Trinità; nur wenige blieben auf
dem rechten Ufer der Stura. Die Besatzung von Mondovi zog
sich nach Carru.

Championnet hatte die Ausführung seines Entwurfs begonnen, und die französische Colonne auf dem linken Ufer der
Stura, welche aus den Divisionen Grenier und Victor, zusammen 18.000 Mann bestand, drang am 3. bis Savigliano und
Genola vor und bemächtigte sich dieser Punkte. Am 4. November brach Melas in drei Colonnen auf: die erste vom
rechten Flügel nahm ihre Richtung von Marene auf Savigliano,
die zweite aus dem Centrum über San Lorenzo eben dahin,
die dritte vom linken Flügel über Fossano nach Genola. Sechs

Bataillons blieben bei Raconigi zur Deckung der Communicationen mit Turin. Unweit Marene stiess die erste Colonne auf
die Division Grenier, welche den rechten Flügel der Oesterreicher
umgehen und sich mit den aus dem Peroser-Thal erwarteten
Truppen vereinigen sollte. Das Gefecht war äusserst hart-
näckig und wollte sich durch einige Stunden nicht entscheiden,
bis die zweite Colonne aus San Lorenzo gegen Savigliano debouchirte, worauf Grenier auf Levaldiggi zurückwich. Die
dritte Colonne fand den Feind vor Fossano, warf ihn über
den Haufen und bemeisterte sich der Stadt. Bei Genola traf
sie auf das Gros der Division Victor, welche mehrere Anfälle
tapfer aushielt. Allein die anderen Colonnen schwenkten sich
links und kamen über Savigliano herbei; die Franzosen
mussten nun auch den wichtigen Posten von Genola räumen.
Die Oesterreicher verfolgten den Feind bis Centallo und Villafalletto und waren eben im Nachsetzen begriffen, als der französische General Duhesme mit der Hälfte seiner 6.000 Mann
starken Colonne, nachdem er Pinerolo forcirt hatte, aus dem
Peroser-Thal über Saluzzo bei Savigliano anlangte, die schwache
Besatzung zerstreute und auf Marene vorging. Er entdeckte
jedoch bald, dass er zu spät kam, und musste sich mit Verlust
in das Gebirge werfen, als österreichische Detachements von
allen Seiten über ihn herfielen.

Die Colonne der Franzosen auf dem rechten Ufer der
Stura unter dem Divisionsgeneral Lemoine fand wenig Widerstand, besetzte Mondovi, nahm Carru und poussirte 4.000 Mann
nach Bene. Die Nacht machte den Gefechten auf allen Punkten
ein Ende.

Am 5. November wurde die französische Arrièregarde
aus Ronchi und Madonna dell' Olmo vertrieben. Die Oesterreicher rückten im Maira-Thal bis Dronero, im Grana-Thal bis
Caraglio, im Stura-Thal mit Umgehung der Festung Coni bis
Vignolo. Championnet sammelte die geschlagenen Truppen bei
Borgo San Dalmazzo, wo auch Duhesme über das Gebirge
hinter Saluzzo, Castigliole und Villar-San Costanzo zu ihm
stiess. Melas nahm mit dem Gros der Armee eine Stellung
zwischen Murasso und Ronchi und liess am 6. den Feind aus
Bene vertreiben.

Die rauhe Jahreszeit und die Beschwerlichkeit des Ueberganges über die Gebirge schützte die französische Grenze vor
jedem Angriff, indessen Championnet noch immer die bessere
Rückzugslinie längs der Küste behielt; überdies schöpfte er aus
der Kenntniss von dem Charakter seines Gegners die Ueberzeugung, dass es ihm leichter sein würde, die Operationen der
Oesterreicher durch Bewegungen in ihren Flanken und durch
einzelne Gefechte aufzuhalten, als in Frontalstellungen oder
durch Schlachten, in welchen sie den Vortheil der Uebermacht
hatten. Er entschloss sich daher, den Krieg auf das rechte
Ufer der Stura zu spielen, setzte sich selbst mit der Division
Victor zur Verstärkung von Lemoine gegen Mondovi in Marsch,
hoffte mit St. Cyr in Verbindung zu kommen und die Diversion desselben an der Bormida zu benützen und zu unterstützen.
Dieser stand bei Novi, Bosco und Rivalta und brachte mit
vieler Anstrengung Geschütz aus der Riviera zur Beschiessung
von Serravalle herbei; Kray kam mit den Verstärkungstruppen
von Ivrea am 1. November an der Bormida an. Das Wasser
war so hoch angelaufen, dass der Uebergang in den ersten
Tagen nicht vor sich gehen konnte. Kray benützte diese Zeit
und liess die Franzosen aus Acqui verjagen, welches sie kurz
vorher besetzt hatten. Am 4. endlich gingen die Oesterreicher
über die Bormida und zwangen die feindlichen Vortruppen
sich auf Pasturana und Novi zurückzuziehen, wo sie von den
zwei Divisionen La Boissière und St. Cyr aufgenommen wurden,
indessen die dritte, Vatrin, Serravalle umzingelte und beschoss.
Am 6. November griff Kray, der sich in mehrere Colonnen
auflöste, diese auf steilen Höhen concentrirte Stellung fruchtlos an und musste sich auf die Beziehung eines Lagers bei
Pozzolo-Formigaro beschränken. Am 8. November hoben die
Franzosen aus Besorgniss für ihre Verbindung mit der Hauptarmee, deren Unfälle sie erfahren hatten, die Berennung von
Serravalle am rechten Ufer der Scrivia auf. Die Division La
Boissière defilirte über die Orba, vertrieb die österreichische
Besatzung aus Acqui und setzte sich dort fest. St. Cyr hielt
bis zum 27. die Stellung von Novi. Kray liess Serravalle über
Cassano wieder approvisioniren und bezog dann bei Alessandria
enge Quartiere, die er mit einer ausgedehnten Vorpostenkette deckte.

Auf die Nachricht, dass die Franzosen Acqui genommen hätten, detachirte Melas 6 Bataillons, 4 Escadrons unter dem Feldmarschall-Lieutenant Mittrowsky über Fossano nach Cherasco und Alba; die früher dahin geschickte Abtheilung rückte nach Nizza della Paglia.

An der Stura suchten die Oesterreicher die Festung Coni immer mehr zu isoliren und griffen am 10. November die feindlichen Lager bei Borgo San Dalmazzo und Roccavione an. Die Franzosen — durch Detachirungen nach ihrem rechten Flügel geschwächt — zogen sich nach Vernante in der Richtung vom Col di Tenda. Bald verliessen sie auch die Thäler der Varaita, Maira und Grana, deren Besatzungen über das Gebirge bis Guillestre marschirten. Im Thale der Stura behielten sie die Barricaden besetzt. Die Schlösser Demont und Château-Dauphin fielen in die Hände des Feindes. Melas fasste Posten in der eroberten Stellung von Borgo San Dalmazzo und sammelte das Gros der in den Thälern zerstreuten Truppen zur Cernirung von Coni (Cuneo).

Ueber die Absichten seines Gegners beunruhigt, der sich bei Mondovi verstärkte und mit 7.000 Mann zwischen Vasco und Monastero stand, sandte Melas eine Division unter dem Fürsten Liechtenstein über Beinette an den Pesio mit dem Auftrag, jene Abtheilung, welche am 6. den Feind aus Bene vertrieben, dann Carru genommen, einen vergeblichen Versuch auf Mondovi gemacht und sich bei Magliano di Mondovi aufgestellt hatte, an sich zu ziehen, gemeinschaftlich mit ihr den Feind in das Thal des Tanaro zu verdrängen, Mondovi zu isoliren und diesen Posten zur Uebergabe zu zwingen. Mittrowsky erhielt den Befehl, von Cherasco an den Ellero vorzudringen und zu dieser Operation mitzuwirken. Am 13. November in der Frühe ging Liechtenstein bei Roccoforte über den Ellero, indessen Mittrowsky von seiner Seite die französischen Vorposten abwärts Mondovi über den Ellero warf. Ersterer erstürmte die Höhen von Monastero und Vasco, letzterer drang in die Vorstädte Carasson und Bréo von Mondovi. Der Feind sprengte gegen Abend eine Bréche in den Mauern von Mondovi und zog sich über Vico (Forte) theils nach Ceva, theils auf der Strasse von Garessio zurück. Die Oesterreicher besetzten Mon-

27*

dovi und rückten an den Tanaro. Das Gros der Armee lagerte an diesem Tage zwischen Beinette und Chiusa di Pesio.

Am 15. November wurden die Franzosen in dem Vermegnanathal bis Limonetto am Fuss des Col di Tenda und im Sturathal aus den Barricaden bis über ihre Grenze geworfen, am 17. mussten sie Garessio und am 21. November Ormea räumen. Lemoine verliess den Monte Zemolo und zog sich bei Saliceto und Millesimo hinter die Bormida. Victor blieb auf dem höchsten Rücken der Apenninen bei Spinardo, San Bernardo und San Giacomo. Die Cavallerie ging von Ormea in die Riviera. Championnet's Hauptquartier war in Pieve d'Albenga, wo er den Befehl erhielt, sich nach Paris zu begeben.

Nun übertrug Melas dem Fürsten Liechtenstein die Belagerung von Coni, zog alle entbehrlichen Truppen von Turin, Alba, Alessandria und aus den rückwärtigen Besatzungen an sich und deckte mit der Armee die Zugänge aus den verschiedenen Thälern. In der Nacht vom 26. zum 27. November wurde die Tranchée eröffnet. Umsonst machten die Franzosen Miene, Coni entsetzen zu wollen, sammelten 7.000 Mann an der Durance, brachen wieder über die Gränze und drückten die österreichischen Vorposten bis Villafalletto zurück. Ebenso fruchtlos waren ihre Flankenbewegungen von Acqui und Novi nach Ovada, Ponzone und Cairo. Kray liess einen Theil seiner Truppen unter Hohenzollern bei Alessandria und marschirte mit dem Rest über Asti und Alba nach Cherasco.

Am 28. November besetzten die Franzosen den Monte Zemolo, Verstärkungen rückten aus Savona und Oneglia herbei. Die Oesterreicher verliessen den Tanaro und zogen sich an der Corsaglia und am Ellero zusammen. Auf der ganzen französischen Linie vom Berge Cenis längs den Alpen und auf den Apenninen war Alles in Bewegung; allein in der Nacht vom 2. auf den 3. December fiel ein so häufiger Schnee und die Tormenta wüthete durch einige Tage so heftig, dass die meisten Communicationen unbrauchbar wurden und weder Kundschafter noch Patrouillen mehr durchkommen konnten. Die Franzosen mussten sogar mit Zurücklassung ihres Geschützes den Col di Tenda verlassen, und Coni ergab sich am 3. December, nachdem die Oesterreicher den Commandanten durch falsche Nachrichten und untergeschobene Befehle zur voreiligen Uebergabe verleitet hatten.

Melas, durch den Besitz von Coni gegen die ferneren Versuche des Feindes in die Ebene von Piemont einzudringen gesichert, liess seine Truppen auf beiden Ufern der Stura und des Po, von Demonte bis Crescentino, dann von Aosta längs dem Gebirge bis Bellinzona Quartiere beziehen, ging für seine Person nach Turin und verstärkte die beiden Corps von Klenau in der Riviera di Levante und von Hohenzollern bei Alessandria — letzteres bis auf 13 Bataillons, 16 Escadrons. Beide sollten gegen Genua vordringen und sich dieses Platzes bemeistern. Man zählte auf den Beistand der missvergnügten Bürgerschaft und auf die schlechte Vertheidigung der französischen Truppen, unter welchen bei der Bocchetta ein Aufstand ausgebrochen war.

Schon im Laufe des Novembers hatte sich Klenau zum dritten Mal Genua genähert und im Gebirge Torriglia, an der Küste Recco erreicht; aber der Feind wiederholte sein gewöhnliches Manöver, warf sich mit Uebermacht aus seinem festen Mittelpunkt auf die ihn zunächst bedrohende Colonne und brachte dadurch beide zum Weichen. Klenau's Kräfte allein waren nicht vermögend, unter diesen Umständen eine so schwere Unternehmung auszuführen; er verlor jedesmal viel Menschen und musste immer wieder hinter die Magra zurück.

Die Unmöglichkeit, in einer so rauhen Jahreszeit auf den kahlen Felsen der Apenninen auszuharren und sich zu verpflegen, hatte die Franzosen mit Ende Novembers genöthigt, den grössten Theil ihrer Kräfte gegen die Küste zurückzuziehen und sie in die tiefere Gegend zu verlegen. Hohenzollern rückte am 6. December gegen Novi vor und vertrieb die dort verbliebenen 2.500 Mann bis Gavi. Um die nämliche Zeit zogen die Franzosen von Ovada und Morbello nach Campofreddo, von Ponzone nach Sassello, von Cairo nach Savona und Finale.[1]) Am 7. besetzten die Oesterreicher den Monte Mesmo, am

---

[1]) Finalborgo oder Finale Marina.   D. H.

12. December Carosio, Voltaggio und berannten das Schloss Gavi. Sie hatten schon viel Zeit verloren, versplitterten immer mehr mit unnöthigem Truppenwechsel und erwarteten noch Verstärkungen.

Klenau, in der Voraussetzung dass Hohenzollern am 15. gegen die Bocchetta vorrücken würde, sammelte sein Corps am 12. bei Chiavari und drang am 13. und 14. über Rapallo und Cicagna bis Nervi, La Scaffera und Torriglia. Da keine Diversion von Seite Hohenzollern's erfolgte, so war seine rechte Flanke abermals blossgestellt; dennoch griff er, in der Absicht die Unternehmung dieses letzteren zu erleichtern und im Vertrauen auf das Einverständniss mit den Bürgern, am 15. December wieder an und warf den Feind bis unter die Mauern von Genua. Allein am 16. December debouchirte eine französische Colonne über den Monte Creto, sprengte das Bataillon, welches die rechte Flanke des Feindes deckte, gewann den Berg Portello bei Torriglia und setzte sich in Klenau's Rücken. Dieser sammelte 4 Bataillons und folgte durch die Val Besagno der ihn umgehenden Colonne, die er nun selbst in Rücken nahm. Nach einem sechsstündigen lebhaften Gefecht schlug sich Klenau bei Torriglia durch und vereinigte sich hinter der Sturla mit dem Rest seines Corps, das sich längs der Küste auf Chiavari zurückzog. Ausser Stande, mit seinen geschmolzenen und entkräfteten Truppen länger das Feld zu halten, liess er Posten bei Sestri und Spezia und bezog Quartiere hinter der Magra.

In Folge dieses errungenen Vortheils marschirten die Franzosen gegen Hohenzollern, vertrieben am 18. December seine Vortruppen aus Ronsiglione und besetzten Voltaggio und Ronco. Die Oesterreicher hoben die Berennung von Gavi auf, verliessen am 20. December Carosio und gingen nach Alessandria und Tortona in die Winterquartiere.

Im mittleren Italien befand sich schon seit längerer Zeit kein Franzose mehr. Am 27. October hatte sich die Engelsburg in Rom an neapolitanische Truppen ergeben. Ancona, von den italienischen Insurgenten seit dem Monat September eingeschlossen, wurde durch einen sonderbaren Verein von Oesterreichern, Russen und Türken belagert und capitulirte am 13. November nach einer tapferen Gegenwehr und 27 Tage nach eröffneten Tranchéen.

In der zweiten Hälfte Decembers lagen alle Truppen auf dem Kriegsschauplatz vom Arno bis an die Nidda in Winterquartieren. Keine der kriegführenden Mächte war in der Verfassung, einen Winterfeldzug zu machen; denn keine hatte so viel Uebergewicht über die andere, um sich in eine Unternehmung einzulassen, welche die eigenen Kräfte erschöpft und nur dann einen günstigen Erfolg verspricht, wenn die gänzliche Zerstörung der feindlichen Hilfsmittel eine fortdauernde Uebermacht, oder wohl gar den Frieden herbeiführen kann.

Die Eintheilung der Winterquartiere ist das Resultat des vollendeten Feldzugs und dient sowohl zur Behauptung der zuletzt bezogenen Stellungen, als zur Vorbereitung künftiger Operationen. In diesem Bezug hat sie mit den Aufstellungslinien die nämlichen Grundsätze gemein. Die Flügel als die schwächsten Theile müssen durch Stützen, durch Versagung, durch staffelweise Ordnung geschützt werden. Die grösste Macht vereinigt sich in der Mitte, damit sie jedem Punkt zu Hilfe kommen könne. Endlich verdient die Tiefe vor der Ausdehnung um so mehr den Vorzug, als weniger Zeit erfordert wird, die in Quartieren zerstreuten Truppen auf einen Centralpunkt zusammenzuziehen. Die Linien, welche die gegenseitigen Heere im Winter von 1799—1800 besetzten, entsprachen diesen Grundsätzen nicht. Der rechte Flügel der französischen Quartiere bildete eine von ihrer Basis senkrecht hervortretende Linie längs dem Meere von Ventimiglia bis an die Magra, deren grösste Breite zwischen Gavi und Genua ausser allem Verhältniss zu ihrer Länge war. Da der südliche Abfall der Apenninen aus schroffen kahlen Felsen besteht, so musste der grösste Theil der Truppen an die Küste verlegt werden. Hier diente die Linie der Quartiere zugleich zur Aufstellung, zum Rückzug und zur Communication. Das Meer, welches für die Franzosen nicht frei war, lag in ihrem Rücken, wenn sie gegen das Gebirge Front machen sollten; die Flügel waren nicht gestützt, und sie konnten sowohl in der Flanke aus der Riviera di Levante als auf mehreren Punkten in der Front und auf ihrem linken Flügel angegriffen werden. Die einzige

Sicherheit dieser Quartiere lag in der Besetzung der Pässe, welche in die Riviera führen und in der rauhen Jahreszeit beinahe unangreiflich sind. Für die Verbindung mit Frankreich verminderte der Umstand die Gefahr, dass südlich von Mondovi und besonders vom festen Col di Tenda der Abfall des Gebirges gegen das Meer einen grösseren Raum einnimmt, ohne von seiner Unwegsamkeit zu verlieren, und daher die senkrechten Durchzüge aus der Ebene nach der Küste bedeutend erschwert. Vor Allem aber fand der nach Osten vorgeschobene Theil der Stellung in dem Waffenplatz Genua eine gesicherte Aufnahme. Diese Festung ist ihrer Ausdehnung wegen als ein verschanztes Lager zu betrachten, und ihre Belagerung grenzt an die Unmöglichkeit, weil der grösste Theil des Umfangs, auf Felsen erbaut, die Zugänge an die Küste vollkommen beherrscht. Ihrem Besitz allein verdankte Frankreich die Behauptung der Riviera in dem Feldzug und während des Winters. Durch die Saumseligkeit, sich dieses Punktes zu bemeistern, wurden die Oesterreicher trotz des Vortheils einer Centralstellung in der offenen Gegend dennoch genöthigt, ihre Quartiere auf eine längere, die feindliche umfassende Linie auszudehnen; denn obwohl Genua so wenig als die Riviera überhaupt zur Basis einer wesentlichen Operation dienen konnte, so mussten doch die Flanke und die Communicationen der Armee gegen diese Seite verwahrt werden. Auf der westlichen Demarcationslinie zwischen Italien und Frankreich sicherte der steile Gebirgsrücken, welcher sich von dem Meere über den Col di Tenda bis auf den Berg Cenis erhebt, diesen mit dem Bernhard verbindet und in der damaligen Jahreszeit kaum mehr zu durchziehen war, die gegenseitigen Quartiere. Zwischen dem Berg Genevre und dem Cenis waren jedoch die Franzosen im Besitz der Val d'Houlx und einiger verschanzten Posten vor dem Schlosse Fenestrelles, das sie auf zwei Monate mit Lebensmitteln versehen hatten.

Die österreichische Armee lag grösstentheils auf dem linken Ufer des Po und hielt ihre Vortruppen in den von dem hohen Gebirge herabführenden Thälern. Ihre rechte Flanke schützte der mit Schnee und Eis bedeckte Rücken zwischen dem Walliser-Land und Italien, an dessen Fuss die Oesterreicher

ihre Quartiere ausdehnten, indessen die Franzosen den Bernhard, den Simplon und den Gotthard behaupteten.

Der Besitz vom Wallis und von Genua deckte die französische Grenze in vollem Mass; und die Oesterreicher durften
keine offensive Operation gegen dieselbe unternehmen, bevor
nicht ihre Flanken gesichert waren, welche immer mehr geschwächt und gefährdet werden mussten, je weiter sie aus der
Mitte vorrückten. Die Eroberung dieser auf beiden Flanken
liegenden Schutzwehren erforderte viel Zeit und war im Laufe
des Winters keine leichte Operation. Die Franzosen hatten
also für ihren eigenen Herd in dem ersten Augenblick wenig
zu besorgen.

In der Schweiz stand zwar dem Scheine nach die französische Armee in eben dem gelähmten Verhältniss wie die
Oesterreicher in Piemont, aber nicht in so hohem Grad. Das
höchste Gebirge Europas und die Unzweckmässigkeit einer
Operation des Feindes von Italien her setzten ihre Flanke und
den grössten Theil des rechten Flügels aus aller Gefahr. In
der Mitte, auf dem linken Flügel und in dem Bezirk der Rhein-
Armee hielt sie den Oesterreichern die Wagschale; denn beide
zählten von den Quellen des Rheins bis zum Ausfluss des
Mains etwas über 90.000 Mann, und obgleich letztere von
Schaffhausen aus die Communicationen ihrer Gegner bedrohten,
so war doch ihre Macht durch den Bodensee und durch die
Beobachtung der Brückenköpfe am Rhein mehr getheilt als
jene der Franzosen. Die Oesterreicher brauchten längere Zeit
zur Beginnung einer Operation und mussten sich gegen mehrere Seiten verwahren, indessen das Bollwerk der Rheinfestungen dem feindlichen linken Flügel volle Sicherheit gewährte, ohne die Verwendung ansehnlicher Kräfte zu erheischen.

Wenngleich die hier beschriebenen Verhältnisse eine Art
von Gleichgewicht hervorbrachten, welches die Ruhe für den
Winter verbürgte, so unterlag es doch keinem Zweifel, dass
die gegenseitigen Aufstellungen bei der Eröffnung des künftigen
Feldzuges nicht beibehalten werden konnten. Die Concentrirung
der Franzosen in der Schweiz, in dem Mittelpunkte des Kriegstheaters zwischen zwei feindlichen Armeen, war zwar als Vorbereitung zu einer offensiven Operation, nicht aber zu einer

dauerhaften Vertheidigung angemessen; ebensowenig die vorgeschobene Stellung der Oesterreicher zwischen Mondovi und
Aosta, und jene an den Quellen des Neckars und der Donau,
vor welcher die zwei feindlichen Linien am Rhein in einem
rechten Winkel bei Basel zusammenliefen. Da sich jedoch kein
Angriff denken lässt, der nicht von einer unverletzlichen — das
heisst der vortheilhaftesten Vertheidigung empfänglichen —
Basis auf sicheren Communicationen ausgeht, so war vorauszusehen, dass der erste Kampf bei der Eröffnung des Feldzuges zwischen Schaffhausen und dem Bodensee vorfallen
würde: und zwar von den Oesterreichern, um durch die Gewinnung von Zürich alle ihre Kräfte in einer zusammenhängenden Linie zu vereinigen; von den Franzosen, um den
Gegner aus ihrer Flanke und aus der Stellung zu entfernen,
die ihre Communicationen am meisten bedrohte.

Der Erfolg dieses ersten Schrittes allein konnte über die
späteren entscheiden; jedoch waren die Vortheile auf beiden
Seiten nicht gleich. Siegten die Oesterreicher, so musste sie
ein zweiter Schritt längs dem Rhein an die feindliche Grenze
und zur Eroberung von Genua führen, deren Unterbrechung
sie weniger zu besorgen hatten, wenn sie sich in der Schweiz
festsetzten. Aber auch dieser letztere Schritt diente bloss zur
Verbesserung der Vertheidigungslinie; und wenn endlich ein
förmlicher Angriff gegen Frankreich erfolgen sollte, so stiessen
sie auf die Rheinfestungen, und neue Schwierigkeiten ent-
wickelten sich in dem Bedürfniss, alle Zufuhren aus Schwaben
zu ziehen und durch einen beträchtlichen Truppenaufwand
gegen die Ausfälle von Breisach und Kehl zu decken.

Viel günstiger waren im Gegensatz die Aussichten der
Franzosen. Entschied sich das Glück zu ihrem Vortheil, so
konnten sie in das Herz von Oesterreich dringen; denn die
Ausdehnung ihrer bis Holland durch Festungen geschützten
Basis hinderte den Gegner ganz und gar, ihre Communicationen
von Italien her so schnell und wirksam zu unterbrechen, dass
die Operation dadurch vereitelt wurde. Ulm und Ingolstadt
allein hielten den Strom nicht auf.

In der Ueberzeugung, dass unfern von Schaffhausen
sicher das Schicksal des künftigen Feldzuges — vielleicht sogar

jenes des ganzen Krieges — entschieden werden müsse, hätten
die Oesterreicher den Winter hindurch in jener Gegend umso
mehr eine an Zahl überlegene Masse von Kräften aufstellen
sollen, als bei den Franzosen die Festungen in der Vertheidigung einen Theil der Truppen ersetzten. Diese Masse musste
vor dem Anbeginn des Feldzuges auf dem für das Ganze
wichtigsten Punkte vereinigt und lieber jede andere Unternehmung aufgegeben werden, als sich dort einem unglücklichen Schlag auszusetzen, oder die Operation auf eine
nicht durchgreifende, den Erfolg nicht verbürgende Art zu eröffnen.

Die Oesterreicher sammelten in Italien 96.000 Mann, und
92.000 von den Quellen des Rheins bis an den Main. Warum
verstärkten sie sich nicht vorzüglich an der Donau, da das
dauerhafte Glück ihrer Waffen doch nur von einem Siege am
Bodensee abhing? Warum befestigten sie nicht in Deutschland
mehrere Punkte in ihrem Rücken? Warum stellten sie keine
neuen Truppen auf? Oesterreich ergänzte bloss seine im Felde
stehenden Regimenter und organisirte die unbedeutende Zahl
der bei der vorigen Regierung bestandenen piemontesischen Soldaten. Das ganze südliche Deutschland und Italien wurden
durch seine Waffen beschützt, aber nicht zur Vermehrung der
Streitkräfte benützt. Man vernachlässigte das einzige Mittel,
dem Krieg bald ein Ende zu machen, und setzte die blühendsten
Provinzen dem Unheil einer längeren Verwüstung aus, um
ihnen kleinere Opfer und einen augenblicklichen Druck zu
ersparen.

Im Gegentheil begnügten sich die Franzosen nicht mit
dem Ersatz ihres Verlustes allein; frische Truppen zogen an
die Grenze, neue Heere wurden gebildet. Frankreich hatte
durch eine Staatsumwälzung jenen hohen Grad von Thatkraft
erlangt, den nur die revolutionäre Regierung eines Einzigen
und eines Soldaten zu geben vermag.

Dreizehnter Abschnitt.
Der Feldzug von 1800.

Nur ein glücklicher Feldherr kann den Staat retten,
welchen der Kampf innerer Parteien und der Andrang äusserer

Feinde mit dem Umsturz bedrohen. Nur er vereinigt die allgemeine Zuversicht in die vorhandene Kraft, nur er flösst Furcht
und Zutrauen ein; denn seine Thaten zeugen von schneller,
bestimmter und durchgreifender Handlungsweise. Die Geschichte liefert uns davon mehrere Beispiele.

Buonaparte verlässt Aegypten und landet blos von seinem
Ruhme begleitet in Fréjus. Er eilt nach Paris, bemächtigt sich
des Staatsruders und stellt Ordnung her. Ohne Widerstand
überlässt ihm das Volk die unumschränkte Gewalt, weil es in
ihm den Willen und die Fähigkeit erkennt, den Gräueln der
Revolution ein Ende zu machen und ihr Auflodern zu ersticken.
Es erträgt die grössten Lasten und bringt die theuersten Opfer
diesem wohlthätigen Zweck.

Buonaparte's erster Schritt zur Beruhigung von Frankreich musste die Einsetzung einer festen Regierung sein; der
zweite die Erwirkung eines ehrenvollen Friedens durch die
Entfernung des Feindes von der vaterländischen Grenze. Aus
dem Innern wurden Truppen zu den Armeen und vorzüglich
zu jener am Rhein, als der entscheidenden, abgeschickt und
die Errichtung einer Reserve-Armee bei Dijon beschlossen, die
beinahe gleichweit von Deutschland wie von Italien war.
Moreau erhielt das Commando des aus weisen Absichten vereinten Heeres vom Rhein und von der Schweiz. Masséna ward
Oberbefehlshaber in Italien gegen Melas. Kray löste in Deutschland den Erzherzog Carl ab, dessen geschwächte Gesundheit
die Feldherrnstelle nicht länger ertrug.

Die Oesterreicher verschoben den Anfang ihrer Operationen in Italien bis zu den ersten Tagen des April und liessen
dem Feinde Zeit, Genua in vollkommenen Stand zu setzen und
mit Vorräthen zu versehen. Nach vierzehntägigen Gefechten
warf sich Masséna in die Festung. Am 20. April begann ihre
Berennung, durch die Vorrückung der Oesterreicher nach
Savona und Nizza gedeckt.

Gegen Ende des nämlichen Monats eröffnete Moreau den
Feldzug mit einem Scheinangriff in der Front des Schwarzwaldes. Kray rückte ihm entgegen, schwächte sich an dem
Bodensee, der Stütze seines linken Flügels, und vernachlässigte
die Grenze der Schweiz.

Die französische Armee setzte bei Stein über den Rhein, schlug die Oesterreicher am 3. Mai bei Engen, am 5. bei Mösskirch und zwang sie durch Bedrohung ihrer Communicationen zum Rückzug unter die Kanonen von Ulm. Moreau hielt den Feind vor diesem Platze fest und detachirte nach Italien, wohin die Reserve-Armee von Dijon im Marsch begriffen war. An ihrer Spitze zog der erste Consul Buonaparte vom 16. bis 20. Mai über den Bernhard, eine schwächere ging über den Simplon; die Truppen aus Deutschland übersetzten den Gotthard. Unbesorgt für ihre rechte Flanke gaben die Oesterreicher weder die Berennung von Genua noch die Unternehmungen an der Küste auf und störten die Bewegung der Colonnen nicht, welche von so verschiedenen Punkten in die Ebene Italiens debouchirten.

Alles wagend, um Alles zu gewinnen, das Ausserordentliche dem Gewöhnlichen, das Glänzende dem Sichern — das Vermessene dem Regelmässigen vorziehend, warf sich Buonaparte durch einen Marsch über Mailand und Piacenza an die Scrivia ganz auf die Communicationen des Gegners mit Preisgebung der eigenen. Genua ergab sich nach einer glorreichen Vertheidigung am 4. Juni, zwei Tage vor Buonaparte's Uebergang über den Po bei Piacenza.

Melas raffte was er konnte von seinen vertheilten Kräften zusammen, und beide Armeen begegneten sich in gleicher Stärke am 14. Juni in den Feldern von Marengo. Ein blutiger Kampf neigte sich zum Vortheil der Oesterreicher, aber es fehlte ihnen an Einklang; die Truppen lösten sich auf, die Flügel wirkten nicht mit zur Unterstützung des Centrums, und eine französische Reserve stand noch bei Torre di Garofolo. Mit dieser griff der tapfere Desaix die zerstreuten Feinde an und fiel als Held in den Armen des Sieges.

Durch die Niederlage der Seinigen überrascht und durch ihre Vereinzelung aller Mittel zur schnellen Herstellung des Treffens beraubt, überlässt Melas in Folge einer Uebereinkunft ganz Italien bis an den Mincio nebst allen seinen Festungen dem überglücklichen Buonaparte. Der neu errichteten Reserve-Armee war es vorbehalten, das Schicksal des Krieges in Italien zu entscheiden und auf einem einzigen verwegenen Zug den

Ruhm der französischen Waffen über die glänzendsten Thaten
ihrer bis dahin siegreichen Gegner zu erheben. Aus dem grossen
Erfolg dieser unerwarteten Erscheinung entstand in späterer
Zeit das schädliche Vorurtheil, welches die Aufstellung
von Reserve-Armeen, aus brauchbaren Truppen zusammengesetzt, hinter der operirenden gleich beim
Ausbruch der Kriege, zu einer neuen und nütz-
lichen Erfindung stempelte. Der Staat, welcher eine
solche Massregel ergreift, macht sich des nämlichen Fehlers
schuldig, den ein Feldherr begeht, wenn er sein Reservecorps
am Tage der Schlacht so weit entfernt hält, dass es erst nach
der vollendeten Niederlage eintrifft. Er läuft Gefahr, das Unglück des Krieges zu verlängern, vielleicht gar dessen ver-
derblichen Ausgang herbeizuführen, um sich einem weit kleineren
Ungemach, nämlich der gleichzeitigen Anstrengung aller seiner
Kräfte zu entziehen. Es ist nicht gleichgiltig, auf welche Art
man einen Zweck erreicht. Ist die dazu aufgebotene Kraft
nicht mehr als hinreichend und nur auf den ersten Schlag
berechnet, so darf man auch auf keine weiteren Resultate
zählen, und man thut im Vorhinein auf die Früchte des Sieges
Verzicht. Ist sie aber grösser, so gelangt man schneller und
sicherer zum Ziel, zertrümmert den Widerstand auch für die
Zukunft und bahnt sich den Weg zu neuen, raschen und
wichtigen Fortschritten. Mit Erfolg stellten die Franzosen
während der letzten Kriege Reserve-Armeen hinter den operirenden auf. Wie es oft zu geschehen pflegt, hielt man sich
allgemein an das Wort und prüfte nicht die Sache; Jeder verknüpfte einen anderen Begriff damit und sprach einer Anstalt
das Wort, welche mit jener der Franzosen nichts als den
Namen gemein hatte. In Frankreich wurden nie Reserve-
Armeen aus schon gebildeten Truppen zusammengesetzt, um
unthätig im Innern die Wendung des Krieges im Auslande
abzuwarten; sondern es waren entweder Zusammenziehungen
neu conscribirter, unabgerichteter Menschen, die durch ihre
Vereinigung in grössere Heerhaufen leichter zum Waffendienst
vorbereitet werden konnten, oder man sammelte die im Lande
vertheilten Abtheilungen, um sie nicht einzeln ins Feld zu
schicken und sie keiner theilweisen Auflösung auszusetzen.

Sobald aber die Organisation und Ausrüstung dieser Truppen vollendet waren, erschienen sie gleich auf dem Kriegsschauplatz und rissen das Uebergewicht auf ihre Seite.

In Deutschland gewährten bis zum 20. Juni die Festungs-werke von Ulm um so mehr eine sichere Haltung, da Moreau seine Bewegungen gegen die feindlichen Communicationen nicht fortsetzte. Am 19. ging er unfern Höchstädt über die Donau; allein — als wollte er dem Feldzeugmeister Kray nur zeigen, was er gegen ihn vermöge — hinderte Moreau die Oesterreicher weder an der Erreichung des rechten Donauufers durch Ingolstadt, noch an der Gewinnung des Inn.

Am 15. Juli wurde in Parsdorf ein Waffenstillstand zur Eröffnung friedlicher Unterhandlungen geschlossen, die jedoch dem erwünschten Zweck nicht entsprachen, obwohl die Oester-reicher die Verlängerung der Waffenruhe mit dem ausbedun-genen Opfer von Philippsburg, Ulm und Ingolstadt erkauften. In den letzten Tagen des Novembers fingen die Feindselig-keiten wieder an.

Die Oesterreicher hatten eine übermässige Truppenzahl zur Vertheidigung von Tirol aufgestellt und ergriffen in Bayern die Offensive durch ein weit umfassendes Manöver, welches ihnen am 3. December eine gänzliche Niederlage von den bei Hohenlinden concentrirten Franzosen zuzog. Sie nahmen ihren Rückzug auf Salzburg, mussten aber bald sich nach der Donau wenden, weil der Feind über den untern Inn setzte und gegen die Hauptcommunication vordrang.

Eilmärsche und tägliche Gefechte vollendeten die Auf-lösung der österreichischen Armeen. Als der Erzherzog Carl das Commando über die Trümmer derselben wieder übernahm, schloss er bei der Annäherung von Moreau's Avantgarde an der Erlaf in Unterösterreich einen Waffenstillstand mit der Erklärung, dass der Wiener Hof sich entschlossen habe, auch ohne den Beitritt seiner Verbündeten Friedensunterhandlungen anzuknüpfen.

Der am 25. December in Steier (Steyr) darüber abgefasste Vertrag dehnte sich auf ganz Italien aus, wo die Franzosen unter der Anführung des Obergenerals Brune siegreiche Fort-schritte gemacht und vom 25. December (1800) bis zum 14. Jänner

1801 in ununterbrochenen Gefechten die Oesterreicher aus
allen ihren Stellungen vom Mincio bis an die Piave verdrängt
hatten, indessen Macdonald durch Graubünden in Trient ein-
rückte. Die Bestimmung einer Demarcationslinie von Bamberg
bis Regensburg auf dem linken Ufer der Donau, dann auf
dem rechten vom Einfluss der Erlaf über Leoben, Murau,
Spital, Lienz längs dem Tagliamento bis an das Adriatische
Meer und die Uebergabe an die Franzosen von allen festen
Punkten, welche sich in Deutschland, Tirol und Italien, mit
Ausnahme von Mantua, westlich dieser Linie befanden, waren
die Bedingungen der allgemeinen Waffenruhe auf dem ganzen
Kriegsschauplatz.

Am 9. Februar erfolgte der Frieden von Lunéville.

BESCHLUSS.

Der Gang des Feldzuges von 1799 bestätigt die Grundsätze der Kriegswissenschaft in Bezug auf die Unentbehrlichkeit des Besitzes und der Sicherheit der Operationsbasis sowie der Communicationen mit derselben, und in Rücksicht auf den Nutzen befestigter strategischer Punkte.

Die Franzosen begannen die Feindseligkeiten mit geringeren Streitkräften und zogen darum das Kürzere. In der Mitte des Kriegsschauplatzes, wo ihnen die thätige Entschlossenheit ihrer Feldherren Vortheile gewährte, konnten sie solche nicht benützen, weil es ihnen an einer Basis in den Felsen der südlichen Schweiz fehlte. Aus der nämlichen Ursache führte die Vorrückung der überlegenen Oesterreicher aus dem höchsten Gebirge von Tirol nach Graubünden zu keinem bedeutenden Resultat. Als sich aber letztere durch die Zurückschlagung des Feindes und durch ihre Festsetzung in dem Schwarzwald eine Basis in Deutschland gebildet hatten, wurden die Communicationen des Gegners von der Schweiz nach Frankreich gefährdet und Masséna durch eine Operation des Erzherzogs zum Rückzug hinter die Limmat gezwungen. Beide Theile bezogen nun eine parallele Aufstellung von dem Simplon und den Quellen der Reuss bis zum Ausfluss der Aar. Mehrere Seen durchschnitten den linken Flügel der Oesterreicher. Die Franzosen warfen ihn zurück, konnten aber nur bis an die Linth vorgehen, weil ein steiles Gebirgsland in ihrem Rücken blieb, und weil sie sich bei der Umgehung des Züricher-Sees in einem zu grossen Bogen von ihren Communicationen entfernt hätten. Die Ankunft eines unerfahrenen Feldherrn bei Zürich öffnete ihnen umsomehr den Weg zur Wiedereroberung der verlorenen Strecke, als der Marsch der Oesterreicher an den

Rhein ihre durch eine Reihe zweckmässig angelegter Festungen
gesicherte Communicationslinie keineswegs bedrohte. Im gänzlichen Besitz der nördlichen Schweiz war es für Masséna leicht,
Souwarow's Operation zu vereiteln, da weder der Fuss des
Gotthard und die einzige nicht fahrbare Strasse über denselben,
noch die in der Flanke liegenden Gebirge von Graubünden
dem russischen Feldherrn eine Basis und hinreichende Verbindungen mit ihr darboten.

Als der Erzherzog wieder an dem Bodensee erschien,
stellte sich durch den Abfall der Russen ein Gleichgewicht
her, welches beide Anführer in Unthätigkeit versetzte, weil
sich jeder auf die Communicationen seines Gegners werfen
konnte, sobald dieser die Gegend hinter Schaffhausen verliess.

Auch in den Ebenen Italiens siegte die Mehrzahl der
Verbündeten, die von den vielen kleinen, ohne zusammen-
hängendes System angelegten Festungen nicht aufgehalten
wurden. Nur Mantua, der Centralpunkt zwischen dem Gebirge
und dem Po, Tortona und Alessandria, wo die kürzeste Linie
aus dem östlichen Italien nach Frankreich die Wege in die
Riviera durchkreuzt, und Coni, in dem Winkel zwischen den
Alpen und Apenninen, nahmen einen wesentlichen Einfluss
auf die Operationen; und die Oesterreicher konnten so wenig
Truppen zu der Einschliessung dieser Plätze entbehren und
verwenden, dass sie oft zwischen der Nothwendigkeit, die Belagerungen aufzuheben, und der Gefahr, Schlachten zu verlieren, schwankten. Endlich waren die Franzosen in der Lage,
den zwischen der feindlichen Postirung und dem Meere gedrängten Gebirgsrücken der Riviera nicht allein durch eine
thätige Defensive zu behaupten, sondern die Communicationen
ihrer Gegner daraus zu bedrohen, weil ihnen der grosse Waffenplatz Genua dort, wo der eingehende Bogen der Küste das
Land zwischen dem Meer und dem Schweizer Gebirge am
meisten verengt, zur Basis und sichern Zuflucht im Unglücksfall diente.

In dem folgenden Feldzuge wurden die Oesterreicher
durch Genua auf dem einen, durch die Rheinfestungen auf
dem anderen Flügel zur Theilung ihrer Kräfte genöthigt, wodurch die Franzosen in der Mitte des Kriegstheaters eine

überlegene Macht vereinigen und darauf das Glück ihrer Operationen gründen konnten.

Dieser Zusammenstellung von Grundsätzen und Ereignissen verdient eine Bemerkung angereiht zu werden. Die Grenzlinien zwischen Strategie und Taktik, zwischen der Uebersicht von Operationen und jener des Schlachtfeldes sind klar bezeichnet. Allein, da beide die Wendung des Krieges bestimmen, beide ihre Grundzüge von dem Werth gewisser Punkte und Linien ableiten, so ist der Irrthum in der wechselseitigen Uebertragung der Sätze aus dem Gebiete der einen in jenes der anderen nicht selten: und doch gibt es keine schädlichere Wahl von Punkten, Linien und Operationen, als die durch einen solchen Missgriff veranlasst wird. Ein strategischer Punkt liegt dort, wo sich die meisten Communicationen von allen Seiten vereinigen, oder in der Mitte eines vom Feinde gebildeten Bogens; in taktischer Hinsicht darf man sich nicht unmittelbar an dem Ort aufstellen, wo mehrere Wege, vorzüglich von den Flanken her, zusammenkommen; und die nachtheiligste Stellung ist jene, die der Gegner umgibt. Eine Operationslinie, welche zwei feindliche trennt, gewährt die vortheilhaftesten Resultate; eine Marschcolonne, die sich zwischen zwei feindliche hinein wagt, wird aufgerieben.

Strategisch gehören Jenem die Gebirge, der Herr von der Ebene ist; am Tage der Schlacht erscheint der Besitz des dominirenden Terrains von entscheidendem Nutzen.

In strategischer Beziehung ist jeder Flankenmarsch gefährlich; in taktischer nicht, weil auf diese Bewegung die kürzeste und leichteste Entwicklung folgt.

Die Oesterreicher würden am Anfang des Feldzugs von 1799 die Offensive rascher fortgesetzt, dagegen auch die Franzosen mehr Nachdruck in ihren Widerstand gelegt haben, wenn sie nicht Beide den taktischen Vortheil der Beherrschung auf die Strategie übertragen und eine unverhältnissmässige Truppenzahl auf Unkosten der offenen Gegend in das hohe Gebirge gezogen hätten. Späterhin verstärkten die Oesterreicher ihre Flügel zum Nachtheil der Mitte, verloren dadurch einen

Theil des eroberten Bodens und räumten den Franzosen eine
Centralstellung ein, aus welcher sie mit vereinter Stärke gegen
den getheilten Feind wirken konnten.

Nur die gleichzeitige reine Befolgung strategischer und
taktischer Grundsätze bezwingt das Waffenglück und sichert
den Erfolg im Kriege. Nur von Jenem ist sie zu erwarten, nur
Jener hat sich zum Feldherrn gebildet, der, eingeweiht in die
Eigenheiten der beiden Lehren, nie vergisst, dass der Einfluss
strategischer Punkte und Linien sich auf den ganzen Kriegsschauplatz verbreitet — taktische hingegen von der Beschaffenheit des Standpunktes bestimmt und in ihren Wirkungen von
dem Erreich der Waffen beschränkt werden; dass endlich die
Vermittlung von beiden aus der Ueberzeugung von der Richtigkeit des Satzes hervorgeht: Die Strategie handelt von
dem Besitze der Objecte, aber nicht von ihrer unmittelbaren Besetzung. Der Taktik bleibt die Wahl
der Stellungen und Bewegungen überlassen, um
die Forderungen der Strategie zu erfüllen.